U0938238

JPC
HK

李成 著

林華 譯

中產上海

重塑中美交流

責任編輯　林　冕　江其信
書籍設計　吳冠曼
書籍排版　楊　錄

書　名　中產上海——重塑中美交流
著　者　李成
譯　者　林華
出　版　三聯書店（香港）有限公司
香港北角英皇道 499 號北角工業大廈 20 樓
Joint Publishing (H.K.) Co., Ltd.
20/F., North Point Industrial Building,
499 King's Road, North Point, Hong Kong
香港發行　香港聯合書刊物流有限公司
香港新界荃灣德士古道 220-248 號 16 樓
印　刷　美雅印刷製本有限公司
香港九龍觀塘榮業街 6 號 4 樓 A 室
版　次　2024 年 11 月香港第 1 版第 1 次印刷
規　格　特 16 開（150 mm × 210 mm）416 面
國際書號　ISBN 978-962-04-5467-7

謹以此書紀念

曲少旭（1980–2018）

他從山東到上海的遷徙代表著

在一個不斷變化的國家中

新移民尋求中產生活的夢想和為之付出的奮鬥

目錄

序一

◎ 葉劉淑儀

行政會議召集人｜立法會議員｜匯賢智庫主席

我是在大半年前，即 2023 年中得悉香港大學迎來一名猛將，那便是本書《中產上海——重塑中美交流》的作者——李成教授。

李成教授是國際知名的中美關係研究專家，在美國接受教育、工作近四十年。他擁有加州大學伯克利分校亞洲學碩士和普林斯頓大學政治學博士學位。加盟香港大學前，李成教授長期擔任美國布魯金斯學會約翰·桑頓中國中心主任，也是首位華裔主任。他亦是中美關係全國委員會理事、美國外交關係協會成員，更是多所著名大學的傑出研究員，是一位不可多得的國際高端人才。他選擇變換跑道，加盟港大，不單是港大之福，更是香港之福。

李成教授具備豐富的智庫經驗，專研中美關係，對於中國的發展對世界局勢的影響，有精闢獨到的見解。我擔任主席的匯賢智庫於今年 5 月舉辦的“全球繁榮峰會”（Global Prosperity Summit），便很榮幸邀得李成教授擔任其中一個專題——“大國競爭與和平共處”的主持。在此，我想再一次感謝李成教授，當日主持了一場精彩的討論。我對李成教授的精闢觀點印象深刻：他不認為新興強國與原有霸權之間必然會爆發戰爭，指出恐懼可能是影響強國心理的最大因素。會上，李成教授與其他嘉賓探討中國與美國、歐洲及東盟的發展路向，引用基辛格名言，更令在場觀眾獲益良多。

來港加盟港大後，李成教授隨即創立跨學科智庫“當代中國與世界研究中心”（Centre on Contemporary China and the World, CCCW）並擔任創始主任。我相信李成教授聯同港大的其他教授、專家及研究團隊，未來將推進多項影響深遠的研究。據悉，“中心”將專注五大研究領域，分別是地緣政治格局變化、科技轉型、氣候變化和新能源、經濟和金融改革，以及政治精英和代際更替。目前中美關係嚴峻，國際局勢複雜多變，李成教授能在這大環境下擔起大旗，為香港構建國際研究交流平台，可見他有大視野，而且魄力過人，我相當佩服。

李成教授擁有豐富的國際人脈，“中心”在他的帶領下已舉辦了不少講座、論壇，邀請世界知名的政經名人、專家學者來港交流。我很榮幸獲邀出席，並且對其中兩次活動的講者印象深刻。其一是前歐盟貿易專員、英國上議院議員及前副首相文德森（Peter Mandelson），他討論了英國的外交政策、中英關係及美國大選等議題（9 月 16 日）。另一位則是拜登前幕僚、美國智庫“梅琳和麥克曼斯菲德基金會”（The Maureen and Mike Mansfield Foundation）會長季浩豐（Frank Jannuzi），我記得他分享了拜登與特朗普的對華政策差異，並指香港仍是美國了解中國的寶貴橋樑（3 月 28 日）。這兩次交流讓我獲益良多，亦期望“中心”邀請更多海外專家來港，透過這些思想碰撞，促進民間了解。我認為這將有助香港發揮其開放、多元、“聯通世界”的獨特優勢，更是對國家主席習近平提出《全球文明倡議》、敦促“文明交流互鑑”的有效實踐。

李成教授著述甚豐，本書《中產上海——重塑中美交流》原著是英文版 Middle Class Shanghai: Reshaping U.S.-China Engagement（2021 年出版），簡體中文版已於今年 7 月面世。如今再出版繁體中文版，將讓更多讀者接觸到李成教授的理論與觀點，誠是美事。

本書的研究背景是當代這百年未有的大變局，中國的崛起讓美國心懷恐懼，衍生出"中國威脅論"等説法，觸發美國一系列打壓中國的行為；美國在西方社會推動"四化"——泛政治化、泛安全化、逆全球化和兩極化，使國際社會受到衝擊和限制。李成教授在這背景下，以上海中產階層的崛起為案例，闡述中國式現代化的發展軌跡，並就如何與西方對話，減低其對中國的恐懼、偏見和憂慮提出見解。

李成教授在序言中提到，他本人在上海出生，在上海接受本科教育，受上海的文化熏陶長大。他對上海的"前世今生"有深刻了解，指出上海是"現代中國成長壯大的標誌"，是"中國式現代化的亮麗名片"，並且解構"上海產生了特色鮮明的海派文化"，造就了中國與世界活躍的文化、經濟交流。由此可以理解李成教授以上海為研究案例的原因及關鍵點。拜讀本書能透徹理解中產階層對於中國社會發展和穩定的重要性。

其實古希臘的政治理論已有提到中產群體的重要性。古希臘哲學家亞里士多德（Aristotle）的經典著作《政治學》（*Politics*）提到六類管治模式——君主政制（Kingship）、精英政制（Aristocracy）、共和政制（Polity）、暴君政制（Tyranny）、寡頭政制（Oligarchy）和民主政制（Democracy），並論及純粹的少數人統治或多數人統治均不是理想模式。亞里士多德指出每個城邦（社會）均由三類人構成，分別是富人（the very rich）、窮人（the very poor），以及兩者之間的中產（ those who are between the two）。他認為中產階層是溫和的、知性的、有思考的、穩定的、克制的，行事不會過激，不會走向兩極，因此，"由中產管治是最理想的"（"The political community administered by the middle class is the best."）。

李成教授指出，五十年前，全球中產階層不足 10 億，只佔世界總人口的四分之一。踏入 21 世紀以來，中產規模邁向 20 億，接近世界總人口的三分之一。對比西方中產的持續萎縮，例如美國中產人口已從二戰後佔比 70%，下跌至 2021 年的 50%；中國則在改革開放後的今天，實現了 8 億人脱貧，並有 4 億多人成為中等收入群體。中國中產的迅速崛起及爆發性增長，對於中國以至世界的和平發展均發揮著"穩定器"的作用。

李成教授認為中國式現代化是傳統文化的新生，而上海是箇中的力量泉源。1949 年前，上海是中國最西化的城市；今日，上海孕育了獨特的海派文化，其中的"海歸"知識分子，對世界有了解，代表"開放、多樣、進取、外向、創新和包容的內涵"，是中國融入世界的"排頭兵"。中國透過上海與世界互動，是"文明的對話"而非"文明的對抗"。2010 年，中產佔上海勞動力的 40%；2018 年，上海有逾五百萬戶中產家庭。這龐大的群體影響上海的政治、經濟、文化、藝術等各方面的發展走向，而上海則帶領中國更深入地聯通世界。因此，李成教授認為，"了解上海對讀懂中國至關重要"。

李成教授的論述對我深有啟發，我認為，在中國現代化的發展道路上，香港和上海有著微妙的關係。

眾所周知，過去香港是一個小漁港，因其獨特的地理位置及水深港闊的特點，當年英國對香港實施自由港政策，促進貿易，小漁港由此發展起來。二戰前，香港已是蓬勃的轉口港。二戰後，香港經濟起飛，第一批帶動香港起飛的就是來自江浙滬的企業家，包括邵逸夫爵士、船王包玉剛爵士、前香港上海總會會長李和聲、董建華的父親董浩雲、唐英年的父親唐翔千和永新集團創辦人曹光彪等等。這些企業家一手成就了香港的製造業、航運業、紡織業、金融業以至演藝文化產業等。

此外，香港百多年來一直是個華洋雜處、中西文化匯聚的地方。我們了解西方價值，懂西方文化，而且實施普通法，在文化、經濟、法治等各方面均與國際接軌，是中國的對外窗口。正如國家主席習近平在 2022 年的"七一"講話中強調："回歸祖國後，香港在國家改革開放的壯闊洪流中，敢為天下先，敢做弄潮兒，發揮連接祖國內地同世界各地的重要橋樑和窗口作用，為祖國創造經濟長期平穩快速發展的奇蹟作出了不可替代的貢獻。"

來到今天，香港在"一國兩制"下，繼續發揮"背靠祖國，聯通世界"的獨特優勢，透過其深而廣的國際網絡，促進中國的多維度國際交流，盡力消弭美西方對中國的誤解。

讓世界讀懂中國——我認為這是李成教授撰寫《中產上海——重塑中美交流》的深層次意義，我誠意向廣大讀者推薦。

2024 年 10 月國慶節於香港

序二

◎ 王豐

英國《金融時報》FT 中文網總編輯

在久負盛名的上海米氏西餐廳（M on the Bund），百餘位中外賓朋觥籌交錯，談興正酣。落地窗外，外灘和黃浦江上的闌珊燈火融入了細細春雨。隨著一位西裝革履的主持人輕輕敲響手中的高腳杯，嘉賓們逐漸聚集到餐廳一角的小舞台周圍。台上，六七位中年白領人士正襟危坐，即將開始一場“西方民主是否已經失信於世界”的辯論會。

這是 2017 年春天，我所在的國際媒體機構在上海舉辦的一場跨國文化交流活動。儘管近年來我常到上海參加各種會議或探親訪友，上述場景卻一直是我對這座國際大都市最難忘的印象。七年後的今天，在拜讀李成教授的《中產上海——重塑中美交流》一書時，隨著作者對海派文化的“例外主義”和文化跨國主義展開深入探討，我腦中再次浮現的上述圖景，越來越逼真，揮之不去。它完美呼應了李成教授“一個世紀以來，海派文化一直引領中國開放、多樣、進取、外向、創新和包容思潮之先”的論述。在全球化的黃金時代，正是無數這樣的場景和時刻，構成了新世紀“十里洋場”的獨特魅力。

《中產上海——重塑中美交流》一書，以其深刻的洞察力和宏大的視野，為中外讀者理解中美關係走向與中國中產階層崛起這兩大主題之間的複雜關係，提供了重要的視角和獨到的洞察。作為多年來一關注李成教授學術成就的媒體人和後輩學子，我對這本書有尤其深刻的個人感受。

1985 年，李成教授從家鄉上海赴美留學，到加州大學伯克利分校攻讀亞洲學碩士學位，成為中國改革開放後受益於中美交流共贏的第一代跨國學術精英。近二十年後，當李成教授以卓越的學術成就成為中美關係研究領域的最知名華人學者之一時，我自己也走上了一條類似的留學路：作為一位年輕的中國記者，我也來到加州大學伯克利分校，攻讀新聞學碩士。自那之後，記者和編輯的工作讓我一直深度關注中美關係和中國經濟，在各種學術期刊和國際媒體上經常讀到李教授的著作和文章，深受啟發。直到 2024 年，我終於有機會在香港向李教授當面請教，並讀到他新作《中產上海——重塑中美交流》。

李成教授在書中深度探究了兩個超級大國幾十年來的共生博弈、數以億計的中國中產階層的興起，以及上海這座城市的命運三者之間內在的聯繫，通過歷史、經濟、地緣政治、人文視角和諸多具象化的個人故事將這三大主題串聯起來。這種敘事和論述方式既深刻體現了時代大勢，又充盈著人文關懷和人性魅力。

在學術維度，此書不僅關注中產階層的經濟和社會特徵，更深入探討了他們的文化價值觀和世界觀，以及他們與外部世界互動的方式。李成教授還通過對上海這座國際化大都市各個層面的細緻分析，揭示了中產階層在推動中國社會轉型、促進文化多元化和提升國家軟實力方面的積極作用。

2017 年的那個初春，在上海米氏西餐廳的辯論會上，作為反方三辯手的我，感受到的何嘗不是同樣的樂觀與力量。但令人唏噓的是，僅僅四年之後，屹立上海灘二十三年的米氏西餐廳，終於不敵中國經濟週期和中產消費潮流的變遷，宣告結業。而參與那場辯論會的我的幾位同事，其職業生涯也在此後幾年隨著國際政治大潮的轉向，發生了戲劇性變化：我的第一辯手隊友，成為英國《金融時報》一百三十多年歷史上的首位女性、阿拉伯裔總編輯；第二辯手繼續深耕科技報導，在生成式人工智能崛起的時代，成為英國最具影響力的"科技思想家"之一；辯論會的主持人跳槽去了歐洲一家知名右翼媒體做總編輯；對方一辯手回到《金融時報》美國分社，在"大脱鉤"時代，他成了報導美中關係獨家新聞最多的傳奇記者之一。其他幾位編輯同事則去西方知名智庫任職，繼續為研究大國博弈貢獻智慧。

近年來，面對全球最重要的雙邊關係中發生的深刻變化，各種學術、政論和商業書籍層出不窮，但多數採取自上而下的頂層視角。像《中產上海——重塑中美交流》一樣，以中國公民社會中堅力量的角度出發，檢視兩國國內經濟、民生、文化發展與兩國關係之間的雙向影響的作品實屬罕見。在此書有關中美交流的部分，李成教授以自身豐富的經歷和深厚的學術背景，展現了兩國在教育、文化、經濟等領域交流的全貌，並特別強調了中美民間文化交流的重要性。他認為，中美兩國之間的交流不應僅限於政府層面，更應擴展至民間，尤其是中產階級之間。通過教育、旅遊、商務等多種形式的交流，可以增進兩國人民的相互理解和尊重，從而推動兩國關係的和諧發展。

在本書的下半部分，李成教授通過對上海中產階級生活方式的細緻觀察，揭示了這一群體對中國當代文化的深刻影響。從時尚消費、餐飲習慣到娛樂活動，上海中產階級對西方文化的接受和融合，不僅推動了上海文化的多樣性，也促進了中國文化的現代化進程。此外，書中對上海中產階級在社會政治參與方面的態度和行為也做了深入探討，指出他們在追求個人和家庭利益的同時，也對社會公正、環境保護等問題表現出越來越多的關注。

這本書對於理解上海中產階級的崛起、中美關係的複雜性以及全球化背景下的文化交融具有重要的意義。它不僅為學者和研究人員提供了豐富的研究材料，也為普通讀者提供了深入了解這一主題的機會。我相信，這本書將成為國際學界研究中美關係和中國中產階級不可或缺的經典之作。

中國中產階層的崛起是全球中產化趨勢的重要組成部分，也是中國式現代化的重要特徵。以中國的龐大人口和經濟體量，中產階層的壯大和成熟不僅能夠發揮“國運穩定器”的作用，令中國成為國際體系越來越重要的持份者，為世界和平發展奠定基礎，更能扮演全球福祉推進器的角色，通過擴大消費和進口，為全球市場注入活力。李教授的研究也強調了文化交流和民間交往的重要性。他認為，通過教育、青年和民間交流，可以促進各國中產階層之間的對話和溝通，為構建更加和平穩定的世界貢獻力量。

總之，《中產上海——重塑中美交流》是一部深刻、全面、富有洞見的著作，它不僅增進了我們對上海中產階級的認識，也為我們理解中美兩國的發展進程和複雜關係提供了寶貴的視角。在大國關係走到歷史的十字路口之際，中美兩國對各自國際地位和未來發展方向的認知和選擇，將越來越深刻地觸動全人類的命運。此時此刻，這樣一部作品無疑具有重要的現實意義和歷史價值。

2024 年 10 月於香港

序三

◎ 周松欣

《南華早報》執行總編輯

當下全球，沒有什麼比中國的崛起對世界的影響更為顯著。而與此同時，對中國發展的認識和理解也是眾說紛紜，爭論不休。我在《南華早報》從事和策劃中國報導超過四分之一個世紀，對如何全面深刻地理解這一改變人類歷史的宏大事件，還是覺得非常困擾。

中國本身獨特的政治架構和相對封閉的資訊環境固然是一個因素，官方的宣傳語言經常流於刻板空泛，難以被體制外的人認同理解。而西方對中國的成見甚至是故意扭曲也越發頻繁。特別是在現今意識形態高漲的環境下，一些人慣於用以西方為主體的世界歷史觀，高高在上地去評論中國，甚至把以前研究蘇聯的一套生搬硬套在中國身上，而忽視了其特有的社會文化和歷史慣性。

中國的廣闊和多樣也常常被人低估。在很多人印象裏，中國人都是“一模一樣”或者“缺乏獨立個性”。殊不知中國的地域差異、文化多元和不同年齡層對世界的認知和價值觀，可說是有天淵之別。美國 60 年代的人和新世紀的人固然有許多不同，可是他們之間的差距，絕不會像中國文革一代和千禧一代那麼驚人地不同。極好和極壞的事都在這個國家同時存在。如果你帶著成見去看它，就總能找到支持你的根據，可是卻極容易一葉障目。我和同事說，我們不是在盲人摸象，我們是在“盲人摸龍”——從龍頭摸到龍尾可能要一輩子，更何況這龍還在高速變化之中。

要全面理解中國，只知國情並不足夠。中國近代歷史中的許多大事都是對外部世界，特別是對來自西方文明的衝擊、挑戰所作出的激烈回應和適應。中國今天的高速發展，是搭上了全球化的末班列車，是與世界經濟高度融合的結果。只知國情而不了解外面的世界，特別是美國和中國之間的恩恩怨怨，也不能全面理解中國今天的機遇和挑戰。

我有幸於 2016 年在華盛頓的布魯金斯學會拜見李成教授。他是布魯金斯學會約翰・桑頓中國中心的首位華裔主任。他既是中國通，也是美國通。對中美政治、社會都有透徹的了解。李教授出生並成長於文化大革命時期的上海，1985 年赴美留學，很快成為享負盛名的中國專家。他不但學識淵博、思想敏鋭，在中美都有龐大的人脈網絡，而且善於抓重點，看問題提綱挈領。跟他交流，讓人有登高望遠之感。

李教授最新力作《中產上海——重塑中美交流》便是一佳例。自二戰結束以來，雖偶有區域戰亂，世界總體上度過了八十年的和平日子。我們這一輩人，更經歷見證了偉大的第三次全球化浪潮。可是這太平盛世現在卻危機重重。反全球化的聲音此起彼伏，地緣政治日益激化，舊有的國際秩序越來越無法應付新的挑戰和容納新興國家的需求。氣候危機、人工智能、社會分化、收入不均等等問題都困擾著我們。而美國和中國在所有這些問題上的應對都至為關鍵。中美攜手，則人類有機會找出這些問題的答案；若中美交惡，不但這八十年的“太平盛世”會一去不返，我們還會面對比二戰更恐怖的戰爭威脅。

如何避免悲劇發生，我們必須搞清楚幾個基本問題：中國將會崛起成為一個什麼樣的國家？修昔底德陷阱的衝突是不可避免的嗎？美國和中國和平共處是否符合美國利益？關於這些問題，各種學説多如牛毛，但多數見木不見林。一般海外學者研究中國，熱衷於寫中共精英政治。李教授本人就是這方面的大家。可是他這次卻不寫領導人和那些宏偉論述，而著墨在“中產”這個議題上，真是一針見血，直指問題核心。

在改革開放前，中國雖然人口龐大，但是社會結構單一，基本沒有中產。過去四十年的改革帶來了爆炸式增長。官方公佈的中等收入群體的數字達到 4 億以上，比美國人口總和還要多。而根據國家戰略規劃，至 2035 年基本實現社會主義現代化，中等收入群體規模預計會超 8 億，進入“橢圓形社會”。迄今為止，世界上除了中國以外，實現工業化的國家不超過 30 個，人口總數不過 10 億。如果中國能夠達到 2035 年的目標，對未來世界經濟政治的衝擊和改變將是決定性的。了解中國能否保持中產人群的增長，中國中產的世界觀、價值取向如何，以及中國中產的增長將如何影響世界各國的經濟、文化和社會，我們就能把握到上述問題的答案。

與此同時，李教授也指出中產問題也是美國對華態度改變的關鍵。美國對中國的看法，很多時候是其對自身問題的投射。今天的美國面對的是社會撕裂、貧富懸殊、相對國力下降，其表現正是美國中產的萎縮。美國中產佔比已從二戰後的 70% 下降到 2021 年的 50%。許多人將此歸咎於製造業的東遷，認為是中國製造業“吸乾”了美國工業。而隨著中國經濟轉型，中國在高新技術領域變成了美國的競爭對手，而不再是負責低價值加工的副手。如果中國要達到 8 億中產的目標，中國經濟就要向產業鏈上游走，這大大加劇了西方發達國家對中國競爭的疑慮。

當然，研究中國中產的難題是如何定義中產和如何獲得可信的實證數據。對於什麼人能被定義為中產，國內外一直爭論不休。本書中，李成教授博採眾長、旁徵博引，從多方面闡述中產的概念和在中國的現狀。他選擇了上海作為研究中國中產的取樣地，不止因為上海有大量中產聚居，也因為上海是中國大陸最國際化的城市之一。通過了解上海，我們也就能一窺中國的未來。

現在美國流行的一個觀點，是指責美國此前對中國的接觸政策是錯誤的。持此論調的人認為過去美國“天真地”以為通過接觸可以改變中國，其實是給自己製造了一個強大的對手。他們因此認為美國要和中國全面脫鉤，全力壓制其發展。我認為這種觀點是膚淺的。首先美國四十年前和中國緊密接觸不是“做慈善”，不過是各取所需罷了。美國在四十年的全球化進程中，得益一點也不小。把今天的問題歸咎於此，有些可笑。

其次，這種論調也忽視了美國文化經濟對中國的改變。今天的中國中產固然有強烈的民族觀念和自我價值，可他們也是全球化最大的受益人和支持者。每年過百萬中產家庭的孩子遠渡重洋到外國讀書，美國恰恰是他們的首選。美國文化在中國年輕人中的影響，是無法低估的。只不過一個 3 億人口的國家，不管多先進，想要在四十年裏把有著五千年歷史的 14 億人變成和自己一樣，那是毫不現實的。要改變別人，就要改變自己。今天的中國年輕人對美國的了解遠遠超過美國同齡人對中國的了解。美國對中國的敵意，不能根本改變中國發展的大勢，卻會加劇快速成長中的中國中產對西方和美國成見的不滿。美國和中國脫鉤，只會加深其自身對中國的不了解。妄言與中國接觸政策失敗更是草率的。

從李教授這本書，關心中美問題的讀者都會受益匪淺。當李教授 2023 年告訴我們他打算回國到香港任教，我當時便深感這是香港之幸。我們現在正需要真正懂西方、懂中國的人，為香港在新的地緣政治激盪的時候，重塑聯通中西的橋樑。過去一年以來，李教授帶領下的當代中國與世界研究中心已經為中外交流貢獻良多。我翹首以待教授更多的新書、新活動在香港呈現。

2024 年 10 月於香港

自序

美國作家歐內斯特·海明威曾經寫道："如果你足够幸運，年輕時候在巴黎居住過，那麼從此以後無論你到哪裏，巴黎都將一直跟著你。"我的生活經歷也是一場移動的盛宴，不過我的盛宴始於一座人稱"東方巴黎"的城市。我在上海出生，在那座城市的文化熏陶裏長大。我難以忘懷的上海經歷，改革開放初期在上海所受的本科教育，中華文化給我帶來的底蘊，是我人生最珍貴的財富。

尤其幸運的是，我目前還在事業的旺盛時期，在當今世界地緣政治發生激烈動盪的時刻，能於 2023 年 7 月落地"東方之珠"香港，受聘於群星璀璨的香港大學，擔任當代中國與世界研究中心的創始主任，致力於打造全球一流的公共政策和國際關係智庫。我與許多新移民或回到香港的專業人士一樣，如今來到這座充滿活力的國際化都市工作，歷史和時代給予了我們機遇和使命。

論機遇，目前香港社會趨於穩定。就像任何企業都熱衷於在一個社會安定和政治穩定的地方投資，個體也同樣希望在一座安全和政治穩定的城市生活和工作。香港此前曾經歷非常不穩定的幾年。現在的穩定來之不易，豈有不珍惜之理？值得注意的是，看當今世界，哪些地方是真正穩定的？歐洲？俄烏戰爭沒完沒了。中東？巴以衝突再陷深淵。美國？政黨惡鬥、社會撕裂……不難預測，在未來相當長一段時間裏，國際社會將受到西方推動的泛政治化、泛安全化、逆全球化、兩極化（可謂是"四化"）的衝擊和限制。

然而，今天的世界發展趨勢不應該是一些政客所熱衷的兩極化，而應該是多極化。面對國際關係亂雲飛渡，走向新冷戰沒有出路而且極其危險。世界各國應該共同努力回應氣候變化、公共衛生、貧富懸殊、糧食安全、經濟合作、人工智能、可持續發展、軍備控制與和平等重大的全球議題。

我作為一個在美國生活和工作長達三十八年的華裔智庫學者，現在又回到了太平洋的這一畔，來到了近現代史上促進東西方文化交往的橋頭堡 —— 香港。這裏和內地毗鄰，粵港澳大灣區互聯互通，我也經常有機會去內地其他省市考察交流。這種近水樓台的優勢與對香港和內地理解固化片面的海外觀察分析人士形成了對照。

談使命，作為研究國際關係的學者，推動跨國界的交流，促進文化文明的對話而不是對抗，理應是我們的使命。如果我們推崇文化多元，信奉世界多極，我們就應該更包容而不是偏執，更開明開放而不是保守封閉，更有全球視野而不是狹隘的民族主義，更主張國際合作而不是對立競爭。面對西方的“四化”，一個穩定、自信、注重綜合實力的中國有能力反其道而行之。正如習近平主席在首屆“一帶一路”國際合作高峰論壇上所説：“文明在開放中發展，民族在融合中共存。”一個國家的文化資源和軟實力經常是通過國際文化交流得到開發和繁榮的。

回香港近一年來，尤其在與內地各界人士的廣泛接觸和交流中，我有了很多新的感知和體驗。鄙見以為，當前中國很多人對外部世界的了解，尤其是近年來迅速變化中的美國內政外交的認識，有許多欠缺之處。雖然世界和美國對中國的了解非常不足，但這並不能減少中國因不夠了解世界所造成的不利因素。一方面，國內有些知識分子，也包括香港的一些分析人士，不夠了解中國自己的短板；另一方面，也需克服一些人對西方的過度崇拜所造成的對國內一些問題的過度悲觀。

我覺得更嚴重的問題在於國內不少人對於中國自身的強大給外部世界造成的衝擊缺乏了解，對全球政治經濟版圖尤其是中產人群的重新分佈認識不足。用西方話語來講，中國已經是“房間裏最大的一頭大象”，所作所為對其他國家有很大影響。這些影響在外界看來，有些是積極的，有些並沒有得到廣泛認同。如果中國自身對此缺乏足够的認識和換位思考，就很難理解外部世界面對中國的強大而產生的不同反應。同時，近年來由於種種原因，中國經濟有所放緩，無論是民營企業，還是中產階層都有一個信心不足的問題。更有甚者，還會渲染妄自菲薄的悲觀情緒和民族或文化虛無主義。

本書也是在這樣的國際、國內大背景下應運而生的。以上所說的機遇和使命，不只是對個體而言，也是對城市、對中產群體、對國家而言。2020 年，我曾為英文世界的讀者尤其是北美國家的讀者寫作過一版，而這次為華語世界的廣大讀者奉上中文版，二者的主體內容都是關於中國中產的闡釋與分析，但隨著時間的推移和世界局勢的變化，這本書理應對主題和內容側重進行新的調整。

2020 年重在強調中產上海如何反映美國以往對華接觸政策的互惠作用和兩國教育文化交流的重要意義，2024 年則不僅突出了全球東西方、南北方中產力量在 21 世紀以來消長變化的歷史反差，而且論證了中國中產的崛起是對共同富裕理念和中國現代化的有效詮釋。從全球的角度而言，中國還有望在世界經濟復甦和中產共享增長中起到引領作用。

全球視野中的中國中產之崛起

在後疫情時代，各國產業鏈、供應鏈聯繫脆弱，貧富懸殊擴大，種族矛盾加劇，地緣政治衝突蔓延，金融危機風險不斷，這些與西方發達國家陷入中產坍縮和空心化等困境往往互為因果。近三四十年來，西方中產在持續萎縮。美國中產佔比已從二戰後的 70% 下降到 2021 年的 50%。德國、意大利、西班牙等歐洲國家也面臨相似趨勢。據美聯儲 2023 年的統計報告，美國收入最高的前 1% 人群擁有的財富份額已超過全體中產階級（收入分佈第 20—80 個百分位的人群）。美國財政部部長耶倫 2024 年初在芝加哥經濟俱樂部就美國中產階級現狀的主題演講中承認，美國實際工資中位數幾十年來一直停滯不前。根據歐洲央行 2024 年 2 月的報告，歐洲收入最高的前 5% 人群的財富份額則長期保持在社會總財富的 40% 以上。

與此同時，人類社會正在走入中產主導的世界。五十多年前，全球中產階層不足 10 億，約佔世界總人口的 1/4；21 世紀以來，中產規模開始向 20 億邁進，接近總人口的 1/3。發展中地區特別是中國在其中貢獻巨大。據世界銀行學者的測算，2009—2020 年間，全球 97.6% 的新增中產出現在亞太、中南美洲、中東—北非及撒哈拉以南非洲等地。在此期間，中國、印度、印度尼西亞、巴西等發展中國家都調整了脫貧政策以擴大中產規模。

尤為重要的是，中國改革開放四十多年來，有 8 億多人擺脫貧困，4 億多人成為中等收入群體。中國中等收入群體真可謂異軍突起，規模居世界第一，在全球中產和全國人口中的佔比都在 30% 左右。近幾年，儘管受疫情衝擊，全球和中國中產的數量都出現過短暫波動。未來受產業轉型、金融風險、人口結構等影響，中國中產的數量仍然還會有波動的可能。但只要不發生大規模戰爭或其他不可預測性事件，全球中產的發展趨勢和分佈就不會劇烈改變。像本書數據顯示的那樣，中國城市化的潛力，對新質生產力的戰略部署及國內統一大市場的規劃等構築了中產發展的樂觀圖景。

共同富裕就是中產擴大之路

以共同富裕作為發展戰略的中國，持續擴大的中等收入群體不僅可以發揮穩定器作用，為世界和平發展築牢基礎；還可以扮演推進器角色，通過進一步擴大消費和進口，為全球市場注入信心活力。共同富裕不是要限制民營企業，而是要通過激勵市場經濟的三大動力（消費、投資、外貿）來促進中產的增長。目前就消費而言，中國中產群體的潛力還未真正釋放。要實現消費拉動經濟增長的基礎性作用的關鍵不在於富人群體，而完全依賴中產社會的形成。

順應新一輪科技革命和產業變革，找到新的經濟增長點是國內經濟復甦的關鍵。在新冠肺炎疫情前的 2019 年，中央領導層就提出“高質量”和“一體化”的新發展規劃，重點發展上海所在的長江三角洲區域的現代製造業、服務業和智能研發等。而此前幾年，上海市政府就以建設醫療衛生、食品安全、終身教育、智慧交通、公共安全和科技服務這六大產業的大數據公共平台為工作重點。

中國在全球治理尤其是新能源、電商、創新驅動、人工智能、數據安全等領域，可以貢獻更多中國方案，體現中國强調新質生產力和包容性增長的深遠意義。善加引導中產對 ESG（環境、社會和治理）的投資、低碳生活、可持續發展等的關注，有助於撬動這一群體的“經濟引力中心”作用。近年來，中國積極穩妥推進碳達峰、碳中和的綠色發展模式和新能源的廣泛應用，將會得到眾多國家的認同和迴響。中國中產的增長與國內的共同富裕、綠色發展，以及對外的包容性增長與和平發展理念構成了中國式現代化的特點。就如鄭必堅先生所說，中國式現代化“從根本上超越了西方奉行的零和博弈思維和戰爭、殖民、掠奪、脅迫的現代化老路”。

同時，以教育、青年和民間交流為抓手，促進各國中產對話溝通，青年的成長發展將成為未來世界和平穩定的基石。人文交流、民間交往會幫助不同的國家尋求更多的利益匯合點。今日之青年，大概率就是明日之中產，是一起把蛋糕做大的國際參與夥伴。無論是國內政策層面還是對外關係層面，未來中產的包容性增長對實現中國式現代化都至關重要。

中國式現代化植根中國文化，是契合中國實際的實現中產社會的中國夢

中國式現代化並非古老華夏文明的衰亡，而是傳統文化的新生。文化現代化是中國式現代化的重要組成部分。上海經常被認為是中國式現代化的亮麗名片。20 世紀初，西式現代化和中國共產黨這兩支在中國近現代史上影響最大的力量都發源於上海。在與外來文化的交流中，上海產生了特色鮮明的海派文化。海派文化從誕生之日起，就體現了開放、多樣、進取、外向、創新和包容的內涵。本書對海派文化特點的討論揭示了上海在吸收外國文化精華的同時，也強化了中華文化的創新和地方文化的多元特色。海納百川的海派文化魅力不是由西方文化主導的，而是非西方文化韌性與適應能力的彰顯。

上海是現代中國成長壯大的標誌，而今它在國際上聲望日高本身

就加强了中國人的民族自豪感。改革開放以來，上海作為“中國曼哈頓”的興起傳達的是一個生機勃勃、百花齊放、富有自信、面向未來、成長中的中產國家形象。而海派文化的風生水起，包括本書描寫的上海先鋒派藝術作品所表達的前瞻性思想，為我們理解中國中產對於文化和全球事務的參與提供了新思路。多維度的“上海奇蹟”是通過“文明的對話”而非“文明的衝突”實現的。文化傳播和國際交流是任何文化發展的前提。中國與外部世界的文化交流越活躍，國力就越强。而海派文化所體現的自信和包容會使中產中國在全球卓越地位的競爭中如虎添翼。

在解析中產上海的發展和意義，以及從大國戰略層面放眼中國中產研究的過程中，我得到了海內外眾多學者和各界人士的指導和幫助。我在本書英文版有一個很長的致謝名單。囿於中文版篇幅所限，我無法盡數重複。但對名單上的各位，我的感激一如既往。但有一人我必須重複，即我的恩師，2023 年剛過世的基辛格博士。過去近二十年裏，我時常與他會面，得到他耳提面命的教誨，這是我莫大的榮耀。在我們無數次一對一的會面中，他娓娓講述了他的傳奇經歷、歷史視角、遠見卓識和戰略思維，這一切都影響了我的學術和智庫生涯，包括本書的寫作。毫不誇張地說，基辛格博士在促成美國對華開放中起到的作用之大，無人能出其右；他推動中美關係正常化，為之後中國大批學生赴美留學奠定了基礎，可以說是改變了幾代人的命運。他不僅推動了冷戰的結束，他在晚年提出“共同演進”的新理論，為中美處理大國關係提供了“解法”。他百歲高齡時還遠渡重洋來中國訪問，激勵鼓舞著當今世界兩個最强大國家之間民間外交的發展。他的去世，對世界而言，是一個時代的結束；對我個人而言，是我失去了生命中很重要的一部分。每每回想起他的鞭策和他睿智的話語，這種傷感都難以言表。

這本書能與中文讀者見面，貢獻最大的莫過於聯合國高級翻譯林華老師，她也是基辛格《論中國》的譯者之一。她對原著的準確理解和她優美得體的中文表達令我由衷地敬佩。我要深深感謝中信出版集團為出版此書所做的大量工作。尤其是中信出版集團董事長陳煒、總編輯洪勇剛的大力支持；中信出版集團副總編輯、中信出版．大方總經理蔡欣，她參與策劃與討論，這幾年來包括在新冠肺炎疫情期間，我們有許多次的見面；感謝中信出版．大方總編輯趙菁和編輯劉芷綺細緻的編輯工作。也要感謝施宏俊先生最初對本書的推薦。而我的好友翁吉義先生對於本書的出版問世貢獻非凡。

這本書是我 2023 年來到香港後完成的。我要感謝香港大學的校領導，尤其是張翔校長、王于漸首席副校長和宮鵬副校長的大力支持，讓香港大學當代中國和世界研究中心（Centreon Contemporary China and the World, CCCW）得以建立。對研究中心這些才華橫溢、精明強幹的年輕同事，李逸飛、蒲瑪俐和張馳，我的感謝言簡意深。特別是張馳以他出色的中英文能力對書稿的內容和文字做了一絲不苟的校對和潤色。

我來港大後，許多老朋友和新朋友，其中許多是聞名遐邇的專家學者和各界領軍人物，對我們新的研究中心給予了多方面的巨大支持。我們中心很幸運，有一長串的支持者，包括：曹磊、鄧鋒、丁健、霍炳光、洪雯、賈慶國、金刻羽、林至穎、李開復、傑弗里．雷蒙、陸恭蕙、芮安卓、毛學峰、馬凱碩、裴逸群、裴宜理、施涵、謝淑麗、孫潔、約翰．桑頓、董雲裳、蔡欣怡、王石、翁吉義、邁克爾．韋爾茲、許戈輝、薛瀾、楊大利、丘騰華、楊榮文、楊元慶、郁建興、曾玉、張弛、張文宏、張雲、鄭志傑等。他們在中美關係面臨嚴峻挑戰之際，仍然致力於對跨學科、跨國界的學術研究的支持。對於我在港大的教授同事，我就不一一致謝了。能在港大良好的學術環境中工作是我的榮幸。

所有這些個人和機構的支持都在推進本書的中文版出版中起到了作用。他們都一貫支持獨立、公正、客觀的研究；這種無私奉獻令人欽佩。當然，我對本書的所有論點，包括一切錯誤，擔負全責。

在準備中文版的過程中，我的家人和親屬，尤其是李銀生、李嫻甫、章承修、章華、季慧、姚蓉，給予了我不可或缺的關愛和幫助。本書獻給曲少旭，我叫他“小曲”。我是在 2003 年非典疫情期間在上海遇到小曲的，他很快成為我們大家庭中的一個成員。作為新上海人，他的故事代表著上海眾多居民（無論是本地人還是外來人）共同的奮鬥與夢想。我沒能更多地幫助他克服健康問題以實現他的夢想，這是我此生永遠的遺憾。謹將本書作為對他的紀念。

前言

在世界大變局之時重新思考全球化

那些使和平改變成為不可能的人，必將使暴力改變成為不可免。

——約翰 ·F. 肯尼迪

2000 年上海美術館舉行的上海藝術雙年展上，國際知名的中國藝術家黃永砯創作的一座雕塑吸引了眾人的注意。黃永砯用沙子堆出了一座和外灘上曾經屬匯豐銀行的那座著名大樓一模一樣的沙雕。這件獲獎藝術品有個諷刺性的名字，叫“沙的銀行，銀行的沙”（見附錄插圖 1）。它最深刻的特徵是它在展覽期間的變化：逐漸變乾，逐漸解體。

這個地標性建築複製品的垮塌具有高度的象徵意義，特別是隱喻了全球化的驚人影響和潛在的災難性後果。由英國的帕爾默和特納建築設計公司設計的匯豐銀行大樓 1923 年一俟建成，就成為外國勢力在這座城市中輝煌歲月的代表。[1] 大樓表面是壯觀的羅馬式建築，前門有 3 個花崗岩石拱，上方是巨大的穹頂。英國人曾經吹噓說，這座大樓是“從蘇伊士運河到白令海峽之間最精美、最宏偉的”。[2]20 世紀上半葉，包括美國在內的許多帝國主義國家在和中國打交道的過程中，都與這家國際銀行過從甚密（也向它借過款）。1949 年中華人民共和國成立後的四十多年，上海市委和市政府在這座大廈裏辦公。[3]1996 年後，它成為另一家銀行 ——浦東開發銀行的所在地；這家銀行作為主要供資方，支撐了在黃浦江對岸的浦東地區，特別是人稱“中國曼哈頓”的陸家嘴地區的震撼世界的大開發。

近期世界上發生了不少具有轉折性意義的事件，有美國的“9·11”恐怖襲擊，有 2008 年全球金融危機，還有最重要的新冠病毒全球大流行，這些事件的影響共同證實了黃永砯對於日益互聯互通的世界所產生的災難性衝擊與後果的感受和恐懼。由於新冠肺炎疫情危機，整個世界的日常生活與工作節奏突然被打亂，甚至戛然而止。國際航班、郵輪和其他遠程運輸大多陷入停滯。學校、工廠、商店、餐館、影院、體育場和其他娛樂設施統統關門。大多數國家也關閉了國門。中國最初暴發新冠疫情的“震中”武漢（一個人口超過 1100 萬的大都會）2020 年大半個春天徹底封城。世界範圍內，從新冠病毒肆虐之初到 2020 年底，大約 8370 萬人感染，超過 181.9 萬人病亡，數十億人被隔離，生活在孤立無援、焦慮緊張，甚至驚慌失措的狀態中。例如，2020 年 3 月，78 個國家中的 34 億人（約佔世界人口的 43%）在政府要求下“居家隔離”。[4] 截至 2020 年 4 月，新冠肺炎疫情大流行迫使 191 個國家關閉學校，全世界超過 15 億學生無法在正常的教室環境中學習。[5]

這場“世紀大流行”的長期影響遠未分明。新冠肺炎疫情暴發前，國家內部與國家之間的經濟不平等已經在世界各地激起了反全球化運動。疫情暴發自然給全球化的前景蒙上了新的陰影。新冠肺炎疫情不單是一場毀滅性公共衛生危機，而且暴露出國家治理和國際秩序的根本性問題。如亨利 · 基辛格所説，“許多國家的制度將被視為失敗”，

"新冠病毒後的世界再也不復以往"。[6] 有理由認為，對區域和全球一體化的懷疑，以及激進民粹主義、種族主義和仇外情緒可能會在世界許多地方抬頭，導致人的心態、行為、偏好和側重點的改變。

考慮到這些情況，前面提到的中國藝術家黃永砯似乎企圖用他那富有想像力的藝術作品提醒觀眾，現代中國在與外部世界相遇的過程中經歷了急劇的變化和意外的曲折。他的雕塑每個細節都充滿豐富的含義。生於福建的前衛藝術家黃永砯在巴黎住了十多年，對一門心思追求現代化及對全球化導致的破壞性結果一直持批評態度。[7] 在他和其他批評者看來，經濟與文化全球化蘊含著不同的意義和現象 —— 並非全是正面的。[8] 官員腐敗、經濟不平等、金融動盪、社會失序、環境退化、公共衛生資源分配不當、文化異化現象和國際緊張關係，這些問題是全球化進程的常見副作用，許多國家都有，中國也不例外。2000 年，上海雙年展的一位策展人侯瀚如説，黃永砯的展品顯示了"走向現代、走向全球的夢想總是暗含著破壞與災難的風險"。[9]

黃永砯的警告有著深深的歷史原因。如哈佛大學歷史學家杜維明所説，"中國在現代轉型過程中目睹了太多的破壞和暴力"。[10] 值得注意的是，黃永砯的作品以藝術手段表現了知識界對於全球化"不可避免""不可抗拒""不可逆轉"論調的批判，這樣的批判聲音始終沒有平息。[11]

對中國來説，真正的風險及它作為新興超級大國所面臨的最大挑戰不是政治風險，或國家重回國人心目中那"兩個不幸的世紀"，即鴉片戰爭以後那段時間。改革開放後，中國從經濟全球化中獲益巨大，可以説甚於任何其他國家。國內市場改革與對外部世界的深度融入協同推進，造就了過去四十年的"中國經濟奇蹟"。

自鄧小平 1978 年開啟改革開放以來的四十年中，中國大約 8 億人脫離了貧困，相當於歐洲人口最多的德國的 10 倍。僅僅二十五年前，在中國還看不到明顯的社會和經濟層面"中產階層"的蹤影。但今天，越來越多的中國公民（目前據計在 400 萬到 500 萬）過上了中產生活，有私人房產、私人汽車、良好的醫療保健、各種金融資產，還有財力出國旅行和送孩子出國留學[12]；早期，這些人主要集中於上海和其他大城市。2019 年 10 月，中國人民銀行對中國城市居民做了一次大規模調查，調查結果顯示，中國 96% 的城鎮家庭擁有房產，其中 31% 有兩套房產，11% 有三套或三套以上。[13] 與四十年前相比，中國 2019 年的 GDP 增長了 60 倍，人均收入高了 25 倍。[14]

中國現在面臨的嚴峻挑戰是，在迅速躍升為世界最大的中產國家和世界第二大經濟體的同時，如何消弭其他國家，特別是北美洲、歐洲和大洋洲國家的恐懼與憂慮，打消它們關於中國地位上升和影響力擴大將損害地區乃至世界繁榮與和平的擔心和偏見。

中國的"一帶一路"倡議已經開始重塑全球格局，一些由中國唱主角的新創金融機構，如絲路基金、亞洲基礎建設投資銀行和新開發銀行，也起著同樣的作用。有些人認為，中國牽頭的這些倡議為發展中國家提供了急需的基礎設施建設、資金和更加有效的脫貧手段，其他人卻有不同看法。同樣，中國在國際組織中的影響力也有了顯著增加，世界衛生組織即是一例。新冠病毒大流行期間，中國在世衛組織的影響力進一步增強，這激起了世界各國批評者的强烈不滿。

最令人擔心的是，美國和中國之間緊張關係的升級。曠日持久的貿易戰，對彼此政治制度日益尖銳的批評，在涉台、涉港、涉疆問題上的針鋒相對，在東海和南海附近頻繁的軍事演習，在 5G 技術、人工智能、網絡空間和外太空領域日益激烈的競爭⋯⋯這些都是緊張升級的表現。華盛頓越來越感到，美國有可能在戰略、外交、安全、軍事、政治、意識形態、經濟、金融、科學、技術、衛生，甚至教育與文化等多條戰線上與中國發生重大衝突。華盛頓的一些政客和輿論領袖把教育與文化上升到“高端政治”（high politics）領域，將其變成了國家安全問題。由於這些關切，美國政界、外交界和學界中的許多人斷定，美國對中國長期以來的接觸政策失敗了。在各個領域與中國全面“脱鈎”的主張在華盛頓聲勢漸漲。

同樣，針對美國的敵對觀點在北京也日益普遍。對於在各種問題上與中國有爭端或批評中國的美國、其他西方國家及中國的鄰國，中國開始利用中國的經濟、技術和軍事力量對等應對。北京升級了國家主導的產業政策來打造“國家領軍企業”，還鼓勵在高科技領域與西方公司開展直接競爭。中國推行主動大膽的外交政策，其特徵是談到中美關係時最新的常用字“鬥爭”。

中美關係惡化的速度與規模前所未有，幾乎無人料到它來得如此之快、如此之廣。時不我待，美國這個世界最強大的國家和中國這個迅速崛起的國家需要趕快找到辦法，防止彼此愈演愈烈的恐懼和敵意發展到不可控制的地步，那將導致兩國直接對抗，甚至是毀滅性的戰爭。如此可怕的前景似乎應和了中國一些人的悲觀情緒，已故的黃永砯（1954—2019）那件藝術作品正是表達了這樣的悲觀情緒。黃永砯通過他的雕塑突出了歷史的不可預測和紀念碑式的建築在不斷變化環境中的脆弱。不過，也許更重要的是，這件藝術品促使人們重新思考在我們岌岌可危的世界中全球一體化和文化交流的意義與價值。

在美中矛盾日益加劇，全球混亂、山雨欲來這一至為關鍵的時刻，美國決策者必須看到當今中國的充沛活力和巨大多樣性。上海所體現與引領的今日中國中產迅速增長造成的政治、社會、經濟、企業、文化和民間的改變。當然，中產當中盛行民族主義，有時甚至存在强烈的反美情緒。但是，這個重要的群體也具有開放的世界觀和價值觀，敢於挑戰權威，要求政府盡責，而且非常樂意與美國和其他國家合作——他們中的許多人曾在美國和西方各國留過學。華盛頓不能低估中國中產的作用與力量，採取的政策不能排擠疏遠這支力量，將其推向强硬的民族主義，那樣對兩國乃至全球都是有害的。

當然，上海的未來並無定論。不過，研究它的過去、現狀和今後幾十年可能的變化方向給人啟示良多。作為 1949 年以前最西化的中國城市和當今中國融入世界的排頭兵，上海是理想的研究案例，可藉以評價跨國力量，以及文化與政治、國家與社會、東方與西方互動所產生的影響。

研究的核心是一個答案待定的問題：中產在塑造中國未來在世界舞台上的形象方面將發揮何種作用？它會成為國內積極社會變革的催化劑、絆腳石，抑或是別的什麼東西？中產的快速增長一般會引發對未來的新期盼和責任感，它會推動中國在瞬息萬變的全球環境中成為建設性（而非破壞性）的力量嗎？著名國際事務評論家法里德·扎卡利亞（Fareed Zakaria）[15] 最近説過，美國對中國的力量增長反應過度。若能充分了解中國中產的視角、價值觀和呼聲，特別是他們與西方同類人群的相似之處，能否幫助消解這種恐慌？

在中國繼續沿著自己的發展道路闊步前行之際，對這些問題的探索和解答意義極其重大。要想尋求答案，透過中國最有活力的城市——上海，來了解中產這個當今中國社會的核心組成部分是一個很有效的途徑。

註釋

1. 匯豐銀行大樓是當時世界上第二大銀行大樓。江似虹（Tess Johnston）、爾東强（Deke Erh）：《最後一瞥：老上海的西式建築》（*A Last Look: Western Architecture in Old Shanghai*）（Hong Kong: Old China Hand Press，1993），第 53 頁。
2. 盧大千、韓君天、范雲興、孫雷：《上海：國際旅遊城市》（北京：中國旅遊出版社，2003），第 52 頁有所提及。大樓設計與建築的詳情見婁承浩、薛順生：《老上海經典建築》（上海：同濟大學出版社，2000），第 20—23 頁。
3. 1955 年，匯豐銀行為賠償累年拖欠的稅金，將大樓交給了上海市政府。1995 年 7 月 1 日，上海市政府和市委遷入了人民廣場的新辦公樓。"文化大革命" 開頭幾年，這座大樓被造反派及其革委會佔領。
4. 《世界日報》，2020 年 3 月 30 日，A5 版。
5. 《教育：從中斷到恢復》（*Education: From Disruption to Recovery*），見聯合國教科文組織（UNESCO）網站。
6. 亨利 · A. 基辛格：〈新冠病毒大流行將永遠改變世界秩序〉（*The Corona virus Pandemic Will Forever Alter the World Order*），《華爾街日報》（*Wall Street Journal*），2020 年 4 月 3 日。
7. 皮道堅、魯虹主編：《藝術新視界——26 位著名批評家談中國當代美術的走勢》（長沙：湖南美術出版社，2003），第 89 頁。
8. 對經濟與文化全球化在包括上海在內的東亞城市造成的破壞，最近的批評見黃宗儀（Tsung-Yi Michelle Huang）：《行走於貧民窟與摩天樓之間：香港、東京和上海開放空間的幻象》（*Walking between Slums and Skyscrapers: Illusions of Open Space in Hong Kong, Tokyo and Shanghai*）（Hong Kong: Hong Kong University Press，2004）。
9. 侯瀚如：〈裸城：2000 年上海雙年展策展筆記〉（*A Naked City: Curatorial Notes around the 2000 Shanghai Biennale*），《亞太藝術》（*Art Asia Pacific*），No.31，2001，第 62 頁。
10. 屠偉明：〈文化中國：作為中心的邊緣〉（*Cultural China: The Periphery as the Center*），*Daedalus*，120，No.2，1991，第 25 頁。
11. 這呼應了許多社會科學家對全球化歷史決定論的批評。Manfred B. Steger: *Globalism: The New Market Ideology*，Lanham, MD: Rowman & Littlefield，2002，第 54 頁。Chalmers Johnson 在 *The Sorrows of Empire: Militarism, Secrecy, and the End of the Republic*, New York: Henry Holt and Company, Metropolitan Books，2004，第 260 頁作了引用。
12. 中國政府和外國多國公司的統計數據見牛綺思：〈中國中等收入群體超 3 億人，2050 年有望達 9 億人以上〉，《中國經濟週刊》2018 年 4 月 17 日。
13. 中國人民銀行調查統計司城鎮居民家庭資產負債調查課題組：〈城鎮居民家庭資產負債調查〉，《中國金融》，第 9 期，2020。
14. 小查斯 · W. 弗里曼（Chas W. Freeman Jr.）：〈貿易戰後，要真正和中國開戰嗎？〉（*After the Trade War, a Real War with China?*），2019 年 2 月 12 日在佛羅里達州聖彼得斯堡舉行的聖彼得斯堡世界事務大會上的講話。

15. 法里德·扎卡利亞（Fareed Zakaria）：〈新的中國恐慌：為什麼美國不應因它最新的挑戰者而驚慌〉（*The New China Scare: Why America Shouldn't Panic about Its Latest Challenger*），《外交事務》（*Foreign Affairs*），99，No.1，2020 年 1—2 月，第 52—69 頁。

● 第一章　上海的中產與中國未來的發展軌跡

第一部分

緒論

第一章

上海的中產與中國未來的發展軌跡

如果歷史教會了我們什麼，那就是令人激情燃燒、投入暴力的主義和事業轉瞬即逝，經常因時過境遷而失去意義。我們必須學會在處理國際關係中耐心、寬容、開放，最重要的是要有歷史眼光。

——菲利普·庫姆斯

兩千年歷史看西安，五百年歷史看北京，一百年歷史看上海。

——一句中國俗語

影響中國國內轉型和世界作用的力量為數眾多，其中最重要的莫過於中國中產的迅速興起和爆發性增長。中國正在從一個相對貧窮的發展中國家向中等收入國家過渡，這一過程很可能對社會每個領域，特別對中國的經濟、環境、教育、政治、社會凝聚力和文化產生廣泛影響。在國際方面，中國新興的中產已經開始改變中國與外部世界的互動方式，在緊跟跨國文化潮流的同時，擴大了中國社會和經濟的外延和軟實力的提升。

今後幾十年，中國中產將成為變革的驅動力量，也會承擔變革的代價、享受變革的裨益。更好地了解中國中產的特徵及其在國家迅速變革過程中的多方面作用能幫助釐清它的經濟與政治發展軌跡。對海外的中國觀察者來説，中國中產體現了中國社會正在發生的多維度變化，因此是有用的研究課題，可以幫助外國政府，特別是美國政府，確定與北京打交道的有效政策選項。華盛頓目前正激烈辯論是否要終止四十年的對華接觸政策，進而與中國全面“脱鈎”；北京則尖鋭批評美國帶頭陰謀遏制中國崛起，採取了針鋒相對的態度；這些都證明中美之間的緊張在日益加劇，且遠遠超過了經濟和貿易領域。兩國都加緊了在亞太地區的海軍活動和其他軍事演習，指責對方開展非法網絡攻擊，互相驅逐記者，威脅停止民間交流，並加大了日益敵對的政治攻擊聲浪。鑑於目前的中美關係狀況，世界上最强大的國家和世界上發展最快的國家之間爆發軍事對抗甚至全面戰爭絕非危言聳聽。

本書提出的論點與華盛頓流行的美國對華接觸政策失敗論截然相反。從上海這座中國最國際化的城市來回顧中國過去二十多年的發展和對外關係，可以清楚地看到，美國甚囂塵上的“全方位中國威脅”的假設和相關政策措施太過簡單、思慮不周、誤入歧途。

最近，華盛頓為推動對華脱鈎，極力渲染中華民族是對美國“全社會的威脅”。這不僅造成了中國龐大的中產階層這支活躍進步力量的反感，而且嚴重損害了美國公共外交和國家利益，有可能使兩國走向直接對抗，進而導致戰爭。[1] 美國各界極其需要對中國國內的發展動態和中國社會的多樣性，特別是對不斷擴大的中產階層開展全面實證研究；這樣可以在分析中國未來與美國及世界的關係時拓寬視野，也有助於理性辯論。

雙重焦點：中產和上海

研究上海中產及其文化價值觀能否幫助我們對中國的政治軌跡和

外交關係，包括戰爭與和平的可能性有更深的了解？從柏拉圖（Plato）到馬基雅維利（Machiavelli），從孔夫子到毛澤東，對文化動態與政治動態之間、內部力量與外部關係之間的關聯早有認識。隨著中國全球影響力的增長，關於中國在世界上的作用，以及與其他國家的關係，國際社會，特別是美國的政策制定者，越來越在兩個截然不同的場景之間猶豫不決。兩個場景中的任何一個都與中國迅速興起的中產的發展軌跡密切交織。

第一個場景比較悲觀：中國藉著持續數十年的雙位數經濟增長和軍事現代化的東風，成為超級大國。中國的中產規模空前，這些人強烈的民族主義觀念將主導國家事務的方方面面。數以億計中產消費者的巨大需求、全球資源的短缺、中國膨脹的碳足跡引起的國際驚愕、中國工業化與城市化迅猛發展造成的其他負面問題導致的全球關切……這一切都加劇了緊張。蠱惑人心的煽動家會趁機不斷挑動這種敵意滿滿的有毒的民族主義情緒。在這個場景中，一個正在上升、對受西方帝國主義欺負的"屈辱的世紀"念念不忘的中國很容易會選擇無視國際規範、破壞全球機構，甚至考慮在東海和南海及亞太其他地區開展侵略性擴張。

第二個場景比較樂觀：中國不斷壯大的中產階層與西方國家，特別是美國，有著緊密的經濟與文化聯繫，因此樂於接受國際價值觀。中國中產消費的增加會幫助減輕中美貿易的不平衡，緩解經濟緊張關係，他們的生活方式也會變得和發達國家一模一樣。另外，中國的政治、經濟和文化精英中越來越多的人接受過一定的西方教育，對外部世界有更深刻的了解；他們是催動中國發展的力量。中國中產中有很多私人企業家和私營部門僱員，他們和其他國家與他們同類的人一樣，重視財產權和經濟自由。在大多數國家中，經濟發展和執政效率之間的緊密聯繫是調節各方利益的重要一環，也是終極需要所在。中產階層也許能通過推動政治改革和國家治理改善來創造並加强這樣的聯繫，他們也會要求中國在外交政策上做負責任的利益攸關方，與美國及整個國際社會建立更具建設性的關係。

兩個場景似乎都比較極端，但又都是基於對各種可能性的認真評估。例如，中國中產已經顯示出購買外國貨的强大意願和能力。2019 年 8 月，美國批發連鎖店開市客（Costco）進入中國，在上海開了一家店。開業第一天，營業了沒幾個小時就不得不關門，因為來的顧客實在太多，招架不住。[2] 開市客出售的貨品中一半以上來自海外，許多貨品幾乎一上架就立刻售罄。由此可見，崛起的中產顯然擁有難以置信的經濟實力和購買力。但與此同時，這也有潛在的可能成為一支嚴重損害美國利益的力量；悲觀場景設想的真正危險於此得到凸顯。可以說，美國也應負起一定責任，竭盡全力推動樂觀場景的實現。主要是避免採取無謂地刺激中國民族主義的行動，並積極與中國開展建設性接觸。不幸的是，當前關於美國對華政策的主流討論大多忽視了中國中產的正面作用與影響。總的來說，中國經常被當作一個大一統的實體，不分國家與社會。

未來幾年，無論哪個場景成真，中國新興的中產都將驅動國內的政治發展，又將直接影響中國的對外姿態。美國若要確立有效的對華政策，外交政策界就必須更加準確、全面地了解中國中產，從它的基本組成到它的價值觀、世界觀，以及它在決定中國未來走向中的潛在作用。在 21 世紀互聯互通的世界中，我們必須自問，兩個最大國家拉開對抗的架勢是好事嗎？能持續嗎？

1949 年以前，上海是中國最西化的城市。今天，它依然是中國積極參與經濟全球化和國際文化交流的先鋒。因此，要了解中國中產的興起、跨國力量對中國的影響，以及這兩股潮流在中國的社會、文化和政治中的複雜互動，上海是理想的研究案例。在某種意義上，就中國從 1978 年至今的經濟、社會和政治發展而言，上海既是實驗室，也是創新者。

上海是新興中產和海外留學歸國人員的“搖籃”。根據中國社會科學院社會學研究所的一項研究，2010 年，中產大約佔上海勞動力的 40%。[3]《中國新中產圈層白皮書》顯示，2018 年，上海超過 500 萬住戶可算作中產家庭。[4] 放眼上海周邊更大的地區，華東（上海、浙江、江蘇、福建、江西、山東和安徽）佔全國中產的 44%。[5] 當然，這在上海不是剛發生的新鮮事。早在 2005 年，上海約 82% 的家庭就已經擁有至少一處住房，其中 22% 擁有兩套房產。[6] 根據中國人民銀行 2019 年的一份報告，全國城市家庭資產平均值是 318 萬元（約合 45.4 萬美元），中位值是 163 萬元（約合 23.3 萬美元）。同年，上海居民家庭資產的平均值是 807 萬元（約合 115 萬美元）。[7]

2009 年，全國 1/4 以上留學回國人員居住在上海，上海的海歸人數在中國 31 個（不含港、澳、台地區）省級行政區中位列第一。[8] 那一年大約 4000 名留學回國人員在上海建立了創新驅動企業。另外，多國公司和國際組織在上海的高級執行官員中相當一部分曾在國外留學。不僅如此，同年，中國科學院和中國工程院在上海的院士 60% 以上是海歸，102 人曾長期在國外工作。“國家 973 計劃”（指國家重點基礎研究計劃 —— 譯者註）在上海的 66 位首席科學家中，97% 曾在海外留過學。[9] 總的來説，與其他地區的海歸相比，上海海歸中高學歷的佔比較高，平均來説更年輕。例如，2009 年，大約 64% 的上海海歸擁有碩士或碩士以上學位，73% 在 21 歲到 30 歲。[10]

上海的國內外競爭力主要靠這座城市彙集的人才。下面會講到，可以説一個國家最重要的資源就是它的高等教育系統和其他推動以文化與知識為基礎的經濟活動機構。著名大學和文化機構（如博物館、藝術畫廊、劇團和其他表演團體等）雲集上海，不僅使它成為中國兩大教育中心之一（另一個是北京），而且幫助培育了特徵明顯的上海文化（海派文化）。主流的北京文化（京派）有時被描述為具有貴族、保守、精英和官本位的特徵；相比之下，對海派文化經常用務實、進取、創新、多元、悠閒、現代和前沿等詞來形容。[11]

海派文化，無論是在藝術、文學、音樂領域，還是在公共討論領域，都對不同的價值、觀點和生活方式十分寬容。這裏面部分的原因是，上海是座相對年輕的城市，無論在租界時期的過去，還是在全球化的今天，基本都不排斥外來人，也不無其西方影響的“洋氣”。例如，2015 年到 2017 年間，中國收視率最高的深夜脱口秀《金星秀》的主持人是位變性人。身為新上海人的金星是朝鮮族，也是從美國留學回來的海歸。《金星秀》節目在上海製作，經常向中國觀眾介紹西方思想、新的社會規範、價值觀和中產階層的生活時尚。[12]《金星秀》於 2017 年末結束，但金星仍在主持其他宣傳海派文化的電視節目，那些節目也很受歡迎。

上海特徵鮮明的亞文化中這些活力四射、多元兼容的發展十分重要。正如一些學者所説，今天的上海“已變為具有世界意義的城市”。[13]這不光是因為中產的爆發性增長所導致的上海經濟與金融地位的提高，也因為上海代表了一個世界性文化的再次興起和跨國力量的充沛活力。

上海：“另一個中國”？

當然，上海不能代表全中國。這座大都會對於中國來説好比紐約對美國。值得注意的是，上海作為世界性城市的興起恰值鴉片戰爭後清王朝的衰落之時。這給上海的身份與特徵留下了不可磨滅的印記。怪不得許多上海歷史學家都説它是一座處於歷史潮流交匯處的城市，它的經歷常常迥然有別於中國其他地區。[14] 例如，董碧方（Stella Dong）稱，共產黨 1949 年取得勝利之前的一個多世紀中，“中國之失從來都是上海之得”。[15]

所以，一些研究上海歷史的學者聲稱，通過這座城市看中國，會“得到扭曲的印象”。[16] 例如，上海儘管經歷了日本侵華戰爭和國共內戰的雙重打擊，但在 20 世紀上半葉的大部分時間中，它都被視為“全亞洲都市化程度最深、工業最發達、最為國際化的城市”。[17] 在某種意義上，上海在 20 世紀頭幾十年之所以如此繁榮，主要是因為它與中國相對關係不大。[18] 一位分析家説，“上海的聳立建立在中國虛弱的基礎上”。[19]

“另一個中國”這個説法是法國歷史學家白吉爾（Marie-Claire Bergére）發明的，後來成了描述上海與中國其他地區截然不同的發展道路的典型標籤。[20] 上海有獨特的外國文化影響，有强烈的地方身份特徵，20 世紀上半葉，它在推動中國民族主義的發展中起到了中心作用，因為它提供了“中國世界地位的新遠景”。白吉爾注意到，“上海對外部世界更開放，同時也更知道中國在世界上應有的地位。民族主義和世界主義齊頭並進、相輔相成”。[21]20 世紀 30 年代，中國一大批著名作家、出版家、教育家和藝術家住在上海，其中許多是留洋歸來的。他們中間大多數人也提倡中國民族主義。卡麗 · 瓦拉（Carrie Waara）注意到，“他們的國際取向加上他們强烈的經濟與文化民族主義賦予了上海獨特的地方風味”[22]。

20 世紀上半葉的上海有多重身份，至今依然。既然上海是現代時期中國發展壯大的典範，它躍升為國際知名城市就使得中國人的民族主義感情愈發高漲。上海的地方性、國家性和世界性身份都生機勃勃，既互相加强，又在不同的情境中各自保持獨立的價值。上海對外開放帶來的不是文化融合，而是文化共存和文化多樣性。

有些中國學者提出，上海近來的經驗證明，許多研究中國文化的常規方法根本行不通，比如過於簡單化的東西方二元論，還有西方施加影響、中國被動反應的模式。[23] 這些學者認為，文化跨國主義的功能如同雙行道。20 世紀 90 年代以來，跨國文化運動在上海落地生根，表明上海的政治和文化精英有推動對外交流的自信，也顯示了他們"將地方化的外國文化據為己有時的心安理得"，這是閻雲翔在描述另一座中國城市的"文化全球化"時用的説法。[24] 然而，上海對其世界性和地方性身份的自豪感在某種意義上也妨礙了它在文化與教育發展中追求卓越。[25] 跨國文化力量的充沛活力使上海的學者、教育工作者和藝術家得以與國際社會同步思考相關問題。

不過，上海在 20 世紀和近幾十年來發揮的開闢性作用不容忽視。了解上海對弄懂現代中國至關重要。[26] 因其在文化傳播中的特殊作用，上海一直被稱為中國通往外部世界的"窗口"或"門戶"、東西方之間的"橋樑"、了解當今時代中國崛起的驅動力的"鑰匙"。在民國時期，上海就是接受西方思想影響、"帶領全中國進入現代世界"[27] 的橋樑。在一定程度上，上海是兩個文化融合的產物。上海把世界引進了中國，也把中國帶入了世界。[28]

因此，對於上海是"另一個中國"的定位，可以從兩個方面提出反駁。

第一，儘管上海受西方影響很大，但它骨子裏從來都是中國城市。上海永遠是"中國的上海"，從未失去過自己的文化身份或"中國感"。[29] 2003 年，中國出版了一本講在上海的外國人的書，書中用"中國有個上海"這句話來描述上海對中國的發展與多樣性的貢獻。[30] 整個 20 世紀中，上海在中國的經濟、政治、社會和文化生活中一直佔據著重要地位。如本書序中所説，上海是中國爭取實現現代化的發源地，也是中國共產黨的誕生地；這兩者是塑就中國當代歷史的兩支最重要的力量。

過去的一個半世紀中，上海作為在中國的西方文化影響力來源，其重要性有起有落，但若沒有上海，現代中國的崛起是無法想像的。按照費維愷（A. Feuerwerker）的説法，“上海確定了外國在中國存在的風格”，這種風格為其他中國城市所“爭相效仿”。[31] 出生在上海、在美國受教育的歷史學家盧漢超注意到，1949 年以前，上海生活方式中的西方影響不僅保留了下來，而且許多重要內容在 20 世紀下半葉傳播到了中國其他城市。[32]

第二，20 世紀 90 年代，中國勠力把長三角地區建成經濟中心，把上海定為長三角的“龍頭”；自那以來，上海就是中國社會和經濟發展的領頭羊。它在很大程度上是江南地區（主要由浙江和江蘇兩省組成）事實上的“首府”。上海中產與居住在蘇州、無錫、常州和寧波等其他江南大城市中無數的中產家庭有著千絲萬縷的聯繫。分析上海是充分了解中國的鑰匙，可以説現在尤甚以往。2019 年 5 月，中共中央政治局召開會議，討論“高質量”和“一體化”的新發展規劃，重點發展上海所在的長江三角洲區域的現代製造業和服務業。[33] 中國領導層宣佈，這一區域一體化發展規劃將為中國新時代的經濟增長起到“偉大的示範作用”。

事實上，1978 年之後的中國發生的許多重要現象，如商業社會的重興、證券市場的建立、外國投資、土地租賃、房地產繁榮、農民工進城、電子商務的擴張、人工智能在城市發展中的應用、市場經濟的發展等，都是要麼起源於上海，要麼對上海產生了深刻而直接的影響。過去 1/4 世紀以來，這座城市經歷了令人矚目的經濟繁榮和巨大變化。這樣的發展變化迅速傳播到其他地區。上海作為世界性城市的重新崛起彰顯著中國加入“全球俱樂部”的努力，是 21 世紀中國壯大成熟的深遠象徵。

近年來，中產的快速興起和增長超出上海，擴展到中國的其他城市，包括內地的二三線城市。麥肯錫諮詢公司的鮑達民（Dominic Barton）和同事們在 2002 年做的一項研究顯示，中國的城市中產相對規模較小，40% 集中在北上廣深 4 座一線城市。然而，預計到 2022 年，住在這 4 座超大城市的中產居民佔全國中產人口的比例將降到 16% 左右，76% 的中產都將住在二線城市（45%）和三線城市（31%）。[34] 關於中產的地域分佈，麥肯錫的研究預測，中國中產將從 2002 年的沿海 87%、內地 13% 轉變到 2022 年的沿海 61%、內地 39%。[35]

上海不可能是“另一個中國”。不過，可以説它因其特有的世界性亞文化，是中國一座獨特的城市，有力量改變國家，使之向國際規範和價值觀看齊。美國國務院負責經濟、能源與農業事務的前副國務卿羅伯特·霍馬茨（Robert Hormats）觀察到，上海在尊重知識產權方面比中國任何其他城市做得都好。[36] 清華大學中美關係研究中心副主任張傳傑做過一次關於中國人對美國態度的民意調查。他按照性別、年齡、教育、收入和地點這 5 個人口學變量來細分收集到的回答，結果發現，只有在地點的變量下看得出中國人內部對美國看法的顯著不同。具體來説，張教授發現，與中國其他地方的受訪者相比，上海的受訪者對美國的觀感好得多。[37]

上海這些獨有的特點使它成為一個很好的學術研究課題，也是前面説過的理想研究案例，可藉以記錄中國中產的成長壯大和跨國力量對中國的影響。本書將各種人的故事與嚴謹的實證分析相結合，來揭示上海在中國現代歷史中如何行使以下 3 個必不可少的職能：（1）引進並吸收外國文化與投資；（2）突出中國社會日益增長的多樣性和發展包容性文化的必要；（3）向國內其他地方傳播並示範世界性（或“後現代”）觀點、思想和價值觀。[38]

本書研究的課題、方法與組織結構

審視上海自 20 世紀 90 年代以來的重新崛起能使人了解這座城市的特殊作用。對美國和中國的決策圈、研究中國的學術圈及整個社會科學界來説，這是首要的興趣所在。本書在探討上述 3 個重要課題時結合了關於中國與美國及世界未來關係的兩場重大政策與理論辯論。（1）中國空前的多維度國際交流（上海是其連接點）會如何影響華盛頓關於美中脱鈎的政策辯論，以及中國對所謂美國牽頭的遏華陰謀的關切？（2）如何評估外國影響和中國社會層級的變化所產生的衝擊？理論與實證分析能夠揭示中國中產的哪些主要特徵？

本書在研究中採用的分析框架能夠幫助釐清經濟、政治、文化和教育之間活躍而複雜的相互作用，把焦點放在中國新興中產的文化與教育上。本書採用了文化的通用定義，即對一個社會具有特定意義的一套價值觀、慣例、規範、習俗、象徵、逸事和神話。文化也包括生活方式、宗教信仰、藝術與學術作品、哲學和歷史記憶。文化經常分為兩類——精英文化和通俗文化。前者指文學、藝術和教育，後者指大眾娛樂、脱口秀和新媒體，包括傳播新思想和新語彙的社交媒體平台。博物館、藝術畫廊、酒館、茶館和其他公共聚集地是公共文化場所。

在日益全球化的世界裏，文化多樣性的概念有三個主要特徵。第一，機構和個人是推動各種跨文化事業的代理人或行為者；第二，符號與思想被用來促進信仰與規範的跨國交流和相互理解；第三，具有便利跨國流動的方法和工具。[39] 這三個組成部分共同構成了文化的跨國力量。從某種意義上説，“文化全球化”是概念上的悖論。全球化意味著地方和國家的規範或思想在全球層面上的傳播與融合，而文化蘊含著從傳統歷史環境中繼承下來的獨有特徵。文化必然多種多樣，缺乏一致性；某個文化的人民經歷的過去各有不同，涉及的記憶、象徵、神話、風格和規範也都不同。[40]

本書不用“文化全球化”這個詞，而是用“文化跨國主義”和“文化國際主義”，兩者可以互換使用。文化跨國主義意味著通過跨國交流形成共有規範、共同知識和多重身份，因而加强不同人民和不同傳統之間的互聯互通。[41] 本書的原始研究採用了 4 種方法：（1）個人生平、教育背景和職業數據分析，（2）對上海高等教育機構的案例研究，（3）調查問卷，（4）對前衛藝術作品的內容分析。

接下來的兩章討論了前述兩場辯論的題目。第二章把對上海中產的研究直接放到了當今美中關係的大背景中來理解這一討論的即時性和深遠意義；集中介紹關於美中應該繼續接觸還是應該在各方面脱鈎的政策辯論。第三章專門審視關於當今中國的社會分層和文化多元性的學術討論，也概述了中國學術界關於中國中產特點和國際交流所產生影響的著述。

第四章顯示，上海的現代史也是中國融入外部世界的歷史。上海從來都是中國最西化、最世界性的城市，至今猶然。外國影響給上海居民的社會規範和文化價值觀留下了持久的印記，這一章討論了上海文化受外國影響的程度。包括居住在上海的台灣人在內，大約有 50 萬不具有中華人民共和國國籍公民住在上海，他們幫助塑造了上海的社會結構。第四章突出顯示了在此過程中形成的一些看似地方和國際的身份特徵如何引發中國社會不同部分之間的爭議性政治區分。這一章在討論了上海例外主義和文化跨國主義之後提出，上海當代文化的地方性、國家件和國際性同時並存，海派文化對於中國其他城市的民族主義情緒起到了抵消中和的作用。

第五章記錄了過去三十年間，特別是鄧小平作出開發浦東地區、對外資開放的決定之後，上海發生的一系列多姿多彩的跨國交流。這些進一步證明，新的市場力量只能是“變化的引擎”，而新的中產文化則可以決定“變化的方向”。中產經常是提高市場效率的力量；中國共產黨為了長期執政，需要支配這支力量。這一章研究了過去十年間上海的私營公司、國有企業和外國公司齊頭並進這一看似矛盾的現象。

第六章集中探討國際教育交流的作用與影響，特別是在西方受過教育的中國海歸的情況。過去二十多年中，尤其是近年來，出現了中國留學生的歸國大潮。研究分析，留學回國人員這個群體使我們得以深入了解改革開放時代中國出國留學潮的宏觀趨勢，也能夠更深刻地揭示中美文化與教育交流在微觀層面上產生的影響。通過對中國頂級大學開展的大規模量化研究，可以看到，海歸在大學行政管理、課程發展、社會科學研究和學術界其他方面的地位、分佈和擔任的領導角色。

第七章介紹了對上海留學歸國人員的一次縱向調查，藉以研究他們與從未留過學的人有何不同。調查顯示，留美海歸的民族主義傾向不一定比其他教育背景的中國精英弱，也不一定總是更親美。然而，對於中國這個世界人口大國正在發生的多層面變化，中美教育交流產生的短期和長期的積極影響不容忽視。從美國的視角而言，對中國海歸群體開展的詳盡而具體的研究表明了應如何改善美國將來與中國的教育交流，如何向著積極的方向讀懂中國政治、教育和文化領域的精英，如何防止反美情緒主導中國的公共討論並決定中國年輕一代的觀點，如何將中國這個新興大國從潛在的勁敵轉變為開放、合作的夥伴，如何找到最好的前行道路，在這個經歷著劇烈且經常是破壞性變革的時代建立一個和平安全的世界。此事殊為不易，但美國和西方的外交政策學者和專業人員若不注意並研究這些問題，以後可能會意識到鑄成了歷史大錯。

第八章和第九章分析了上海的前衛藝術，集中探索這座城市蓬勃發展的當代藝術，試圖了解前衛藝術作品如何反映這個重要文化中心一些最具前瞻性和批評眼光的人在藝術和思想追求上的深刻改變。第八章探討了過去十年藝術畫廊在上海的驚人發展，包括一些大型私有美術館的出現。這一章也突出了上海雙年展的重要作用和國際文化交流在改革時代產生的巨大影響。

第十章討論分析了上海前衛藝術家的一些代表性作品，他們的藝術作品傳達的政治信息通常比較微妙，文化涉及面廣，時時流露出焦躁之情，卻沒有北京一些藝術家的傲慢無禮。上海的前衛藝術家使用現代媒介（如需要觀眾參與的電腦程序、國際象徵符號，還有行為藝術），但他們的作品並不僅著眼於眼下，而是開啟批評性的國際對話，討論中國和世界對消費主義痴迷日深的現象及其負面效果，特別是表現了這些藝術家對於他們眼中美國遏制中國崛起的政策，以及對美國在世界事務中道德虛偽性的普遍不滿。他們發出的信息通常超越現代與傳統、東方與西方、政治與文化這些一般的概念界線。仔細觀看這些作品，能夠看到上海民眾迅速變化的視角和知識分子群體發出的兼具批評性與建設性的要求，呼籲與西方在平等基礎上開展對話。上海藝術家希望通過自己的作品傳遞人性共通的强烈信息，人性可以克服看似嚴重的文化分歧。

有關上海中產的這一切反映了整個中國社會活力充沛、複雜多樣的性質；第十一章討論了這對於中國、美國及全世界意味著什麼。這最後一章與前面的第二章遙相呼應，進一步闡述如何儘量減少中美之間的誤會和懷疑，儘量擴大中國中產在中美關係和全球關係中積極的、建設性的作用，這一章提出了供中美兩國政策制定者思考的一些主張。

註釋

1. 邁克爾 · 克蘭茲（Michal Kranz）：〈聯邦調查局局長說整個中國社會都是對美國的威脅 —— 並說美國人必須起而自衛〉（*The Director of the FBI Says the Whole of Chinese Society Is a Threat to the US — and That Americans Must Step Up to Defend Themselves*），《商業內幕》（*Business Insider*），2018 年 2 月 13 日。
2. 梅里特 · 肯尼迪（Merrit Kennedy）：〈開市客在上海開業，因人潮洶湧提早關門〉（*Costco Opens in Shanghai, Shuts Early Owing to Massive Crowds*），國家公共電台（NPR），2019 年 8 月 28 日。
3. 《中國青年報》2010 年 2 月 11 日刊所引。也見錢曦：〈中產階層的比例不是由專家算出來的〉，華夏經緯網，2010 年 2 月 12 日。
4. 金原投資集團：《2018 年中國新中產圈層白皮書》（*2018 China New Middle Class Report*），上海，2018。
5. 同上。
6. 拉克沙 · 阿羅拉（Raksha Arora）：〈中國房屋擁有率飈升：93% 的居民擁有自己的住房〉（*Homeownership Soars in China: Ninety-three Percent Own Their Homes*），蓋洛普，2005 年 3 月 1 日。
7. 中國人民銀行調查統計司居民家庭資產負債調查課題組：〈城鎮居民家庭資產負債調查〉，《中國金融》，第 9 期，2020。
8. 魯哲：〈在滬歸國留學人員總量達 7.5 萬人約佔全國的 1/4〉，《新民晚報》，2009 年 1 月 28 日。
9. 同上。
10. 《東方早報》，2009 年 2 月 26 日。
11. 楊東平：《城市季風：北京和上海的文化精神》（北京：東方出版社，1994）。
12. 關於金星和她的脱口秀的更多討論，見艾麗斯 · 嚴（Alice Yan）：〈變性舞者金星如何征服中國電視〉（*How Transgender Dancer Jin Xing Conquered Chinese TV*），《南華早報》（*South China Morning Post*），2017 年 4 月 15 日；馬特 · 希恩（Matt Sheehan）：〈請看想成為中國最有影響力的女人的潑辣變性脱口秀主持人〉（*Meet the Badass Transgender Talk Show Host Who Wants to Be China's Most Influential Woman*），《赫芬頓郵報》（*Huffington Post*），2017 年 12 月 6 日；斐覺世（SethFaison）：《雲之南：探索中國的隱秘王國》（*South of the Clouds: Exploring the Hidden Realms of China*）（New York: St. Martin's Press，2004），第 14 章，第 199—216 頁。
13. 引自艾倫 · 巴富爾（Alan Balfour）、鄭時齡合著：《世界城市：上海》（*World Cities: Shanghai*）（West Sussex, England: Wiley-Academy，2002），第 1 頁。
14. 克里斯蒂安 · 亨利奧（Christian Henriot）、葉文心（Wen-hsin Yeh）主編：*In the Shadow of the Rising Sun: Shanghai under Japanese Occupation*（Cambridge: Cambridge University Press，2004）。

15. 董碧方（Stella Dong）：*Shanghai: The Rise and Fall of a Decadent City, 1842—1949*，New York: Perennial，2001，第 22 頁。

16. Nicholas R. Clifford：*Spoilt Children of Empire: Westerners in Shanghai and the Chinese Revolution of the 1920s*，Hanover: Middlebury College Press，1991，第 283 頁。

17. Mayfair Mei-hui Yang：*Mass Media and Transnational Subjectivity in Shanghai: Noteson (Re)cosmopolitanism in a Chinese metropolis*，載於王愛華、唐納德 · M. 諾尼尼（Donald M. Nonini）主編：*Ungrounded Empires: The Cultural Politics of Modern Chinese Transnationalism*，London: Routledge，1997，第 289 頁。

18. 克利福德（Nicholas R. Clifford）：《被帝國寵壞的孩子：上海的西方人和 1920 年代的中國革命》（*Spoilt Children of Empire: Westerners in Shanghai and the Chinese Revolution of the 1920s*）（Hanover: Middlebury College Press, 1991），第 xi 頁。

19. Harriet Sergeant：*Shanghai: Collision Point of Cultures*, 1918—1939，New York: Crown，1990，第 14 頁。

20. 白吉爾（Marie-Claire Bergére）：〈"另一個中國"：1919 年到 1949 年的上海〉（*"The Other China" : Shanghai from 1919 to 1949*），載於克里斯多弗 · 豪（Christopher Howe）主編：《上海，一個亞洲大都會的革命與發展》（*Shanghai, Revolution and Development in an Asian Metropolis*）（Cambridge: Cambridge University Press，1981）；琳達 · C. 約翰遜（Linda C. Johnson）：《上海：從市鎮到通商口岸，1074—1858》（*Shanghai: From Market Town to Treaty Port, 1074-1858*）（Stanford, CA: Stanford University Press，1995），第 11 頁。

21. 白吉爾：〈"另一個中國"：1919 年到 1949 年的上海〉，第 2—3 頁。

22. 卡麗 · 瓦拉（Carrie L. Waara）：〈發明、工業、藝術：民國藝術雜誌中文化的商業化〉（*Invention, Industry, Art: The Commercialization of Culture in Republican Art Magazines*），載於舍曼 · 科克倫（Sherman Cochran）主編：《發明南京路：上海商業文化，1900—1945》（*Inventing Nanjing Road: Commercial Culture in Shanghai, 1900-1945*）（Ithaca, NY: Cornell University Press，1999），第 87 頁。

23. 上海正大研究所：《新上海人》（北京：東方出版社，2002），第 11 頁。

24. 閻雲翔：〈管理的全球化：中國的國家權力與文化過渡〉（*Managed Globalization: State Power and Cultural Transition in China*），載於彼得 · 保加（ Peter L. Berger）、塞繆爾 · P. 亨廷頓（Samuel P. Huntington）主編：《多種全球化：當代世界的文化多樣性》（*Many Globalizations: Cultural Diversity in the Contemporary World*）（New York: Oxford University Press，2002），第 34 頁。

25. 格雷絲 · C. L. 馬（Grace C. L.Mak）、萊斯利 · N.K. 羅（Leslie N. K. Lo）：〈教育〉（*Education*），載於楊汝萬（Yeung Yue-man）、宋恩榮（Sung Yun-wing）主編：《上海：中國開放門戶政策下的轉型與現代化》（*Shanghai: Transformation and Modernization under China's Open Door Policy*）（Hong Kong: Chinese University of Hong Kong Press，1996），第 378 頁。

26. Rhoads Murphey：*Shanghai, Key to Modern China*，Cambridge, MA: Harvard University Press，1953.

27. Betty Peh-T'I Wei：*Shanghai: Crucible of Modern China*，New York: Oxford University Press，1987，第 9 頁。

28. 周武：〈上海興起對現代中國與世界的意義〉，《澎湃新聞》，2018 年 2 月 10 日。

29. 熊月之、周武：《海納百川：上海城市精神研究》（上海：上海人民出版社，2003），第 22 頁。

30. 李倫新、丁錫滿：《上海老外》（上海：文匯出版社，2003），第 40 頁。

31. 引自魏白蒂：《上海：現代中國的熔爐》，第 122 頁。

32. 盧漢超：*Beyond the Neon Lights: Everyday Shanghai in the Early Twentieth Century*，Berkeley: University of California Press，1999，第 17—18 頁。

33. 馬浩戈：〈習近平主持政治局會議審議長三角一體化發展規劃綱要〉，新京報網，2019 年 5 月 13 日。

34. 鮑達民、陳友鋼、艾米 · 金（Amy Jin）：〈中國中產的分佈〉（*Mapping China's Middle Class*），《麥肯錫季刊》（*McKinsey Quarterly*），2013 年 6 月。

35. 同上。

36. 羅伯特 · 霍馬茨在一場圓桌討論中說了這番話，圓桌討論的題目是"美中關係的遠景：經濟、政治和歷史方面"（*The Long-Term Future of U.S.-Chinese Relations: Economic, Political, and Historical Aspects*），基辛格中美問題研究所，伍德羅 · 威爾遜國際學者中心，2010 年 8 月 2 日。

37. 總結自張傳傑的調查結果，2010 年 8 月 2 日。

38. 上海百年文化史編纂委員會：《上海百年文化史》，第 3 卷（上海：上海科學技術文獻出版社，2002），第 1828 頁。關於"後現代"價值觀的概念和對拉丁美洲多元文化價值觀的出色論述，見羅納德 · F. 英格爾哈特（Ronald F. Inglehart）、M. 卡瓦略（M. Carballo）：〈拉丁美洲存在嗎？對跨文化區別的全球分析〉（*Does Latin America exist? A Global Analysis of Cross-Cultural Differences*），《拉丁美洲概況》（*Perfiles Latinoamericanos*），16，No.31，2008，第 13—18 頁。

39. 鮑宗豪：《全球化與當代社會》（上海：上海三聯書店，2002），第 179 頁。

40. 作者感謝普林斯頓大學榮譽教授林恩 · 懷特介紹克利福德 · 格爾茨（Clifford Geertz）關於文化多樣性的開創性著作，並就此給予作者知識上的啟發。克利福德 · 格爾茨主編：《解讀文化：克利福德 · 格爾茨文選》（*The Interpretation of Culture: Selected Essays by Clifford Geertz*）（London: Basic Books，1973）中的〈深入探討解讀性文化理論〉（*Thick Toward an Interpretative Theory of Culture*），第 3—30 頁。

41. 曼弗雷德 · B. 斯蒂格（Manfred B. Steger）、保羅 · 詹姆斯（Paul James）：〈全球化的意識形態〉（*Ideologies of Globalism*），載於保羅 · 詹姆斯、曼弗雷德 · B. 斯蒂格主編：《全球化與文化》（*Globalization and Culture*）（London: Sage，2010），第 4 卷；喬納森 · 哈維爾 · 因達（Jonathan Xavier Inda）、雷納托 · 羅薩爾多（Renato Rosaldo）主編：《全球化的人類學》（*The Anthropology of Globalization*）（Hoboken, NJ: Wiley-Blackwell，2002）中喬納森 · 哈維爾 · 因達、雷納托 · 羅薩爾多合著：〈導言：運動中的世界〉（*Introduction: A World in Motion*），第 1—34 頁。

● 第二章　美中接觸失敗了嗎？　在華盛頓和北京展開的政策辯論

● 第三章　改革開放時代中國的社會分層與文化多元　學界的論戰

第二部分

中國中產的崛起：問題與辯論

第二章

美中接觸失敗了嗎？在華盛頓和北京展開的政策辯論

要毀滅一個幽靈遠比毀滅一個真人更為困難。

——弗吉尼亞·伍爾夫

文明不是國家的——它是國際的。

——富蘭克林·D. 羅斯福

在剛剛慶祝了中美建交四十週年之際，來分析最近雙邊關係急劇惡化的促成因素似乎有些奇怪。其實恰恰相反，現在也許是這樣做的最好時機，因為了解歷史情境和目前局勢的嚴重後果，也許能幫我們繪出這一對可稱為 21 世紀最重要雙邊關係的發展軌跡。過去四十年來，這兩個各自品質獨特的國家發展出了相互交織的密切關係。到 2019 年兩國建交四十週年之際，它們彼此間的接觸無論是在政府、軍事、地方、商業、文化、教育、智庫、非政府組織、旅遊，還是在民間交流方面，都達到了空前的廣度、深度和密度。自那以來，特朗普政府對中國採取了敵對措施，華盛頓日益强烈地認為，中國對美國構成了多方面的重大威脅，美國必須與這個新興超級大國“脱鈎”。

這新一輪的緊張並非由某個決定性的事件或因素引發。美國許多分析人士認為，他們長期警惕的"中國威脅"現已延伸到雙邊關係的每個方面，並且進一步擴大，產生了區域和全球範圍內的影響。中國大力推動經濟擴張、政治外延、軍事現代化、思想和文化傳播及技術進步，因此被西方廣泛認為，在損害美國的實力、影響和利益。在美國，明顯感覺到一種緊迫感，急欲保護並加强美國的安全、繁榮和世界信譽。

尼克松和基辛格 20 世紀 70 年代初訪問北京，開啟了美國對華接觸政策，後來的八屆政府一直奉行這一政策。如今，華盛頓共和、民主兩黨的政策制定者往往認為，對華接觸政策已經失敗。美國領導層現在要求對中國採取更堅定、更具對抗性的政策。他們覺得，美國若不轉用更為有效的新方法來對付中國，恐怕這個强大的競爭者將在很多重要領域超越美國，並在二十年後，甚至更短的時間內，獲得相對於美國的重大競爭優勢。目前，美國對中國的政治、經濟和安全政策的焦慮和批評可以説是兩黨共識，但如果由此斷定美國就如何對付中國已經達成了戰略和政策上的廣泛協商一致，未免言過其實。

一些初步脱鈎措施已經產生了實質性衝擊。例如，2018 年和 2019 年，技術領域的中美聯合投資急劇減少，2020 年更是幾乎歸零。2018 年 5 月到 9 月，向中國公民發放的赴美商務、旅遊和教育簽證同比減少 10 萬多份，降幅達 13%。部分由於對赴美學習科學、技術、工程和數學（簡稱 STEM）的中國留學生人數的限制，美國政府在 2018 財政年度發給中國國民的學生簽證減少了 54%。[1] 據報道，特朗普政府甚至考慮要完全禁止對中國發放學生簽證。[2]2020 年，特朗普政府做出了一系列加速對華脱鈎的極端決定，包括撤回在中國的和平隊志願者[3]、發佈行政命令終止美國政府在中國內地和香港地區贊助的富布萊特計劃[4]、不准據信與"軍民融合發展"相關的中國研究生和研究人員入境[5]、命令中國關閉駐休斯敦領事館，還威脅要全面禁止中共黨員及家屬踏足美國，這一禁令如果實行，可能至少影響到 2.7 億中國人[6]。

從中國的角度來看，美國的政治敘事和脱鈎政策證實了中國對美國陰謀遏制中國崛起的懷疑。在中國民眾眼中，"華盛頓現在似乎決心不遺餘力壓制中國"。[7]特朗普總統曠日持久的貿易戰對中國產品施加了懲罰性高額關税，但在中國目前面臨的各項挑戰中，這可能反而成了最不重要的。中國領導層顯然不僅決定繼續推行針鋒相對的外交政策，而且在各條戰線上對等對待，甚至不惜冒與美國發生軍事對抗的風險。中國的民族主義和反美情緒在急速飈升和擴散。

鑑於兩個大國之間的敵意和爆發毀滅性戰爭的危險，美國的政策圈和學術界必須就以下問題開展認真的討論：對華脱鈎將帶來什麼代價與後果？美國現在放棄五十年來對華接觸政策是否為時過早？將中國作為一個大一統實體來對待，不承認它內部多種多樣的力量，將國家與社會混為一談，這種觀點是否過於簡單化？在由互聯互通驅動的 21 世紀，兩個最大經濟體脱鈎是否可取，甚至可行？企圖孤立中國的戰略是否實際上也會孤立美國，特別是鑑於美國民意日益傾向於單邊主義，而中國卻擁抱多邊主義及其帶來的經濟和政治裨益？如果美國在經濟發展、環境保護、能源安全和教育交流領域中與中國脱離接觸，美國還能拿什麼來了解和影響中國未來的發展？

一些問題也值得政策討論的中國一方思考。中國的一些輿論領袖提出，中國領導層應當承認，中國過去四十年驚人的科技進步只能部分地歸功於國內努力。促成中國成功的首要因素是開放了與西方，特別是與美國的教育交流和技術合作。許多中國人相信，最近美國實施戰略轉移，從把中國當作夥伴或合作性競爭者轉為視中國為敵，這也許反映了美國對自己全球霸權信心的下降。這種對地緣政治實力動態發展的看法可以幫助理解華盛頓的過度反應。無論是在經濟領域、政治領域、意識形態領域，還是軍事領域，這些行為引起了美國、其他西方國家的強烈不滿。

本章首先回顧美國對華接觸的歷史背景，包括兩國教育和文化交流的淵源，並討論雙方開展這類活動的動機和懷有的擔憂，特別涉及中國領導人的“變化”。然後，對在 6 個重大領域導致關係惡化的原因，以及據信會引爆衝突的紅線進行了分析。本章通過探討對華盛頓脫鈎政策的異議，提出美國拋棄五十年的對華接觸是不成熟的、有害的。討論的結尾處將集中分析日益動盪的美中關係對中國中產產生了何種影響，以及中國中產的意見與反應如何能夠為美國政策制定者提供寶貴指南，幫他們在一個不斷變化的世界中調整對華接觸的形式。

美國的對華接觸政策與“和平演變”目標

利用國際融合來鼓勵共產黨政權“和平演變”的思想最初由約翰·福斯特·杜勒斯（John Foster Dulles）在 20 世紀 50 年代明確提出。長期以來，美國對華接觸、改造中國的戰略一直以此為基石。根據這個理論，如果中國繼續向著開放的經濟和社會“和平演變”，進一步融入美國領導的國際體系，最終就將發生某種形式的政治轉型。這不是說美國想把中國變為西式民主國家，或者像一些美國領導人做得更離譜的白日夢那樣，讓中國成為美國的附屬。其實，沒有幾個美國人會幼稚得如此想入非非。幾十年來，華盛頓的決策者只是希望這個世界上人口最多的國家不要挑戰西方主導的國際秩序。研究美中教育與文化交流的著名歷史學家瑪麗·布朗·布洛克（Mary Brown Bullock）在 20 世紀 80 年代説過，“通過教育把中國拉入美國的軌道成為廣泛目標”。[8] 有學者認為，關於民主和平的理論經受了時間的考驗，足以為信，根據這一理論的主張，中國有可能發生轉變。[9] 為此，他們提出美國有責任推動中國國家和社會內部的變革。

作為文化外交的一種形式，與非西方國家的教育交流得到華盛頓的大力推動，特別是在冷戰期間，它成為外交政策中除政治、經濟和軍事以外的“第四維度”。[10] 第四維度把重點放在“人民、思想和價值觀”上，以此强調對外關係“人的方面”的重要性。[11] 用美國總統艾森豪威爾（Dwight D. Eisenhower）的話説，“戰爭發乎人心，和平亦然”。[12] 因此，教育可以成為重要的渠道，用來向外國未來的領導人灌輸美國的價值觀和思想。[13] 這個理論是美國外交政策界長期以來的信念——誰教育中國的青年，誰就將最終影響中國的發展。[14] 耶魯大學歷史學家史景遷（Jonathan D. Spence）指出，對許多西方國際主義者來説，中國提供了一個“以人格力量影響歷史的機會”。[15] 這個建立在教育基礎上的策略“在維持世界和平方面比大炮和戰艦强得多”。[16]

兩國最高領導人都把中美教育交流與世界和平和地區穩定的遠大希冀明確聯繫起來。1979 年 1 月，《美中科學文化交流協定》在華盛頓特區簽署時，鄧小平對國際媒體説，“我相信，國家之間廣泛的接觸合作，以及人民之間增强交流和理解會使我們的世界更加安全、穩定、和平”。[17] 正是在這場會上，卡特（Jimmy Carter）總統對鄧小平和其他中國來賓宣佈，“我們的目標是使我們兩國之間的這種交流不再是例外，而是常態，不再是頭條新聞和歷史學家研究的題目，而是中國人民和美國人民日常生活中的例行部分”。[18]

過去四十年，美國和中國的教育交流司空見慣，結果，人們反而不再注意這種交流對中國的政治、經濟和社會轉型、兩國的大量民間來往，以及亞太地區的穩定產生的驚人影響。1978 年到 2019 年，中國共有 585.71 萬公民出國留學，其中大部分去了美國。[19]

僅 2018 年一年，就有大約 70.35 萬中國學生在外國留學，中國因此而成為其他國家國際學生的首要來源。[20]2017—2018 學年，美國學校入學的中國留學生共 363341 人，連續九年位居在美學習的外國學生人數榜首。[21] 中國留學生佔當年美國全部國際學生的 33%。作為對比，那年在中國學習的美國學生總數是 20996 人。[22] 至於旅遊者，美國採取脱鈎措施之前，每年在美國和中國之間旅行的人數大約為 500 萬。[23]

過去二十年，出現了中國留學人員歸國大潮。截至 2018 年，大約 365.14 萬在國外學習的中國學生、學者回到中國，在國外完成學業項目的所有中國學生學者中佔比 85%。[24] 僅 2017 年一年，就有大約 48.09 萬中國學生學者從海外學成回國。[25] 他們中間有 22.74 萬人獲得了高等學位（碩士或博士）或完成了博士後訓練。多數歸國留學生都屬中國新興的中產。現在，他們在各行各業發揮著重要作用，包括在中國的教育機構、研究中心、中央和地方政府、國企和私企、外資或合資公司、律師事務所、醫院和診所、媒體網絡，以及非政府組織。為這個迅速擴大的精英群體專門發明了一個新中文詞，叫作“海歸”（留學國外的歸國人員）。

美國重視跨國教育交流的另一個原因是，它相信和平的國際關係在很大程度上依賴於不同國家領導人之間的個人關係。[26] 所以，相當一部分受過西方教育的海歸進入了中國精英階層這個事實值得注意。本書的量化分析顯示，2017 年全國黨代會選出的由 376 人組成的中共中央委員會中，留學歸國人員的佔比逐漸提高，從 2002 年的 6%

到 2007 年的 11%，再到 2012 年的 15%，然後是 2017 年的 21%。這些人大多數是在西方國家，特別是在美國留學的。

過去二十年，包括高級領導幹部的孩子在內的許多年輕學生在西方學成歸國，所以，受過西方教育的中國政治精英將來可能會更加位高權重。此外，美中合辦的幾個合資教育機構培養的大批畢業生在各行各業都發揮著重要作用。例如，1986 年約翰斯·霍普金斯大學高級國際研究學院和南京大學聯合建立了霍普金斯—南京中心，這個中心培養出了 3000 多名畢業生，其中不少人在兩國的政府、學術界、產業界、媒體和非政府組織擔任領導職務。[27]

可以說，中國改革開放時代的這些發展正好符合向著美國的價值觀和利益轉變的預期。早期對中國的新富群體，包括對初生的中產所做的研究一般都强調，這些人在政治觀點和行為方面傾向於保持現狀，不願冒險。但大量研究說明，這也許僅僅是中產發展過程中的一個短暫階段。[28] 中國中產普遍對官員腐敗感到不滿，對環境保護、財產權、食品藥品安全的要求越來越高。所以，在某種程度上，中國中產已開始顯現與民主國家同類群體的相似之處。

然而，最近中國一些其他的經濟和政治事態發展使得美國政界和知識界的一些人對接觸政策是否成功產生了懷疑，特別是因為“和平演變”的目標與成果之間落差巨大。值得注意的是，中國改革開放時代的上述政治和社會發展並未削弱中國的政權。事實上，自從中美兩國開始廣泛的教育與文化交流以來，其他的關切和緊張一直暗潮洶湧。

過去四十年中，中國和美國的決策者在規劃執行廣泛的教育交流活動時無疑各打各的算盤。對鄧小平來說，派遣大批中國學生去西方國家和日本學習的首要目的是“彌補失去的歲月”，因為在“文化大革命”中，中國幾乎與國際學術界完全隔絕。[29] 鄧小平希望，通過與先進西方國家的教育交流來提高中國的經濟生產力、改善人民的物質生活水平、增强教育能力和技術競爭力，並加强中國的國家凝聚力。[30] 今天，鄧小平的目的顯然達到了：四十年來，中國的 GDP 增加了 60 倍，中國成長為世界第二經濟大國，中國按照發表科學論文篇數計算的國際排名急速上升，從 1979 年的第 38 名到 1982 年的第 23 名，然後到 1989 年的第 15 名，再到 2003 年的第 5 名，最後是 2017 年的第 2 名。[31]

然而，令中國領導人為難的是，鼓勵出國留學有兩大風險，一是“不可避免的人才外流”，二是“無法阻擋的西方思想傳播”。關於人才外流的問題，鄧小平有信心，“即使派出的留學生有一半不回來，還有一半回來可以搞四化建設，（因此）也比不派、少派要好得多嘛”。[32] 相反，過去四十年中國領導人擔憂的，用中國一位著名國際關係學者的話説，“更多的是中國被孤立在世界之外，而不是‘和平演變’”。[33]

美國決策者感到為難的是，美國大學要想向外國學生傳授自由民主的思想，就不能不讓他們從事科學技術研究。中國積極鼓勵公民出國留學，大批留學生學成歸國；這些美國看在眼裏不喜反憂。中國非凡的經濟增長、實現科技現代化一往無前的決心及其為捍衛國家主權而開展的强軍努力都使美國憂心忡忡。兩本關於小布什政府的暢銷書披露，正是出於這樣的擔憂，喬治 · W. 布什（George W. Bush）總統早在“9 · 11”恐怖襲擊發生之前就把中國視為重大威脅。[34] 美國政府擔心分享科技知識會危及國家安全，所以對外國學生，特別是來自中國的學生，採取了限制政策，不准他們學習某些“敏感課題”。

中國對“和平演變”的反應

自 1949 年中華人民共和國成立以來，中國領導人一直懷疑西方要對中國的文化價值觀和社會政治規範施加過度影響。毛澤東認為，美國企圖通過約翰·杜勒斯的“和平演變”政策來阻撓中國的社會主義革命。[35] 不讓中國落入美國彀中是毛澤東心頭的一件大事。信奉毛澤東思想的人一直認為，前文概述的美國“通過教育把中國拉入美國的軌道”的策略是一個詭計，旨在塑造中國下一代領導人的世界觀，使之與美國利益一致。[36]

20 世紀 60 年代初的中蘇論戰和 60 年代中期毛澤東發動的“文化大革命”都至少部分地源於毛澤東個人的思考，他懷疑杜勒斯的宏大戰略已經影響了蘇聯，擔心中國也會因此而發生類似的修正主義“變色”。[37] 許多知識分子，特別是在海外受過教育的知識分子遭到迫害，因為他們被認為是美國威脅的一部分。

鄧小平基本改變了中國的孤立主義政策。例如，1978 年，鄧小平作出了兩個里程碑式的決定：吸引外國投資和送中國學生出國學習。他勾勒出了中國追趕西方科技發展的戰略計劃，在 1983 年說出了“教育要面向現代化、面向世界、面向未來”的名言。[38]20 世紀 80 年代，中國害怕大範圍對外教育交流會導致西方思想的傳播，進而改變中國的政治制度，使之順從於西方利益。鄧小平採取了一些措施，如反對“精神污染”和反對“資產階級自由化”。[39] 儘管如此，這個時期的中國與其他國家的工商業往來還是迅速增加。鄧小平在 1992 年著名的南方講話中更是要求加快經濟改革、擴大對外開放。

鄧小平的繼任者進一步擴展了中國與世界的關係。20 世紀 90 年代，中國宣傳部門大力宣揚中國應努力“與世界接軌”的主張，這反映出中國領導人強烈希望，通過經濟與教育全球化使中國為“現代世界”所接受。[40] 用一些中國記者的話説，“中國要想與世界接軌，就必須改變自己”。[41] 中國加入了世界貿易組織，成功申辦 2008 年北京奧運會和 2010 年上海世博會；這些常常被引為與世界接軌的成果。例如，中國領導人允許一個意大利歌劇團在紫禁城表演，引進美國電影《泰坦尼克號》。1999 年，中國出版了 5000 多部外國書，佔新版書總數的 10%。與其他國家的外國書出版相比，這個百分比是比較高的。[42]

進入 21 世紀之後，頭十年的中國領導人對西方文化的興趣包括經濟管理、文化娛樂和科技發展，當然也有法治文化、社會福利制度。在他們的領導下，政治局會議的過程，包括決策會議和集體學習會議，都向媒體公佈。在外交政策領域，提出了“中國和平崛起論”。這一理論主張，中國應努力成為國際社會中受尊敬、負責任的成員，這樣它的崛起才不致被視為對世界和平的威脅，特別是在它的鄰國眼裏。[43]

2012 年之後，中國領導人對內加強党的建設，推進反腐倡廉，對外採取積極進取的外交政策，提出“一帶一路”倡議。對於美國領導的推翻蘇聯和其他社會主義政權的“顏色革命”，中國領導人也表達了憂心。認為美國企圖遏制中國，公開號召與美國作“鬥爭”，這使得中國自由派知識分子和西方的中國觀察者感到憂慮，擔心中美抗爭會危及中國穩定和世界和平。但是，在多數中國人民那裏，在世界其他地方，特別是非洲和南美的多數人民那裏，中國領導人的言行極受歡迎。他們覺得，中國領導人做的事情，如強力反腐、注重軍隊改革、堅定致力於消除國內貧困、有效動員舉國之力抗擊新冠肺炎疫情、制定大膽的環保目標、通過在國內外開展基礎設施建設來推動經濟增長，以及提出到 2049 年把中國建成技術超級大國的願景 —— 樁樁件件都符合中國的利益，也是對美國霸權的抗衡。

華盛頓對中國的關切和“脫鈎”

中國在雙邊、區域和全球關係中越來越主動作為，這引起了美國決策者的關切，體現在諸多彼此緊密相連的領域。這些領域中的關切相互加强，成為兩國間深度交織但令人憂心的關係中的重要因素。在華盛頓看來，美國現在與中國交往的所有領域都具有强烈的政治意義，需要認真審視。美國有 6 個主要關切領域：(1) 戰略與外交，(2) 安全與軍事，(3) 政治與意識形態，(4) 經濟與金融，(5) 科學與技術，(6) 教育與文化。所有這些領域中的關切促使華盛頓一些政治人物發出了對華全面脫鈎的呼籲。

戰略與外交方面

眾所周知，中國領導人和中國對外政策機構從來高度重視戰略規劃，特別是在外交政策方面。過去十年中，中國關於對外政策的討論中出現了一個普遍論點，即中國在世界舞台上正在“下一盤大棋”，或者說必須學會下大棋。當然，中國下棋的對手是美國。像邁克爾·蓬佩奧（Michael Pompeo）和史蒂夫·班農（Steve Bannon）這樣為美國出謀劃策的人聲稱，中國的總目標不僅是實現國家的可持續發展，而且要超越美國。[44] 這些分析人士認為，中國的戰略目標在“兩個一百年”願景中顯示得淋漓盡致；“兩個一百年”為 2021 年中國共產黨建黨一百週年和 2049 年中華人民共和國成立一百週年確定了發展目標。到 2049 年，中國的力量和影響力將走到世界前列。

對此，美國政府官員的反應是在各種聲明和講話中强調，應當把中國視為戰略競爭者或對手。這樣的説法載於美國政府發表的報告中，如《美國國家安全戰略》和《美國國防戰略》，也反映在美國最高層領導人關於外交政策的重要講話中，包括特朗普（Donald Trump）總統 2018 年的國情咨文演講、副總統邁克·彭斯（Mike Pence）2018 年在哈德遜研究所和 2019 年在威爾遜中心的演講、參議院情報委員會副主席馬克·沃納（Mark Warner）2019 年在美國和平研究所的演講、司法部部長威廉·P. 巴爾（William P. Barr）2020 年在福特總統博物館關於中國政策的演講，以及國務卿蓬佩奧 2020 年在全國州長協會會議上和在尼克松總統圖書館的演講。所有這些報告和演講都聲稱，現在“對美國最大的威脅”不是恐怖主義團體，也不是所謂的流氓政權，而是來自中國的長期戰略競爭的再現。[45]

在美國看來，中國不斷擴大全球接觸的範圍，其戰略和外交意圖明確。中國在拉丁美洲、非洲和中東開展的一些活動讓美國受了冷落。例如，在開展多邊外交時，中國選擇不包括美國在內的拉丁美洲和加勒比共同體作為與該地區接觸的首要渠道。歐洲學者最近發佈的一份長篇報告指出，中國在歐洲營造戰略關係的努力不僅讓中國“站到了‘歐洲門口’，現在中國已經登堂入室”。[46]

有鑑於此，美國決策者要求盟友加强與美國的戰略聯盟關係，也敦促拉丁美洲和非洲的其他國家選邊站隊。[47] 與此同時，美中之間的外交接觸近年來發生了重大改變。奧巴馬總統八年任期中，兩國政府舉辦了 105 場定期雙邊對話。特朗普政府的前兩年，對話鋭減到 4 場，後來就連這一點對話也停止了。對兩國外交關係最大的打擊發生在 2020 年 7 月，當時美國指控中國開展經濟間諜活動，企圖竊取科學研究成果，以此為由下令關閉中國在德克薩斯州休斯敦的領事館。作為回應，中國政府撤銷了自 1985 年起就是美國在中國西部門戶的駐成都領事館的許可。

安全與軍事方面

經過二十多年的發展，中國軍力已經被人稱為世界第二强，實力僅次於美國。

美國軍隊在今後幾年，甚至幾十年中，都可能繼續保持對中國軍隊的優勢，但是，中國在以下領域構成的戰略挑戰仍然值得全世界注意。第一，台灣問題一貫是美中關係最敏感的問題。2018 年，美國國會通過了《台灣旅行法》，加强了“在《台灣關係法》下滿足台灣的合法防禦需求、對脅迫台灣的行為進行威懾的承諾”。由於中國從領導層到老百姓，全國上下都將台灣問題視為國家核心利益，所以美國這一行動引起了中國極為强烈的反應，而且這種反應將不斷持續。第二，中國不久前在吉布提建立了首個海外軍隊後勤保障設施，用來保護在當地的經濟和商業利益，保證運輸、工業、能源安全。第三，解放軍現在的口號意思明確：“時刻準備著。”解放軍在陸、海、空、外空、網絡空間等各個領域加强科技化發展。近幾年來，中國加快了軍事現代化的步伐，採用了先進技術、人工智能（AI）等。

按照一些美國分析人士的説法，中國軍事現代化和軍事能力的提升將帶來嚴峻的長期挑戰。目前，中國的軍事預算仍僅為美國軍事預算的 1/3，但《經濟學人》雜誌認為，到 2035 年前後，中國的軍費開支就將超過美國。預計到 2050 年，中國軍費開支將達到 1.75 萬億美元左右，而屆時美國軍費開支是 1.25 萬億美元 —— 遠遜於中國。[48] 這些預測無論準確與否，都大大加劇了華盛頓的焦慮。美國參議員馬爾科 · 盧比奧（Marco Rubio）因此力主美國發展這方面的戰略反制措施，否則將悔之晚矣。[49]2018 年 2 月的一次參議院情報特別委員會聽證會上，盧比奧參議員宣稱："在美國二百四十多年的歷史中，我想不出我們在哪個時候遇到過如此規模、範圍和能力的競爭者和潛在對手……（中國人）在推行一項協調有序、執行得力、非常耐心的長期戰略，目的是取代美國，成為地球上最強大、最有影響力的國家。"[50]

政治與意識形態方面

美國政界和知識界人士普遍認為，過去十年，中國社會發展的速度與規模是新中國成立之後的任何時期之最。中國的强硬在國內表現得最為明顯，政治空間緊縮和意識形態控制均普遍增强。在國際上，可以從中國官方的宣傳活動和建立"統一戰線"的努力中看出它的積極進取。關於中共在國內外的强勢政治舉措，批評者經常突出如下幾個方面。

第一，習近平領導的中國採取了一系列措施來加强意識形態管理。中國强調 24 字的核心價值觀，反對歷史虛無主義。

第二，中國共產黨的十九大把"習近平新時代中國特色社會主義思想"納入了憲法。党的領導得到加强，而且在其他國家的影響力也日益增强。北京下大力氣營造中國特色的政治制度、經濟制度和"舉國體制"在世界眼中的正面形象。

第三，中國積極利用其宣傳媒體在海外傳播中國故事。中國的官方報紙現在是《華盛頓郵報》等主流外國報紙的免費夾頁，中共還資助海外中文報紙的分銷。例如，《僑報》在美國至少 15 座大城市有 10 萬多華人訂戶。這份報紙的主要新聞版面幾乎同《人民日報》一模一樣。微信在線上發佈的中文《北美留學生日報》也遵循中共路線，其首要讀者群是海外的中國留學生。[51] 批評中國意識形態和政治擴張活動的人士指出，北京越來越重視做四種人的工作：前政客，媒體、智庫和學界的輿論領袖，美國和其他國家的國家及地方政府官員，海外華人社群。[52]

經濟與金融方面

美國工商界人士也許不贊成和中國打長期的全面貿易戰，但他們也一直對中國的各種做法嘖有煩言。中國領導層全面加强党的領導，這些行動被一些批評者認為與政府擴大對外開放的承諾背道而馳。許多美國公司不滿於中國在《中國製造 2025》計劃下推行的產業政策。中國領導層把航空航天、船舶製造、生物醫藥和機器人技術等行業定為"重要戰略部門"，那些產業政策就是要推動受國家支持的中國廠家在這些部門中的發展。

批評者還指出，中國的市場改革進展緩慢，關於知識產權保護和市場准入的許諾遲遲不能兑現，這使得美國工商界惱怒不已，而這個群體以往都在美中關係中起著調解的作用。美國對中國最强硬的鷹派人士指責中國佔國際貿易秩序的"便宜"。

此外，中國的國際經濟倡議也加重了美國的關切，擔心中國正在將經濟計劃納入地緣政治戰略，進一步擴張它的不公平行為和政治影響力。像"一帶一路"倡議這樣的大規模計劃被批為"債務陷阱外交"，説中國利用令債務國無法長期承受的貸款和債務困境獲取影響力，並迫使債務國作出過分的讓步。中國還在與俄羅斯、巴西和委內瑞拉的石油結算中盡量使用人民幣而不是美元。"一帶一路"倡議在華盛頓激起了廣泛討論，大家都關心中國地位的上升及其對美國實力和全球領導地位的侵蝕所帶來的風險。

華盛頓焦慮日增，特朗普總統又一直呼籲實現貿易再平衡，於是，美國對華經濟立場丕變，隨之而來的中美貿易戰沉重打擊了兩國經濟。例如，2018 年中國的股票市場業績為全球金融危機以來最差，損失了 2.4 萬億美元，使中國股市在那年的排行榜中墊底。同年，根據政府發佈的官方數據，中國 GDP 增長率降至 7%，為 28 年來最低。2018 年中國對美投資只有前一年的 1/6，是 2016 年的 10%，顯示出隨著美中相互依存開始減弱而冒頭的脱鈎跡象。美國經濟因新冠病毒大流行遭到破壞性打擊後，白宮敦促美國公司重組全球產業供應鏈以降低對中國製造商的依賴，並要求在華美國公司遷出中國。[53]

科學與技術方面

中美之間緊張的焦點在於科技領域中日趨激烈的競爭。數字革命給人的安全、繁榮和尊嚴帶來了也許是有史以來最快的變化。美中雙邊關係中日益加劇的緊張和競爭涉及的一些重要而複雜的問題就發生在這一空前變化的背景下。

中國在科技領域中構成的挑戰與美國的經濟、安全和政治關切密切相連。最近的美國《國家安全戰略報告》宣稱，“數據和能源一樣，將塑造美國的經濟繁榮和我們未來在世界上的戰略地位”。[54] 在一些技術領域，如 5G、人工智能和量子計算，中國正以驚人的速度奮起直追，有些方面已經超過了美國。美國《國家安全戰略報告》還聲稱，中國的目標是控制信息和數據，在國內壓制民間社會團體，在海外擴張中國的影響力。[55] 有些分析人士指出，中國缺乏有力的法治和基於道德的規則，這使它在人工智能開發和其他尖端研究中佔據了不公平的優勢。

美國批評中國的人指稱，中國能夠在世界舞台上佔據技術支配地位，主要靠竊取技術、侵犯知識產權、強迫技術轉移和產業政策。出於這些關切，美國開始重新思考並評價自己的技術政策。華盛頓的決策者現在認為，美國不僅應限制對中國的高端技術轉移，而且要阻止中國公司進入美國的高科技市場，並防止中國學生在美國從事敏感課題的研究。[56] 最近，聯邦調查局（FBI）花大力氣調查那些接受聯邦資助、又在美中兩國都參與研究項目的中國或華裔科學家，有幾次甚至命令研究機構和大學解僱這樣的科學家。

特朗普政府出手禁止中國華為在美國開展業務，還遊説盟國如法炮製。特朗普政府希望藉此破壞中國實現其科技目標的努力，並威脅中國，若不遵守美國的規則就要受到孤立。為此，澳大利亞禁止華為和中興為本國電信網絡提供 5G 技術。最值得注意的是，美國向加拿大提出要求，要引渡 2018 年秋過境溫哥華時被捕的華為首席財務官孟晚舟。美國政府 2019 年 5 月決定把華為列入“實體清單”後（雖然後來暫緩執行），中美全面技術戰的風險驟然加大。華為被列入“實體清單”意味著美國公司及其外國夥伴在向華為供應產品之前，必須獲得美國政府的准許。按照中國媒體的説法，美國政府這個決定將影響 170 個國家的 1.3 萬家華為供應商，包括《財富》雜誌評出全球 500 强中的 211 家公司。[57] 這可能對全球電信市場產生震撼性衝擊。

教育與文化方面

美國和中國的教育機構都認為，自 1979 年建立外交關係以來，兩國間教育與文化交流是建設性的、互利的。但近幾年來，中國和美國的決策者對這樣的接觸改變了想法。中國加緊了對國際教育交流的監督與管理，中國 2017 年的《境外非政府組織管理法》對境外教育機構和從事教育、文化和民間交流的公民社會組織進行了廣泛的規定。

美國對雙邊教育與文化交流的批評聲浪似乎更大。2018 年秋，白宮考慮禁止向中國公民發放學生簽證，那將給與中國四十年的教育交流畫上句號。[58] 由於“對經濟和外交影響的關切”，[59] 白宮鷹派官員提出的這個建議最終沒有得逞。2020 年 7 月新冠病毒大流行肆虐之時，特朗普政府再次試圖驅逐在美國全時上網課的國際大學生；這個措施一旦實施，中國學生將首當其衝。此事激起大嘩，鬧上了法庭，白宮只得收回成命。2018 年到 2020 年，聯邦調查局局長克里斯多弗·雷（Christopher Wray）幾次就教育與文化交流方面的“中國威脅”危言聳聽，重申 2017 年美國《國家安全戰略報告》中的説法，“中國軍事現代化和經濟擴張的部分原因是它能夠進入美國的創新性經濟，包括美國的世界一流大學”。

此外，美國媒體廣泛報道中國在美國教育機構中的影響力。最值得注意的是，一些報道指控美國一些大學的中國留學生和訪問學者中安插有特工。據西方媒體報道，若干中國學生學者聯合會是中國在美國和其他國家使館的外圍組織。美中教育交流中爭議最大、受攻訐最多的是孔子學院。2017 年，全球 131 個國家共有 512 所孔子學院和 1074 個孔子課堂，其中 103 所孔子學院（20%）和 501 個孔子課堂（47%）在美國。[60]

2018 年 8 月，特朗普總統簽署《國防授權法》，裏面有一條“要求大學在接納五角大樓出資的漢語教程和接納中國的孔子學院之間做出選擇”。[61] 到 2020 年 7 月，美國有 45 所孔子學院已經關閉或正在關閉。[62] 另外，美國國家民主基金會和胡佛研究所的兩份報告指控中國越來越多地使用“鋭實力”來滲透美國大學和智庫，以圖影響美國對華態度。香港特別行政區原行政長官董建華創立的中美交流基金會為外國大學、智庫和非政府組織提供資助，經常被作為例子來説明中國在推動鋭實力。

為應對他們眼中的這些問題，美國眾議員喬·威爾遜（Joe

Wilson）、參議員馬爾科·盧比奧和參議員湯姆·科頓（Tom Cotton）聯名提出了《外國影響力透明度法 2018》。這份法案將：（1）修改 1938 年的《外國代理人登記法》，那項法律要求外國政府和政黨的代理人在美國司法部登記；（2）説明“只有其活動不推動外國政府政治議程”的教育和學術組織方可豁免；（3）修改《高等教育法》，把要求學院和大學披露每個日曆年內接受的外國捐助的門檻從目前的 25 萬美元降到 5 萬美元。[63]

曾任國務院政策計劃司司長的基倫·斯金納（Kiron Skinner）提出的建議最極端，她建議重新考慮對華文化交流，甚至將其徹底終結。2019 年 4 月，斯金納在華盛頓特區的一個公開論壇上把對華關係緊張説成是“與一個截然不同的文明和不同意識形態的鬥爭，是美國從未經歷過的”。[64] 她接著説，“同樣異乎尋常是，這是我們第一次面對一個非白種人的大國競爭者”。[65] 美國對華脱鈎政策的某些要素，如前述關於禁止中共黨員及其家屬（據估計至少有 2.7 億人）來美的提議，不可避免地會使中國的所有公民（甚至華裔）都遭到懷疑和嚴格審查。

反對與中國全面脱離接觸的意見

重新審視或重置持續了五十年的美國對華接觸政策已成為華盛頓的普遍觀點，但美國的許多政策和知識建制機構中仍然有人反對脱離接觸。對於上述脱鈎政策的每個方面，美國外交政策精英中都有人表示保留和異議。有些人認為，脱鈎不能保護和推進美國利益，反而會進一步削弱美國的實力和影響力。另外，脱鈎也會升高兩國開戰的風險。

關於中國在戰略與外交方面的積極進取，把中國採取的所有行動都視為意圖損害美國利益的觀點肯定值得商榷。中國有些做法在國際事務中非常普遍，或許主要是為了自我防衛。中國和任何其他國家一樣，有自己合法的國家利益。作為世界第二大經濟體，中國追求能源安全並在海外尋求資源乃天經地義。在地緣政治格局迅速變化的關鍵時刻，特別是在美中雙邊關係惡化的情況下，中國領導人必須不斷對國家的戰略與外交目標一再進行評估；美國領導人也是這樣做的。如前代理助理國務卿董雲裳所説，“維持經常性對話和工作層面的討論，以確保有合適的管控機制來應付萬一發生的危機”，[66] 這是美國的重要利益所在。

要求重新評價對華接觸政策的不光是華盛頓分析人士中的極端鷹派分子，美國所有的政策制定者都開始注意這個問題。然而，這場戰略修正的實質內容仍在激烈辯論中，尚無明確的一致意見。[67] 雖然美國對華政策發生了根本性改變，但美國政治和知識建制派內部仍然存在著重大的意見分歧。就戰略而言，有些人認為，除了《國家安全戰略》和《國防戰略》的泛泛而論之外，特朗普政府沒有戰略，至少沒有在認真思考過美國優先事務和能力的基礎上制定的周密戰略。奧巴馬總統的“轉向亞洲”和特朗普總統的“印太”戰略立意長遠，卻資源不足、執行不力，反映出設計中嚴重的後勤缺失。就算有一項遏制戰略，對遏制的內容也仍有歧見。此外，有些人指出，任何新的遏制政策都為時太晚、難以奏效。[68] 其他國家，包括美國在亞洲和其他地區的一些盟友，也許不想選邊站隊，即使它們對中國的迅猛發展感到嚴重關切。

同樣，在安全與軍事方面，一些美國輿論領袖指出，華盛頓彌漫著恐懼和危言聳聽的氣氛，根本沒有對中國的看法給予恰當考慮。用傑弗里 · 薩克斯（Jeffrey Sachs）的話説，“美國拒絕以中國的角度看待美國自己”。[69] 薩克斯進一步解釋說：

> 如果它這樣做，它將看到這樣一個美國：它在 70 多個國家，包括亞洲各地，設有軍事基地（相比之下，中國只在吉布提有一個很小的海外海軍後勤保障基地）；它的軍費預算世界第一，把別的國家遠遠甩在後面；它在亞洲和其他地區長期挑動戰爭、推動政權更迭，最近的例子包括阿富汗、伊拉克、敘利亞和也門；⋯⋯它在朝鮮半島部署彈道導彈防禦系統，威脅到了中國的核報復能力。[70]

在蘭德公司最近發佈的一份研究報告中，作者蒂莫西 · R. 希思（Timothy R. Heath）指出，過去的半個世紀，美國軍隊南征北戰，幾乎未有稍歇。相比之下，中國人民解放軍參與的最後一次重大衝突已是四十多年前的事了。[71] 希思得出結論說：“中國軍隊的武器越來越高科技化，令人印象深刻，但他們是否有能力使用這些武器和裝備尚不清楚。” [72] 中國擁有幾艘航空母艦是一回事，但在真正的衝突中操作航母完全是另一回事。

一些學者爭論說，在安全與軍事方面，宣佈美國過去 8 任總統的對華接觸政策失敗為時過早。奧巴馬時期曾任白宮國家安全委員會亞洲事務特別助理的傑弗里 · 貝德說：“自 20 世紀 70 年代以來，東亞從未發生重大軍事衝突。鑑於在那之前的四十年間，美國打了 3 場起源於東亞的戰爭，損失了 25 萬生命。（相比這兩個時期）這個成就非同小可。” [73] 貝德認為，放棄接觸政策可能會升高東亞地區的戰爭風險。

在政治與意識形態方面，中國政府從未明確宣稱中國要輸出自己的發展模式或政治制度。四十年來，中國反覆重申，各國應根據自身的社會和經濟環境、歷史背景和當地文化來選擇自己的政治制度。至於在國際報紙上打廣告這種傳播影響力的行為是否為中國所獨有，是否與美國推動軟實力的行為大同小異這種問題，華盛頓各方眾說紛紜，莫衷一是。

冷戰時期，意識形態是兩大對抗領域之一。相比之下，今天的中國領導人很少聲稱共產主義意識形態將壓倒對方。他們反而經常抱怨美國和西方慣於戴著意識形態的有色眼鏡看中國。一位研究世界政治的美國學者最近指出，華盛頓所說的中國對美國的意識形態威脅是"我們自己創造的威脅"，因為這種說法的基本假設——"中國和美國實際代表著兩種本質上敵對的意識形態"——根本不堪一擊。[74] 事實上，兩國各自社會內部在世界觀和價值觀方面都存在著深深的裂痕。在美國，這樣的裂痕最明顯地表現為對特朗普總統的治國表現和意識形態評價的兩極化，特別是喬治 · 弗洛伊德（George Floyd）的慘死引發了反對制度性種族主義的抗議示威後出現的意識形態和治國理念的分歧。

在經濟與金融方面，美國和中國之間的激烈競爭是人所共見的現實存在。中國的經濟實力對美國構成了實實在在的巨人挑戰。許多著名美國經濟學家認為，美國的第一要務應當是在各個方面"收拾好自己的屋子"，提高美國經濟的競爭力和創新性。耶魯大學經濟學家斯蒂芬 · 羅奇（Stephen S. Roach）認為，美國和中國綁定在"一種互相依存的經濟關係中"。[75] 如他所說："美國消費者需要從中國進口的廉價商品來維持生活；美國也需要中國儲蓄的過剩資金來支撐似乎已成痼疾的聯邦政府預算赤字。"[76]

對美國工商界來說，施壓中國令其改變美國心目中不公平的經濟行為當然好，然而，傲慢魯莽的言辭行動不可取，因為那會升高與世界第二大經濟體脱鈎的風險，特別是在中國正設法改善與歐盟和日本的經濟關係之時。為打消美國人對中國在外國基建投資的焦慮，中國政府聲明，將來的“一帶一路”項目將强調透明、包容和債務的可持續性。另外，中國最近開放了一些經濟部門和產業，包括金融服務、公共衛生、電動和無人駕駛汽車、智慧城市和綠色發展。在迅速成長為世界最大消費市場的中國，這些開放措施為美國公司提供了諸多商業機遇。所以，美國工商界人士擔心，經濟脱鈎的長期效果是令他們失去中國市場的份額。

至於科學與技術方面的美中競爭，一些美國學者相信，美國在這些領域中牽頭的對華脱鈎阻擋不了中國成為科技超級大國。美國根本沒有做好執行這一政策的準備，執行了也不會成功。[77] 同時，他們認為，中國在競爭中採取了不公平的手段，但是中國迄今並未在綜合科技能力方面超越美國。當今世界，沒有任何國家能夠在科技領域佔據絕對優勢。在某個意義上，美國領導的對華科技脱鈎若是成功，中國不僅不會被打垮，甚至能夠獲益。不過，中國缺乏足够的力量和影響力，無法成為世界唯一的科技超級大國。在研發資金、人力資源（指 STEM 領域的工作人員人數）、電子商務規模、科學論文發表量、國家支持的創新及專利數量的迅速增加等方面，中國佔據了優勢。[78]

批評美國科技脱鈎政策的人指責説，這一政策是出於對科技發展原理的無知。令人不安的證據表明，它染上了族裔偏見和種族定性的污點。這方面的明證是聯邦調查局公開臆測中國（甚至是美籍華人）教授、科學家和學生在為中國從事間諜活動。這類種族主義意味濃厚的行動損害美國利益，為中國政府提供了“彈藥”。事實是，這方面的事態發展幫助中國加快了自主創新和科技突破的步伐。現在，中國每年的 STEM 畢業生（科學家、技術專家、工程師和數學家）高達

180 萬人，而美國每年才培養約 65 萬 STEM 畢業生。[79] 另外，美國大學畢業生 1/3 以上是外國人，在計算機科學領域，50% 以上的大學畢業生是外國人。目前，世界上 1/4 的 STEM 工作人員在中國，這支技術力量比美國的大 8 倍。[80] 如麻省理工學院院長拉斐爾 · 賴夫（Rafael Reif）最近指出的，“沒有任何其他國家有中國那麼多的一流科技人才”。[81]

說大批中國國民在美國大學和研究機構裏系統性地從事間諜活動和其他不法行為，這種指控是對美國利益的傷害。出生在台灣的美國科學家何大一（David Ho）是洛克菲勒大學艾倫 · 戴蒙德艾滋病研究中心的教授兼主任，他認為，由於隨時可能遭到聯邦調查局的無端調查，一些頂級科學家只得返回中國，“結果使中國的頂級人才成倍增加”。[82] 諷刺的是，美國推行的這一政策比中國政府以前的任何努力都更有效地促成了人才回歸中國。

美國盡可怨天尤人，但阻止不了中國的經濟崛起，也遏制不住中國成為科技巨人的決心。美國前財政部部長拉里 · 薩默斯（Larry Summers）說：“試圖遏制中國可能會加強北京最反美的力量。”[83] 中國政府指控說，美國對華科技脱鈎“是國家主導的科技政策，而這恰恰是美國企圖不准中國推行的政策”。中國宣稱，美國不應批評中國的發展模式，中國有權利用“舉國體制”和產業政策來推動高科技部門的發展。

中國和美國都過分强調在科技領域的競爭，忽視了合作，並越來越將這種競爭視為零和博弈。於是，雙方彼此的戒懼日益加深。兩國在網絡和人工智能領域的確優先點不同、看法各異，但這些分歧不應阻止這兩個人工智能超級大國在這些領域中開展合作。網絡恐怖主義、網絡犯罪和虛假信息事件層出不窮，兩國都易於受害，對這類事件的管控也都沒有把握。今天的世界裏，網絡攻擊和人工智能攻擊變得更加迅捷、更加難以發現、更加不可預測。[84] 美中兩個超級大國也最容易成為這類攻擊的靶子。一些美國分析人士稱，中國和美國在人工智能領域開展“軍備競賽”是錯誤的，雙方都沒有看清真正的敵人和共同的威脅。[85] 在公共衛生方面，新冠病毒是全球性威脅，結束這場毀滅性的大流行需要中美合作，特別是在疫苗和藥物研發領域。

在文化與教育方面，美國大學的許多行政管理人擔憂麥卡錫主義在美國死灰復燃。在一封對加州大學伯克利分校全體國際學生表示支持的公開信中，伯克利分校校長卡羅爾·克賴斯特（Carol Christ）和其他高級行政管理人對一些負面傳言作了批駁，那些傳言毫無根據地暗示伯克利的美籍華人教員和與中國公司和機構合作的華裔研究人員可能是中國間諜。公開信尖鋭地指出，“加利福尼亞自己的黑暗歷史啟迪我們，只是因為某些人的族裔就自動對其產生懷疑會導致可怕的不公正”。[86] 耶魯大學校長蘇必德（Peter Salovey）最近和加州大學、麻省理工學院、哥倫比亞大學及其他高等教育機構的行政管理人一起發表公開信，表示即使在美國和中國的緊張升級之際，仍會“堅定地致力於”國際教育交流。[87] 鑑於越來越多的中國學生學者赴美學習的簽證被拖延發放或乾脆被拒簽，蘇必德敦促聯邦機構説清楚“他們對國際學術交流的關切所在”。[88]

應當指出，這方面針對中國的一些指控缺乏證據。例如，美國全國學者聯盟 2017 年提出了一份報告，歷數孔子學院造成的問題，報告中做出了如下莫名其妙又匪夷所思的指稱：“沒有確鑿證據表明孔子學院也是中國針對美國的間諜活動的中心，但幾乎每個研究它們的獨立觀察者都相信如此。”[89] 這種獵巫式的偏執對華裔美國人傷害尤深，他們擔憂自己被視為“文化威脅”，害怕成為這新一波麥卡錫主義的打擊目標。

前面講過，時任國務院高層官員基倫·斯金納從種族角度框定美國對華政策；她的表述在世界各地，包括在華盛頓都激起了強烈譴責。批評者嘲笑說。她的話明顯是“非美的”。[90] 在某種意義上，斯金納的話附和了已故的塞繆爾·亨廷頓（Samuel Huntington）提出的西方與“非西方”之間文明衝突的概念，她的演講代表著一個聯邦官員首次公開對文明衝突論表示支持。斯金納演講的那次活動中，主持人安妮－瑪麗·斯勞特（Anne-Marie Slaughter）睿智地指出了斯金納的主張與亨廷頓理論之間的相似之處。

亨廷頓生前是哈佛大學著名政治學家，他 1993 年在《外交事務》雜誌上提出了自己的論點。[91] 那篇文章以文化為基礎，界定了後冷戰時代世界政治的性質，將文化定為衝突的首要根源。亨廷頓預言，除了對西方懷有敵意的廣大伊斯蘭世界之外，儒家文化，或者說表現於現代東亞國家的東方文明，將形成一個經濟與政治集團，不僅對西方力量，而且對西方文明構成挑戰。

亞洲、美國和世界其他地方的批評者對亨廷頓論點的許多方面不以為然。僅舉一例，他對東亞價值觀的理解過於簡單化。他不僅過分強調所謂儒家文明的某些因素，對陰陽的概念一竅不通，而且不懂中華文化傳統含有道教、佛教和其他價值體系的諸多要素。例如，道教倡導的世界觀幾乎與儒家截然相反。因此，假設“儒家文明圈”內國家的民眾在價值觀和世界觀上完全一致是不合適的。

當然，中國和美國差別巨大，這是歷史、地理、政治、社會和經濟方面的事實。然而，所有人類社會都免不了治理和技術革命方面的問題和挑戰。中心問題是，隨著世界進入更加互聯互通的數字時代，不同文明間的界線是變得模糊了，還是更清晰了？換言之，世界目擊的是文明的交流還是文明的衝突？

有意思的是，亨廷頓發表了那篇爭議性文章的幾年後，包括韓國在內的若干具有強大儒家傳統的政府轉變為民主政體，給亨廷頓的論點釜底抽薪。然而與此同時，文明衝突論幾乎如同自我實現的預言，助長了不同文化之間的相互誤解，升高了衝突和戰爭的風險。

斯金納和華盛頓其他官員最近發表的基於種族的言論附和了亨廷頓的陳舊論點，可能會疏遠大批中國人及海外有中華文明背景的人，包括新加坡、馬來西亞、印度尼西亞、澳大利亞、加拿大和美國等國的華人，也會造成尊孔子為文化偶像的其他亞洲人的反感。美國某些政策制定者缺乏文化敏感是給中國的天降大禮。最近，中國正在努力通過强調“亞洲文明”間的文化交流來團結亞洲國家，2019 年 5 月北京主辦的“亞洲文明對話大會”就是例子。

文明衝突的世界觀和關於中國威脅的種族言論對美國的利益與安全不是保護，反而是傷害。這些主張和言論與美國價值觀背道而馳。2019 年 5 月的一次國會聽證會上，眾議院常設特別情報委員會主席亞當 · 希夫（Adam Schiff）説出了如下的睿智之言：

> 在應對中國崛起時，決不能進行種族定性或族裔攻擊。我們美國一個持久的力量是歡迎並宣揚多樣性。華裔美國人對我們的社會做出了數不清的貢獻。華裔美國人中出了獲得艾美獎的節目製作人、奧林匹克獎牌獲得者、尖端科學家、成功的企業家、學者、著名藝術家和我們最成功的情報官員與國家安全人員。我們大家應該把華裔美國人看作我們强大力量的一個來源，而不應對他們抱有惡意的懷疑，這才是明智的態度。[92]

中國的中產：重要變數

要説美國人在分析當今中國時有一個常犯的錯誤，那就是對這個世界上人口超大規模、活力最旺的國家一概而論。贊成對華脱鈎的人在評估中國目前狀況、預測其未來發展趨勢時，經常把中國社會視為鐵板一塊。中國和所有國家一樣，有權追求經濟繁榮，同時培育自己特有的文化和興旺的中產。美國不應該對中國、中國社會或中國領導層橫加指責。中國的發展軌跡並非事先確定，而且它面臨著國內外因素的嚴重制約。正如亨利·基辛格最近所説，"中國仍在尋求自己世界地位的性質"。[93] 因此，美國的對華大戰略必須具有全局觀、前瞻性和靈活性。

可惜，目前華盛頓的戰略討論幾乎無一例外，均未考慮到中國中產在雙邊關係中的作用與態度。對於美國和中國目前的緊張關係，包括所謂的貿易戰、科技戰、文化戰和新"冷戰"，相關分析大多從國與國關係的角度出發。然而，要想充分評估兩國爭端對中國國內發展及其與外國接觸的影響，就必須考慮中國活力充沛的中產，是他們承擔了中美緊張升級的大部分負面影響。影響中美關係的各種因素中，中國中產的政治影響力和變化不定的觀點是最有趣，也是最重要的因素之一。美國決策者和分析者若對中國的領導層與中產之間複雜多變的關係沒有充分的了解，恐怕就難以準確衡量美國對華政策的有效性。[94]

中國中產普遍擁護中央的反腐、全面深化改革和實現綠色發展。通過社交媒體，他們也對政府工作中的失誤提出批評意見。

美國有些人認為，中國中產的這些不滿威脅到了政權穩定和經濟發展，這表示美方在與中方的貿易爭端中佔了上風。可是最近以來，中產意見也許又要轉向有利於中方的方向了。促成中國公眾觀感改變的主要原因是雙邊關係的迅速惡化和華盛頓的對華全面脱鈎政策，特別是因為特朗普總統不斷使用“中國病毒”和“功夫流感”這樣的詞語。特朗普剛上台時，中國媒體對他的觀感比美國媒體好，現在卻來了個 180 度大轉彎，把貿易摩擦全部算在這位“瘋狂”“貪婪”的美國總統頭上。美國對中國採取的貿易行動和特朗普政府從夥伴到競爭對手的戰略轉移使大多數中國人堅信，美國的首要目標就是遏制崛起的中國。美國政治中廣泛的反華潮流使中國中產驚怒交加。這又使許多觀察中國的西方人士將這個群體視為中國執政者事實上的盟友。

然而，中國中產對美國的看法既非一成不變，亦非完全一致。他們對美國的失望似乎特別尖鋭，因為美國中產階級一直是他們努力效仿的榜樣。在美國留學後歸國的大批中國學生學者仍舊渴望獲得美國中產階級的生活方式和價值觀。但是如前所述，美國政府官員在講話中暗示，來自中國的教授、研究人員和學生是間諜，聯邦調查局局長克里斯·雷發表對抗性言論，説中國是“全社會的威脅”。這些説法引發了敵意。基倫·斯金納這樣的美國政策制定者關於中國明裏暗裏帶有種族色彩的談話在中國激起了民憤。中國中產曾經對美國投以羡慕的眼光，現在卻怒目而視。

為反制美國日益強硬的貿易手段和經濟與科技脱鈎，中國領導層最近調整了經濟政策。中國領導層採取了更多的經濟改革措施，包括加快國內消費，建立新的金融機制來支持小企業和促進進口。2019 年 3 月，中國國務院宣佈新政策，通過總額高達 2980 億美元的税負減免來支持私營公司，並降低了貸款費用和難度。中國政府頒佈的措施包括把製造業的增值税降低 3%，提高對小型科技公司徵收增值税的門檻，減少政府養老保險的僱主支付份額。

中國中產是否會奮起支持中國領導層對美國行動的強硬回應，目前尚不完全清楚。不過，很多中國人都熟知 20 世紀 90 年代的兩件大事，即日本經濟“失去的十年”和蘇聯的垮台。一些說法暗示，這兩件事都是美國在背後一手操縱的。擔心美國對中國懷有同樣的禍心——不管這種擔心是否理性——最終可能使支持的天平傾斜到中國領導層强硬回應的一邊。

目前，中國正處於微妙的經濟和社會轉型期，要從製造業轉向國內消費與創新。中國領導人認為，這個轉型對維繫中國中產的增長，進而保持其對共產黨的支持具有根本意義。中國領導層知道中國中產巨大且不斷增長的政治影響力。美國的決策者若是聰明，也應該認識到這一點。

註釋

1. 夏琳、張藝馳：〈美國簽證政策遭詬病〉，新華社，2020 年 1 月 2 日。
2. 德米特里 · 謝瓦斯托普洛（Demetri Sevastopulo）、湯姆 · 米切爾（Tom Mitchell）：〈美國考慮禁止對中國國民發放學生簽證〉（*US Considered Banon Student Visas for Chinese Nationals*），《金融時報》（*Financial Times*），2018 年 10 月 2 日。
3. 何偉（Peter Hessler）：〈和平軍切斷了與中國的關係〉（*The Peace Corps Breaks Ties with China*），《紐約客》（*New Yorker*），2020 年 3 月 16 日。
4. 伊麗莎白 · 雷登（Elizabeth Redden）：〈特朗普瞄準中國、香港的富布萊特計劃〉（*Trump Targets Fulbright in China, Hong Kong*），*Inside Higher Ed*，2020 年 7 月 16 日。
5. 白宮：《暫停中華人民共和國某些學生和研究人員非移民入境的公告》（*Proclamation on the Suspension of Entry as Nonimmigrants of Certain Students and Researchers from the People's Republic of China*），2020 年 5 月 29 日。
6. 保羅 · 莫蘇爾（Paul Mozur）、愛德華 · 黃（Edward Wong）：〈美國考慮對中國共產黨黨員實行全面旅行禁止〉（*U.S. Weighs Sweeping Travel Banon Chinese Communist Party Members*），《紐約時報》（*New York Times*），2020 年 7 月 16 日。
7. 小查斯 · W. 弗里曼：〈論與中國的敵對共存〉（*On Hostile Coexistence with China*），於斯坦福大學弗里曼 – 斯波格利國際問題研究所中國項目的講話，2019 年 5 月 3 日。

8. 瑪麗·布朗·布洛克：〈重新審視美國與中國的交流〉（*American Exchanges with China, Revisited*），載於喬伊斯·K. 謝爾格倫（Joyce K. Kallgren）、丹尼斯·弗雷德·西蒙（Denis Fred Simon）主編：《教育交流：關於中美交流經驗的論文》（*Educational Exchanges: Essays on the Sino-American Experience*）（Berkeley, CA: Institute of East Asian Studies，1987），第 26 頁。

9. 民主和平理論認為，自由民主政體不願意與其他民主政體發生戰爭，原因有政府問責、外交機構的作用、中產的利益和同類認同。兩個自由民主政體之間通常不存在敵對的意識形態。見邁克爾·多伊爾（Michael Doyle）：〈康德、自由遺產，與外交事務〉（*Kant, Liberal Legacies, and Foreign Affairs*），《哲學與公共事務》（*Philosophy and Public Affairs*），12，No.4，1983 年夏。

10. 菲利普·庫姆斯（Philip Coombs）：《外交政策的第四維度：教育與文化事務》（*The Fourth Dimension of Foreign Policy: Educational and Cultural Affairs*）（New York: Harperand Row，1964），第 6—7、17 頁。

11. 同上，第 17 頁。

12. 德懷特·D. 艾森豪威爾：《在史密斯－蒙特法通過 10 週年紀念儀式上的講話》（*Remarks at Ceremony Marking the Tenth Anniversary of the Smith-Mundt Act*），1958 年 1 月 27 日，美國總統數據庫網站（American Presidency Project website），2020 年 10 月 31 日查 。

13. 卜利平：*Making the World Like US: Education, Cultural Expansion, and the American Century*，Westport，CT: Praeger，2003，第 7 頁。

14. 張宏傑：《寄託的一代——清華人和北大人留美口述故事》（瀋陽：春風文藝出版社，1999），第 3 頁。

15. 史景遷：《改變中國：中國的西方顧問，1620—1960》（*To Change China: Western Advisers in China, 1620—1960*）（Boston, MA: Little, Brown，1969），第 292 頁。

16. 卜利平：*Making the World Like US: Education, Cultural Expansion, and the American Century*，第 86 頁。

17. 伯納德·格韋茨曼（Bernard Gwertzman）：〈美國和中國簽署協定：卡特看到了"不可逆轉"的潮流〉（*U.S. and China Sign Agreements: Carter Sees an "Irreversible" Trend*），《紐約時報》（*New York Times*），1979 年 2 月 1 日，A16 版；也見吉米·卡特政府：《總統文獻》（*Presidential Documents*），華盛頓特區，1979 年 2 月，第 201 頁。

18. 格韋茨曼：〈美國和中國簽署協定：卡特看到了"不可逆轉"的潮流〉。

19. 《2018 年度我國出國留學人員情況統計》，中華人民共和國教育部網站，2019 年 3 月 27 日；〈中國去年出國留學人數首破 60 萬〉，《人民日報（海外版）》，2018 年 4 月 1 日。

20. 《2019 年度我國出國留學人員情況統計》，中華人民共和國教育部網站。

21. 《中國赴美留學生人數調查報告》，續航教育網站（Forward Pathway website），2019 年 7 月 28 日。原始來源見開放門戶網站（OpenDoors website），2020 年 11 月 2 日查 。前一年的信息見 U.S.-China Press，2018 年 12 月 28 日。

22. 教育部：《2018 年來華留學生統計》，中國教育部網站，2019 年 4 月 12 日。

23. U.S.-China Press，2018 年 12 月 28 日。

24. 共有 432.32 萬學生拿到了學位或完成了計劃，見《2018 年度我國出國留學人員情況統計》，中華人民共和國教育部網站。

25. 〈中國去年留學人數首破 60 萬〉。

26. 具體來説，小約翰 · D. 洛克菲勒（John D. Rockefeller Jr.）和他的下屬同意這個觀點，此觀點被引用於卜利平：*Making the World Like US: Education, Cultural Expansion, and the American Century* 第 85 頁。

27. 基於南京大學負責國際事務的副校長王振林在 2019 年杜克國際論壇上的講話〈中美高等教育合作的新時代〉（*A New Age of Sino-US Higher Education Cooperation*），論壇於 2019 年 12 月 16—18 日在中國昆山舉行。

28. 李成主編：《中產中國：超越經濟轉型的新興中國中產》（*China's Emerging Middle Class: Economic Transformation*）（Washington, D. C.: Brookings Institution，2010）。

29. 崔大偉、陳昌貴、駱思典合著：*China's Brain Drain to the United States: Views of Overseas Chinese Students and Scholars in the 1990s*，Berkeley, CA: Institute of East Asian Studies，1995，第 7 頁。

30. 王奉賢：〈跨文化交流的交匯點：一個中國人的觀點〉（*Meeting Points of Transcultural Exchange: A Chinese View*），載於許美德（Ruth Hayhoe）、潘乃容（Julian Pan）主編：《跨越文化的知識：對文明對話的貢獻》（*Knowledge across Cultures: A Contribution to Dialogue among Civilizations*）（Hong Kong: Comparative Education Research Centre, University of Hong Kong，2001），第 299 頁。

31. 1979 年到 1989 年的排名來自鍾文輝：〈中國學者和世界社會〉（*Chinese Scholars and the World Community*），載於邁克爾 · 阿傑拉斯托（Michael Agelasto）、鮑勃 · 亞當森（Bob Adamson）主編：《後毛澤東時代中國的高等教育》（*Higher Educationin Post-Mao China*）（Hong Kong: Hong Kong University Press，1998），第 61 頁；2003 年的排名來自中國科技部部長徐冠華的講話，新華網，2004 年 2 月 23 日；2017 年的排名來自科學網，2017 年 10 月 11 日。

32. 俞榮蔭（Yu Wingyin）：*China's Drive to Attract the Return of Its Expatriate Talents*，*EAI Background Brief*，No.76，2000，第 ii 頁。

33. 宋新寧：〈創立中國特色國際關係理論〉（*Building International Relations Theory with Chinese Characteristics*），《當代中國》（*Journal of Contemporary China*），10，No.26，2001 年，第 62 頁。

34. Bob Woodward：*Bushat War*，New York: Simon & Schuster，2002；Richard A.Clarke：*Against All Enemies: Inside America's Waron Terror*，New York: Free Press，2004。

35. 杜勒斯在 1958 年和 1959 年的 3 次演講中闡述了他推動共產主義世界和平演變的思想。

36. 布洛克：〈重新審視美國與中國的交流〉，第 26 頁。

37. 共產黨老一輩領導人、前政治局委員薄一波在回憶錄中詳細講述了毛澤東"對約翰 · 福斯特 · 杜勒斯對華政策的看法與反應"。薄一波：《若干重大決策與事件的回顧》，共兩冊（北京：中共中央黨校出版社，1991，1993）。關於英譯文和回憶錄中談及毛澤東對和平演變擔憂的段落的出色評論，見翟強：〈毛澤東和杜勒斯的"和平演變"戰略：薄一波回憶錄中的披露〉(*Mao Zedong and Dulles's "Peaceful Evolution" Strategy: Revelations from Bo Yibo's Memoirs*),2004 年 10 月 4 日。

38. 鄧小平的話引自丁剛:〈國有化與國際化:20 世紀中國教育的兩個轉折點〉(*Nationalization and Internationalization: Two Turning Points in China's Education in the Twentieth Century*),載於格倫 · 彼德森(Glen Peterson)、許美德、盧永齡主編的《20 世紀中國的教育、文化和身份》(*Education, Culture, and Identity in Twentieth Century China*)(Ann Arbor: University of Michigan Press,2001),第 174 頁。

39. 杜瑞清:*Chinese Higher Education*,New York: St. Martin's Press,1992,第 108 頁。

40. 這個詞最先出現於 20 世紀 80 年代,90 年代早期風靡全國。關於它的來源與意義的深刻洞見,見李陀、包亞明、王宏圖、朱生堅合著:《上海酒吧:空間、消費與想像》(南京:江蘇人民出版社,2001),第 149 頁。

41. 李陀、包亞明、王宏圖、朱生堅:《上海酒吧:空間、消費與想像》,第 149 頁。

42. 尹繼佐:《經濟全球化與上海文化發展:2001 年上海文化發展藍皮書》(上海:上海社會科學出版社,2001),第 108、139 頁。

43. 關於中國人的"中國和平崛起"思想,見鄭必堅:《中國的和平崛起》(*China's Peaceful Rise*)(Washington, D.C.: Brookings Institution,2005)。

44. 庫爾特 · 米爾斯(Curt Milles):〈史蒂夫 · 班農對中國宣戰〉(*Steve Bannon Declares Waron China*),《美國保守派》(*American Conservative*),2019 年 4 月 12 日。

45. 《美國國家安全戰略》(*National Security Strategy of the United States of America*),2017 年 12 月。

46. 托爾斯滕 · 本納(Thorsten Benner)、揚 · 加斯珀斯(Jan Gaspers)、馬雷克 · 奧爾伯格(Mareike Ohlberg)、盧克雷齊亞 · 波傑蒂(Lucrezia Poggetti)、克里斯廷 · 施 – 庫普費爾(Kristin Shi-Kupfer):《威權進逼:回應中國在歐洲壯大的政治影響》(*Authoritarian Advance: Responding to China's Growing Political Influence in Europe*),全球公共政策研究所(Global Public Policy Institute),2018 年 2 月 5 日。

47. 弗雷德 · 盧卡斯(Fred Lucas):〈約翰 · 博爾頓:美國必須遏制中俄在非洲的影響〉(*John Bolton: US Must Curb Chinese, Russian Influence in Africa*),*Daily Signal*,2018 年 12 月 13 日。

48. 〈中國的軍事崛起:龍的新牙齒〉(*China's Military Rise: The Dragon's New Teeth*),《經濟學人》(*The Economist*),2012 年 4 月 7 日;斯德哥爾摩和平研究院和國際貨幣基金組織的估計,見布萊恩 · 王(Brian Wang):〈中國防務開支增加 10.7%,30 年後將趕上美國〉(*China increases defense spending by 10.7% and is 30 years from catching up the USA*),《下一個大未來》(*Next Big Future*),2013 年 4 月 3 日。

49. 肯尼思 · 拉波薩(Kenneth Rapoza):〈盧比奧參議員:美國沒有產業政策來對抗中國製造 2025〉(*Senator Rubio: The U.S. Has No Industrial Policy to Counter China Made in 2025*),《福布斯》(*Forbes*),2019 年 2 月 12 日。

50. CNN 文稿,2018 年 2 月 13 日。

51. 張瀚:〈中國學生在美國藉以得知新聞的"後真相"出版物〉(*The "Post-Truth" Publication*

Where Chinese Students in America Get Their News），《紐約客》（*New Yorker*），2019 年 8 月 19 日。

52. 同上。

53. 肯尼思 · 拉波薩：〈庫德洛：為離開中國的美國公司“付運費”〉（*Kudlow: 'Pay the Moving Costs' of American Companies Leaving China*），《福布斯》，2020 年 4 月 10 日。

54. 唐納德 · J. 特朗普：《美國國家安全戰略》（華盛頓特區：白宮，2017）。

55. 同上。

56. 美國國家安全戰略報告聲明：“我們將考慮限制來自特定國家的外國 STEM 學生，以確保知識產權不致落入我們的競爭者手中。”

57. 〈美國的“子彈”飛向了華為〉，《第一財經》，2019 年 5 月 17 日。

58. 德米特里 · 謝瓦斯托普洛、湯姆 · 米切爾：〈美國考慮禁止對中國國民發放學生簽證〉，《金融時報》，2018 年 10 月 2 日。

59. 同上。

60. 雷切爾 · 彼德森（Rachelle Peterson）：《外包給中國》（*Outsourced to China*），全國學者聯盟（National Association of Scholars），2017 年 7 月 12 日。

61. 約翰 · 海沃德（John Hayward）：〈國防法案要求大學在五角大樓計劃和中國的孔子學院之間做選擇〉（*Defense Bill Makes Universities Choose Between Pentagon Programs and China's Confucius Institute*），Breitbart，2018 年 8 月 15 日。

62. 〈美國有多少孔子學院？〉（*How Many Confucius Institutes Are in the United States?*），全國學者聯盟網站（National Association of Scholars website），2020 年 7 月 1 日。

63. 拉里 · 戴蒙德（Larry Diamond）、奧維爾 · 謝爾（Orville Schell）主編：《中國影響力和美國利益：提高建設性的警惕》（*China's Influence and American Interests: Promoting Constructive Vigilance*），胡佛研究所（Hoover Institution），斯坦福大學，2018 年 11 月 29 日。

64. 美國國會參議院：《外國影響力透明度法》參字 2583，115 屆國會，2018 年 3 月 21 日介紹。

65. 亞當 · 泰勒（Adam Taylor）：〈特朗普與中國作戰的最弱藉口？“文明衝突”〉（*The Worst Justification for Trump's Battle With China? The 'Clash of Civilizations'*），《華盛頓郵報》（*Washington Post*），2019 年 5 月 2 日。

66. 同上。

67. 〈董雲裳談美中關係危機〉（*Susan Thornton on a Crisis in U.S.-China Relations*），《中參館》（*China File*），2019 年 4 月 15 日。

68. 卜睿哲、何瑞恩：〈中國辯論會長期存在〉（*The China Debate Is Here to Stay*），《從混亂中求秩序》（*Order from Chaos*），布魯金斯學會（Brookings Institution），2019 年 3 月 4 日。

69. 芬巴爾 · 伯明翰（Finbarr Bermingham）：〈你遏制不了中國：前美國首席貿易代表羅伯特 · 佐利克警告特朗普〉（*You Can't Contain China: Former US Trade Chief Robert Zoellick Warns Donald Trump*），《南華早報》（*South China Morning Post*），2019 年 1 月 14 日。

70. 同上。

71. 蒂莫西 · R. 希思：〈中國軍隊沒有作戰經驗：這重要嗎？〉（*China's Military Has No Combat Experience: Does It Matter?*），《蘭德博客》（*The Rand Blog*），2018 年 11 月 27 日。

72. 同上。

73. 傑弗里 · 貝德：〈正在改變的中國政策：我們在尋找敵人嗎？〉（*Changing China Policy: Are We in Search of Enemies?*），布魯金斯約翰 · L. 桑頓中國中心戰略論文系列，第 1 卷，2015 年 6 月。

74. 賈納 · 戈特利布（Jhana Gottlieb）：〈北京共識：我們自己製造的威脅〉（*The Beijing Consensus: A Threat of Our Own Creation*），國際海事安全中心（Center for International Maritime Security），2017 年 4 月 22 日。

75. 斯蒂芬 · 羅奇：〈美中貿易戰誰是贏家〉（*Who Wins in the U.S.-China Trade War*），*Yale Insights*，2018 年 12 月 6 日。

76. 同上。

77. 小弗里曼：〈論與中國的敵對共存〉。

78. 彼得 · 多克里爾（Peter Dockrill）：〈中國剛剛首次在科學產出上超過美國〉（*China Just Overtook the US in Scientific Output for the First Time*），*Science Alert*，2018 年 1 月 23 日。

79. 小弗里曼：〈論與中國的敵對共存〉。

80. 同上。

81. 拉斐爾 · 賴夫：在麻省理工學院中國峰會上的演講，中國北京，2018 年 11 月 13 日。

82. 何大一：在 SupChina 的 "下一個中國大會" 上的主旨發言，紐約，2019 年 11 月 21 日。

83. 拉里 · 薩默斯：〈有什麼能阻擋中國經濟嗎？〉（*Can Anything Hold Back China's Economy?*），《華盛頓郵報》（*Washington Post*），2018 年 12 月 5 日。

84. 李開復：《人工智能超級大國：中國、硅谷和世界新秩序》（*AI Superpowers: China, Silicon Valley, and the New World Order*）（New York: Houghton Mifflin Harcourt，2018）

85. 雷姆科 · 茲韋斯魯特（Remco Zwetsloot）、海倫 · 托納（Helen Toner）、傑弗里 · 丁（Jeffrey Ding）：〈人工智能軍備競賽之外：美國、中國與零和思維的危險〉（*Beyond the AI Arms Race: America, China, and the Dangers of Zero-Sum Thinking*），《外交事務》（*Foreign Affairs*），2018 年 11 月 16 日。

86. 卡羅爾 · 克賴斯特：〈重申我們對伯克利國際社群的支持〉（*Reaffirming Our Support for Berkeley's International Community*），《伯克利新聞》（*Berkeley News*），2019 年 2 月 21 日。

87. 明妮 · 陳（Minnie Chan）：〈耶魯大學校長在中美學術簽證風波中支持國際學生〉（*Yale University Chief Stakes Support for International Students Amid China-US Academic Visa Turmoil*），《南華早報》（*South China Morning Post*），2019 年 5 月 25 日。

88. 同上。

89. 彼德森：《外包給中國》。

90. 史蒂文．沃德（Steven Ward）：〈因為中國不是“高加索人”，所以美國在計劃“文明衝突”。那將很危險〉（*Because China Isn't 'Caucasian', the U.S. Is Planning for a 'Clash of Civilizations'. That Could Be Dangerous*），《華盛頓郵報》（*Washington Post*），2019 年 5 月 4 日。

91. 塞繆爾．P. 亨廷頓：〈文明的衝突？〉（*The Clash of Civilizations?*），《外交事務》（*Foreign Affairs*），1993 年夏。

92. 《國會發言錄》，“APAJustice” 網站。

93. 《“我們時代的關鍵問題”：就中美關係與亨利．基辛格對話》（*"The Key Problem of Our Time": A Conversation with Henry Kissinger on Sino-U.S. Relations*），威爾遜中心（Wilson Center），2018 年 9 月 20 日。

94. 李成：〈中國中產如何看待貿易戰〉（*How China's Middle Class Views the Trade War*），《外交事務》（*Foreign Affairs*），2018 年 9 月 10 日。

第三章

改革開放時代中國的社會分層與文化多元　學界的論戰

中產階層的發展是為了使窮人有所希望；窮人的存在是為了使富人感到高人一等；富人的發跡是為了使中產階層自慚形穢。

——莫科科馬 ·莫科諾阿納

偉大的事件不是我們叫得最兇的時刻，而是我們最沉靜的時刻。世界不是繞著新的叫囂的發明者旋轉，而是繞著新的價值的發明者旋轉。世界的發展在於無聲無息地旋轉。

——弗里德里希 ·尼采

中國的新興中產對研究中國的學者們來說是個挑戰，不僅因為它五花八門的社會組成，也因為這個群體遠大的思想抱負和與中國政府的互動關係。這個新生的社會和經濟階層由許多亞群體組成，彼此在家庭出身、職業、教育水平和社會政治背景方面大相徑庭。儘管研究中國中產有其概念與方法上的固有困難，或者可能正是因為有這些困難，世界各地，尤其是中國的學者和知識分子一直在對世界上人口最多的國家中這支社會和經濟力量近來的興起開展認真嚴肅的學術研究。

中國中產的概念與定義涉及的難題及其多樣性引發了學界論戰。在很大程度上，這是源於過去有關中國社會流動與社會分層的理論問題。所以，中國學者研究的中心問題是中國的社會和經濟結構是否正在從金字塔形轉變為橢圓形，兩頭小，代表富人和窮人，中間大，代表佔人口多數的中產階層。[1] 十多年來，中國學者的研究興趣從中產的存在與規模擴大到其他題目，如中產群體的世界觀、生活方式、行為、中產階層中留學人員的教育經驗和潛在的政治抱負。中國這些新興學術研究從一些西方學術著作中汲取了影響，那些著作涉及的重要題目包括中產階層的狀況、國際教育對價值觀的傳播和文化研究中的建構主義範式。這樣，中國的學術研究為關於文化跨國主義在一個日益互聯互通的世界中的性質、作用和影響的全球學術討論增添了內容，也對各國中產階層特點的比較性分析做出了貢獻。

本章將談及這些重大的學術研究與論戰，分三部分。第一部分介紹有關中國中產的歷史與政治背景，顯示西方學者遲遲沒有注意到中國中產，甚至對其缺乏興趣。這一部分也回顧了中國政府為“擴大中等收入群體”所作的持續努力，以及中外工商界為推動“世界最大的中產市場”而採取的積極舉措。

為確保對這個引起激辯的新生主體以分析批評的眼光展開全面連貫的知識探究，第二部分討論了中產的概念、定義標準和在中國各地的不同表現形式。清楚理解當今中國的社會分層，深刻把握中國學者如何評估中國新興中產階層在社會學意義上的多樣性，以及對中國變化的影響——這些對海外觀察者來說十分寶貴。中國對經濟與教育全球化的積極參與和中國中產在改革開放時代的迅速崛起密切相關；有鑑於此，本章第三部分特別强調了當今時代，在西方和中國各自內部和彼此之間開展學術交流的背景下出版的各種相關著作，這些著作論述了文化傳播和國際教育的影響——廣義上説是關於文化的匯合與差異的辯論。

中國中產的規模：國內背景和國際承認

“中產階層”或“中產階級”一詞在中華人民共和國歷史的頭四十年很少使用。即使在共產黨執政之前，它也基本是外來概念。按照已故著名學者費正清（John King Fairbank）的説法，19 世紀末 20 世紀初，資本主義未能在中國發展起來，因為中國的商人階層沒有形成一支不受“士紳階層及其在官僚機構中的代表控制”的獨立企業家力量。[2] 中國人沒有自己的“中產階層”，所以對這個概念一直非常陌生。此外，西方學者很少使用“中產階層”概念的框架來分析中國的社會流動與社會分層。

1949 年以前的中國，之前幾十年中出現的私人企業家和小資產階級知識分子等少數幾個群體可以算是中產階層。1949 年後，這些群體不是快速消失，就是人數劇減。[3] 到 20 世紀 50 年代中期，1949 年前中國原有的 400 萬個私營公司和小企業都被有系統地解散取消。[4] 根據毛澤東思想的觀點，新中國政權是無產階級領導的，以工農聯盟為基礎，還有資產階級民主分子參加的人民民主專政。馬克思主義將知識分子視為“中間階層”的概念與西方的“中產階層”概念大相徑庭。[5]

鄧小平開啟了改革開放之後，“中產階層”一詞才開始出現在中國學術文獻中。這個概念最早在 20 世紀 80 年代末偶爾得到提及。當時，學者們開始研究鄉村企業家——鄉鎮企業老闆的驟然興起和城市中個體戶的出現。即使在那時，中國學者也一致認為，中產階層的概念不適用於這些群體，主要是因為許多鄉村企業家和城市個體戶都來自條件較差或沒受過教育的社會階層。[6]

到了世紀之交，中產階層研究才進入中國知識界主流。這個概念的研究初期，中國學者經常使用“中產階層”“中間收入階層”和“中等收入群體”來指稱這支新的社會—經濟力量。改革開放時期，中國學者對這些新術語使用頻率的增加反映了中國的社會流動和社會分層發生的深刻變化。

除了鄉村工業和城市民營企業的迅猛發展以外，其他重要變化也推動了中國中產急速躥升。這些變化包括中外合資企業大量增加，成立了深圳和上海證券交易所，開展了城市住房改革和大規模城市化，高等教育得到顯著擴張，財產權被納入憲法，民營企業快速成長，中國信息技術公司和電子商務在國內外蓬勃發展，以及經濟全球化和國際文化交流驅動了越來越國際化的生活方式。

商業驅動的實證研究

在中國，包括中資和外資公司在內的工商界早就意識到，宣傳普及中產概念對盈利大有好處。中國中產不斷擴大的前景是吸引外國投資和其他商業活動的首要原因。盡人皆知，中國的儲蓄率在世界上名列前茅。例如，2008 年，中國家庭的儲蓄佔可支配收入的 40% 左右。同年，美國家庭的儲蓄只有可支配收入的 3%。[7] 中國這個當時世界第一人口大國潛藏的國內消費能力不出意料地令國際工商界滿懷憧憬。

中國中產的興起與中國重返世界舞台齊頭並進；也是在此時，世界開始認識到中國的巨大市場。進入 21 世紀以來，（中外）大公司對衡量中產增長的商業指標緊盯不放。一個指標是信用卡使用的迅速擴大。2003 年，中國發放了 300 萬張信用卡。到 2019 年，中國信用卡總數達到了 9.7 億張，交易總額 38.2 萬億元。[8] 人均信用卡持有量從 2008 年的 0.17 張增長到 2019 年的 0.7 張。[9]

另一個指標是私人汽車的驚人增加，從 1990 年的 24 萬輛左右到 2009 年的 2600 萬輛左右。2009 年，中國的汽車產量和銷量分別達到 1380 萬輛和 1360 萬輛，中國首次躍升為世界第一大汽車生產國和銷售國。[10] 到 2018 年底，中國擁車人口達到 3.25 億。[11]

中國有 1.87 億登記在冊的私人車輛，相當於每 100 個家庭有 40 輛私家車。[12] 同年，上海有 390 萬輛小汽車，其中 300 萬輛登記為私家車。[13] 2020 年初，中國私家車擁有量首次超過兩億。[14] 汽車擁有量超過 100 萬的城市達到 66 座，其中 30 座城市的擁車量超過 200 萬。北京、上海、天津、重慶、深圳、成都、蘇州、鄭州、西安、武漢和東莞這 11 座城市的私家車擁有量超過了 300 萬輛。[15] 瑞士信貸研究所的研究顯示，2015 年，中國的中產人數首次超過美國，成為世界上中產人口最多的國家。[16] 兩年後，瑞士信貸研究所報告説，按照人均收入 1 萬到 10 萬美元的範圍，中國佔全球中產人數的 35%，中國中產佔全國人口的 34%（表 3–1）。相比之下，美國只佔全球中產人數的 7%，美國中產佔美國人口的 31% —— 大大低於美國人口學家和經濟學家經常援引的 50%。

英國學者對中國和七國集團成員國（不包括加拿大）的中產階層規模做了一項研究，在此基礎上，中國在 2018 年發表了一份報告，發現中國中產的規模在 2016 年就已超過七國集團的任何一個成員國（圖 3–1）。據麥肯錫諮詢公司預測，到 2022 年，中國 75% 以上的城市居民（5.5 億多人）將步入中產行列。[17]

表 3–1　中產階層在世界各國的佔比，2017 年（前 10 國）

排名	國家	該國中產階層在全球中產階層的佔比（%）	該國中產階層在本國人口的佔比（%）
1	中國	35	34
2	美國	7	31
3	印度	6	7
4	巴西	4	26
5	日本	4	36
6	墨西哥	3	43
7	印度尼西亞	3	17
8	德國	2	34
9	俄國	2	17
10	西班牙	2	48

來源：胡潤（Rupert Hoogewerf）、盧兆慶：《2018 中國新中產圈層白皮書》（北京：金原投資集團，2018），第 9 頁。原始數據來自瑞士信貸研究所：《全球財富報告》，香港，2017 年。

圖 3–1　中國中產人數與他國的比較（以百萬計），2015 年

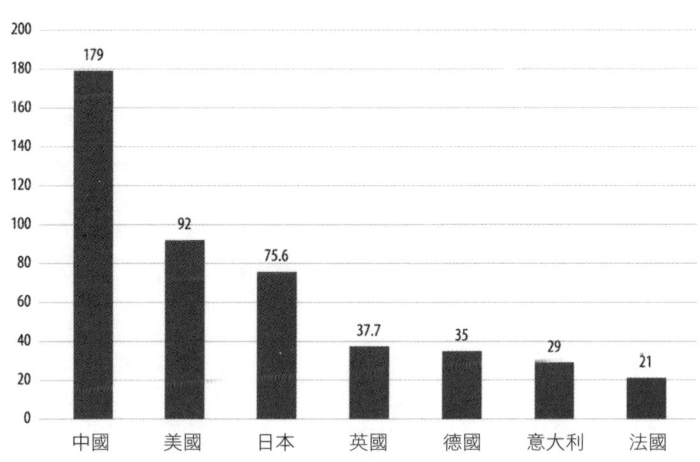

來源：榮躍明：《上海文化產業發展報告 2018》（上海：上海人民出版社，2018），第 5 頁。

這些研究大多由經濟學家小組集體完成，參與研究的有中國當地的研究人員、留學國外的中國學者和住在中國的外國學者。他們的研究方法經常不够透明，有些方法也許達不到嚴謹的學術研究標準。此外，一些比較樂觀的預測也許掩蓋了當今中國的社會分層和社會矛盾。不過無論如何，這些由商業驅動的研究項目推動了對中國中產的更多研究，特別是提高了公眾對中國和全球經濟格局發生的深遠變化的認識。如一位中國社會學家所説，最初將中國中產從一個抽象的學術課題變為主流討論題目的是在中國開展業務的商業公司。[18]

中國領導層宏觀思維的轉變和政策優先

中華人民共和國成立後的五十年中，社會分層是個政治敏感話題。按照馬克思主義理論，共產主義國家的最終目標是建立“無階級的社會”。

1978 年鄧小平深刻扭轉了中國的經濟、社會和政治發展的走向，拋棄了僵化的階級鬥爭的觀念。鄧小平開啟的政策方面的轉變為市場改革和民營企業的興起鋪平了道路。2000 年標誌著中國國家領導人在意識形態和政策方面的重大變化。時任中共總書記的江澤民提出了“三個代表理論”。[19] 馬克思主義經典理論認為，共產黨應當是“工人階級的先鋒隊”，江澤民則主張中共擴大執政基礎，把企業家、知識分子和技術官僚包括進來，這些人都屬“中等收入階層”—這是官方對中產的隱晦稱呼。

2002 年的中共十六大上，領導層要求“擴大中等收入群體”。自此，“在中國社會中培育中等收入階層”成為中國政府明確的政策目標。[20] 中國領導人和官方出版物一般都使用“中等收入群體”這個用語，不說"中產階層"，其實兩者意思相同，指的是同一個經濟和社會層級。這一官方政策的轉變反映了中國領導層的新思維，說明他們開始把中產階層視為有用的資產和政治盟友。按照這一邏輯，中共面臨的真正威脅不是中產階層，因為中產階層和官方都希望維持社會與政治穩定；真正的威脅是富人和窮人之間可能發生的惡鬥。若是沒有一個迅速擴大的居間經濟和社會群體來連接窮富兩個極端，這樣的惡鬥似乎越來越在所難免。

十八大以來，擴大中產階層成為中國"戰略藍圖"的重要組成部分。[21] 2012 年 11 月，習近平提出了"中國夢"的思想，它植根於中國在遭受西方和日本侵略之前國家強盛、歷史輝煌的民族主義形象，其實質是"中華民族的偉大復興"。[22] 同時，習近平給中國夢下的定義體現了較強的社會意識，他宣佈要建成"小康社會"的具體藍圖。他說，社會各階層要擰成一股繩，共同努力讓大多數中國人民過上好日子。[23]

在 2017 年 12 月召開的中央經濟工作會議上，中國領導層達成了和前述瑞士信貸研究所報告相類似的結論：中國現在是世界上中產階層人數最多的國家。[24]2018 年的全國人民代表大會上，時任國家發改委主任何立峰說，中國中產現在達到 4 億人，佔全國人口的 28%。[25] 中國官員預測，到 2030 年，中產階層可能接近 6 億人（佔全國人口 40%）。到新中國成立一百週年的 2049 年，中國的中產人口預計將增至 9 億，佔全國人口 60% 以上。[26] 中國官員相信，一旦中產階層佔到總人口的 60% 到 70%，中國就會形成橢圓形經濟和社會結構，那是最有利於經濟發展、社會穩定和福利國家建設的結構。[27]

西方學術界對中國中產遲來的認識

中國中產在 20 世紀 90 年代興起後，大多數西方社會科學家，包括政治學家、社會學家和理論經濟學家一般對其不屑一顧。[28] 西方的中國觀察人士幾乎一致承認中國過去四十年的快速經濟增長，但就使用"中國中產"一詞仍有爭議。除了少數皆知的例外，西方學者在過去二十年一直不肯承認中國中產的存在，更違論探討其政治影響。[29]

西方對中國中產鮮少研究有幾個原因。最明顯的原因包括外國研究人員很難獲得相關的廣泛實證數據，對中國中產在概念理解上存在文化差異，中國中產在社會學意義上多種多樣（特別是在教育和職業上五花八門），以及西方分析人士不願意承認中國能產生和西方類似的中產階層。[30] 至於最後這個原因，西方長期以來一直認為，中產階層的壯大與公民社會的成長和政治民主化的提高之間有著動態的聯繫，甚至是因果關係。

小巴林頓·摩爾（Barrington Moore Jr.）和西摩·馬丁·李普塞特屬研究這個題目的開先河者，他們的著作和許多其他人的著述都强調中產在民主政體中的重要作用。摩爾相信，一個强大的中產 —— 用他的話説是"資產者的衝力"—— 會創立更加自主的社會結構，其中的新精英階層不像貴族社會那樣要靠國家的强迫力量才能興旺發達。[31] 李普塞特認為，受過專業教育、政治上溫和、經濟上自信的中產是一個國家最終過渡到民主的重要前提條件。[32] 按照他的觀點，在工業化和城市化提供的便利下，大眾傳媒提供了廣闊的平台，使文化精英得以傳播中產階層的觀念和價值觀，從而塑造溫和的主流公共輿論。同時，政治的社會化和中產階層的專業興趣也有助於民主政體的關鍵組成部分 —— 法律制度和公民社會的發展。

西方漢學家堅持有關中產階層的這些觀念，相信中產階層與公民社會、法治和民主有著內在的聯繫，因此認為，富裕的中國人尚未像其他國家的中產階層那樣發展出權利意識、參政動力和鮮明的價值觀系統等特點。[33] 西方的中國觀察者心存懷疑當然並非全無道理，因為中國中產的崛起的確是嶄新的現象。

社會學意義上的多樣性和政治上的不確定性：中國學者的調查

過去二十年來，中國學者發表的關於新興中產的研究成果內容全面、數據翔實，但西方學術圈內卻明顯缺乏對中國中產的深入研究。中國學者在研究中使用了各種方法，包括理論與概念分析、調查問卷、行為分析、與別國中產階層的比較、對國民收入分配的評估和地區性案例研究。

僅在 21 世紀第一個十年中，中國就出版了 100 多部中國學者撰寫的有關中國中產的著作（其中有些見本書的參考文獻）。中國社會科學院的社會學教授李春玲在 2009 年分析了中國的主要學術雜誌和期刊，發現從 1980 年到 2007 年，標題中含有“中產”字樣的中國學術文章出現激增。這些文章反映了對這個題目的三波學術興趣：第一波發生在 20 世紀 80 年代末，焦點是興辦鄉鎮企業的鄉村企業家的興起；第二波出現於 20 世紀 90 年代中期，源於對其他國家中產階層興趣的上升；新世紀第一個十年早期湧起的第三波產生了海量的多層面研究成果，涉及中國新興中產的各個方面，包括規模、組成、擴張速率、消費模式、文化規範和政治態度。[34] 這些研究及其產生的爭議逐年遞增。

關於中國不斷變化的社會結構和新興的中產階層，中國國內學術研究的猛增反映了這些發展趨勢的重要性，也說明了中國社會科學家在知識和政策討論中影響力的提高。換言之，中國社會學家的學術研究已成為政府和公眾一個不可或缺的信息來源。中國學者通過著書、撰文和公共理論探討，開展了三場關於中產階層的重要辯論。第一場圍繞中產階層的定義；第二場涉及中產階層的特點，特別是中國中產與世界其他地方中產階層的不同之處；第三場有關中產階層的政治作用和潛在的意識形態立場。

定義的標準和規模的估計

"中產階層"一詞和許多其他社會學概念一樣，被廣泛使用卻沒有一個普遍接受的定義。關於根據什麼標準來決定什麼人屬於中產，學者們言人人殊。缺乏清楚、連貫和一致同意的定義不只是研究中國新興中產時遇到的問題。對中產總的研究，包括對美國或其他西方發達國家中產階層的研究，也都受到這個問題的困擾。

美國學者一般把收入（特別是家庭收入）作為決定中產階層地位的最重要標準。按加里・伯特萊斯（Gary Burtless）所說，美國中產階級涵蓋了收入介於美國中位收入的一半到兩倍之間的那部分勞動力。根據 20 世紀 90 年代末的美國人口普查數據，伯特萊斯報告說，美國中產階級的年收入在 2.5 萬美元到 10 萬美元。[35] 霍米・哈拉斯（Homi Kharas）和傑弗里・格茨（Geoffrey Gertz）在 2010 年對全球範圍內中產階層的研究中提議，把中產階層的絕對定義定為每人每天開支超過 10 美元。[36] 他們還預言，到 2020 年，中國將超越美國，成為世界頭號中產階層市場。然而，圍繞著中產階層的收入範圍總是爭議不斷。如哈佛大學政治學家江憶恩（Alistair Iain Johnston）所說，“關於用什麼收入標準來切割人口，沒有一致意見”。[37]

在家中人口、祖傳家產、地理位置、住房價格，以及影響家庭生活水平的其他因素方面，不同家庭的情況千差萬別；用收入作為衡量標準的固有問題因此而更加複雜難解。美國社會學家和經濟學家一般把收入作為中產階層定義的中心要素，但其他因素也很重要，如個人教育水平、職業地位、消費模式及生活方式、價值觀和對中產階層的自我認同。界定中產階層成員的這一多層面方法可以追溯到 C. 賴特·米爾斯（C. Wright Mills）的經典研究《白領：美國中產階級》（*White Collar: The American Middle Classes*）。[38]

看到西方中產階層研究中概念上的複雜性和五花八門的定義標準，不難想見，給中國中產下定義也不容易。一些研究中國社會分層的社會學家堅決不同意僅靠收入來界定中產階層。王建英和戴慧思一針見血地指出，若是用收入做標準，“中產永遠不會擴張到 20% 到 30% 的中線以上”。[39] 所以，許多中國學者和他們的外國同行一樣，在界定中產時採用混合標準，或是綜合指數。中國社科院社會學研究所前所長李培林以收入、教育和職業這三項特徵為基礎，制定了確定中產成員的全面指數。[40] 他的社科院同事李春玲則使用職業、收入、消費和自我認同這 4 個因素來界定中產。2005 年，李春玲按照這 4 條標準計算了 4 個群體內中產的佔比 —— 總人口（2.8%）、都市居民（8.7%）、勞動人口（4.1%）和 31 歲到 40 歲年齡段的人（10.5%）。她的研究結果對特定時間內中國中產的規模作出了籠統的和具體的評估（表 3-2）。李春玲 2005 年研究中列舉的 4 條標準的每一條下，大多數受訪者都至少能達到中產成員資格的一個度量值，但只有一小部分受訪者能達到中產成員的全部標準。

表 3-2　按幾種分類法得出的中國中產規模，2005 年（百分比）

分類標準	佔人口比例（%）
職業	15.9
收入	24.6
消費	35.0
自我認同（主觀身份）	46.8
全面標準（上述 4 條的結合）	
總人口	2.8
都市人口	8.7
勞動人口（16–60 歲年齡組）	4.1
31–40 歲年齡組	10.5

來源：李春玲：《斷裂與碎片：當代中國社會階層分化實證分析》（北京：社會科學文獻出版社，2005），第 485—499 頁。

中國中產的界定方法各種各樣，缺乏明確的一致定論。有鑑於此，很難確定一個毫無爭議的標準。既然中產仍是個初生的概念，所以中國中產最廣泛接受的定義很可能會隨著中產發展過程中的起伏而不斷演變。目前，得到最廣泛接受、最普遍使用的方法可能就是李春玲的四部分全面分類法，這個方法用於分析合乎道理，得出的結果符合直覺。所以，本書的研究使用她的標準作為定義來進行質化分析，但也結合全球範圍內的收入分配數據作為量化參照。

過去十五年來，中國中產急劇擴大。2010 年，中國社科院社會學研究所前所長陸學藝根據一次大規模全國性調查撰著指出，截至 2009 年，中產佔全國總人口的 23%，而 2001 年時才佔 15%。[41] 陸學藝的研究還發現，2009 年，在北京和上海這樣的沿海大城市，中產階層佔人口的 40%。他在接受中國媒體採訪時預言，今後十年左右，中國中產將以 1% 的年增長率擴大，這意味著中國 7.7 億勞動大軍每年都會有大約 770 萬人加入中產行列。[42] 他還設想，大約二十年後，中國可能成為真正的中產國家，那也是中國領導人宣佈的實現“小康”社會的目標。[43]

2018 年國家發改委主任何立峰提供的最新官方估計似乎與陸學藝 2009 年開展的重要調查的結果相一致。2018 年，一位研究中產的重要專家蘇海南解釋說，按照“每日收入在 20 美元到 100 美元”的絕對標準，中國有兩億多人屬中產，而根據“3 倍於中位人均可支配收入”的相對標準，這個數字就超過了 3 億。[44] 據蘇海南所說，到 2020 年底，中國中產預計將超過 4 億人，在全國人口中的佔比將達到 28%。到 2030 年，中國中產的人數和在全國人口中的佔比預計將各自達到 6 億和 40%。[45]

鮮明的特色和職業的多樣

對中產標準的評定突出了職業分類和社會與經濟分類，這些分類可以顯示中國中產的一些鮮明特色。已故學者陸學藝在 2002 年發表的《當代中國社會階層研究報告》詳細介紹了對改革時代的中國社會階層做過的最有影響力的研究。陸學藝和同事們花了三年的時間（1999—2002）在全國開展田野調查和研究，在此基礎上提出了由 10 個不同層級組成的框架，用以在概念上框定改革時代中國的社會分層（圖 3–2）。

陸學藝和同事們把職業作為首要分析標準，但也考慮到了每個階層的成員所擁有的或能夠獲得的組織、經濟和文化資源。[46] 除了職業分類外，陸學藝還使用了基於社會—經濟地位的五級排行制：上層、

圖 3–2　中國人口按社會階層的細分，2002 年（百分比）

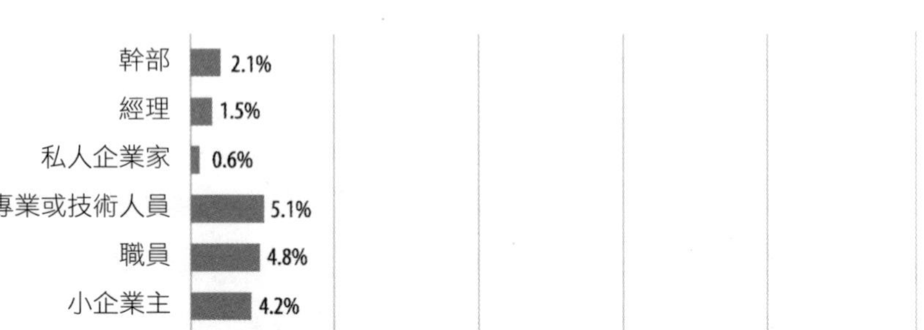

來源：陸學藝：《當代中國社會階層研究報告》（北京：社會科學文獻出版社，2002），第 44 頁。

上中層、中層、下中層和下層（圖 3–3）。在他的框架裏，某個職業階層的成員可以屬幾個社會—經濟階層中的一個，反之亦然。例如，一個私人企業家可以屬上層、上中層或中層。同樣，一個上中層成員的職業身份可以是幹部、經理、私人企業家或專業 / 技術人員這四種中的一種。

陸學藝 2002 年對社會分層的研究在中國是一項名副其實的里程碑式研究。陸學藝的研究表明，世紀之交的中國在社會經濟結構和政治生活方面依然是金字塔形，不是橢圓形。[47]

他的研究提出了一個更適於應用的全面範式，能夠用來在概念上理解中國社會幾個中間階層的迅速擴張，並分析中產階層的組成。陸學藝沒有用“中產階層”一詞，而是用了“中層”，但他的分析框架突出了這個迅速興起的群體在社會中的重要性。例如，他對比了 1978

圖 3–3　中國的社會—經濟階層與職業階層，2002 年

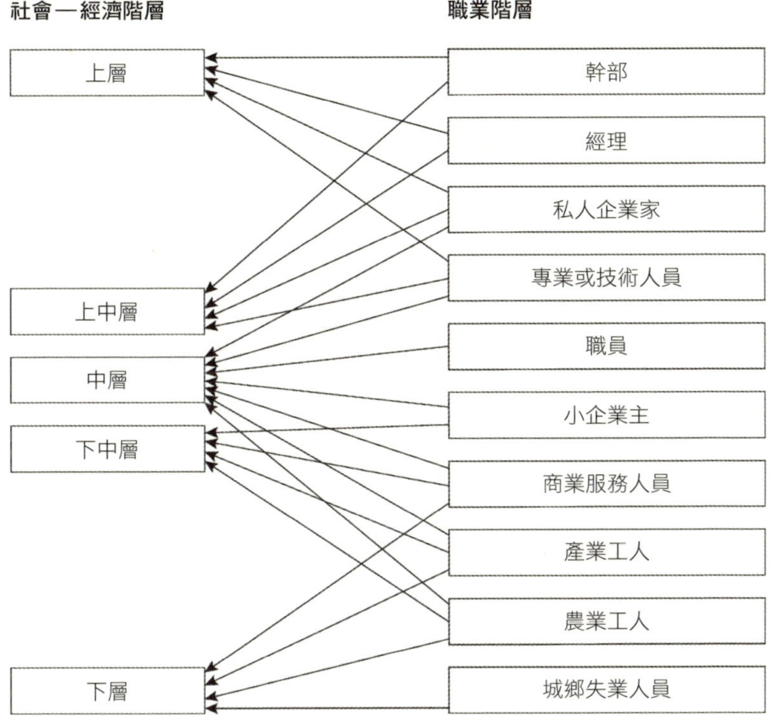

來源：陸學藝：《當代中國社會階層研究報告》（北京：社會科學文獻出版社，2002），第 9 頁。

年、1988 年和 1991 年的數據後，發現幹部、經理、私人企業家、技術人員和小企業主這些社會經濟階層的中層或上層的關鍵組成部分在人數上都大為增加。[48]

陸學藝、李培林、李春玲和助手們完成的對中國社會分層的研究經常遭到其他中國學者和公共知識分子的批評。批評者認為，中國中產的組成五花八門，不能籠而統之。爭議圍繞的問題一般分三類：中國中產的規模、其特色鮮明的混合組成，以及缺乏統一的核心價值觀。

第一類批評意見圍繞著中產群體的規模。許多人指出，按照西方規範，中產佔國家人口的一大部分，經常是勞動力的多數，但這一條不適用於中國的所謂中產。批評者引用陸學藝的研究結果作為證據：農業工人和產業工人佔了中國勞動力的很大部分（各自的百分比是44% 和 22.6%；見圖 3–2）。所以，今日中國的人口組成主要還是農民、農民工和城市貧民，而不是中產。2020 年 5 月的全國人大記者會上，李克強總理說："今天中國還有 6 億人月收入只有 1000 元。"批評者抓住這句話，認為這證實了他們對中國中產龐大人數的懷疑。[49] 他們認為，中國正成為中產國家的說法主要是有些官員和學者自吹自擂的宣傳。總理承認中國人口中還有大批低收入人群也突出了中國揮之不去的經濟不平等問題。[50]

第二類批評意見主要針對的說法是，當代中國新興中產中各個亞群體在家庭背景、職業種類、教育水平和政治歸屬方面迥然各異。這個廣泛的社會經濟類別內部組成龐雜到如此地步，它也就失去了任何意義。中國人民大學社會學教授李路路說，中國中產之所以多種多樣，是因為存在著個人晉身中產地位的 3 個截然不同的渠道。李路路和他的同事們給這 3 個渠道取的名字是"行政性進入""市場性進入"和"社會網絡性進入"。[51]

中國的新興中產像是複雜的馬賽克，由各種群體和個人組成，彼此大不相同，在職業和社會學方面主要分為三組：

- 經濟群體，包括民營企業家、城市小業主、鄉村企業家和富有的農民、中外合資企業的僱員和炒股炒房的人。
- 政治群體，包括政府官員、辦公室職員、國有部門經理和律師。
- 文化與教育群體，包括學者和教師、媒體人和智庫學者等。

批評者論稱，中國中產成員價值觀各不相同，導致了完全不同的公共政策傾向。例如，民營企業家希望國家減少對市場的干預，受僱於政府或國有企業的白領工人卻希望維持甚至加大政府控制。[52] 另外，20 世紀 90 年代開展的兩項研究顯示，上海很多企業家（一項研究中是 83%，另一項研究中是 44%）只受過中學教育。[53] 中產內部在職業和教育背景方面的多樣性令批評者心生懷疑，認為不能把這群人看作一支統一連貫的社會經濟力量。

第三類批評意見頻頻引用研究社會結構和中產的西方學者的觀點。比如，塔爾科特·帕森斯（Talcott Parsons）認為，一個社會經濟階層的形成中，共同的核心價值觀必然發揮中心作用。正常情況下，連貫的價值觀體系由社會中影響力最大的階層的成員來決定，是將中等收入人群聚攏在一起的粘合劑。[54] 然而，按照許知遠等人的說法，所謂的中國中產缺乏這樣的共同價值觀。[55] 他們認為若是沒有這樣一套共同準則，"中產"一詞就只剩下收入水平的含義，分析起來也就沒有多大意義了。袁劍聲稱："其實，現代世界每個社會都有中等收入階層。如果這個階層的成員不具備和世界其他國家中產階層成員一樣的主流意識和價值觀，那麼這個身份就毫無意義。"[56]

堅信中國存在中產的學者對這些批評大多不予接受。他們承認，就所佔人口百分比而言，中國的中產與許多西方國家相比仍然較小。但他們隨即指出，沒有任何國家能在短短幾年或幾十年內使多數人口步入中產行列。應該把某個國家中存在中產和該國成為中產國家這兩種情況區分開來。中國目前算不上中產國家，但不可否認，它的中產人數已經相當可觀，且仍在迅速擴大。有些人指出，即使在總人口中佔比這方面，中國中產所佔比例也已經與日本和德國相似（見表 3–1）。

學者們還說，中產這個概念本來就是靈活的，它的定義的確欠精準，但所有國家均是如此。他們注意到，西方國家中產成員在家庭背景、職業類別和教育水平方面和中國中產一樣多種多樣。此外，西方國家中產也分為多個亞群體。[57] 有人指出，中國人的高等教育程度和社會流動的上升趨勢恰似大約一個世紀前美國和法國大學的驚人增加。1977 年，中國大學的入學學生只有 27 萬。四十年後，中國大學畢業生人數達到 761 萬，增加了 28 倍。[58] 美國和法國高等教育的迅猛發展導致了中產的出現。[59] 然而在中國，僅僅一代人的時間內，中產大部分成員就達到了同樣的教育基線。

認為中國存在中產的人還駁斥了中國中產缺少共同核心價值觀的說法。在他們看來，把中產成員團結到一起的是對中產生活方式的欣賞，對在國內發展市場經濟、在國外融入經濟一體化的支持，對保護私人財產權的重視，對政策向基礎教育傾斜的認可，對社會穩定的看重，以及對中國在世界舞台上崛起的自豪。[60]

值得注意的是，中文的中產一詞強調了所有權或產權的意思，這層含義英文裏沒有。有些學者猜測，關於所有權或產權的共同概念也許起到了強力粘合劑的作用，把組成中國中產的截然不同的各個社會經濟群體聚在了一起。[61] 這些亞群體也許在職業、社會化或政治立場方面各不相同，但它們的確有一些共同的觀點與價值觀。共同價值觀之一是"公民的合法的私有財產不受侵犯"；這一條不久前剛剛被納入國家憲法。[62]

關於中國的中產是否名副其實的激烈辯論目前也許辨不出什麼明確的結果，但它表明這一新的社會層級正在積極主動地尋找自己的身份和表達自己價值觀的方法。就此題目開展的廣泛公共討論表明，中產的自我意識、群體認同和共同價值觀均在上升。[63] 周曉虹對中國 5 座大城市的居民做的研究發現，高達 85.5% 的受訪者自認為屬中產。[64] 這個結果突出表現了民眾加入中產的普遍願望。

政治作用與社會穩定

可以說，關於中國中產最重要的辯論是圍繞著其對中國政治發展和社會穩定的潛在影響展開的。中國學者在論述強大的中產與社會和政治穩定的相互關聯時，經常引用西方的亞里士多德和東方的孟子這兩位古代哲學家的話。兩千多年前，亞里士多德就堅稱，中間階層是平衡和穩定的力量。社會中若是沒有這樣一個階層，發生政局動盪和社會動亂的可能性就大得多。[65] 孟子也提出了類似的原則："有恒產者有恒心。"[66] 在此基礎上，廣東社會科學院的學者陳義平提出，中產階層有 3 個功能性作用：塑造市場經濟的領導作用、創造社會規範的開拓作用、調和政治緊張與衝突的緩衝作用。[67]

中國社科院社會學研究所研究員唐軍稱金字塔式的社會結構為"靜態穩定"，橢圓形的結構為"動態穩定"。[68] 前者看似穩定，但遇到重大危機可能會突然崩潰；後者雖然磕磕絆絆不斷，卻不太可能瞬間坍塌。[69] 按照唐軍的樂觀估計，中國迅速擴張的中產會幫助建立橢圓形結構。

近年來，中產對政府政策的抱怨有所增加。中國的大學生通常出身於中產家庭，一般認為他們以後也會加入中產的行列；最近大學畢業生失業率的上升應當為中國政府敲響警鐘。中產人士發起的抗議越來越多，這反映了這一群體與中國政府的複雜關係。

劉欣研究了上海和其他城市中心的社區治理後發現，中產成員對地方事務和維權活動的參與度比其他群體更高。他們更願意通過法律途徑解決爭端，對治理缺失的容忍度也比其他群體低。[70] 這個發現符合普遍的看法，認為中產成員既然是社會中的首要納税人，自然希望能對自己繳納税金的用途有影響力。在某種程度上，中國初生的中產代表著第一代具有消費者權利意識的中國公民。

為了弄懂有關中國中產的複雜政治傾向，一些中國學者發展出了適合中國國情的精密理論框架。李路路堅稱，中國中產的社會功能和政治作用既非停滯不變，亦非只有一個維度。[71] 他提出，從中產在中國社會層級中的動態地位中，也許能看出它貌似矛盾的政治傾向的一些線索，也能對可能觸發其政治傾向改變的情勢得窺一二。據他所説，經濟狀況、政治制度和社會秩序這三個因素也許會決定中產的社會功能是保守，還是激進，或是依經濟和社會政治形勢的變化而變化。

李路路把中國中產這個理論上的作用與民主制度中的中產作用做了對比，後者通常比較保守，因為他們是現行社會秩序與權力結構的受益者。對於塞繆爾·亨廷頓關於中產在發展早期革命性較强，但以後會變得越來越保守的著名論點，[72] 李路路提出了質疑。他認為，中產在發展初期要依靠現行政治制度。然而，隨著經濟成熟，中產的自主權增加，他們與政府發生衝突的可能性也隨之增加。李路路提出了影響這個進程的 3 個因素：意識形態或價值觀、國際環境和中產內部同一性的程度。他指出，面向全球的資本主義消費文化和經常伴之而來的跨國政治價值觀會推動中國中產越來越與國際潮流趨同，而不是逆向而行。

李路路對於中國新興中產的政治取向所做的開放式樂觀評估在中國學術圈裏並非異類。中國許多關於這個題目的著述都强調中產在政治上的善變，有些學者説他們“首鼠兩端”。用一位中國作者的話説，“中產不會冒著損害自己重要利益的風險去推動民主變革，也不會拒絕民主制度給他們帶來的好處”。[73] 同樣，清華大學著名歷史學家秦輝認為，世界上沒有哪個階級生來就是進步的或保守的。[74] 一個階級的政治取向隨著歷史境況的變化而變化。

胡聯合和胡鞍鋼是中國科學院國情研究中心的研究員，二人合寫了一篇全面論述中產和中國社會政治變遷的文章。文章提出，在中國和在任何其他國家一樣，中產的政治功能是多層面的、可塑的。它可以是"穩定器"，也可以是"顛覆器"，甚至可以是"異化器"。[75] 在他們看來，關鍵的問題是中產由於何種原因，在何種情況下會從一種角色轉變為另一種角色。他們為中國執政者提供了一個確保中產是友非敵的行為清單。根據他們的主張，中國政府需要防止經濟浮動、保護財產權、避免使中產（無論是個人還是集體）感到地位受損、允許更大的制度化政治參與，並保護中產成員不受"過分的政治注意"。

這些學術論述有的給中國官方出謀劃策，有的從潛在心懷不滿的中產角度評估趨勢，有的提出更加客觀的分析。值得注意的是，它們都認為，國家和中產之間，以及中國最富有的階層、中產階層和最貧窮的階層之間互動的性質會不斷變化。

全球一體化和文化多元主義：超越建構主義範式

中國的新興中產主要是經濟全球化和文化跨國主義的產物。改革時代，中國關於全球化的討論經常將這個題目說成是"現代化工程宏大敘事的繼續"。[76] 一些中國學者論稱，一個國家的現代化歸根結底不是經濟現象，而是文化現象，更精確地說是文化現代化的跨國過程。[77] 這一觀點受了西方學者類似論點的啟發，特別是安東尼·吉登斯（Anthony Giddens）關於全球化實質上就是現代化的流動的論述。[78] 換言之，產品、人員、技術、里程碑、符號、思想和信息的流動跨越時空，經常會深刻改變社會流動性，也會大大增強對其他文化的觀點與價值觀的了解。這樣的流動可以理解為跨文化交流，正是這種交流增強了世界各國的相互聯繫。

關於全球化和現代化的這些思想提出了兩個重要的理論問題。第一，國際教育交流和文化傳播，特別是西方軟實力的滲透，是否會導致全球文化融合，進而重建中國這個非文化中心國家的文化身份？還是說在技術革命的時代裏，全球一體化將推動文化多元主義、多樣性和不同文明的共存？第二，體現在文化與教育交流中的跨國力量是否會加強國際諒解，因而防止意識形態和族裔衝突，幫助維護世界和平？

文化融合還是文化多樣性？

按照著名美國外交史學家入江昭（Akira Iriye）的説法，文化國際主義"包括把不同國家與人民連在一起的各種活動，如思想和人員交流，學術合作，或推動國家間諒解"。[79] 入江昭認為，國際關係既是國家間的關係，也是文化間的關係。因此，對國際關係的研究包含三類探討："國家層面的互動、文化間的交流和這兩者之間的關係。"[80] 對入江昭來説，國際關係分析的主角不應僅限於國家和政府，也應包括思想的散播和跨國流動這些長期遭到忽視的現象。他説，在 21 世紀，"文化國際主義力量可能成為界定世界的一個關鍵因素"。[81]

與之類似，約瑟夫·奈（Joseph Nye）用"硬實力"來代表一個國家的經濟和軍事力量，用"軟實力"來代表它的文化資源和影響力。按照奈的觀點，硬實力固然對國家的經濟福祉和安全更加重要，但沒有軟實力，國家不能長久。如果一個國家的文化體現了為其他國家所接受的普世價值，這個國家的外交政策就更有可能被視為合法，因此也就能够取得預期的結果。相比之下，“狹隘的價值觀和地方性文化不太可能產生軟實力”。[82]

過去二十年來，入江昭的文化國際主義論和奈的軟實力學說對中國學術界影響巨大。另外，贊成文化融合的中國學者經常引用大衛·哈維（David Harvey）的“時空壓縮”概念和羅蘭·羅伯遜（Roland Robertson）關於“同一個世界意識的增強”的論點為證，來解釋世紀之交空前的文化跨國傳播。[83] 例如，中國國家行政學院行政管理學教授馬慶鈺認為，在全球化時代，人們了解各國的不同情況，也具有評價文化的强烈意識。[84] 馬慶鈺稱，强調文化相對主義會妨礙中國的政治與文化現代化。他的觀點反映了中國知識界一個世紀以來的看法，認為現代化的本質就是文化重生和跨文化交流。[85] 例如，20 世紀初，晚清改革家梁啟超提出：“言自强於今日，以開民智為第一義。”[86] 的確，20 世紀伊始，“清王朝以教育改革為基石，努力挽救自身及國家免於崩潰，儘管力不從心”。[87]

一些中國學者認為，全球化時代裏，一國的文化資源經常是通過國際文化交流得到開發的。換言之，文化傳播是任何文化發展的前提。文化跨國主義經常被視為人類社會擺脱野蠻、愚昧和混亂，變得文明、科學和聰明的唯一途徑。[88] 分析了中國的漫長歷史後，可以看到，中國與外部世界的文化交流越活躍，國力就越强。唐代的文化興盛常被中國的文化融合論者引以為證，那正是中國對外經濟文化交流十分密切的時候。學者們説，今日中國正處於歷史上國際教育交流和全球參與的又一個活躍期。一個例子是，2019 年中國的國際高中超過了 600 所。[89]

可以説，一國最重要的文化資源是它的高等教育體系。一般來説，高等教育機構反映了國家主流文化或精英文化的準則。高等教育把文化系統化、理性化了。它通過學術與科學研究、課程發展、教室教學，以及校園內非正式的交流來促進文化。在履行其服務社會的義務時，高等教育也塑造了公眾的文化喜好。

研究文化和教育全球化的著名中國學者王寧指出，大學根據其定義，不應只集中於某個特定地點，而應努力超越時空。[90] 大學不僅是物理空間，也應是放眼世界、胸懷全人類的文化中心。高等教育在推動文化同化，包括促進學生交換和國際學術合作方面發揮著根本性的作用。如崔大偉觀察到的，當今中國，高等教育是“中國社會最國際化的領域”之一。[91] 人口流動，包括學生學者的國際交流，經常被視為重要而有效的文化傳播渠道。[92]

和其他國家的批評者一樣，一些中國學者認為“文化全球化”或“文化融合”的詞語自相矛盾。他們認為，創建全球文化是不可能的，因為文化這個概念本身就意味著人各不同。從這個觀點出發，文化永遠不可能融合，也必然永遠是多元的。[93] 有些中國學者指出，在全球化時代，融合主要發生在經濟與金融領域，不在文化與哲學領域。應當明白當今世界不同文化的互補性和多樣性。非西方世界的人也許歡迎自由民主思想的傳播，但他們拒絕文化統治、文化同一和文化一致的思想，也不接受“歷史的終結”這種武斷、停滯的觀點。

中國批評者和外國同行一樣，也拒絕接受融合理論的主要論點，即全球化和現代化在所有國家都是同樣的直線發展過程。他們説，現代化理論經常把西方先進工業化國家描述為“開路的天之驕子”，其發展路徑可以普遍適用，應當成為“傳統”“落後”國家的榜樣。[94] 研究全球化的中國學者經常提及兩個概念上的分別。第一，他們説，中國參與西方領導的全球化是一回事，把中國的現代化設想為西化的進程則是完全另一回事。他們認為，中國可以接受前者，但必須拒絕後者，因為把所有好的文化影響都歸於西方是有問題的。[95] 如王寧所說，在文化研究中，“接觸世界”不一定意味著追隨西方，而是與西方開展對話。[96] 第二，這些學者把文化全球主義與文化跨國主義區分開來。全球文化身份要麼是為世界所有人民所共有，要麼是乾脆被世界所有人民所否認。但文化跨國主義是文化商品、人員和思想真正跨國界流動的過程，在當今世界已經日益普及。[97]

文化跨國主義不一定是西方文化的勝利，而是對非西方文化的韌性與適應能力的證明。上海作為國際大都會在改革時代的重新崛起證實了多重身份和文化多元主義的持久性。本書序中介紹的黃永砯那件藝術作品呈現的時間和空間揭示了上海這座中國城市超越意識形態、文化和社會政治等多重界限的驚人能力，雖然也許是無意為之。匯豐銀行大樓象徵著歷史長河中迥然不同的各種事件 —— 殖民遺產、共產黨執政和上海重新崛起為經濟與金融中心。然而，上海多層面的象徵意義並未使當地居民感到無所適從。中國的西式現代化和中國式共產主義這兩支中國現代史上影響最大的力量都發源於上海。對於過去一個世紀的跌宕起伏，上海比中國任何其他地方都適應得更好。

矛盾的是，過去二十年中，1921 年中國共產黨第一次代表大會的會址附近，就是名叫“新天地”的商業區。它由一位香港大亨及合夥人投資 1.5 億美元興建，設計成上海傳統的石庫門樣式。[98] 高雅的夜總會、咖啡館、酒吧、藝術畫廊和時髦的商鋪在這裏鱗次櫛比，包括多家西餐廳，還有一家美國星巴克咖啡店。不出意料，這個地方成了中國中產、國內外旅遊者和港台及海外僑民的聚集地。

新天地充滿了濃濃的“上海懷舊”氣氛。如一位中國作家所說，“這個地方對老年人是懷舊，對年輕人是時髦，外國人看到的是中國傳統，中國人看到的是外國風情”。[99] 上海的國際化歷史似乎比現時的上海更接近這座城市的未來。新天地有個恰當的口號，“昨天，明天，我們相會在今天”。[100]

新天地以高度象徵性的方式為這座瞬息萬變的城市重新界定了時間與空間。[101] 新天地的奇妙美景和它關於跨國交流明顯的積極信號恰好契合安東尼·吉登斯的論點，即全球化可以理解為時空開關，或者是時空重置。[102] 新天地糅合了中國文化與西方文化，模糊了一般概念中傳統與現代的分別。在某種意義上，上海產生了特色鮮明的海派文化，其中“（中西）兩種文化發生交會，但誰也沒有壓倒對方”。[103] 用一位上海學者的話説，海派文化的偉大之處在於它在吸收外國文化精華的同時，也强化了地方特色。[104] 這些話與西方一些全球化學者的觀點不謀而合，那些學者堅稱，當代文化發展的特點是跨國主義和多元主義共存。羅蘭·羅伯遜發明了“全球地方化”（“glocalization”）一詞，用來描述全球化與地方化之間的動態關係。[105]

既然上海是現代中國成長壯大的標誌，那麼它在國際上聲望日高就加强了中國人的民族自豪感。上海的地方、國家和世界身份都在不斷發展，這些不同身份互相加强，又在不同的具體情境中保持著各自獨立的價值。上海對外開放過程中最明顯的不是文化融合，而是文化共存和文化多樣性。

建構主義：文化與教育交流對世界和平有影響嗎？

若想更好地了解中產上海的興起對中國社會經濟發展及亞太地區和平的影響，應該考慮這些影響在世界政治領域關於現實主義、自由主義和建構主義的更廣泛思辨中起到了什麼作用。[106] 主流國際關係學者長期以來一直忽視文化在外交事務中的作用。現實主義者和自由主義者各自專注於安全和經濟問題，都不太注意文化和教育維度。

現實主義者承認知識在信息時代的關鍵作用，相信由大學和研究機構驅動的技術進步能轉變為經濟與軍事實力。[107] 現實主義者經常把國家間的技術競爭視為零和博弈。總的來説，現實主義者更加關注在技術與人員的國際流動中保護國家利益，對探討國家利益如何因思想、價值觀和規則的跨國傳播而發生改變不感興趣。現實主義者對通過制定規則來改變國家的政治目標、態度和行為持懷疑態度，因為他們相信，國際政治本質上是無政府的。[108] 另外，當代自由主義者專注於國家間的經濟相互依存。如瑪莎·芬尼莫爾（Martha Finnemore）和凱瑟琳·希金克（Kathryn Sikkink）所指出的，把“新自由主義者”和“新現實主義者”稱為“經濟自由主義者”和“經濟現實主義者”也許更加合適，因為“這兩派都增加了微觀經濟學的新內容”。[109] 總的來説，自由主義者相信實用主義和普世主義，忽視文化的影響。他們傾向於通過宣傳自由民主思想來强調和平與繁榮，而且西方自由主義者常常對發展中國家的文化關切不够敏感。

建構主義是國際關係研究中一個相對較新的學派，它試圖填補現實主義和自由主義基本沒有探索的知識真空。[110] 這種研究方法稱為建構主義，因為“它集中於國際政治由社會構成的性質”。[111] 新自由主義者去經濟學中尋求解惑，建構主義者則高度依靠社會學研究，特別是對文化制度的分析。建構主義者與現實主義者的不同之處在於，他們相信規則規範會影響一國決策者和普通大眾的行為。精英的信仰、文化認同和社會規範都在國家行為的塑造中發揮著深遠的作用。像塞繆爾·亨廷頓這樣的現實主義者認為，文明衝突是理解後冷戰世界的決定性框架，但建構主義者相信，國際規範散播範圍的擴大可以導致，事實上，也經常導致文化溝通或調和，包括精英階層在態度和行為上的改變。[112]

瑪莎·芬尼莫爾論稱，“規範背景因時而變，隨著國際承認的規範與價值觀的改變，國家利益與國家行為也同時發生轉變”。[113] 她以國際紅十字會和《日內瓦公約》為例，指出“各國重新定義國家利益經常不是因為遭到了外來威脅，或國內團體提出了要求，而是因為受了國際共同規範和價值觀的影響”。[114] 亞歷山大·溫特（Alexander Wendt）進一步解釋了建構主義的兩條基本原則：第一，“決定人類組合結構的首要因素是共同的思想，而不是物質力量”；第二，“目的性行為者的身份與利益由共同的思想構成，而不是與生俱來”。[115]

同時，建構主義者拒絕自由派提出的認為自由民主思想在全世界取得了最終勝利的“歷史終結”論。[116] 在建構主義者看來，國家的側重永遠受到社會規範、由文化決定的規則和“與歷史變化相關聯的論說”的影響。[117] 所以，國際規範散播到世界各地並不意味著所有國家都將變為自由民主政體，因為文化的不同將造成政治行為和社會規則的不同。[118]

建構主義者强調國際事務的文化方面，但這不是説文化的影響力現在比以前增强了。事實上，縱觀歷史，文化一直在政治與學術中發揮著强大但隱蔽的作用。如弗蘭克·寧科維奇（Frank Ninkovich）所説，重新發現文化的重要性“使人們日益相信，即使冷戰這樣的大國鬥爭也是文化和意識形態戰線上的鬥爭，至少部分如此，甚至可能主要如此”。[119] 但更重要的是，寧科維奇説，在解釋政治行為時“轉向”或“回歸”文化問題，這是由於受“新的‘後現代’知識氣候的影響，强調‘論説’在世界觀的形成中起到的作用”。[120]

本書在研究上海在中國發展變化中發揮的先鋒作用時，從建構主義對精英的思想與行為變化的解釋中獲得了寶貴的啟發。在一定程度上，中國在改革時代的崛起為建構主義理論提供了實證證據。上海作為"中國曼哈頓"的興起傳達的是一個生機勃勃、百花齊放、面向未來的中產國家形象。如一些中國學者所說，"上海奇蹟"是通過"文明的和解"而非"文明的衝突"而實現的。[121] 這些學者相信，上海這座具有多重文化身份的城市獲得今天的顯赫地位反映出中國中產和公共知識分子觀點的深遠變化。

結論

過去十來年，中國學術界就中國中產的存在和特點開展了生動活潑的討論。對話中不乏對驚人統計數字的公開比較、大膽批評、深刻分析和理論主張。討論如此熱烈，部分是出於對發達國家中產生活方式的嚮往，也是為了對西方社會科學原理及方法做出評估。關於對中產及其在國內外產生的社會和政治衍生後果的研究，中國學者在概念上和實證上都豐富了世界學術著述的內容。他們把學術調查的範圍擴大到這支新興社會和經濟力量的定義、規模和特點以外，還傾注了巨大的精力研究中國中產與國家領導層、其他社會和經濟行為者，以及不斷變化的國際環境之間的關係。

中產已經興起為具有自己獨特需求和願望的一支核心社會力量。隨著中國的增長模式從出口導向轉為以國內大循環為主體、國內國際雙循環相互促進的新發展格局，中產成為實現國家治理和繁榮的關鍵力量，遠甚於任何其他社會群體。國內結構調整和國際緊張關係造成經濟增長放緩，給中產帶來了挑戰。作為對這些關切的反映，央視英語頻道的旗艦節目"對話"在 2018 年播出了一次嘉賓討論，題目是

“中國中產的焦慮時代”。[122] 中國領導人當然明白，公眾的悲觀情緒會影響執政黨在民眾心目中的合法性，所以努力做出改進，爭取讓中產滿意。中國未來的政治發展軌跡恰似中國中產與中國領導層的關係，既不會停滯不前，也並非事先確定。同時，美國帶頭的對華脱鈎發生之後，中國民族主義情緒高漲，也給中產希望美國接受中國崛起的心願潑了一盆冷水。

外國觀察者，特別是華盛頓的政策制定者，必須準確了解中國的社會分層、社會流動、文化包容性和文化多樣性。要做到這一點，必須明白中國學者和知識分子如何應對他們的國家在融入世界的過程中已經發生和正在發生的深遠變化。[123] 中國學術界就中國新興中產的政治影響開展認真、直率，經常是大膽的討論，這個事實本身就是這些重要社會動態發展的證明。

註釋

1. 世紀之交時的金字塔式結構在陸學藝 2004 年的研究中得到了最生動的呈現。見陸學藝：《當代中國社會流動》（北京：社會科學文獻出版社，2004），第 14 頁。
2. 費正清：*The United States and China*，Cambridge, MA: Harvard University Press，1983，第 51 頁。
3. 關於中國資產階級或中產階層的早期發展，見白吉爾：*The Golden Age of the Chinese Bourgeoisie, 1911—1937*，Cambridge: Cambridge University Press，1989。
4. 《中國新聞分析》（*China News Analysis*），No.1501，1994 年 1 月 1 日，第 2 頁。
5. 明永昌：〈中產階層正在實現“中國夢”〉，《聯合早報》，2008 年 10 月 1 日，第 2 版。
6. 張宛麗：〈中國社會階級階層研究二十年〉，《社會學研究》，No.1，2000，第 24—39 頁；李成：〈“文憑主義”對“實幹主義”：改革時代技術官僚與企業家的互動與緊張〉（*“Credentialism” versus “Entrepreneurism” : The Interplay and Tensions between*

Technocrats and Entrepreneurs in the Reform Era），載於陳國賁主編：《中國工商網絡：國家、經濟與文化》（*Chinese Business Networks: State, Economy and Culture*）（New York: Prentice Hall，1999），第 86—111 頁。

7. 李成主編：《中產中國：超越經濟轉型的新興中國中產階層》中李成所著〈導言：中央王國中產階層的興起〉（*Introduction: The Rise of the Middle Class in the Middle Kingdom*）（Washington, D.C.: Brookings Institution Press，2010），第 8 頁。
8. 〈中國發行銀行卡總量達到 78.3 億〉（*China Issues 7.83 Billion Bank Cards in Total*），新華社，2019 年 6 月 23 日。
9. 同上，以及《2020 年中國信用卡的使用將達到全新高度》。
10. 產出與銷售的年增長率各為 48% 和 46%。引自張雪：〈國內汽車部門經歷結構調整〉（*Domestic Auto Sector Undergoes Structural Adjustments*），《經濟日報》（*Economic Daily*），2010 年 2 月 9 日。
11. 王茜：〈我國機動車保有量達 3.25 億輛〉，新華網，2018 年 12 月 1 日。
12. 同上。
13. 〈2018 年上海市國民經濟和社會發展統計公報〉，《上海統計》，2019 年 3 月 1 日。
14. 林靜：〈我國私家車保有輛首次突破 2 億輛〉，《北京日報》，2020 年 1 月 8 日。
15. 同上。
16. 瑞士信貸研究所：《全球財富報告》，香港，2015。引自孫揚：〈一個階層的沉浮—重新認識大陸中產〉，《鳳凰週刊》，No.561，2015 年 11 月 17 日。
17. 鮑達民、陳友鋼、艾米·金：《中國中產階層的分佈》，麥肯錫諮詢公司（McKinsey & Company），2013 年 6 月。
18. 李春玲：〈中國中產階層研究的動力與趨向〉，載於方向新主編：《和諧社會與社會建設》（北京：社會科學文獻出版社，2008）。
19. 《南方日報》，2000 年 2 月 26 日。關於江澤民提出"三個代表"這一意識形態的創新的背景的更多討論，見李成：〈2000 年的中國：戰略再思考的一年〉（*China In 2000: A Year of Strategic Rethinking*），《亞洲概覽》（*Asian Survey*），41，No.1，2001，第 71—90 頁。
20. 陳新年：《中等收入者論》（北京：中國計劃出版社，2005），第 1 頁。
21. 劉旭虹：〈"四個全面"重大戰略佈局〉，《中國日報》，2015 年 2 月 26 日。
22. 習近平：〈繼續朝著中華民族偉大復興目標奮勇前進〉，中國中央人民政府網站，2012 年 11 月 29 日。
23. 同上。
24. 牛綺思：〈中國中等收入群體超 3 億人，2050 年有望達 9 億人以上〉，《中國經濟週刊》，2018 年 4 月 17 日。
25. 同上。也見趙建華：〈貿易戰沒有贏家〉，中國新聞網，2018 年 3 月 24 日。
26. 牛綺思：〈中國中等收入群體超 3 億人，2050 年有望達 9 億人以上〉。
27. 同上。

28. 李成：〈導言：中央王國中產階層的興起〉，第 3—30 頁。

29. 重要的例外包括江憶恩：〈中國中產階層對國際事務的態度：初生的自由化？〉(*Chinese Middle Class Attitudes towards International Affairs: Nascent Liberalization?*)，《中國季刊》(*China Quarterly*)，179，2004 年 9 月，第 603—628 頁；這些學者中也有人對使用"中產階層"一詞有一定保留，如戴維·古德曼。

30. 例如，戴維·古德曼認為，説中國"新貴""和我們一樣"的説法"很誘人"，但這個説法模糊了一個事實，即他們只代表在經濟改革中大發橫財的極少數精英。見羅恩·卡利克(Rowan Callick)：〈中國新興中產階層的神話〉(*Myth of China's New Middle Class*)，《澳大利亞人報》(*Australian*)，2008 年 1 月 14 日，第 2 版。

31. 小巴林頓·摩爾：*The Social Origins of Dictatorship and Democracy: Lord and Peasant in the Making of the Modern World*，*Boston: Beacon Press*，1966，第 418、430 頁。

32. 西摩·馬丁·李普塞特：〈民主的若干社會要求：經濟發展和政治合法性〉(*Some Social Requisites of Democracy: Economic Development and Political Legitimacy*)，《美國政治學評論》(*American Political Science Review*)，53，No.1，1959，第 69—105 頁；西摩·馬丁·李普塞特：*Political Man: The Social Bases of Politics*，Garden City, NJ: Anchor Books，1963。

33. Margaret M. Pearson：*China's New Business Elite: The Political Consequences of Economic Reform*, University of California Press，1997；魏昂德(Andrew G. Walder)：《中國經濟過渡的社會學方面：組織、分層和社會流動性》(*Sociological Dimensions of China's Economic Transition: Organization, Stratification, and Social Mobility*)，肖倫斯坦亞太研究中心(Shorenstein Asia / Pacific Research Center)，2003 年 4 月；邊燕傑：〈中國社會分層與社會流動〉(*Chinese Social Stratification and Social Mobility*)，《社會學年鑑》(*Annual Review of Sociology*)，28，No.1，2002，第 91—116 頁；裴宜理：〈新的權利意識？〉(*A New Rights Consciousness?*)，《民主雜誌》(*Journal of Democracy*)，20，No.3，2009，第 17—20 頁。

34. 李春玲：〈中國中產階層研究的理論趨向及關注點的變化〉，載於李春玲主編：《比較視野下的中產階層形成：過程、影響以及社會經濟後果》(北京：社會科學文獻出版社，2009)，第 47—48 頁。

35. 加里·伯特萊斯：〈美國不平等的增長：原因和補救方法〉(*Growing American Inequality: Sources and Remedies*)，《布魯金斯評論》(*Brookings Review*)，1999 年冬，第 31—35 頁。

36. 霍米·哈拉斯、傑弗里·格茨：〈新全球中產階層：從西方來到東方〉(*The New Global Middle Class: A Crossover from West to East*)，載於李成主編：《中產中國：超越經濟轉型的新興中國中產階層》，第 32—51 頁。

37. 江憶恩：〈中國中產階層對國際事務的態度：初生的自由化？〉，第 607 頁。

38. C. 賴特·米爾斯：《白領：美國中產階級》(Oxford, UK: Oxford University Press)，1951。

39. 王建英、戴慧思：〈中國的新上層中產階層：職業分解的重要性〉(*China's New Upper Middle Classes: The Importance of Occupational Disaggregation*)，載於李成主編：《中產中國：超越經濟轉型的新興中國中產階層》，第 157 頁。

40. 見李培林、張翼：〈中國中產階層的規模、認同和社會態度〉，載於唐晉主編：《大國策：通向中國之路的中國民主：增量式民主》（北京：人民日報出版社，2009），第 188—190 頁。

41. 陸學藝：《當代中國社會結構》（北京：社會科學文獻出版社，2010），第 402—406 頁。

42. 陸學藝：〈現在是中國中產階層發展的黃金時期〉，《中國青年報》，2010 年 2 月 11 日，第 10 版。

43. 《中國新聞週刊》，2010 年 1 月 22 日。

44. 牛綺思：〈中國中等收入群體超 3 億人，2050 年有望達 9 億人以上〉。

45. 《中國新聞週刊》。

46. 陸學藝：《當代中國社會階層研究報告》（北京：社會科學文獻出版社，2002），第 9 頁。

47. 這個金字塔式結構在陸學藝 2004 年的研究中得到了最生動的呈現。見陸學藝：《當代中國社會流動》（北京：社會科學文獻出版社，2004），第 14 頁。

48. 陸學藝：《當代中國社會階層研究報告》，第 44 頁。

49. 吳偉：〈總理説的，6 億人月收入僅 1000 元〉，《新京報》，2020 年 5 月 28 日。

50. 劉欣：〈中國轉型中的經濟結構與收入不平等〉（*Class Structure and Income Inequality in Transitional China*），《中國社會學雜誌》（*Journal of Chinese Sociology*），7，No.4，2020，第 1—24 頁。

51. 李路路、李升：〈“殊途異類“當代中國城鎮中產階層的類型化分析〉，《社會學研究》，22，No.6，2007，第 15—37 頁。

52. 《南都週刊》，2006 年 7 月 14 日。

53. 陳寶榮：《九十年代上海個體私營經濟發展研究》（上海社會科學院工作文件，1994）；朱光磊：《當代中國社會各階層分析》（天津：天津人民出版社，1998），第 376 頁。

54. 原始論點見塔爾科特・帕森斯：*The Social System*，New York: Free Press，1951。

55. 關於許知遠的評論，見魏城：《所謂中產》（廣州：南方日報出版社，2007），第 208 頁。

56. 袁劍：《中國：奇蹟的黃昏》，電子書，2008，第 116 頁。

57. 陳義平：《分化與組合：中國中產階層研究》（廣州：廣東人民出版社，2005），第 52—53 頁。

58. 《2017 年全國教育事業發展統計公報》，中國教育部網站，2018 年 7 月 19 日。

59. 周曉虹：《全球中產階層報告》（北京：社會科學文獻出版社，2005），第 64 頁、118—119 頁。

60. 更多關於當今中國核心價值觀的討論，特別是有關新興中產階層的討論，見潘維、瑪雅：《聚焦當代中國價值觀》（北京：生活・讀書・新知三聯書店，2008）；許榮：《中國中間階層文化品位與地位恐慌》（北京：中國百科全書出版社，2007）。

61. 魏城：《所謂中產》。

62. 王建平：〈中產階層：社會和諧的積極力量〉，《天津社會科學》，No.4，2008，第 62—65 頁。

63. 陳新年：《中等收入者論》（北京：中國計劃出版社，2005）。

64. 周曉虹等：《中國中產階層調查》（北京：社會科學文獻出版社，2005），第 47—48 頁；魏城：《所謂中產》，第 3 頁。

65. 周曉虹：《全球中產階層報告》，第 227 頁。

66. 江山：《中產路線圖》（武漢：長江出版社，2005）第 32 頁引用了“有恒產者有恒心”這句話。

67. 陳義平：《分化與組合：中國中產階層研究》，第 23 頁。

68. 唐軍的觀點見《中國新聞週刊》，2010 年 1 月 22 日。

69. 魏城：《所謂中產》，第 109—110 頁。

70. 劉欣：《中國城市的中產階層與社區治理》，為在長春召開的中國社會中產階層研究大會準備的論文，2008 年 7 月 22 日；劉欣：〈中國過渡期的階級結構和收入不平等〉（*Class Structure and Income Inequality in Transitional China*），《中國社會學雜誌》（*Journal of Chinese Sociology*），7，No.4，2020，第 1—24 頁。

71. 李路路：〈中間階層的社會功能：新的問題取向和多維分析框架〉，《人民大學學報》，4，2008 年 4 月。也見李路路、王宇：〈當代中國中間階層的社會存在：階層認知與政治意識〉，《社會科學戰線》，10，2008，第 202—215 頁。

72. 塞繆爾·P. 亨廷頓：《社會變化中的政治秩序》（*Political Order of Changing Societies*）（New Haven, CT: Yale University Press，1969）。

73. 馮婷：〈別給中產階層貼太多金〉，《人民論壇》，No.10，2010 年 4 月。

74. 秦輝：〈中產階層並非民主必要條件〉，《綠葉》，No.12，2009。

75. 胡聯合、胡鞍鋼：〈中產階層：穩定器還是相反或其他〉，《政治學研究》，No.2，2008 年 5 月。

76. 這是閻雲翔的觀點。他認為，這與“把全球化視作一種後工業化、後現代現象”的大多數西方討論相反。見閻雲翔：〈管理的全球化：中國的國家權力與文化過渡〉，載於亨廷頓主編：《多種全球化：當代世界的文化多樣性》（New York: Oxford University Press，2002），第 36 頁。

77. 一個例子，見李其慶、劉元琪：《全球化與新自由主義》（桂林：廣西師範大學出版社，2003）。

78. 安東尼·吉登斯：《超越左與右：激進政治的未來》（*Beyond Left and Right: The Future of Radical Politics*）（Palo Alto, CA: Stanford University Press，1994）；入江昭：《文化國際主義與世界秩序》（*Cultural Internationalism and World Order*）（Baltimore: Johns Hopkins University Press，1997）。

79. 入江昭：《文化國際主義與世界秩序》，第 3 頁。

80. 入江昭：*Power and Culture*，Cambridge, MA: Harvard University Press，1982，第 vii 頁。

81. 入江昭：《文化國際主義與世界秩序》，第 v 頁。

82. 約瑟夫·S. 奈：*Soft Power: The Means to Success in World Politics*，New York, NY: Public Affairs, 2004，第 11 頁。

83. 李陀、包亞明、王宏圖、朱生堅：《上海酒吧：空間、消費與想像》（南京：江蘇人民出版社，2001），第 86 頁。

84. 馬慶鈺：〈全球化和對文化相對主義的批評〉，《當代中國研究》，No.2，2003。

85. 葉偉力：*Seeking Modernity in China's Name: Chinese Students in the United States, 1900-1927*，Stanford, CA: Stanford University Press，2001，第 7 頁。

86. 上海百年文化史編纂委員會：《上海百年文化史》，第 1 卷（上海：上海科學技術文獻出版社，2002），第 15 頁。

87. 格倫·彼德森、許美德、盧永齡主編：《20 世紀中國的教育、文化和身份》（Ann Arbor: University of Michigan Press，2001），格倫·彼德森、許美德合著：〈導言〉，第 1 頁。

88. 安宇、周棉：《留學生與中外文化交流》（南京：南京大學出版社，2000），第 1 頁。

89. 基於王輝耀於 2019 年 12 月 16—18 日在中國昆山舉行的主題為"中美高等教育合作的新時代"的杜克國際論壇上的介紹發言。

90. 王寧：《全球化與文化：西方與中國》（北京：北京大學出版社，2002），第 226—227 頁。

91. 崔大偉：*Internationalizing China: Domestic Interests and Global Linkages*，Ithaca: NY: Cornell University Press，2002，第 161 頁；崔大偉：〈領導人、官僚和機構文化：召回中國頂尖海外人才的努力〉（*Leaders, Bureaucrats, and Institutional Culture: The Struggle to Bring Back China's Top Overseas Talent*），載於戴傑（Jacques de Lisle）、金駿遠（Avery Goldstein）主編：《中國的全球交往：21 世紀的合作、競爭與影響力》（*China's Global Engagement: Cooperation, Competition, and Influence in the 21st Century*）（Washington, D.C.: Brookings Institution Press，2017），第 325—358 頁。

92. 李曉東：《全球化與文化整合》（長沙：湖南人民出版社，2003），第 35 頁。

93. 王寧：《全球化與文化：西方與中國》（北京：北京大學出版社，2002），第 11 頁。

94. 關於對這種觀點的批判，見曼弗雷德·B. 斯蒂格：*Globalism: The New Market Ideology*，Lanham, MD: Rowman & Littlefield，2002，第 12—13 頁。

95. 李惠斌：《全球化：中國道路》（北京：社會科學文獻出版社，2003），第 267 頁。

96. 王寧：《全球化與文化》，第 8 頁。

97. 王逸舟：《全球化時代的國際安全》（上海：上海人民出版社，1999），第 17 頁。關於"第三文化"的最初概念，見邁克·費瑟斯通（Mike Featherstone）主編：《全球文化：民族主義、全球化和現代性》（*Global Culture: Nationalism, Globalization and Modernity*）（London: Sage，1990），第 6 頁。

98. 新天地的投資者中包括香港著名影星成龍。裘正義：《上海時尚地圖》（上海：漢語大詞典出版社，2002），第 123 頁。

99. 裘正義：《上海時尚地圖》，第 126—127 頁。

100. 此口號用大字展示在新天地的顯眼位置。

101. 李陀、包亞明、王宏圖、朱生堅：《上海酒吧：空間、消費與想像》，第 11 頁。

102. 吉登斯：《超越左與右》，第 4 頁。見引用於楊伯溆：《全球化：起源、發展和影響》（北京；人民出版社，2002），第 36 頁。

103. 哈麗雅特·薩金特：《上海：文化的碰撞點，1918—1939》（New York: Crown Publishers，1990），第 2 頁；引自羅茲·墨菲：《上海：現代中國的鑰匙》（Cambridge, MA: Harvard University Press，1953）。

104. 上海百年文化史編纂委員會：《上海百年文化史》，第 3 卷（上海：上海科學技術文獻出版社，2002），第 1698 頁。

105. 王寧：《全球化與文化》，第 3 頁。

106. 對國際關係這些學派的評論，見 Henry R. Niu：*Perspectiveson International Relations: Power, Institutions, and Ideas*，New York: CQ Press，2014。

107. 要了解關於這個問題的現實主義觀點的全貌，見 Robert Gilpin：*The Political Economy of International Relations*，Princeton, NJ: Princet on University Press，1987。

108. 關於對建構主義範式和中國在美國領導下的世界秩序中和平崛起主題的批判，見 John J. Mearsheimer：*The Tragedy of Great Power Politics*，New York: W. W. Norton，2014。

109. 瑪莎·芬尼莫爾、凱瑟琳·希金克：〈國際規範動態與政治變化〉（*International Norm Dynamics and Political Change*），《國際組織》（*International Organization*），52，No.4，1998 年秋，第 888 頁。

110. 對建構主義者更加全面的看法，見亞歷山大·溫特：*Social Theory of International Politics*，Cambridge: Cambridge University Press，1999；Ted Hopf：*Social Origins of International Politics: Identities and Construction of Foreign Policies at Home*，Ithaca, NY: Cornell University Press，2002；芬尼莫爾、希金克：《國際規範動態和政治變化》，第 887—917 頁。

111. 瑪莎·芬尼莫爾：*National Interest in International Society*，Ithaca, NY: Cornell University Press，1996，第 15 頁。

112. 塞繆爾·P. 亨廷頓：〈文明的衝突？〉，《外交事務》（*Foreign Affairs*），72，No.3，1993，第 49 頁。

113. 芬尼莫爾：《國際社會中的國家利益》，第 2 頁。據芬尼莫爾所說，冷戰期間及以後的外交政策辯論顯示，"利益不只是 '在那裏' 等著被發現的，而是通過社會互動而創建的"。

114. 芬尼莫爾：《國際社會中的國家利益》，第 3 頁。

115. 溫特：《國際政治的社會理論》，第 1 頁。

116. 例如，芬尼莫爾認為，"國際生活中規範性原則之間的緊張和矛盾意味著沒有一套各國都嚮往的理想的政治與經濟安排。沒有穩定的平衡，也沒有歷史的終結"。芬尼莫爾：《國際社會中的國家利益》，第 135 頁；福山：《歷史的終結》（*The End of History*），第 3—18 頁。

117. 芬尼莫爾：《國際社會中的國家利益》，第 15 頁。

118. 同上。

119. 弗蘭克·A. 寧科維奇、卜利平合編：《文化角度：美國外交關係史上的文章》（*The Cultural Turn: Essays in the History of U.S. Foreign Relations*）中寧科維奇：〈導言〉（Chicago: Imprint Publications，2001），第 1 頁。

120. 寧科維奇：〈導言〉，第 2 頁。

121. 上海正大研究所：《文化上海 —— 2010：把一個什麼樣的生活帶給中國和世界》（北京：人民出版社，2003），第 5 頁。

122. 《中國中產階層的焦慮時代》（*Age of anxiety for the Chinese middle class*），中國國際電視台（CGTN），2018 年 1 月 2 日。

123. 吉恩・路易斯・羅卡（Jean Louis Rocca）：〈政治交叉，社會表徵與學術干預：中產階層在中國的形成〉，載於李春玲主編：《比較視野下的中產階層形成》，第 59—83 頁。

● 第四章　海派　上海例外主義與文化跨國主義

● 第五章　“魔都”與“龍頭”“中國曼哈頓”的誕生

第三部分

上海：中國尋求全球實力的排頭兵

第四章

海派
上海例外主義與文化跨國主義

他山之石，可以攻玉。

——中國成語

上海今天的時尚是懷舊。

——程乃珊

中產，包括稱為中國新富的企業家群體，在改革時代迅速興起，在中國社會中創造了一種新的企業家創業文化和中產文化。和世界其他地方一樣，社會對市場經濟的接受、對物質成功的稱頌、富有企業家精神的職業道德、不同生活方式的共存、對外來思想與創新的熱情歡迎、廣泛的消費需求等一系列因素反映了商業主義的普及，也增强了社會中的文化多元性。在很大程度上，文化多元性體現在今天中國生活的方方面面：時尚、飲食、音樂、體育、舞蹈、美術、電影、電視、廣告、社交互動、公共輿論和政治態度。

這樣的社會環境與毛澤東時代，特別是“文革”時期，形成鮮明對比。那時，各種亞文化受到嚴格壓制。著名美國劇作家阿瑟·米勒

（Arthur Miller）偕身為攝影家的夫人在 1978 年改革前曾訪問中國。他們注意到，中國人穿的衣服全部一模一樣，都是灰色或深藍色的中山裝（許多西方人也常稱之為毛式制服）。[1]

毛澤東時代，正如所有人都穿同樣的衣服一樣，不同地區的人也遵循北京的文化標準，因為北京是國家的革命中心，體現了"真正的社會主義文化"。[2] 因此，中華人民共和國成立後的頭四十年，上海連一本記錄城市歷史的學術著作都沒有出版過。[3] 上海的口號是："上海是中國的上海"。[4] 中國社會科學院的一位學者指出，改革開放前，通俗文化和外國文化都不受待見，甚至嚴格控制。[5] 鑑於共和國不久前的歷史，20 世紀 90 年代初，所謂上海文化研究的繁榮著實令人興奮。[6]

自 20 世紀 90 年代以來，中國的茶館、咖啡館、網吧、卡拉 OK 歌廳、迪斯科舞廳、夜總會、健身房、民營書店、民營畫廊和民營劇院如雨後春筍般迅速湧現。它們先是出現在上海這樣的沿海城市，然後擴展到中國內地。根據上海交通大學和南加州大學在 2019 年聯合開展的一項研究，在咖啡館和茶館的數量方面，上海在全世界 51 個大都會中獨佔鰲頭。[7] 2019 年中期，上海共有 5567 家咖啡館，比北京多 1.5 倍，比廣州多兩倍。[8]（據最新數據，2023 年上海咖啡門店數量達 9553 家，門店總數領跑全球）星巴克在中國實力雄厚。2019 年，《福布斯》雜誌報道了星巴克公司在中國迅猛擴張的程度，説它已經在中國開了 3700 多家門店。[9] 上海有世界上最大的星巴克，"面積 2.9 萬平方英尺，僱員多達 400 名"。[10]

另外，文化多元性也反映在省級和市級身份的重興中，並加強了這種重興。哈佛大學政治學家裴宜理説，"對地方方言、歷史、風俗和烹飪重新燃起的興趣象徵著地理差別的加大，其潛在的影響是巨大的"。[11] 中國的文化多元潮流產生了新的地方性、個性和多樣性。[12]

說到特色鮮明的地方文化身份的復興，可以說改革開放時代的中國沒有一座城市比上海受其影響更大。海派文化的重生，成為一個影響深遠的文化現象。海派一詞出現在一個世紀之前的五四運動前後，當時上海一群深受西方文化影響的先鋒派視覺與戲劇藝術家創造出了非正統的藝術作品。[13] 海派也與那個時期以“鴛鴦蝴蝶派”小說為代表的上海文學風格息息相關。[14] 整體來說，海派與流行於中國北方，尤其是北京，稱為京派的文化迥然不同。海派和京派之間的分別常常被說成是一個朝氣蓬勃的世界性開放文化與一個固守傳統的封閉性保守文化之間的競爭。雖然五四運動發源於北京，但 20 世紀 20 年代的中國局勢動盪，驅使全國各地的人才紛紛遷往上海，使這座城市成為“當代中國文學、電影、音樂、美術和城市規劃的誕生地”。[15] 在某種意義上，上海既是民國時代新文化運動的產物，也是這個運動的加速器。

海派文化從誕生之日起，就體現了開放、多樣、進取、外向、創新和包容的思想。上海在與西方交往和向全國文化輻射中如此重要，部分地歸因於它的地理位置。上海的中文意思是“海上之洋”，指這座港口城市坐落在幾乎與海面平齊的灘塗上。[16] 上海人講到這座城市鮮明的文化特徵，常使用“海納百川”來比喻。上海和許多其他港口城市一樣，天生就是向外看的。它位於中國海岸線的中間點，用同濟大學一位學者的話說，它“貫通中國南北，連接世界東西”。[17]

上海在中國當代史中的獨特地位加強了它聲稱的例外主義，這一定性不是新出現的，而是在這座城市發展史上的好幾個關鍵時期都持續了下來。過去二十年間，隨著上海在中國和世界上的地位日益突出，關於它特有的素質和它在中國的作用的問題再次浮出水面。在上海昔日與外部世界的交流和今天與西方跨國力量的接觸中，該如何調和對它的一些相互矛盾的看法？上海在尋找自己在全球化世界中的位置時，它的全球性、國家性和地方性這些互相競爭的身份怎麼能夠建設性地相互作用而不致產生彼此抵消的不利結果？海派文化和京派文化的主要特點有何區別？這些區別對論述國內治理和國際關係兩方面變化的理論和政策敘事有何意義？今天，中國面臨著沿海和內地的巨大經濟差距、國內的社會壓力，以及中美關係緊張加劇導致公眾焦慮和茫然情緒增加。在這種情況下，上海的特殊身份及其在中國的過去、現在與未來發揮的獨特而重要的作用更加值得注意。

上海例外主義：歷史遺產與外國影響

歷史學家普遍認為，上海的歷史可以回溯到三千年前。唐朝時（大約公元 600–900 年），上海是個小河港。1074 年，它被正式立為鎮，1159 年升級為市。[18]13 世紀第一個十年末，上海又升級為縣，這反映了它作為陸海商貿中心的地位的提高。[19]13 世紀，棉花這種新經濟作物的生產與貿易使上海和整個長江三角洲成為全國最繁榮的地區之一。據艾倫・巴富爾（Alan Balfour）和鄭時齡所說，14 世紀初，僅蘇州和上海兩處就佔了全國稅收總額的 10%。[20] 到了明朝（1368–1644 年），上海這個“繁忙海港和東南大埠”已經名揚全國。[21]

如巴富爾和鄭時齡所說，縱觀歷史，上海從未“承沐過皇恩雨露”，也不是“想入非非和花言巧語之城”。它從來都以商業為主導——是“依從環境和理性，沒有繁文縟節的地方”。[22] 用中國著名作家魯迅的話說，“海派是商的幫忙”，而“京派是官的幫閒”。[23] 就帝國行政功能而言，上海與西安和北京這兩個北方都城大不一樣，也不同於鄰近的杭州、蘇州和南京等城市。

上海並非西方創造。1832 年阿默斯特（Amherst）勛爵乘船在黃浦江溯流而上之時，“上海已經是個繁榮的港口，海港裏擠滿了數百艘舢板的梯形棕色船帆”。[24] 西方人在鴉片戰爭後到來之前，上海已躋身中國最大的 20 座商埠之列，雖然它尚無力與北京、蘇州、廣州、武漢、杭州、成都、福州、西安和南京這些當時更出名的城市一較高下。[25]

上海社科院研究員、上海研究領域著名學者周武指出，上海的發展在全球也是獨一無二的。上海不同於倫敦和巴黎；那兩座城市是自己慢慢演變發展起來的，上海卻是在租界時期急速突變。[26] 雖然上海和紐約一樣，以移民城市起家，但這兩座城市走了不同的路。紐約是在一個主權國家裏發展起來的，上海的繁榮卻發生在中國主權被侵犯的情況下。不過，上海也不同於加爾各答和香港等其他被英國殖民統治的城市，因為在租界時期，上海保留了它自己的中國領土主權。[27]

中國最國際化的大都會

第一次鴉片戰爭後的 1843 年，上海作為 5 個通商口岸之一（其餘的是廣州、寧波、福州和廈門）對外開放，被西方殖民列強變為中國最西化的商埠。晚清時期，朝廷被迫把通商口岸和其他地方越來越多的土地割讓給列強當租界。租界受外國人治理佔領，具有治外法權地位，不受當地法律的管轄。上海的英租界建立於 1846 年，美租界建立於 1848 年，法租界建立於 1849 年。[28] 英國和美國的租界於 1863 年合併，改名為公共租界。這些租界位於老城區以外，主要是在荒地上建設起來的。[29] 就在那段時期，上海從一個國內地區性商業城市一躍成為國際貿易大都會。

1843 年上海成為通商口岸時，人口大約是 25 萬。相比之下，杭州當時的人口接近 100 萬，蘇州、南京和寧波各有 50 萬居民。[30] 到 1900 年，上海的人口飈升至 100 萬以上，取代杭州成為全國人口最多的城市。[31]1910 年，上海人口繼續增至 130 萬，1915 年達到 200 萬，1930 年達到 300 萬，1936 年達到 380 萬，1947 年達到約 450 萬，1949 年到了約 550 萬——一個世紀增長了大約 20 倍。[32] 表 4-1 顯示了上海從 1852 年到 1949 年的人口增長。到 20 世紀 30 年代中期，上海已經成為世界上第七大人口城市。[33] 當時的上海與一些西方大都會幾無二致，被稱為東方巴黎和東方紐約。盧漢超在關於 20 世紀早期上海的著述中，稱它為外國入侵中國的“橋頭堡”。[34]

表 4-1　上海人口的增長，1852—1949 年

年份	人數	年增長率 (%)
1852	544000	
1865	692000	1.87
1876	705000	0.17
1885	764000	0.9
1890	825000	1.55
1895	925000	2.31
1900	1087000	3.28
1905	1214000	2.23
1910	1289000	1.21
1915	2007000	9.26
1920	2255000	2.36
1927	2641000	2.28

年份	人數	年增長率 (%)
1930	3145000	5.99
1935	3702000	3.81
1942	3920000	0.82
1945	3.370000	-4.91
1946	3830000	13.65
1947	4494000	17.34
1948	5407000	20.32
1949	5455000	3.55

來源：忻平：《從上海發現歷史：現代化進程中的上海人及其社會生活》（上海：上海人民出版社，1996），第 40—41 頁。

在飛機和國際旅行普及之前，世界各地的人已群集上海。20 世紀 30 年代中期，一位英國外交官出版了一本有名的書《上海，冒險家的樂園》（*Shanghai,The Paradise of Adventurers*）。他在書中描述了自己在南京路上 1909 年開業的皇宮酒店（現在叫斯沃琪和平飯店藝術中心）附近沿外灘散步的情景：

> 一路上各種事物令我目不暇給、興趣盎然。我發現自己身處一個對我而言新奇而又陌生的非常古老的世界；它與我以前所知的世界迥然不同，無法比較。來自天涯海角的萬花筒般的人群後面掩藏著什麼？法國人、德國人、西班牙人、美國人、俄國人、日本人、土耳其人、波斯人、朝鮮人、馬來人、爪哇人、印度人、越南人……全部聚集於此，有他們各自的街區、商店、俱樂部、飯店、咖啡館和產品。[35]

皇宮酒店開業當年，就承辦了國際鴉片委員會的第一次會議；蔣介石和宋美齡 1927 年的訂婚宴也在那裏舉行。據熊月之和其他上海史專家說，20 世紀 40 年代，上海有來自 58 個不同國家的外國居民。[36] 上海外國居民的人數從 1843 年的 26 人增加到 1865 年的 2757 人，1905 年是 12328 人，1925 年到了 37808 人，1935 年增至 69429 人，1942 年以 150931 人達到頂峰。[37] 最大增幅發生在第二次世界大戰期間，當時很多歐洲難民逃到上海定居。1949 年共產黨接管政權前夕，上海的外國人減少到 3 萬左右，因為 20 世紀 40 年代末的中國內戰促使很多人離開了上海。大部分外國人住在公共租界和法租界。表 4-2 顯示了 1928 年上海按領土管制權區分的外國人分佈情況，以及住在公共租界、法租界和華界的外國人佔那裏居民總數的百分比。

表 4–2 上海外國居民和中國居民的分佈，1928 年

地區	中國人	外國人	外國人佔比（%）	共計
公共租界	827075	31610	3.7	858685
法租界	348076	10377	2.9	358453
華界	1497587	9383	0.6	1506970
共計	2672738	51370	1.9	2724108

來源：熊月之、馬學強、嚴克佳：《上海的外國人，1842–1949》（上海：上海古籍出版社，2003），第 155 頁。

儘管有許多外國人住在租界裏，上海也以中國的歐洲城市而聞名，但上海的外國居民從來都只佔上海全部人口微不足道的一部分。1910 年，這個 130 萬人口的城市只有 1.1 萬外國人（0.8%）。[38]

根據 1927–1928 年開展的人口普查，上海總人口為 2710423，其中有 47760 名外國人（約 1.8%）。[39] 同樣，20 世紀 30 年代早期，上海 298 萬居民中只有 5.8 萬外國人（2%）。[40] 因此，就族裔組成而言，上海的中國人從來都佔絕對的壓倒多數。

1910 年前，上海的外國居民中英國人最多，下面依次是美國人、法國人、德國人、日本人和葡萄牙人。1915 年後，日本人成了上海最大的外國人群體。20 世紀 30 年代早期，上海有大約 2.5 萬俄國人，是僅次於日本人的最大外國人群體。[41]30 年代中期，在中國的全部美國人有 1/3 住在上海，大約 3700 人。他們中間許多人供職於美國人和其他外國人擁有的電力、石油和電話公司。[42]30 年代晚期，日本佔領上海期間，大約 9.5 萬日本人住在上海，比所有其他外國人加起來都多。

當然，外國居民也五花八門。有些人來上海是想在這個“冒險家樂園”一圓發財夢，有些人是傳教士，有些人是作為壓迫中國人的殖民統治者來到上海這個中國門戶的，還有些人是為了逃離迫害、衝突和戰爭。在國籍、宗教、社會政治背景和經濟地位等方面，他們彼此之間分別巨大，因而進一步加大了上海這座城市的多樣性。

隨著各色人等從外國和中國其他地方蜂擁而來，上海成為人所共知的移民城市。移民主要是來自中國其他地區的本國人。1885 年到 1935 年間，住在外國租界的上海居民 80% 是移民，住在華界的居民中也有 75% 是移民。[43]1950 年，中華人民共和國後，上海居民中來自其他地區的移民比例達到了 85%。[44]

難民庇護所和宗教包容性

上海歷史學家做的一項研究表明，從 19 世紀中期到 20 世紀中期，上海經歷了 3 次國內難民潮：（1）1855 年到 1865 年，11 萬難民來到上海，逃避太平天國運動（1850–1864）；（2）1938 年到 1941 年，日本侵華導致外國租界人口猛增 78 萬；（3）20 世紀 40 年代晚期 3 年的時間內，國共內戰造成 210 萬難民湧入上海。[45] 一些外國觀察人士看到上海各色居民的大雜燴，靈機觸動，給上海起名為“各種反差奇景並存的城市”。根據一本旅遊暢銷書的描述，1949 年前的上海充斥著流浪漢、冒險家、皮條客、雛妓、騙子、賭徒、水手、花花公子、毒販、苦力、黃包車夫、學生、罷工者、知識分子等各色人等。[46]

上海“冒險家樂園”的名頭吸引了許多外國人前來，也吸引了大批尋找發財機會的國內移民。對很多這樣的人來說，“這座城市是編織更好生活夢想的材料”。[47] 許多“冒險家”在上海發了跡，人數超過了城中的本地顯貴。根據盧漢超的一項研究，20 世紀 20 年代早期，上海總商會 86% 的成員是浙江人。總商會董事會的 35 位董事中，只有 4 名上海本地人。59 家當地錢莊中，只有 7 家的東主是上海本地人。[48]

上海歷史的獨特性在日本佔領期間也顯露無遺，當時這座城市常被稱為“孤島”。孤島一詞有多重含義，反映了安克強（Christian Henriot）和葉文心所說的“上海在中國戰爭經歷中的獨特性”。[49]1932 年，日軍飛機對上海狂轟濫炸，造成慘重破壞。一些研究表明，約 1 萬平民死於轟炸和作戰。[50] 數十萬上海居民逃入公共租界和法租界尋求保護。日本投降後首先進入上海的部隊不是國民黨軍隊，而是美軍。一位著名上海籍作家寫道，上海人對美軍非常感激。[51]

第二次世界大戰期間發生的最不尋常的一件事是上海作為“無簽證猶太難民庇護所”而聞名國際。當時，上海是世界上唯一對猶太人無條件開放的地方。[52] 從 1933 年到 1941 年，據計有 3 萬猶太難民從德國、奧地利和其他被德國佔領的國家來到上海。[53] 他們中間約

5000 人經由上海去了別的地方，剩下的 2.5 萬人一直在上海待到二戰結束。他們創辦了自己的猶太會堂、報紙、咖啡館、學校、醫院和商店。1941 年晚期，日本人在盟友德國的壓力下，把猶太人集中到後來被稱為“上海方舟”（Shanghai ghetto）的地方。[54] 值得一提的是，這並非上海歷史上第一次成為外國難民的庇護所。1917 年俄國十月革命爆發後，許多俄國難民，包括音樂家、舞蹈家和藝術家，也逃到了上海。[55]

各種宗教爭相在上海這個大都會發揮影響力，開展傳教活動，這不足為怪。明朝時，備受尊敬、官至大學士的上海人徐光啟（1562–1633）遇到了意大利耶穌會教士利瑪竇（Matteo Ricci）和熊三拔（Sabatinode Ursis）。徐光啟不僅幫他們將包括歐幾里得（Euclid）的《原本》（*Elements*）在內的幾部西方經典著作翻譯成中文，而且在實現中國曆法現代化方面起了重要作用。1608 年，徐光啟邀請耶穌會傳教士在上海開闢一個羅馬天主教教區並建造幾座教堂。[56] 幾個世紀後的 1891 年，美國約 6200 名大學畢業生出國傳教，其中 1/3 去了中國。[57]

如一些西方學者注意到的，中國人對宗教的態度一般比較包容，而西方的宗教慣例排他性較強。[58]1949 年之前，上海共有 2996 個宗教場所，包括 2069 所佛寺、236 座道觀、19 個清真寺、392 所天主教堂、277 家新教教堂和 3 座東正教教堂。上海有 14 萬天主教徒，包括 1509 位神父（其中 695 名是外國人），還有 1.7 萬穆斯林。[59] 有意思的是，除了小刀會（1840–1855）和太平天國（1850–1864）這兩場針對外國人的暴力運動之外，上海人對宗教的歡迎態度為傳教活動提供了有利環境。兩位上海學者描述說：“許多西方傳教士來到上海之前都決心擊敗孔夫子，但他們後來發現‘孔子是友非敵’。”[60]

上海在 1949 年前是中國的基督教中心。根據中國官方消息來源，1949 年中華人民共和國成立時，中國 26 個全國性基督教組織中，14 個總部在上海。12 個基督教機構（教會和教會學校）中的 9 個，以及所有 8 家基督教慈善組織都在上海。[61] 自 20 世紀前夕開始，西方傳教士還成立了推動現代教育和文化傳播的機構。到 20 世紀初，外國教會在上海開辦了 61 所學校，包括 25 所中學，約佔當時上海中學總數的 70%。[62]1872 年，外國傳教士在上海創辦了外國留學預備學校，這是第一所幫助中國年輕學生為海外留學做準備的學校；上海因此而成為當時中國出國留學潮的中心。[63]

1843 年，英國基督教傳教士在上海成立了中國第一家現代出版社 —— 墨海書館（London Missionary Society Mission Press）。[64]1868 年，美國傳教士創辦了報紙《中國教會新聞》（*News of the Chinese Churches*），後改名為《萬國公報》（*Globe Magazine*），主要用來報道新聞、傳教佈道。這份報紙的讀者大多是中國士紳階層成員、新型知識分子和銳意改革的官員。1889 年，《萬國公報》的讀者人數達到 3.84 萬，成為當時中國發行最廣的報紙。[65]

公共租界的幾個著名傳教組織和一個主要的基督教教堂坐落在同一條街上，原來叫佈道路或教會路，後來改名為四馬路或福州路。有趣的是，這條街上也有多家持照經營的妓院。1871 年，上海有大約 1500 名登記在冊的性工作者。[66] 市政府的數據顯示，19 世紀 90 年代，上海外國租界女性居民中 12.5% 是妓女。20 世紀初，這條著名的街道上開了幾家大書店。書店林立使這條街又得到一個綽號 ——“文化街”。[67] 教堂、妓院和書店 —— 神父、妓女和知識分子，在這條擁擠的街道上和諧共存，這反映了高度的文化多樣性和容忍度，這些也恰恰是上海這座城市決定性的文化規範與價值觀。

新型知識與文化事業的繁育地

強大的外國存在、獨特的行政地位和有利的地理位置使上海在 19 世紀最後幾十年和 20 世紀開頭幾十年成為許多新型知識與文化事業的理想繁育地。這些努力的政治意義不可小覷。清末維新派領袖梁啟超來自珠江三角洲，他相信，國家振興需要通過文化改變來重新煥發人民的活力。[68] 上海就發生了很多這樣的文化改變：

- 1850 年，英國拍賣商奚安門（Henry Shearman）創辦了中國第一家英文報紙《北華捷報》（*North China Herald*）。自 1864 年起，它開始作為日報出版，辦了近九十年，1951 年才結束發行。
- 19 世紀 50 年代到 60 年代，西方傳教士在上海創辦了幾家女子學校，在中國開了女子教育的先河。[69]1898 年到 1911 年，中國有 76 份以女性為讀者的報紙雜誌，其中 32 份（42%）是在上海出版的。[70]
- 1868 年，法國傳教士韓伯祿（Pierre Marie Heude）建起了中國第一家現代博物館"徐家匯博物館"，用來展示長江的自然歷史。
- 1872 年，英國商人美查（Ernest Major）創辦了《申報》，當時被認為是在中國影響力最大的報紙，是"當代中國政治、社會、經濟和文化的百科全書"。上海是現代中國新聞業的中心。[71]1890 年，中國全國有 76 家報紙，其中 33 家（43%）在上海發行。[72]1936 年，上海共開辦了 320 家雜誌和報紙。[73]
- 1896 年，電影院初次引入中國，比世界上第一家電影院在舊金山開門只晚 5 年。
- 1905 年，製作了中國第一部電影《定軍山》。上海是中國電影業之都，20 世紀 20 年代晚期，上海的電影攝影棚總數達到 50 家。[74]

- 1906 年，上海成立了中國第一家中國人開辦的圖書館。
- 1917 年，身為上海人的黃炎培在上海創立了中國第一家現代職業學校。
- 1922 年，美國記者 E. G. 奧斯邦（E. G. Osborn）創立了第一家中國廣播電台。節目包括著名捷克小提琴家雅羅斯拉夫·科齊安（Jaroslav Kocian）的小提琴曲，還有本地新聞、全國新聞和國際新聞。到 1937 年，中國有了 76 家廣播電台，其中 40 家（53%）設在上海。[75]
- 1927 年，蔡元培和肖友梅共同創辦了中國第一所現代音樂教育機構"國立音樂院"。現在它是上海音樂學院，一所享譽國際的音樂學院。

中國進入近代時期，西方文化傳播表現最活躍的是西方著作的翻譯出版。上海是這方面毋庸置疑的領軍者。1850 年到 1899 年間，中國出版了 556 部翻譯書籍，其中 473 部（85%）是在上海出版的。[76] 從 1902 年到 1919 年，中國一共翻譯出版了 608 部外國小説，其中 515 部（85%）在上海出版。[77]20 世紀初，上海的出版社總數達到 79 家。[78] 1912 年到 1940 年間，中國印刷的 5299 部翻譯書籍中大約一半在上海出版。[79]

著名的江南製造局翻譯館 1868 年由清政府在上海成立，該館在現代科技教科書的翻譯方面功不可沒。它為中國提供了包括化學、光學和法醫學在內的許多現代學科的知識資源。[80] 這家翻譯館先後一共聘用了 59 位專業翻 —— 9 名外國人和 50 名中國人。英國學者兼傳教士傅蘭雅（John Fryer）在翻譯館創辦伊始就加入了，在那裏工作了二十八年，把 66 部書翻成了中文。[81]1876 年，傅蘭雅創辦了上海理工學校（格致書院），專門從事科技教育，與傳教無關。這所學校位於福州路，是今天上海頂尖高中之一上海格致中學的前身。

上海另一家重要出版社是廣學會（也叫同文書會），1887 年由英國傳教士韋廉臣（Alexander Williamson）創辦。出版社最初的英文名字是"在華傳播基督教和通用知識會社"（Society of the Diffusion of Christian and General Knowledge among the Chinese）。1890 年到 1911 年，這個機構出版了 400 部書，共 100 萬冊。據報道，1898 年戊戌變法期間，光緒皇帝為了多了解西方的情況，訂購了 129 部書，其中 89 部是廣學會出版的。[82]

20 世紀 20 年代，上海三大商業出版社（商務印書館、中華書局和世界書局）稱霸中國出版市場。中國的教科書出版由它們三分天下，各自佔有市場份額 60%、30% 和 10%。[83] 根據已故美國政治學家白魯恂（Lucian Pye）的研究，商務印書館一家的書籍印刷量就等於同期美國的書籍印刷總量。[84]

上海學者陳伯海的研究顯示，20 世紀 20 年代期間，上海各個出版社出版的不同題材的書籍數量驚人。[85]1927 年到 1936 年，上海出版的書籍佔中國出版新書總數的 65%。[86] 上海在中國教科書出版方面的霸主地位意義重大。中國其他地區對學校應該教文言文還是白話文躊躇糾結，上海這些出版社卻有能力一錘定音，因為中國中小學課本的出版掌握在它們手中。正如一些中國學者所說，"上海用商業手段為白話文的最終勝利鋪平了道路"。[87]

上海也是現代中國婦女運動的誕生地。1850 年，中國第一家女子學校在上海開辦。到 19 世紀末，上海已成為中國首座為女子提供全面現代教育的城市。在中國，具體來説在上海開展的女子教育激勵著一些人爭取更大的女性賦權。20 世紀初，曾留學外國的女性活動家秋瑾創辦了提倡婦女權利的期刊《中國女報》。一些中國學者稱，這個運動對中國女權意識的形成產生了持久影響。[88] 民國時期（1912–1949），中國沒有一座城市在新聞自由、文化多樣性和知識活力上能與上海比肩。這座城市熏陶培養了中國最著名的作家、藝術家及後來的改革者。20 世紀 20 年代晚期和 20 世紀 30 年代，中國新文化運動的眾多領軍人物齊聚上海。他們來自全國各地，有些人在北京和其他地方遭受了軍閥的迫害（如徐志摩、聞一多、胡適），有些人從日本留學歸來（如李初梨、成仿吾），有些人剛剛參加過北伐（如郭沫若、茅盾、蔣光慈），有些人逃離了北方的日本佔領區（如蕭軍和蕭紅），有些人曾在廣州教書（如魯迅和郁達夫），還有些人來自四川（如沙汀和艾蕪）。[89]

上海還聚集了中國的一些著名教育家，儘管他們的教育理念和方法各不相同。他們中間有當時的知識界巨人，如蔡元培、舒新城、陶行知、晏陽初和梁漱溟。一些外國學者稱這段教育與文化迅猛發展的時期為“中國的‘文化覺醒’，上海就站在變革的最前線”。[90] 此外，孫中山、黃興和蔣介石等著名政治人物的政治生涯在上海開始，中國共產黨也誕生在上海的外國租界中。自晚清以來，上海在中國政治和知識運動中舉足輕重，被很多人視為“北京以外新政治潮流的中心”。[91] 民國時期，上海是“南京以外的影子政治中心”。

商業與創新中心

中國左翼批評者視上海為“外國飛地”，很多人卻認為，這個國際大都會是塑造中國未來的商業中心。[92] 正如在文化和教育領域中那樣，上海在商業和技術方面也善於接納創新。美國建成第一條跨大陸鐵路僅僅 7 年後，上海就開始引進火車。另外，上海第一家紡織廠建成時，美國南方連一家紡織廠都沒有。據有些估算，到 1930 年，上海擁有全世界最大的紡織廠。[93]

1865 年，長期住在上海和香港的幾個英國、美國、德國和別的外國商人一同成立了著名的匯豐銀行有限公司。1897 年，當代第一家中國人自辦的銀行"中國通商銀行"在上海成立。從 1897 年到 1911 年，中國一共有 17 家中國人擁有的銀行，其中 10 家在上海初創。[94] 到 1935 年，中國的銀行總數達到 164 家，其中 58 家總部設在上海。此外，上海還有 182 家其他的金融機構，其中有外資的，也有中資的。[95] 1931 年，投資上海的外國資本總額為 11 億美元，佔那時外國在中國投資總額的 34%。1937 年 11 月日本佔領上海之前，中國的外國金融投資 79% 是通過上海進入中國的。[96] 中國第一家工業公司"上海發昌機器廠"1866 年在上海成立。1912 年到 1930 年間，中國共成立了 1975 家工業公司，其中 837 家（42%）在上海。[97]1933 年，中資工廠資產的 40% 在上海；1948 年，中資工廠和工人的一半以上都在上海。[98] 作為中國當代工業革命的搖籃，上海率先將煤氣燈（1865 年）、電報（1871 年）、電話（1881 年）、電燈（1882 年）、自來水（1884 年）、小汽車（1901 年）和有軌電車（1908 年）投入商業使用。[99] 上海獲得了中國工業化孵化器的美譽。1934 年，在中國註冊的 9224 個商標中，上海的佔 7932 個（86%）；這很能説明問題。同樣，截至那年在中國註冊的全部 5 萬個商標中，4 萬個在上海（80%）。[100]

與天津、廣州、杭州和北京等其他大城市相比，上海的中國工業家和資本家人數最多。這批有商業頭腦的人把上海改造成了現代中國的商業、製造業和銀行業中心。他們還組建了上海總商會和上海銀行家協會等各種企業家團體和商會來保護自己的權益。[101]

從 1988 年到 1994 年，鄧小平連續七年在上海過春節，體會到了這座城市的國際化遺產和特色文化，特別是它的人才薈萃。1990 年，鄧小平在上海時説："上海是我們的王牌。把上海搞起來是一條捷徑⋯⋯我的一個大失誤就是（1980 年）搞四個經濟特區時沒有加上上海。"[102] 同年，中國啟動了一項歷史性計劃，要開發浦東，進一步確立上海作為創新與經濟增長中心的突出地位。鄧小平對上海的承認鋪平了道路，强大的上海市領導班子因此得以實施果斷的政策來推動"上海起飛"，使上海變身為中國的"曼哈頓"。

上海的多重身份互相排斥嗎？

現代史中的上海有三重不同的身份特點——外國租界時期面向全球的大都市形象、社會主義建設時期的一致性和民族主義、改革開放之後的本土特點和城市個性。每個身份都突出了上海發展史上不同時期的鮮明特色，也昭顯了上海彼此競爭的各種力量和行為者之間的固有張力。上海多姿多彩的歷史説明了上海人的自我評價為何多種多樣。

進入 21 世紀後，上海及其居民的多重身份在上海 3 個自我觀念的基礎上不斷演變，可以説是愈演愈烈。上海的大都市身份本身就是多層面的。沒有一個單一的"上海身份"能藉以推斷上海居民的行為。上海人對自己城市的看法既是地方的，也有國家角度，又是世界性的。至於上海人在特定環境下的傾向和態度，並無定論。

多重身份對人的行為不是限制，反而是解放，因為它們給人提供了選擇。在某種意義上，明確單一的身份經常是通過同時存在卻各不相同的各種身份衝突而產生的。居民在應付不同狀況的時候，多重身份能為其提供有用的靈活性，因為他們可以在不同形勢中運用於己有利的不同態度與觀念。[103]

著名新加坡學者王賡武在關於文化身份的一項重要研究中，對東南亞華人受親情、文化、政治和經濟階層塑就的“多重身份”做了精細入微的觀察。他論稱，這些“不是情境身份或可以隨意開關的替代性身份，（但顯示了）多種身份同時存在，如族裔、國家（地方）、文化和階級身份”。[104] 這些特點是原生的，因為不可能很快改變；是靈活的，因為個人可以在不同時候選擇突出這個或那個身份；是政治的，因為做選擇時有具體目的；是多重的，因為它們總是一道共存。這項研究的首要發現不是這些身份中哪個更正當，而是身份的多樣自有其用途。

與東南亞華人的多重身份相似，上海人也具有互不排斥的本土、國家和世界性多重身份。這些身份之間互動活躍，有時彼此矛盾，有時也互相加强。租界時期，西方和中國文化在上海的一個有趣互動是二三層的石庫門房子和弄堂這種特色鮮明的住房建築的快速擴張。[105] 石庫門房子是中國北方四合院和西式貨棧的混合，弄堂則是北京胡同和西式小巷的混合；這兩種建築方式從 19 世紀 70 年代開始在上海各地如雨後春筍大量湧現。

以石庫門和弄堂為代表的上海城區住房結構反映了上海商業氣息濃厚的文化特色。上海以商業為中心的亞文化沒有强烈的道德、宗教或等級色彩。如盧漢超所説，上海人“精明、辦法多、會算計、腦筋快、能適應、隨機應變（總是願意妥協，但不到萬不得已決不後退一寸）”。[106] 另外，石庫門建築顯示，上海在最初發展階段也許受了西方的啟發，但後來的創新幾乎全部是中國人自己的。盧漢超説：“海派文化雖然出現了歪曲，但在 1949 年後的幾十年中仍繼續存在。這説明了這一傳統的持久性，它的根基不是中國的文化上層建築，也不是外國人帶來的外來精神，而是上海市民的平凡生活。”[107]

上海對地區、國家和國際影響力的吸納融合當然不僅限於街區結構和城市發展。圍繞著各種外來思想和意識形態開展了辯論，但真正得到接受的都是適合中國國情的思想。上海的這些發展也許能夠幫助說明中國的五四運動為什麼導致了中國共產黨的成立，為什麼是馬克思主義而不是自由主義最終“在中國文化中找到了肥沃的土壤”。[108] 改革時代的中國擁抱文化世界主義，然而，這並不能消除或取代中國人民（包括上海人）政治上的民族主義感情。

總的來說，上海當局鼓勵與外部世界的各類文化交流。自 20 世紀 90 年代以來，一直定期舉辦上海國際文化節、上海國際電影節、上海國際電視節和上海藝術雙年展等活動。此外，僅 2004 年一年，在上海登台獻藝的國際知名藝術家和演員就有埃爾頓 · 約翰（Elton John）、惠特妮 · 休斯頓（Whitney Houston）、布蘭妮 · 斯皮爾斯（Britney Spears）、瑪麗亞 · 凱莉（Mariah Carey）和後街男孩樂團（Backstreet Boys）。過去幾年，世界級音樂藝術家，如泰勒 · 斯威夫特（Taylor Swift）、喬恩 · 邦 · 喬維（Jon Bon Jovi）、皇后樂隊（Queen）、布魯諾 · 馬爾斯（Bruno Mars）、愛莉安娜 · 格蘭德（Ariana Grande）和煙鬼組合（Chainsmokers）都在上海演出過。美國全國籃球協會（NBA）的休斯敦火箭隊（Houston Rockets）和薩科拉門托國王隊（Sacramento Kings）2004 年的賽前季在上海（職業籃球運動員姚明的出生地）打了第一場 NBA 中國比賽。自那以來，在中國舉辦了 24 場 NBA 季前賽，不僅在上海，還在北京、廣州和深圳等其他大城市。

老一輩領導人陳雲是上海人，所以對這座城市有偏愛。陳雲特別喜歡評彈，那是一種使用蘇州方言的説唱藝術形式，在上海很流行。據報道，“文化大革命”後，陳雲在上海、江蘇和浙江看了 79 場評彈表演。[109] 他組織了 59 場有評彈演員和節目製作人參加的圓桌會議，還寫了 246 封信件和評語，呼籲推動評彈表演藝術和海派文化。[110]

在上海，世界性、國家性和地區性文化的共存和普及反映在日常生活的方方面面。閻雲翔觀察到，新近得到接受的行為規範包括“對浪漫愛情和性自由的追求、離婚率的攀升和單親家庭的出現、消費主義和商品崇拜的盛行、工商管理碩士熱和英語熱、美國連鎖快餐店大受歡迎和城市青年競相比‘酷’”。[111] 改革剛開始的二十年，美國領導的全球化潮流並未被視為對中國的威脅，因為全球化帶來的是多樣性而非一致性。中國的國家與地方文化不僅能够生存下去，而且能“洋為中用，或融入新興的全球文化，發揮自己的作用”。[112]

中國民眾才不在乎文化混合是西方的還是東方的，是美國的還是中國的。中國民眾，包括上海民眾，認為他們重煥生機、面向全球的文化完全屬他們自己。在上海這座把中國領向世界，又把世界帶到中國的城市，人們尤其强烈地認為，社會、經濟和社會發展議程是他們自己確定的。

海派文化與京派文化之對比

改革開放時期，上海亞文化的重興引發了全國範圍內的激烈討論，這説明中國社會和中國文化都不是單一的大一統。[113] 如果説文化潮流能够影響一國的社會和政治發展軌跡，那麼不同的亞文化就顯示這種發展並非只有一個前定的結果，而是可能存在不同的路徑。長期以來眾所周知，北京和上海這兩座中國最大的城市在歷史經歷、地理特徵、文化特點和在國家中發揮的政治和經濟作用方面對比鮮明。20世紀60年代，城市研究“芝加哥學派”的兩位人類學家羅伯特·雷德菲爾德（Robert Redfield）和米爾頓·辛格（Milton Singer）發表了給世界城市分類的經典著作。在他們的分類中，北京被列入“行政和文化城市”一類，上海被列為“大都會城市”。[114] 據雷德菲爾德和辛格所説，“行政和文化城市”由文人和當地官僚統治，在自身邊界之內專注於大帝國的行政與政治功能。“大都會城市”則是由經理和企業家階層領導，憑藉其有利的城市位置和興旺的經濟活動而蒸蒸日上。從歷史來看，中國80%以上的城市是各自地區的政治與行政中心——上海是個突出的例外。[115]

雷德菲爾德和辛格的分析對於改革開放時代的中國仍然適用，因為北京和上海之間的差別變得日益明顯。上海藉著中國對外開放的東風，地位愈加顯赫，北京則在努力掙脱它八百年帝都歷史的束縛，力圖重新確立對中央政府的權力和影響力。

上海並不總是比北京更受青睞。早在20世紀30年代，中國知識分子就因為對北京和上海的評價與態度發生了爭吵。包括沈從文在內的幾位著名京派作家譴責上海文學界過於功利和商業化，掀起了雙方的論戰。上海作家則不屑地嗤笑北京同行跟不上世界的變化。

20世紀30年代的京滬罵戰後來又多次上演，並遠遠超過了文學品位和風格的範圍。京派和海派的緊張關係不僅表明兩座城市間的文化區別，也顯示出20世紀期間及以後，城市文化意識在中國的復興。這反映了這段時間裏中國發生的三大意識形態與政治衝突，即傳統對現代、民族主義對世界主義、一致性對多樣性。[116] 上海許多學者對於壓制亞文化、捍衛主流文化的保守觀點提出挑戰。這些學者覺得，北京的“京兆心態”反映了中央王國的等級意識和文化上的傲慢。研究上海文化的著名專家余秋雨説，上海最重要的一條社會規則反映在上海人常説的一句話裏："關儂啥事體。" 換言之，各人管好自己的事，別干涉他人生活。[117] 上海的這句常用語顯示了對社會多元化的接受和對各種各樣的觀點、價值觀和生活方式的高度寬容。相比之下，北京人往往好管閒事，慣於本著"政治正確"侵入他人空間。此外，與北京相反，一些上海學者稱"可以用一百種不同的方法來看上海"，還稱"有一百種上海人"。[118]

在 1992 年出版的《上海：性格即命運》一書中，住在上海的作家俞天白指出，海派文化體現的上海特色既是改革時期經濟脱胎換骨的原因，也是其結果，因為如該書的標題所説，"性格即命運"。[119]

批評北京"正宗主流文化"的不光有上海作家，也有其他城市的作家，包括北京自己的作家。駱爽寫的《"批判"北京人？！》是中國城市文化叢書中的一本。[120] 作者特別批判北京人的"皇城情結"，説北京已經沒有能力處理自己的問題了。[121] 該書對北京人心態的批評使人想到改革時期另一本在中國廣為流傳的書《醜陋的中國人》。那本具有爭議性的書批判了中國的傳統文化價值觀，是 20 世紀 70 年代著名的台灣作家柏楊寫的。駱爽説北京人是"政治動物"，而上海人（和廣州人）是"經濟動物"。[122] 北京人愛談"主義"，關心政治、政治地位、家庭背景和其他社會政治標籤。與之形成鮮明對比的是，務實的上海人和廣州人只想談生意。

關於海派和京派文化的書籍中，楊東平的《城市季風：北京和上海的文化精神》可以説在中國最有影響力。[123] 楊東平的研究表明，用來形容北京和上海的詞語經常截然不同；描述北京的用語是雍容、高貴、嚴謹、傳統、精英和官僚，而形容上海的則是平民、普通、閒適、功利、務實、商業、現代、殖民，等等。這兩個亞文化的共存和碰撞具有政治上的含義。按照楊東平的描述，北京人比任何其他地方的中國人都更崇尚政治。北京人的職業首選經常是做官，因為他們在“天子腳下”。[124] 用楊東平的話説，“政治是北京人的鹽。沒有它，北京的生活會淡而無味”。[125]

楊東平觀察到，政治對北京社會生活的影響不可避免地使北京人輕視商業和中產生活的舒適。而這些是上海人非常珍視的東西。北京人喜歡所謂的侃大山，聊一些重大話題，如國家大事和精英政治。與據説把自身利益放在首位的上海人相比，一般説北京人“心胸廣闊”，在人際關係中注重哥們義氣。因此，據楊東平説，北京人沒有上海人的“契約意識”。上海的“中產公民意識”也比中國其他地方強烈。所以，上海不僅有較高的政治與社會寬容度，而且和北京不同，並不在精英文化與通俗文化之間作出清楚的區分。這促進了楊東平所謂的上海人“在社會和政治生活中的世俗化”。[126]

北京人的特點反映在首都的男性審美之中——北京是男性統治的城市。楊東平從男女關係、婚姻、家庭、婦女的角色和女權主義角度詳細討論了北京與上海的區別。鑑於上海是中國婦女解放運動的誕生地，楊東平得出結論説，上海女性參加工作、職業發展和爭取權利的歷史更長。因此，上海婦女解放的“深度”超過北京。北京女性在婦女的社會與家庭作用方面比上海女性遇到的障礙更多。[127]

楊東平在書中總結了上海人的 6 個鮮明特徵：

1. “精明”，指能幹、靈活、聰明；
2. “實惠”，指注重具體的物質利益（估算並掂量得與失）；
3. “理性”，指要求一切事情儘量公平，如價格要合理；
4. “規矩”，指高度重視規定、規則和秩序（反映了商業活動造成的日常生活中的"契約意識")；

5. "世俗"，指在商品經濟的價值基礎上樹立衡量成就的新標準，用以取代以前控制社會的政治和意識形態權威；
6. "西化"，定義為文明或啟蒙的同義詞。上海賦予了其居民對外來文化的寬容態度，迥異於內地許多人的態度。[128]

21 世紀的第一個十年，上海最重要的輿論領袖中的周立波和韓寒二人正是這些特點的化身。周立波是很受歡迎的脱口秀主持人，被稱為中國的傑・雷諾（Jay Leno）（美國著名脱口秀主持人 ——譯者註）。韓寒是"80 後"一代的代言人，曾經是世界上訪問量最高的博客博主。2010 年，韓寒被美國的《時代》雜誌和英國的《新政治家》雜誌評為世界上 100 個最有影響力的個人之一。周立波和韓寒都走了極為不同尋常的職業發展道路。兩人都沒上完高中，兩人的成功主要都是因為提倡中產生活方式和世界觀。周立波最出名的是海派清口，他的脱口秀有兩點獨特之處。第一，他是中國第一個經常笑評中國官員的脱口秀主持人；第二，他的目標觀眾主要是中產，上海和全國的中產都算上。他在脱口秀中經常談及股市和房地產市場、所得税、外國影響和中產消費這些問題。

有近二十年的時間，韓寒這個 30 來歲的叛逆青年在中國家喻戶曉。從高中輟學的韓寒是汽車拉力賽的賽手、暢銷小説家、散文作家、歌手和電影導演。但真正讓他出名的是他寫的博客。2010 年，他的博客點擊量達到 3.3 億。周立波和韓寒都呼籲實現公民權利，號召中產參與政策討論。不過，如一些中國學者所説，與批評官方時常常語不驚人死不休，採取説教語氣的北京知識分子相比，周立波和韓寒的批評一般更加微妙婉轉，更加幽默、理性、務實。[129]

最後幾點思考

本章概述的楊東平和其他學者對上海和上海人特點的總結可以商榷。但無論如何，中國學者近些年來一直在强調文化和學術的多元主義。2018 年，中國兩位著名國際關係學者，中國外交學院院長秦亞青和上海交通大學教授郭樹勇，發表了兩篇文章，對中國研究世界事務的各種角度做了比較。他們説，談及中國對世界政治的研究時必須用複數，不能用單數（比如提到中國研究國際關係的學派時要用複數）。具體來説，他們强調了國際關係研究中北京學派和上海學派之間的分別。[130]

秦亞青和郭樹勇認為，國際關係研究中，北京學派的重點是總體外交、戰爭與和平及國際體系中的權力過渡，上海學派則更注重中層理論、共生理論、公共外交、多邊主義、國際政治經濟和國際政治社會學。據他們二人所説，上海學者在學術和政策討論中一般不太拘泥於意識形態，更注重引進並翻譯西方學術著作，這是 20 世紀早期做法的延續。

楊東平所著《城市季風》中引用的一句詩是對中國這些年來各種變化的恰當藝術描述，那句詩出自 20 世紀頭幾十年中國最出名的詩人之一徐志摩之手："我不知道風是在哪一個方向吹。" 過去的一個世紀表明，在中國，"風的方向" 發生過多次劇烈改變，每一次改變都不僅給中國，而且給全世界帶來巨大的後果。回顧過去一個半世紀上海的發展，可以看到中國這個最國際化的都市的誕生與成長無疑吸取了西方的强烈影響。然而，不能因此而忽視上海的發展路徑具有明顯的中國特徵，更具有鮮明的上海特徵。[131] 第五章將闡述經濟與文化的互動關係，以及這種互動如何塑就了上海在中國走向世界的征途中發揮的關鍵作用。

註釋

1. 阿瑟・米勒：〈在中國〉（In China），《大西洋月刊》（*Atlantic Monthly*），1979 年 3 月，第 90 頁。
2. 〈零散碎片：向著 21 世紀的中國文化〉（*Fragmented Fractals: Towards Chinese Culture in the 21st Century*），《中國新聞分析》（*China News Analysis*），No.1462，1992 年 6 月 15 日，第 2 頁；〈文化問題〉（*Cultural Issues*），《中國新聞分析》（*China News Analysis*），No.1310，1986 年 5 月 15 日，第 1 頁。
3. 楊東平：《城市季風：北京和社會的文化精神》（北京：東方出版社，1994），第 12 頁。
4. 熊月之、周武：《海納百川：社會城市精神研究》（上海：上海人民出版社，2003），第 22 頁。
5. 《北京週報》（*Beijing Review*），1991 年 11 月 25 日—12 月 1 日，第 34 頁。
6. 《北京週報》（*Beijing Review*），1990 年 3 月 19—25 日，第 46 頁。
7. 徐劍、G. 托馬斯・古德奈特（G. Thomas Goodnight）：《國際文化大都市評價報告》，中國城市治理研究院（上海）（China Institute for Urban Governance，Shanghai），2019 年 3 月 14 日。
8. 星球研究所（Planet Institute）彙編：《為什麼上海被稱為“魔都”？》，2019 年 6 月 27 日。
9. 帕諾斯・穆爾多科塔斯（Panos Mourdoukoutas）：〈新咖啡店解決不了星巴克在中國的問題〉（*New Cafes Won't Solve Starbucks China Problem*），《福布斯》（*Forbes*），2019 年 2 月 18 日。
10. 艾琳・唐（Aylin Tang）：〈世界最大的星巴克在上海開業。它是這個樣子〉（*The World's Biggest Starbucks Opens in Shanghai. Here's What It Looks Like*），《紐約時報》（*New York Times*），2017 年 12 月 6 日。
11. 裴宜理：〈五十歲的夥伴：美國的中國研究和中華人民共和國〉（*Partners at Fifty: American China Studies and the PRC*），為觀察中國趨勢的大會準備的一份未發表的論文。華盛頓特區：喬治・華盛頓大學，1999 年 10 月 8—9 日，第 1 頁。
12. 相似評論見《遠東經濟評論》（*Far Eastern Economic Review*），1998 年 11 月 26 日，第 50 頁；阿里夫・迪爾利克（Arif Dirlik）、張旭東：《後現代主義和中國》（*Post modernism and China*），*Boundary*，2，No.24，1997 年秋，第 8 頁。
13. 于建華：《中國繪畫史》，第 2 卷（上海：商務印書館，1937），第 196 頁。
14. 盧漢超：《霓虹燈外：20 世紀初日常生活中的上海》（Berkeley, CA: University of California Press，1999），第 59 頁。
15. 鄭時齡：〈1949 年前的建築〉（*Architecture before 1949*），載於艾倫・巴富爾、鄭時齡合著：《世界城市：上海》（West Sussex, England: Wiley-Academy，2002），第 92 頁。
16. 魏白蒂：《上海：現代中國的熔爐》（Oxford: Oxford University Press，1987），第 45 頁；董碧方：《上海：一個墮落城市的沉浮，1842—1949》（New York: Perennial，2001），第 2 頁。

17. 鄭時齡：〈1949 年前的建築〉，第 89 頁。
18. 巴富爾、鄭時齡：《世界城市：上海》，第 29 頁。
19. 魏白蒂：《上海：現代中國的熔爐》，第 5 頁。
20. 巴富爾、鄭時齡：《世界城市：上海》，第 32 頁。
21. 盧大千、韓君天、范雲興、孫雷：《上海：國際旅遊城市》（北京：中國旅遊出版社，2003），第 6 頁。
22. 巴富爾、鄭時齡：《世界城市》，第 34 頁。
23. 盧漢超：《"七十二家房客"：上海石庫門房子裏的居住與商業活動，1872—1951》（*"The Seventy-two Tenants" : Residence and Commerce in Shanghai's Shikumen Houses, 1872—1951*），載於舍曼・科克倫編：《發明南京路：上海商業文化，1900—1945》（*Inventing Nanjing Road: Commercial Culturein Shanghai, 1900—1945*）（Ithaca, NY: Cornell University Press，1999），第 182 頁。
24. J. 布魯斯・雅各布斯（Bruce Jacobs J.）：〈上海：另一個中心？〉（*Shanghai: An Alternative Centre?*），載於戴維・S.G. 古德曼主編：《改革中的中國各省：階級、社群和政治文化》（*China's Provinces in Reform: Class, Community and Political Culture*）（London: Routledge，1997），第 164 頁。
25. 熊月之等：《上海通史》，第 14 卷（上海：上海人民出版社，1999），第 2 頁。
26. 周武：〈上海興起對現代中國與世界的意義〉，《澎湃新聞》，2018 年 2 月 10 日。
27. 同上。
28. 熊月之、馬學強、嚴克佳：《上海的外國人，1942—1949》（上海：上海古籍出版社，2003），第 1 頁。
29. 上海百年文化史編纂委員會：《上海百年文化史》，第 3 卷（上海：上海科學技術文獻出版社，2002），第 1665 頁。
30. 同上，第 1661 頁。
31. 熊月之、周武：《海納百川：社會城市精神研究》，第 90 頁。
32. 同上，第 79、88 頁。
33. 巴富爾、鄭時齡：《世界城市》，第 89 頁。
34. 盧漢超：《霓虹燈外》，第 322 頁。
35. G. E. 米勒（Miller, G. E.）（假名）：《上海，冒險家的樂園》（New York: Orsay Publishing House，1937），第 17 頁。
36. 熊月之、馬學強、嚴克佳：《上海的外國人，1942—1949》，第 2 頁。
37. 數據來自熊月之、馬學强、嚴克佳：《上海的外國人》。另有部分數據來自唐振常，沈恒春：《上海史》（上海：上海人民出版社，1989），第 148 頁；唐繼無和于醒民的《飛地》（上海：上海遠東出版社，2003），第 80 頁；傑羅姆・陳（Jerome Chen）的《中國與西方：社會與文化 1815—1937》（*China and the West: Society and Culture 1815—1937*）（London: Hutchinson，1979），第 207 頁。

38. 巴富爾、鄭時齡：《世界城市：上海》，第 69 頁。

39. 熊月之、馬學强、嚴克佳：《上海的外國人，1942—1949》，第 155 頁。

40. 蔡哲人、沈榮華：《走向人才國際化：上海人才發展研究報告》（上海：上海社會科學院出版社，2002），第 195—196 頁。

41. 哈麗雅特·薩金特：《上海：文化的碰撞點，1918—1939》（New York: Crown Publishers，1990），第 31 頁。

42. 熊月之、馬學强、嚴克佳：《上海的外國人，1942—1949》，第 87 頁。此前，住在上海的美國人從 1865 年的 378 人增長到 1930 年的 1608 人，最大幅度的增長發生在 1900 年到 1905 年間，從 562 人增加到 911 人。魏白蒂：《上海：現代中國的熔爐》，第 105 頁。

43. 熊月之、周武：《海納百川：社會城市精神研究》，第 54 頁。

44. 同上。

45. 上海百年文化史編纂委員會：《上海百年文化史》，第 1666、1831 頁。

46. 邁克爾·巴克利（Michael Buckley）等：《中國》（*China*），第 4 版（Sydney: Lonely Planet Publications，1994），第 453 頁。

47. 盧漢超：《霓虹燈外》，第 55 頁。

48. 同上，第 57—58 頁。

49. 多重含義包括（1）"孤立、拋棄、孤兒"；（2）"在暴力之地提供保護的綠洲"；（3）"孤軍奮戰的抵抗者"。

50. 巴富爾、鄭時齡：《世界城市》，第 99 頁。

51. 程乃珊：《上海探戈》（上海：學林出版社，2002），第 58 頁。

52. 〈國家檔案開放戰後上海簽證記錄〉（*National Archives opens post war Shanghai visa records*），《以色列時報》（*Times of Israel*），2014 年 11 月 23 日。

53. 熊月之、馬學强、嚴克佳：《上海的外國人》，第 3 頁。

54. 蓋布·弗里德曼（Gabe Friedman）、茱莉·威納（Julie Wiener）：《檔案資料："上海方舟"的生活》（*From the Archive: Life in the 'Shanghai Ghetto'*），猶太電訊社網站（Jewish Telegraphic Agency website），2015 年 2 月 8 日；James R. Ross：*Escape to Shanghai: A Jewish Community in China*，New York: Free Press，1994。

55. 熊月之、馬學强、嚴克佳：《上海的外國人》，第 3 頁。

56. 魏白蒂：《上海：現代中國的熔爐》，第 15—16 頁。

57. 唐繼無、于醒民：《飛地》（上海：上海遠東出版社，2003），第 271 頁。

58. 引用琳達·庫克·約翰遜的話，見巴富爾、鄭時齡：《世界城市》，第 67 頁。

59. 熊月之：《上海通史》，第 14 卷（上海：上海人民出版社，1999），第 343 頁。另一項研究顯示，1949 年，上海有 427 所教堂。陳伯海：《上海文化通史》，第 303 頁。

60. 唐繼無、于醒民：《飛地》，第 293 頁。

61. 熊月之：《上海通史》，第 346 頁。

62. 陳伯海：《上海文化通史》，第 851 頁。
63. 同上，第 854—855 頁。
64. 同上，第 450 頁。
65. 同上，第 453 頁。
66. 同上，第 312 頁。
67. 裘正義：《上海時尚地圖》（上海：漢語大詞典出版社，2002），第 16 頁。
68. 上海百年文化史編纂委員會：《上海百年文化史》，第 15 頁。
69. 上海教育研究所：《滬風美雨百年潮：上海與美國地方教育交流》（上海：上海人民出版社，2019）。
70. 李康化：《漫話老上海知識階層》（上海：上海人民出版社，2003），第 36—37 頁。
71. 1911 年，上海有 110 家報紙。作為對比，廣州有 99 家，香港 30 家，北京 20 家。上海百年文化史編纂委員會：《上海百年文化史》，第 1833 頁。
72. 陳伯海：《上海文化通史》，第 453 頁。
73. 忻平：《從上海發現歷史——現代化進程中的上海人及其社會生活（1927—1937）》（上海：上海人民出版社，1996），第 211 頁。
74. 陳伯海：《上海文化通史》，第 2144 頁。
75. 忻平：《從上海發現歷史》，第 213 頁。
76. 唐振常、沈恒春：《上海史》，第 11 頁。
77. 陳伯海：《上海文化通史》，第 1251—1252 頁。
78. 上海百年文化史編纂委員會：《上海百年文化史》，第 1833 頁。
79. 同上，第 457 頁。
80. 上海百年文化史編纂委員會：《上海百年文化史》，第 1847 頁。
81. 同上，第 1838 頁。另一項研究報告説傅蘭雅共把 129 部書翻譯成了中文，但這個數字也許包括了他參與的所有翻譯工作。唐振常、沈恒春：《上海史》，第 303—304 頁。
82. 唐振常、沈恒春：《上海史》，第 296 頁。
83. 上海百年文化史編纂委員會：《上海百年文化史》，第 1862 頁。
84. 見引用於周武：〈上海興起對現代中國與世界的意義〉。
85. 陳伯海：《上海文化通史》，第 1 卷、第 2 卷（上海：上海文藝出版社，2001）。
86. 忻平：《從上海發現歷史》，第 212—213 頁。
87. 江堤、陳孔國：《余秋雨：尋找文化的尊嚴》（長沙：湖南大學出版社，2001），第 32 頁。
88. 孟燕坤：《新上海女人》（上海：上海人民出版社，2003），第 26 頁。
89. 陳伯海：《上海文化通史》，第 1303 頁。
90. 格蕾絲 · C. L. 馬、萊斯利 · N. K. 羅：〈教育〉，載於楊汝萬、宋恩榮主編：《上海：中國開放門戶政策下的轉型與現代化》（Hong Kong: Chinese University of Hong Kong Press，

1996），第 377 頁。

91. 周武：《上海興起對現代中國與世界的意義》。

92. 唐繼無、于醒民：《飛地》；薩金特：《上海》，第 24 頁。

93. 白魯恂為克里斯多弗．豪編：《上海，一個亞洲大都會的革命與發展》撰寫的〈前言〉（Cambridge: Cambridge University Press，1981），第 xv 頁。

94. 唐繼常、沈恒春：《上海史》，第 372—373 頁。

95. 上海百年文化史編纂委員會：《上海百年文化史》，第 1901 頁。

96. 熊月之、周武：《海納百川》，第 52 頁。

97. 陳伯海：《上海文化史》，第 1970 頁。

98. 熊月之：《上海通史》，第 3 頁。

99. 周武：《上海興起對現代中國與世界的意義》。

100. 同上。

101. Parks M. Coble：*The Shanghai Capitalists and the Nationalist Government, 1927-1937*，Cambridge, M. A. : Harvard University Press，1980，第 1—2 頁。

102. 趙曉剛、劉傑：〈鄧小平晚年遺憾：後悔搞經濟特區沒加上海〉，新華網，2014 年 3 月 24 日。

103. 克利福德．格爾茨：〈深入探討解讀性文化理論〉，載於《解讀文化：克利福德．格爾茨文選》（London: Basic Books，1973），第 30 頁。

104. 王賡武：〈對東南亞華人身份的研究〉（*The Study of Chinese Identities in Southeast Asia*），載於珍妮弗．庫什曼（Jennifer Cushman）、王賡武合編：《東南亞華人變化的身份》（*The Changing Identities of Chinese in Southeast Asia*）（Hong Kong: Hong Kong University Press，1988），第 17 頁。

105. 盧大千、韓君天、范雲興、孫雷：《上海：國際旅遊城市》，第 56 頁。

106. 盧漢超：《"七十二家房客"》，第 181 頁。

107. 同上，第 183 頁。

108. 岡德爾桑納斯．馬里奧（Gandelsonas Mario）、阿克巴爾．阿巴斯（Ackbar Abbas）、M. 克里斯蒂娜．博耶（M. Christine Boyer）、M. A. 阿巴斯（M. A. Abbas）合編：《上海映像：建築、城市主義以及對另一種現代性的尋求》（*Shanghai Reflections: Architecture, Urbanism, and the Search for an Alternative Modernity*）（Princeton, NJ: Princeton Architectural Press，2002），第 21 頁。

109. 馬季芬：〈陳雲在海派文化（評彈）發展與研究中的歷史貢獻〉，載於李倫新、方明倫、李友梅、丁希曼合編：《海派文化與城市創新》（上海：文匯出版社，2010），第 15 頁。

110. 同上。

111. 閻雲翔：〈管理的全球化：中國的國家權力與文化過渡〉，載於塞繆爾．P. 亨廷頓主編：《多種全球化：當代世界的文化多樣性》（New York: Oxford University Press，2002），第 33 頁。

112. 同上，第 34 頁。

113. 李成：〈重新發現城市亞文化：上海與北京之對比〉（*Rediscovering Urban Subcultures: Contrast between Shanghai and Beijing*），《中國研究》（*The China Journal*），No.36，1996 年 7 月，第 139—153 頁。

114. 羅伯特 · 雷德菲爾德、米爾頓 · 辛格：〈城市的文化作用〉（*The Cultural Role of Cities*），載於理查德 · 森尼特（Richard Sennett）主編：《關於城市文化的經典好文》（*Classic Essays on the Culture of Cities*）（New York: Meredith Corporation，1969），第 210—211 頁。

115. 周武：《上海興起對當代中國與世界的意義》。

116. 李成：〈重新發現城市亞文化：上海與北京之對比〉，第 145 頁。

117. 余秋雨：《文化苦旅》（上海：知識出版社，1992），第 261 頁。

118. 俞天白：《上海：性格即命運》（上海：文藝出版社，1992），第 235 頁。

119. 俞天白：《上海：性格即命運》。

120. 駱爽等合編：《"批判" 北京人？！》（北京：中國社會出版社，1994）。

121. 同上，第 27、33 頁。

122. 同上，第 291 頁。

123. 楊東平：《城市季風》。

124. 同上，第 483 頁。

125. 同上。

126. 同上，第 349 頁。

127. 同上，第 510 頁。

128. 同上，第 457—481 頁。有意思的是，20 世紀 60 年代中期，一位西方學者對中國的地區文化類型做的評論和楊東平為上海列的單子很相似。見沃爾弗拉姆 · 埃伯哈德（Wolfram Eberhard）：〈中國地區類型〉（*Chinese Regional Stereotypes*），《亞洲概覽》（*Asian Survey*），5，No.12，1965 年 12 月，第 596—608 頁。

129. 劉明明：〈簡析海派文化中的周立波與韓寒現象〉，載於李倫新、方明倫、李友梅、丁希曼合編：《海派文化與城市創新》，第 293—296 頁。

130. 秦亞青、郭樹勇：〈北京學派 VS 上海學派：全球視野下的中國學派〉，搜狐網，2018 年 2 月 11 日。

131. 巴富爾、鄭時齡：《世界城市》，第 116 頁。

第五章

“魔都”與“龍頭”“中國曼哈頓”的誕生

走盡天邊，好不過黃浦兩邊。

——上海俗語

1923年，日本小說家村松梢風（Shōfu Muramatsu）來到上海，在公共租界住了幾個月。他不僅和各行各業的普通中外居民打成一片，也結識了中國的一些知名知識分子，如郁達夫、郭沫若和田漢。他根據這次旅行經驗，寫出了遊記《魔都》（*Magic Capital*，日文是Modu或Mato）。[1] 他在書中描繪了上海相互矛盾的特性和多層次對比，並列展示出這座城市明快、開放、現代、動人和文明的表面與黑暗、秘密、舊式、庸俗和粗魯的內裏。[2]

當時，村松梢風和他為上海起的綽號在日本和中國的文學圈外並未引起多大注意，後來的幾十年間基本被忘卻了。然而有趣的是，幾乎一個世紀之後的今天，“魔都”卻成為中國人談到上海時經常使用的名字。[3] 近些年來，一些著名的中國歷史學家、政治學家、社會學家和經濟學家，還有老百姓，在關於上海的著述和公共討論中都採用了這個名字。[4] 上海市領導在最近幾次公開演講中也使用了“魔都”一詞。他說，“魔都”的魔字代表著想像力和創造性。他堅稱，上海在城市發展中善於創新的名聲應當成為上海最有辨識度的“名片”。[5] 依著同樣的思路，星球研究所最近發表的一份全面研究文章聲稱，“找不到比‘魔都’更能抓住上海精髓的詞語”。[6]

當然，不同的人使用“魔都”一詞時用意不同，有積極的，有消極的，也有中立的，大多基於本人在上海的經歷、對上海的認知和看上海的角度。有些人用它來對應另一個新詞“帝都”；帝都指北京，近年來，在中國社交媒體上頻繁出現。[7] 別的人認為，“魔都”是綜述上海地理和人口特點的神來之語。上海平均海拔只比海平面高出 4 米，又處於亞熱帶季風氣候帶，幾乎常年霧氣（和霧霾）繚繞，經常模糊縹緲，難見廬山真面目，呈現出萬花筒般的景象。上海佔地 6341 平方千米，根據 2018 年的官方數據，總人口為 2424 萬，包括 1448 萬有上海戶籍的人口和 976 萬外來人口。[8] 這座擁擠不堪的城市裏，多數上海人生活在摩天大樓陰影下的背街小巷和隱蔽的弄堂裏。

“魔都”一詞凸顯了外國人與中國本地人、過去與未來、包容與排外、謙卑與傲慢之間的尖銳對比，也突出了這個一日千里、瞬息萬變的大都會的神秘性，特別是它作為經濟和文化大熔爐的特性。[9] 在一些中國人眼裏，上海這座城市既魔且幻。然而，在中產誕生和成長的同時，經濟不平等依然嚴重。過去、現在和未來塑造上海的各種力量在現實中遠不如想像的那樣和諧。另一些人則認為，“魔都”上海以對美好未來的甜蜜夢想使外來移民和本地居民為之陶醉。[10]

20 世紀 90 年代初，中國政府設定了上海的“龍頭”地位，象徵着在 21 世紀中國增強國力、促進繁榮的努力中，上海將發揮帶頭作用。這個比喻還顯示，中國在經濟上追趕發達國家的過程中，上海是長三角地區乃至整個國家的領頭羊。過去四十年的大部分時間裏，上海一直是中國社會和經濟發展的排頭兵。鄰近地區如果與上海的發展保持"接軌"，經濟就會突飛猛進。[11] 上海周邊的城市業已成為投資者的青睞之地。江蘇和浙江兩省的城市（江蘇有蘇州、無錫、昆山和南京，浙江有嘉興、寧波、義烏和杭州）因大上海地區外國和國內投資的飈升而大為受益。[12]

至於"龍頭"精神是否會傳遍全國，在內地城市，特別是西部和東北地區造成類似的巨變，此時預言也許為時尚早。然而，中國無疑已經成為全球經濟强國，上海則是中國在經濟發展、國際交往和文化發展領域中的標杆。2019 年春，上海市委書記李强對其他上海官員説，"上海要始終堅持跳出上海看上海、立足全局看上海、在服務全國中發展上海"。[13] 他號召同事們"以敢為人先的精神鋭意創新"，進一步開展經濟改革，加大對外國公司的開放，做好城市和地區治理。他宣稱，上海要打響服務、製造、購物、文化四大本土品牌。[14]

在美中貿易戰緊張日增的 2018 年夏，發生了一個上海"奇蹟"—特斯拉在上海建造了最大的海外工廠。特斯拉這個從硅谷起家的汽車製造商在上海建的工廠年產 50 萬輛電動汽車。這家工廠作為上海迄今為止最大的外國製造項目，證明了上海把技術成就轉化為商業利潤的能力，也顯示了中美經濟合作的巨大潛力。[15] 這個投資項目從動工到完全投產僅用了十個月。工廠開始生產汽車的一年內，中國的特斯拉汽車註冊登記增加了 14 倍。[16]

到 2020 年初，特斯拉憑藉在中國汽車市場强勁的銷售勢頭，股票市值飈升到 845 億美元，通用汽車和福特兩家加起來都望塵莫及。[17]2020 年 7 月末，特斯拉股票市值升至 2900 億美元的新高，可能既是因為電動汽車的銷量，也是因為特斯拉推出了電動跑車 Roadster。[18]

上海一方面從市場改革和對外接觸中大為受益，另一方面也有强有力的政府支持和產業政策作依靠。官方的記錄表明，2010 年以來，上海的國企、外企和民企的數目相對持平，這與廣東省的深圳和廣州及浙江省的杭州和寧波形成強烈對比，那些地方的民營部門投資普遍得多。[19] 深圳的民營公司佔所有企業的 90%。[20]

中國政府在《中國製造 2025》計劃中列舉的十大戰略領域在魔都得到突出代表，C919 大飛機、現代船舶製造、大規模集成電路、人工智能（AI）、新能源汽車、北斗衛星導航系統、機器人、生物工程和生命科學都有項目落地上海。[21] 2014 年 5 月，中國領導人參觀中國商飛上海飛機設計院研發中心時説，"大型載客飛機的研發製造能力是一個國家航空發展的重要指標，也是綜合國力的重要象徵"。[22]

今天上海的發展戰略看似矛盾，是企業家精神及外國投資與國家支持及產業政策的獨特結合。因此，更加有必要認真研究這個魔都。本章分兩部分。第一部分回顧上海"魔都風景"的變遷，特別是過去三十年來這座城市的飛速崛起。第二部分探討上海將自己打造為國家及全球的"五個中心"（經濟、貿易、金融、航運和科技），以進一步擴大與外部世界經濟互動的目標。本章通過探討上海這座神奇城市的這些要素，揭示了政府產業政策和市場改革這一對促成中國經濟奇蹟的雙重因素。

上海奇蹟：努力成為"中國曼哈頓"

對上海的城市規劃者來説，顯示上海重返國際舞台的最有效方法莫過於它的市容市貌。建築與城市研究領域的著名美國學者艾倫·巴富爾指出，上海自 20 世紀 90 年代中期以來的市貌變化是"城市歷史上無與倫比的"。[23] 上海天際線上排列的令人目眩的摩天大樓是 21

世紀中國追求實力與繁榮最直觀的證明。這一點表現得最顯著的莫過於上海中心的沿江地區。任何訪客都不禁驚嘆於黃浦江兩岸的壯麗景色，以及浦西外灘和浦東陸家嘴之間鮮明的歷史對比。

外灘從外白渡橋（過去也叫花園橋或蘇州河橋）開始，向南延伸至金陵東路，全長 1.5 千米。外灘曾是英租界的一部分（後來屬英國和美國殖民當局共管的公共租界），20 世紀初建起了幾十座西式大樓，裏面有外國銀行、貿易公司和俱樂部，包括本書序中提到的著名的匯豐銀行大樓。

東邊，468 米高的東方明珠電視塔是世紀之交時上海的象徵。設計者是 3 位中國建築師。它 1994 年竣工時，高度為亞洲第一、世界第三。再後來，另外 3 座地標式摩天樓成為上海崛起更快更高的新象徵：420 米高的金茂大廈（1999 年竣工）、492 米高的上海環球金融中心（2008 年竣工）和 632 米高的上海中心大廈（2015 年竣工）。這三座新地標建築不僅拓展了上海的天際線，而且形成了一些建築師口中的“世界首個超級摩天樓三劍客”（綽號“三個火槍手”）。[24]

外灘優雅的老建築和陸家嘴未來主義風格的現代高樓對比鮮明，構成上下兩個世紀意義深遠的對話，既是現代上海對自己非凡歷史的致敬，也是過去對現在的問候。[25]1999 年在浦東舉行的《財富》全球論壇上，時任國家主席江澤民對與會數百名全球商界領袖和政府官員致辭，“今晚我們所在的上海浦東陸家嘴地區，六年前還是一些簡陋的住宅和農田”。[26] 兩年後，亞太經濟合作組織 2001 年上海峰會有 20 位國家元首到場，包括美國總統喬治 · W. 布什和俄羅斯總統普京，會上江澤民談到上海的發展時說了類似的話。[27]

江澤民對上海奇蹟的描述基本準確。2009 年一年，陸家嘴就有 140 幢摩天寫字樓拔地而起，500 多家外資和中資銀行、保險公司和其他重要金融機構落戶陸家嘴。[28] 中外城市發展專家指出，“曼哈頓用了一個多世紀才形成它那震撼人心的形象；新上海卻在十年內就閃亮登場”。[29]2004 年，法國總統雅克·希拉克（Jacques Chirac）訪問中國時，稱浦東開發為“又一個長城和大運河規模的史詩級工程”。

20 世紀 90 年代開始的上海建築熱

20 世紀 90 年代初期，100 多萬建築工人動員起來投入上海的重大工程建設。[30] 根據一項研究，短短三年（1992–1995）中，上海建設的商用高層辦公樓等於香港在其四十年快速城市建設中建起的商用高層辦公樓的全部。[31]1998 年，上海的建築工地多達 2.1 萬處。[32] 世紀之交時，人們常說，只上海一地就有“世界建築起重機總數的 1/5 在緊張操作”。[33]《華爾街日報》的一位記者寫道，“上海和中國沿海地區正在開展的也許是自上次冰河時代結束後珊瑚蟲建設大堡礁以來地球上最大的建設工程”。[34] 此言不完全是誇張。

中國的政策制定者熱心力推上海“中國曼哈頓”的綽號，它代表著上海城市發展的新形象和新雄心。[35] 上海自 20 世紀 90 年代早期開始的重興，無論是其宏大的規模，還是其閃電般的速度，都的確令人咋舌。表 5-1 展示了改革開放時代，特別是 2000 年之後的極速建設為上海增添的高層建築的數目。1980 年，上海只有 3 棟 20 層以上的建築，此類建築到 1990 年增加到了 152 棟，2000 年達到 1482 棟，2003 年是 1930 棟，2010 年到了 3916 棟，2017 年更是增至 7576 棟。

上海改革開放時代建築熱的一個重大成果是城市交通運輸系統的驚人進步。20 世紀 70 年代末之前，113 千米長的黃浦江上一座橋也沒有，過江只能靠擺渡。但到了 2020 年，黃浦江上架起了 13 座橋樑，其中 12 座是 1991 年以後造的，6 座位於上海中心區。這些橋樑中有南浦大橋（1991 年建成）、楊浦大橋（1993 年建成）、徐浦大橋（1997 年建成）和盧浦大橋（2003 年建成）。另外還有 14 條隧道連接浦江兩岸。除了修建新橋樑和新隧道之外，上海還大大改善了公共交通基礎設施。德國製造的磁懸浮列車"上海磁浮列車"（2004 年）時速可達 430 千米，造價 48 億人民幣。磁浮列車 2003 年開始運行，從浦東的龍陽路地鐵站到浦東機場，30.5 千米的路程 8 分鐘即達，若是開車則需要 45 分鐘。上海磁浮列車建設完成後，號稱是世界上最快的商用高速電氣列車。1993 年，上海第一條地鐵線路建成。到 2020 年，387 個地鐵站在全市星羅棋佈，18 條地鐵線路在城市東西兩部分之間交織成網，總長達 672 千米。[36] 交通運輸和基礎設施建設便利了浦東新區的飛速擴張。

表 5–1　上海 8 層以上高樓數量的增加，1980–2017 年

層數	1980	1990	2000	2002	2003	2010	2015	2017
8–10	78	207	536	742	874	2744	5568	6588
11–15	33	244	684	1217	1616	9672	18302	20094
16–19	7	145	831	1101	1251	4247	10046	11962
20–29	3	137	1266	1518	1556	2936	5337	5906
30 及以上	0	15	212	338	374	980	1569	1670
共計	121	748	3529	4916	5671	20579	40822	46220

來源：上海市統計局：《上海統計年鑑 2004》（北京：中國統計出版社，2004），第 170 頁；上海市統計局：《上海統計年鑑 2018》（北京：中國統計出版社，2018），表 11–7。

“萬國建築博覽會”的復興

上海要當“中國曼哈頓”的銳意進取深刻改變了這座城市的建築風貌和文化結構。上海各處的 4.6 萬餘座高層建築無論是外部裝潢還是公寓的內部格局都與紐約、巴黎、悉尼、東京、香港、台北和新加坡大同小異。來上海的外國訪客若覺得上海的大樓和其他建築物似曾相識，不必吃驚，因為許多建築物其實就是著名外國建築設計師設計的。

可以說，上海現代史上受中西方文化結合影響最大的就是住房設計。第四章說過，上海的住房風格各種各樣，從西式高樓到上海弄堂。20 世紀上半葉，英國、法國、德國、俄國、北歐、美國和日本的建築風格，以及古典、文藝復興、折中主義、現代和其他流派齊聚上海爭奇鬥艷。20 世紀 20 年代，參與管理和開發上海純西式建築和弄堂的有 300 多家房地產商，他們對建築形式精益求精，直到與歐美的花園公寓別無二致。[37] 這一現象解釋了為什麼 20 世紀 20 年代到 40 年代的上海被稱為“萬國建築博覽會”。[38]

奧匈帝國建築師鄔達克（Ladislaus Hudec）（1893–1998）1918 年到 1949 年住在上海。他設計了 60 所住宅、教堂、學校和醫院，包括派克飯店（國際飯店）、宏恩醫院（華東醫院）和大光明電影院。他被視為在 20 世紀上半葉“改變了上海的人”。[39] 從 20 世紀 20 年代晚期起，中國建築師也開始在上海的城市發展中大顯身手。他們大多在外國留過學，主要在美國。[40] 根據對那個時期電話簿的研究，1927 年，中國人的建築師事務所只有一家，1928 年增加到 7 家，1936 年發展到 45 家，佔當時全國所有建築師事務所的 49%。到 20 世紀 30 年代末，55% 的建築師事務所是中國人開的，在外國建築師事務所工作的建築師中，50% 是中國人。[41]20 世紀 40 年代，中國共有大約 70 名在外國受過教育的建築師，其中 70% 左右在上海工作。[42]

從歷史上看，上海的整座城市開發也非常獨特。這座城市的主要功能是商業中心，這打破了中國傳統城市的模式，因為傳統城市一般首先是政治中心。[43] 自 20 世紀 90 年代的建築熱開始，上海努力成為世界上"最新的國際建築博覽會"。例如，位於 88 層的金茂大廈頂層的上海君悅酒店那哥特式尖塔是美國 SOM 建築師事務所（Skidmore, Owings & Merrill）設計的，就是這家事務所設計了芝加哥著名的西爾斯大廈和紐約的 AOL 時代華納中心。上海環球金融中心的建設在亞洲金融危機爆發後停滯了四年，2003 年重新開始。負責設計這座後現代風格大廈的是總部設在紐約的 KPF 建築師事務所（Kohn Pedersen Fox Associates）。這座 101 層的大樓成了當時中國最高的建築物，屋頂高度為當時世界最高。目前上海最高的上海中心大廈的主要設計師是夏軍，他是上海人，在中國和美國都受過教育。上海中心大廈因注重可持續性而受到讚譽。它那非對稱的螺旋形側面能幫它抵禦颱風。大廈還使用風力渦輪機，收集雨水，並安裝了雙層玻璃幕墻來達到冷卻和通風的效果。[44] 這座地標式大廈因其奇特的造型在 2016 年獲得了年度美國建築設計獎。上海同濟大學的一些學者指出，上海中心大廈建立在"垂直城市"的理念基礎之上。它要以其不可替代的代表性結構突出未來主義的上海在全球的影響力。[45]

上海同濟大學教授、前副校長鄭時齡指出，沒有哪座城市像改革開放時代的上海一樣，在如此之短的時期內"舉行過如此之多的國際建築及城市設計競賽"。[46] 20 世紀 90 年代以來，很多國際知名的建築師和專家，如已故的貝聿銘、菲利普·約翰遜（Phillip Johnson）、保羅·盧多爾夫（Paul Ludolf）、理查德·邁耶（Richard Meier）、約翰·波特曼（John Portman）和邁克爾·格雷夫斯（Michael Graves），都到訪過上海，或是講課，或是做項目。[47]1991 年到 1996 年，上海全部設計項目中大約 40% 接到了國際公司的投標。[48]

對中國領導人來說，上海的新老外國建築證明了這座城市的世界性，突出了它作為東西方交匯點的重要性。因此，有關部門常常喜歡在上海的建築項目中用外國建築師，在國際招標中忽視中國建築師。同濟大學教授吳江注意到，"中國建築師和外國同行競爭幾乎沒有一個不吃虧的"。[49] 在上海的國際競標中中標的中國建築師中，許多人深受西方藝術和建築理念的影響。例如，上海著名雕塑家張海平說他的靈感來自亞歷山大·考爾德（Alexander Calder）、大衛·史密斯（David Smith）、安托萬·卡羅（Antonie Caro）、愛德華多·齊力達（Eduardo Chillida）和阿爾貝爾·費羅（Albert Feraud）等西方藝術家。[50] 中國美術學院前院長許江指出，20 世紀 90 年代中期以來，上海領跑的中國城市化進程顯示出明顯的"趨高性"和未來主義風貌。[51] 表 5-2 顯示了上海 10 幢最高的摩天樓，其中 9 幢是 2000 年後建的，6 幢在過去幾年剛剛建成，或仍在建設中。

表 5–2 上海 10 幢最高的摩天樓，2020 年

排名	大樓名稱	高度（米）	層數	建成時間	用途
1	上海中心大廈	632	128	2015	酒店 / 寫字樓
2	上海環球金融中心	492	101	2008	酒店 / 寫字樓
3	金茂大廈	421	88	1999	酒店 / 寫字樓
4	徐家匯中心 T2 塔樓	370	70	2024*	寫字樓
5	世茂國際廣場	333	60	2006	酒店 / 寫字樓 / 零售

排名	大樓名稱	高度（米）	層數	建成時間	用途
6	白玉蘭中心 1 號	320	65	2017	寫字樓
7	真如中海中心	305	57	2021	寫字樓
8	綠地外灘中心	300	64	2022*	酒店 / 寫字樓
9	恒隆廣場 66	288	66	2001	寫字樓
10	恒基徐匯塔	285	61	2020	寫字樓

來源：摩天樓中心，高層建築和城市住宅委員會的全球最高建築數據庫。
* 預計建成時間。

近年來，中國建築師共同努力在城市設計和景觀營造中應用新技術。例如，2019 年，上海寶山區樹起了世界最大的 3D 打印混凝土橋。[52] 然而，批評上海建築熱的人提出了一系列關切，包括城中居民的拆遷、貧富差距的加大、只顧現代化和全球化而不顧及其帶來的破壞性危險，以及無休止地追求新高度和試驗新技術可能造成的破壞。[53] 儘管有這些對社會、經濟和技術方面潛在問題的關切，上海依然推進發展最新城建項目，如亞洲最大購物中心、亞洲最長商業街、世界首列懸浮列車和世界最高建築。

過去二十年，上海的滄桑巨變帶來了日益加大的社會和政治矛盾及經濟不平等。然而，"中國曼哈頓"的崛起也提高了中國在世界舞台上的威望，加强了公眾的民族主義感情。所以，上海的文化活力和與外部世界的廣泛交流是古老中華文明的新形象，也許預示著中國將進入一個新的發展時代。

2018 年 11 月，習近平主席在中國舉辦的首次國際進口博覽會開幕式上，對在場的 172 位國家元首和地區及國際組織領導人推介上海。他對他們說："上海之所以發展得這麼好，同其開放品格、開放優勢、開放作為緊密相連。”[54] 意義更重大的是，自 2013 年起，連續五年全國人大開會期間，習近平都出席並參加上海代表團的討論，在討論中多次使用“排頭兵”和“先行者”這兩個詞來形容上海在中國經濟改革創新中的作用。[55]

半個世紀緩慢增長後的重生

鄧小平決定把上海經濟發展列為戰略優先之前，上海的經濟增長相對較慢。新中國成立後的頭四十年，中央政府給上海壓上了沉重的財務負擔。1980 年，上海在工業產出（佔全國總量 1/8）、出口（1/4）和上交中央的收入（1/6）方面均居全國之首。[56] 但與此同時，從住房、道路和運輸方面的國家撥款來看，上海的人均所得最低。一篇廣為流傳的文章《上海在國家中的 10 項最高和 5 項最低》（*Shanghai's Ten Tops and Five Bottoms in the Country*）指出了這一反差，文章對比了上海在國家發展中的帶頭作用和它那糟糕得令人震驚的基礎設施和生活條件。[57]

根據 20 世紀 80 年代早期開展的一項研究，從 1949 年到 1985 年，中央政府共從上海那裏收到 3500 億元人民幣，對上海市政基礎設施建設卻只投入了 35 億元人民幣。[58] 從 1949 年到 1988 年，上海財政收入的 83.5% 都上繳了中央政府，自己只留下 16.5% 用於城市服務與發展。[59]1949 年前，上海是全國高層建築最多的城市（有 38 棟 10 層或 10 層以上的建築），包括 20 世紀 30 年代初完成、時為亞洲最高建築的 24 層的國際飯店。[60] 之後近五十年裏，國際飯店依然是上海的最高建築，20 世紀 80 年代的上海市容和三四十年代大致一樣。1988 年，《大西洋月刊》記者詹姆斯·法洛斯（James Fallows）

訪問上海，寫了一篇題為“上海驚奇”（*Shanghai Surprise*）的文章。[61] 給他留下深刻印象的不是上海有什麼新東西，而是驚奇地發現上海的建築與街道半個多世紀以來一直未變。

20 世紀 80 年代的大部分時間內，中央政府的政策都是向北京、廣州和新建的深圳等城市傾斜的。然而，到 80 年代晚期，上海市政府依靠在國際金融市場上融資，得以實施被稱為“94 個特別工程”的重大項目。[62] 政府籌集了 32 億美元來執行 94 個重大建築工程，如南浦大橋、1 號地鐵線、虹橋機場國際候機樓和華亭賓館。

1990 年，國家決定開發浦東，打造中國最大的經濟區；這一決定代表著國家資源分配的重大戰略轉移。1992 年春，鄧小平考察上海期間，認識到這座城市的巨大潛力，允許上海市政府把更多資金投入當地經濟，並吸引外國投資。1992 年到 1996 年間，上海完成的城市建設項目超過了之前的四十年的總和。[63] 新項目包括浦東機場、上海地鐵系統、高架路系統、火車站翻修、新的集裝箱運輸港和跨越黃浦江的 3 座大橋和兩條隧道。

1998 年，上海固定資產投資總額是 1966 億元人民幣，比其他 3 個直轄市高得多 —— 北京是 1124 億元人民幣，天津是 571 億元人民幣，重慶是 492 億元人民幣。[64] 另外，1990 年到 2002 年，上海從中央政府那裏獲得了大量撥款和貸款。結果，上海的城市基礎設施建設投資從 1990 年的 47 億元人民幣飈升到 2000 年的 451 億元人民幣。同期，市政府收入中用於建築項目的金額從 14 億元人民幣增長到 132 億元人民幣。[65]

國家撥款和貸款的湧入也刺激了外國直接投資。僅 1993 年一年，上海吸引的外國投資就超過了前十年的總和。[66] 世紀之交時，上海市政府發動了一場運動，要吸引 200 家大型多國公司把它們的亞太總部和研究中心遷到上海。[67]2019 年初，駐在上海的海外公司達到 5 萬家左右，為中國之最。677 個多國公司的地區總部落戶上海，包括 88 個亞太地區總部和 444 個外國投資研發中心。[68] 它們中間有新成立的新開發銀行總部 ——這個組織由金磚國家（巴西、俄羅斯、印度、中國和南非）聯合經營，也有 QVC Group（世界最大的電視購物網）、UBM Group（世界最大的會展服務商）和日本電信公司（世界最大的通信運營商）的地區總部。沃爾沃、有限品牌公司和雅馬哈等《財富》500 强公司的地區總部也設在上海。2019 年 1 月，微軟最大的人工智能和物聯網實驗室在上海建立。[69]

越來越多的多國公司把地區中心設在上海，借此東風，上海進入了全世界有史以來最大的房地產開發繁榮期。1992 年到 2003 年，上海的 GDP 增長率一直保持在 10% 以上。2003 年，大約 100 個國家和地區為上海約 3 萬個項目提供了資金。[70] 此外，到 2000 年，上海市政府通過把土地租給外國公司獲得的收入超過 1000 億元人民幣，這筆錢主要用在了上海的基礎設施建設上面。[71] 大量外國品牌酒店也湧入上海。例如，2018 年，上海的五星級酒店達到 72 家 ——和那年巴黎的一樣多。

外國資本的湧入和大量基礎設施項目的建設改善了上海居民的生活條件。改革開放時期，上海市民人均居住面積大為增加，從 1983 年的 4.52 平方米到 1991 年的 6.6 平方米，再到 2002 年的 13.1 平方米。上海有房者的百分比也從 1989 年的 31% 增加到 1991 年的 34%，再到 2002 年的 87.4%。[72] 經濟不平等，特別是本市居民和外來移民之間不平等的加劇固然成了嚴重的社會問題，但很多上海家庭仍然能夠在郊區購買公寓或其他類型的住房。據蓋洛普公司在中國開展的一項調查，2005 年，上海 82% 的人口自家擁有住房，22% 的受訪者說擁有兩套住房。[73] 僅僅二十年前，上海還幾乎沒有私有住房。這個變化對於上海中產的誕生和成長是很大的助力，催生了一種新的、更加舒適的中產生活方式。

近年來，上海把關注點轉向了環境可持續性和環境保護。人均綠地面積從 1992 年的 1 平方米增長到 1999 年的 3.5 平方米。1992 年城市綠化覆蓋率是 10%，1999 年翻倍到 20%，2018 年又增長到 36%。[74] 市政府對這個項目投入了大量金融和政治資本；該項目當時頗具爭議，不過現在普遍認為它給上海加了分。[75] 然而，應該指出，與紐約、倫敦、東京、香港和新加坡等其他國際大都市相比，上海在綠色環境的重要指標方面表現不佳（表 5–3）。所有這些城市中，上海在生態用地比例、森林覆蓋率和綠色覆蓋率方面都是墊底的，人均公共綠地面積倒數第二。

表 5–3　上海與全球主要城市綠色指標的比較，2012 年

城市	生態用地比例（%）	森林覆蓋率（%）	綠色覆蓋率（%）	人均公共綠地（平方米）
紐約	n.a.	24	n.a.	19.2
倫敦	63	34.8	42	24.64
東京	58	33	64.5	4.5
香港	71	70	70	23.5
新加坡	50	75	58.7	28
上海	30	13	38	12

來源：上海市人民政府發展研究中心，《建設卓越的全球城市：2017/2018 年上海發展報告》（上海：格致出版社，2018），第 65 頁。
n.a.（未獲信息）

連續好幾十年，蘇州河污染嚴重、惡臭衝天，經過之人無不掩鼻。[76] 20 世紀 70 年代和 80 年代，蘇州河邊的酒店，包括著名的上海大廈，都不得不封死窗戶以免臭味進屋。為解決這個問題，上海市政府於 1988 年啟動了分三期實施的蘇州河河流污水治理工程。這個工程自始至終用了二十四年。到 2012 年，蘇州河的臭味沒有了。據報道，蘇州河在魚蝦絕跡二十七年後，成了 45 種魚類的新家。[77]

2018 年 11 月，中國領導人訪問上海期間，特意去虹口區的一個社區了解垃圾分類回收系統。那次訪問的一年前，中央財經領導小組開會討論垃圾分類系統在全國的執行情況。中國領導人對上海虹口區垃圾管理系統的考察看來得到了中國民眾的認可。2019 年，上海成為全國垃圾分類和回收的試點城市。[78] 鑑於中產消費和電子商務迅速增長造成的巨大環境破壞，這個新舉措對上海乃至全中國都十分重要。根據 2017 年中國的一項研究，中國每週至少有 4 億次食品遞送，導致每週使用並丟棄 4 億個包裝盒和 4 億個塑料袋。

除了與中產崛起的同時發生的環境退化之外，經濟發展導致的不平等也加劇了貧富緊張關係。打造上海新的天際線需要土地，加上相應的房地產價格飆升，結果許多普通工人階級居民被迫離開城區，搬到遠郊。根據市政府發佈的數據，1992 年到 1997 年間，為了給房地產開發鋪路，200 萬上海居民大動遷，包括 100 萬居民遷移出市中心。[79] 與此同時，大量有錢人，從香港、台灣和國內其他地區，以及韓國、新加坡、美國、澳大利亞、德國、法國和加拿大來的人住進了上海中心地區。如此劇烈遷移的結果可以從下面這句當地俗語看出來：陸家嘴（上海的金融區）的人講英語，市中心居民講普通話，只有住在郊區的人才講上海話。

上海在改革開放時代創造的“全國第一”

改革開放時代，特別是自 1990 年浦東新區開發以來，上海，尤其是浦東，實現了中華人民共和國歷史上的幾十個“全國第一”：

- 1985 年 9 月，第一家證券交易櫃檯“靜安證券營業部”成立。時任紐約證券交易所主席的小約翰 · J. 費倫（John J. Phelan Jr.）目擊了這個對中國來説具有歷史意義的事件。上海飛樂音響公司成為中國第一家股份公司。五年後的 1990 年，上海全部 16 個證券交易櫃檯合併組成上海證券交易所（上交所），坐落在浦東。
- 1986 年，上汽公司和德國大眾汽車組成合資企業，成為中國第一家中外合資汽車公司。2017 年，上海汽車工業總公司（上汽集團）在《財富》全球 500 强中名列 41，汽車年產量 700 萬輛，擁有中國國內市場 23% 的份額。
- 1988 年 8 月，上海市政府批准了一份五十年期的土地租賃合同，把虹橋區的一塊地租給日本太陽株式會社作為商用 —— 這是共和國第一份土地租賃合同。
- 1990 年，中國第一個保税自由貿易區“外高橋自由貿易區”（自貿區）得到批准。到 2008 年，這個自貿區已有 94 個國家的 10242 個項目得到批准，包括《財富》全球 500 强名單上的 111 家公司。
- 1992 年，第一家外國保險公司“美國友邦（AIA）上海公司”在上海成立。
- 1995 年，第一家外國銀行“日本富士銀行上海分行”在上海成立。
- 2002 年，中國和荷蘭國際集團（ING）資產管理有限公司聯合擁有的第一家合資管理公司“招商基金管理有限公司”在浦東成立。

· 2013 年，上海自由貿易區（上海自貿區）—— 官方名稱是中國（上海）自由貿易試驗區 —— 在浦東外高橋自貿區建立。次年，中國政府為在浦東的外國公司發佈了管理政策負面清單。這是中國第一次發佈負面清單，也被認為是與國際商務規則接軌的一個重要實踐。外國投資負面清單的內容從 2014 年的 190 條降到 2015 年的 122 條，再降到 2017 年的 95 條，又降到 2018 年的 45 條，然後 2019 年降到 37 條。

· 2015 年，上海自由貿易試驗區成立了第一個外資獨資專科醫院 —— 日資的上海永遠幸婦科醫院。

· 2015 年，第一家外資表演中介機構“日本萬代南夢宮（上海）互動娛樂有限公司”在上海成立。

· 2016 年，第一家外資獨資職業培訓機構“普華永道商務技能培訓有限公司”在上海自由貿易試驗區註冊。

· 2018 年，第一家外資獨資旅行社“易信達旅（上海）國際旅行社有限公司”在上海註冊。

· 2018 年，第一家外資信用調查評級機構“穆迪（中國）有限公司”被准許在中國註冊。

· 2019 年 4 月，由日本野村資本控股有限公司掌握 51% 股份的第一家外資控股證券經紀公司在上海開始營業。

· 2019 年 5 月，由外國投資者控股的第一家證券公司在上海開始營業，控股方美國摩根大通集團計劃投資 8 億元人民幣。

· 2019 年 5 月，上海成為中國第一座批准全面執行新通過的《外國投資法》的城市。

· 2019 年 6 月，外國公司第一次被允許通過上海—倫敦股票互聯互通計劃（滬倫通）在上海上市融資。[80]

· 2020 年 1 月，上海向由一個中國人（或稱“自然人”）和外國投資者共同出資的企業發放了第一張營業許可證。[81]

所有這些例子都顯示了上海在中國經濟改革開放中發揮的重要先鋒作用。然而，外國人對這些舉措的反應好壞參半。中國領導層長期以來一直注重通過產業政策來提高國際競爭力。這方面一個特別明顯的例子是，中國政府廣泛宣傳要採取舉措，把上海打造成五個關鍵領域的國際中心。

把上海建成“五個國際中心”

1992 年中共十四大上，中國領導層決定將上海定為中國發展的“三個中心”，指經濟、貿易和金融中心。2001 年，國務院給上海未來的發展目標又加上了一條“航運中心”。2017 年，中國領導層進一步擴大了上海在國家發展中的作用，加上“國際科技創新中心”，成為“五個中心”。作為這些中心的所在地，上海將得到中央政府給予的優惠政策、稅務刺激和更多資源，使它在國際競爭中更具優勢。

國際經濟中心

上海一直是國家的經濟中心，部分原因是它有對外接觸的傳統和地理優勢。1949 年之前，外國對華投資近 50% 集中在上海。[82] 進入 21 世紀以來，上海經歷了史無前例的快速經濟增長，GDP 從 1949 年的 36.7 億元人民幣增長到 1978 年的 300 億元人民幣，然後一路飈升，2018 年達到 3.27 萬億元人民幣。上海有戶籍的居民人均 GDP 在

2018 年超過兩萬美元，達到了中高等收入國家的水平。[83] 同年，上海一般公共預算收入達到 1.76 萬億元人民幣，其中當地收入為 7108.1 億元人民幣。全國財政總收入近 1/10 來自上海的貢獻。

1978 年，上海城市居民人均可支配收入僅為美國和日本的 3% 左右。2010 年，這個數字超過了 3 萬元。2017 年，上海城鄉居民人均可支配收入各自增長到 62596 元和 27825 元，各為 1978 年的 154 倍和 96 倍。那段時期，上海城市居民人均可支配收入年增長率為 13.8%，鄉村居民是 12.4%。經過價格因素和不可比因素的調整後，實際增長各自為 20 倍和 12 倍，城鄉居民人均可支配收入年增長率各自為 7.9% 和 6.6%。圖 5-1 顯示了從 1978 年到 2017 年的四十年

圖 5–1　上海城市居民人均 GDP 與家庭可支配收入的迅速攀升，1978—2017 年（元）

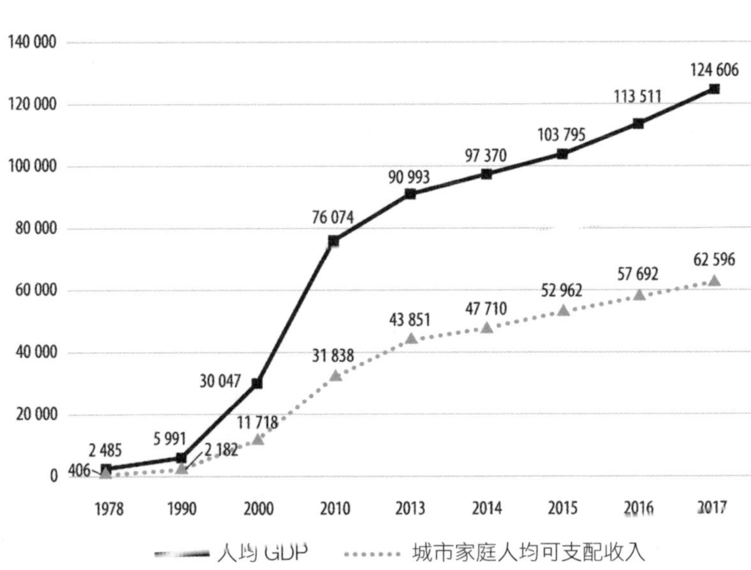

來源：盧漢超、楊雄、周海旺主編：《上海社會發展報告 2019》（北京：社會科學文獻出版社，2019），第 364 頁。

間，上海城市居民人均 GDP 和家庭可支配收入的突飛猛進。值得注意的是，上海原來遠遠落後於發達國家，但開始慢慢追趕上來。現在，上海居民的人均可支配收入達到了美國的 1/4 左右和日本的 1/3 左右。[84]

2017 年底，上海社會消費品零售額達到驚人的 1.18 萬億元。上海超過北京，成為中國最大的消費城市，人均年消費支出為 3.98 萬元。消費成為上海經濟增長的主要驅動力。[85] 消費增長了，上海居民平均預期壽命也增加了。2018 年，居民平均預期壽命是 83.63 歲（男性 81.25 歲，女性 86.08 歲），比 1978 年多了 10 歲，與發達國家的預期壽命不相上下。上海的醫療衛生質量及居民生活質量和健康情況都大為改善。

這四十年，上海的經濟改革也造成了經濟結構的巨變 —— 各個經濟部門的分佈和所有制類型的組成都大異於前。上海要成為國際經濟中心，關鍵是優先發展第三產業或服務部門。為此，20 世紀 90 年代早期，中國政府確立了“上海經濟結構調整中金融服務為主體、貿易為先導、運輸通信為基礎”的戰略。[86]

第三產業包括信息服務、商務服務、科學研究、文化和創意產業。1978 年，上海 GDP 中第三產業的佔比是 18%，20 世紀 90 年代早期增長到 30%，今天達到 70%。[87] 表 5-4 顯示，從 1991 年到 2017 年，農業部門的勞動力減少了一半，服務部門的勞動力卻增長了 4 倍。就不同所有制的僱員分佈而言，表 5-5 顯示，私營部門僱員在 1991 年僅佔全市勞動力的 0.1%，2013 年猛增到 34.4%，外國公司僱員從 1991 年佔全市勞動力的 0.1% 增加到 2013 年的 12.8%。同期，國企僱用的勞動力佔比從 79.8% 降至 34.7%。

表 5-4　上海不同部門僱員人數的變化，1991—2017 年（以千人為單位）

部門	1991	1996	2001	2010	2017
農業	825.3	794.0	871.8	370.9	424.4
工業	4648.5	4119.8	3099.1	4437.4	4305.1
服務業	2269.5	3015.5	3551.7	6099.3	8997.7

來源：尹繼佐：《2003 年上海社會報告書》（上海：上海社會科學院出版社，2003），第 3 頁；上海統計局：《2018 年上海統計年鑑》（北京：中國統計出版社，2019），表 3-1。

表 5-5　上海不同所有制單位僱員人數的變化，1991—2013 年

所有制	1991		1996		2001		2013	
	人數	百分比（%）	人數	百分比（%）	人數	百分比（%）	人數	百分比（%）
國有企業	4 035 000	79.8	3 125 300	71.6	2 142 400	41.2	1 625 300	34.7
集體企業	1 013 800	20.0	769 000	17.6	405 600	7.8	405 600	8.7
私營公司	3 310	0.1	471 000	10.8	1 611 300	31.0	1 611 300	34.4
控股公司	n.a.	n.a.	n.a.	n.a.	441 500	8.5	441 500	9.4
外資公司（含台港澳）	4 800	0.1	n.a.	n.a.	602 000	11.6	602 000	12.8
共計	5 056 910	100.0	4 365 300	100.0	5 202 800	100.0	4 685 700	100.0

來源：尹繼佐：《2003 年上海社會報告書》（上海：上海社會科學院出版社，2003），第 3 頁；上海統計局：《2014 年上海統計年鑑》（北京：中國統計出版社，2015），表 3-2。

說明：n.a.（未獲信息）

上海的 5 萬多家外資企業形成了支撐上海經濟發展的一支重要力量。它們只佔上海就業人數的 1% 和企業總數的 2%，但它們在 2018 年佔了上海 GDP 的 27%、稅收的 1/3、外貿進出口的 2/3 和全市工業產出值的 2/3。[88]

國際貿易中心

在至少半個世紀的時間裏，上海一直被視為全國的商業樞紐。新中國成立後的頭幾十年，上海第一百貨商店、永安公司（華聯商廈）、新世界百貨大樓和上海第一食品商店在全國都赫赫有名。1978 年前，上海唯有這 4 家商店的店面面積超過 1 萬平方米。相比之下，2018 年的上海有 255 家購物中心的商用面積遠超 1 萬平方米。[89] 其中，39 家面積超過 10 萬平方米，5 家超過 20 萬平方米。上海最大的徐家匯國貿中心商務面積為 32 萬平方米。2018 年，上海社會消費品零售總額超過了 1.2 萬億元，比全國任何其他城市都多。[90]2019 年，上海平均每 3278 個居民就有一家便利店，而北京是每 9620 個居民有一家。[91]

過去幾十年來，上海大力推動自己作為國際貿易中心的地位。2017 年，上海海關監管部門記錄的進出口總值達到 8814.7 億美元，1978 年以來的 40 年內增長了近 290 倍。[92] 據中國官方媒體的消息，到 2015 年，“上海港貨物進出口為全國總量的 27.6%，世界總量的 3.4%，上海在世界總量中的佔比超過了香港和新加坡等其他國際貿易中心”。[93] 上海 2015 年服務進出口總量接近 2000 億美元，佔全國總量的 28%，世界貿易量的 2%。2017 年，浦東的進口就佔到了上海進口的 60%，全國的 10%。[94]

上海也成為國際高端品牌和國內重要品牌在中國市場的新品首發地。根據官方統計數字，2017 年，上海舉行了 1265 個品牌的全國

"首發式"，居全國之首。[95] 此外，226 家連鎖品牌的旗艦店或"首發店"落戶上海，佔當年全中國開業店舖的近 50%。同年，約 90% 的世界高端品牌都在上海的百貨商店或專品店上架。到 2018 年，上海的外國貿易與投資項目超過 9 萬個。

2013 年成立的上海自由貿易試驗區許諾積極幫助外國公司開展在上海的首個投資項目。自貿區還力圖加快全球資產管理中心的建設，繼續促成更多外國資產管理機構落戶陸家嘴金融區，並努力擴大離岸貿易和服務貿易。為實現這些目標，上海 2018 年首次舉辦中國國際進口博覽會，到 2020 年已經辦了三屆。

國際金融中心

早在 1992 年，鄧小平就對上海在中國金融發展中的作用做出了重要指示："中國在金融方面取得國際地位，首先要靠上海。"[96] 按照計劃，上海金融部門發揮了關鍵作用，推動上海自 20 世紀 90 年代早期開始在全國和國際上走向輝煌。2008 年全球金融危機對中國經濟傷害巨大，不僅證實了西方模式有缺陷的論點，而且促使上海更加努力增強自身應付金融領域中風險和挑戰的能力。

中國政府決定把上海建成國際金融中心，因為它希望上海能夠與倫敦、紐約、香港和東京這樣的全球金融中心平起平坐。復旦大學發展研究院金融研究中心主任孫立堅論稱，上海要奮力推動國際金融幾個領域的發展，包括航運金融、海事保險、國際清算、基金管理、外匯交易和中間服務。這些服務業務的發展會幫助完成上海工業部門向高附加值產業的過渡。[97]2010 年以來的 10 年間，上海在商品期貨、債券交易和金融租賃等領域成為主要玩家。2019 年，中國決定在上海成立 6 個研究中心（全球資產管理中心，跨境投融資服務中心，金融科技中心，國際保險中心，全球人民幣資產定價、支付和清算中心，金融風險管理與壓力測試中心）來支持中國的金融事業，特別是面向全球的金融外延。[98]

上海在中國涉足國際金融的嘗試中打先鋒恰得其所。金融部門在上海 GDP 中的佔比從 2008 年的 10% 增加到 2017 年的 17%。[99] 那年，上海證交所的股票交易量位列世界第四，籌資總額是世界第三，全球市場資產化方面為世界第四。上海黃金交易所現貨交易量多年來在世界上穩居首位。[100] 目前，上海是世界上第二大鑽石現貨交易中心。2018 年底，上海證交所市場資本化總額超過 27 萬億元。截至 2019 年，上海證券市場共有 1450 個上市公司發行了 12089 支債券，有 2.96 億個開放賬戶。[101]

上海有各種持許可證的金融機構，交易範圍包括股票、債券、期貨、貨幣、期票、外匯、黃金、保險和信託。上海的外資金融機構佔全國所有外資金融機構的 30% 以上。2016 年，上海金融業僱員超過 36 萬人，分別受僱於大約 1500 個持證金融機構。保險資產管理公司託管的資產總額大約 6 萬億元，佔全國的一半。上海的證券資產管理業務總價值為 16.6 萬億元，佔全國的 1/3。

在保險領域，2017 年上海有 7 家保險資產管理公司，約佔全國保險機構的 1/3。上海有 55 個公司保險代理處，佔全國的 25%。此外，28 家外資保險公司坐落在上海，數量為全國之最。這些設在上海的保險公司目前管理著全國大約一半的保險資產。上海已成為世界上金融機構最密集的中心之一。

上海在金融部門的重要性反映出中國在國際舞台上競爭力的增加。例如，2020 年 7 月，世界按總資產排名前十的銀行中，4 家是中國銀行。這 4 家中國銀行在排行榜上佔據著前 4 名，中國工商銀行居首（表 5–6）。二十年前，排行榜上的前十名主要是美國和歐洲銀行，中國銀行無一上榜，而且相距甚遠。金融危機後，發達國家的許多銀行損失慘重，有幾家銀行在市場資本化方面直落 20% 以上，但中國的銀行表現相對穩定。

表 5–6　按總資產排名的世界前 10 名銀行，2020 年

排名	銀行	國家	總資產（10 億美元）
1	中國工商銀行	中國	4322
2	中國建設銀行	中國	3822
3	中國農業銀行	中國	3698
4	中國銀行	中國	3387
5	摩根大通	美國	3139
6	匯豐控股	英國	2918
7	三菱日聯金融集團	日本	2893
8	美國銀行	美國	2620
9	法國巴黎銀行	法國	2430
10	農業信貸銀行	法國	1984

來源："2020 年世界上總資產最多的 20 個銀行"（Top 20 Largest World Banks in 2020 by Total Assets），《福布斯》，2020 年 7 月 20 日。

然而，按照其他重要的標準，上海金融部門要真正比肩世界其他金融中心，依然長路漫漫。到 2018 年底，紐約證券交易所（紐交所）有 2285 家上市公司，其中 510 家是外國公司，佔所有上市公司的 22.3%。[102] 紐交所的股票交易量是 19.34 萬億美元，位居全球之首，幾乎是上交所同期股票交易量的 3 倍。另外，上交所 2018 年底的市場資本化總額是 3.92 萬億美元，僅佔全球市場資本化總額的 4.36%。

還有，紐約和倫敦平均每日場外衍生品的流動量佔全世界 2.759 萬億手交易的 80%。

中國市場的外匯交易額只佔全球總額的 1.12%，低於日本的 6.13%。雖然中國現有的金融機構近 30% 集中在上海，但市場參與度不高，2017 年才首次突破 10%。在國際航運金融領域，上海依然處於邊緣位置。不過，儘管在這些領域進展不大，許多中國官員及其顧問仍然堅持認為，中國把上海建成國際金融中心的戰略重點代表著中國進入了以金融驅動產業調整的新階段。

香港長期以來作為國際金融交易進出中國的門戶的作用有所變化，投資者們另找門路。如一位上海學者指出的，最終目標"是挑戰美國的金融霸權"。[103] 從中國的角度來看，目前和不遠的未來，最大的關鍵莫過於確保金融安全，包括中國巨額外匯儲備的安全。為此，上海市政府最近推出了提高上海國際金融中心的開放度和透明度的"100 條舉措"。[104] 上海今後幾年會在實現國家金融安全目標的努力中發揮關鍵作用。

國際航運中心

今天，上海是世界上最大的集裝箱港口。自 2010 年超過新加坡以後，上海連續十年穩坐全球航運的頭把交椅。[105] 作為世界主要的集裝箱港口，上海和 200 個國家（500 多個港口）有海運聯繫，而且上海貿易的 1/5 與"一帶一路"倡議有關。[106]2017 年，上海港停泊過 512 艘郵輪，遊客吞吐量為 300 萬人。上海港已成為世界上第四大郵輪船港。考慮到上海航運設施發展的歷史背景，上海在國際海上貨運和客運方面的突飛猛進令世界矚目，尤其是在洋山深水港建成後。

例如，1996 年，上海港貨運年吞吐量為 150 萬標箱（1 標箱代表一個長度為 20 英尺的標準集裝箱的容積）。十三年後的 2009 年，這個數字躍升到 2800 萬標箱，增加了 17 倍。[107] 那年，上海的幾個大型集裝箱碼頭——軍工路碼頭、張華浜碼頭和寶山碼頭，其吞吐量佔上海港總吞吐量的 35%。2008 年底，上海開始在吳淞口建設一個可停靠數艘 8 萬噸級郵輪的大型國際碼頭。隨著洋山深水港的加入，上海港現在每年能够裝卸 4200 萬標箱，吞吐量遠超國際競爭對手。

洋山深水港建成之前，韓國政府對其潛在影響做了一項研究。研究發現，洋山深水港的吞吐量將比名列世界十大集裝箱港口，也比韓國最大的港口釜山港多 3 倍。因其巨大的規模和接近中國遼闊內地的地理優勢，洋山深水港運營的物流成本將會比釜山港等其他大港的運營成本低 40%。因此，報告稱，釜山港的貨物裝卸量預計將減少 30%。亞太地區的其他集裝箱大港，包括新加坡和香港，也將受到上海航運能力增加的巨大影響。研究報告的結論是，洋山深水港的建設將造成國際航運業的“地殼變化”。當然，這項研究的預言後來證實成真。

位於距陸地 27.5 千米處一個小島上的洋山港，由東海大橋與浦東相連。洋山深水港 2002 年開工，分 4 期，2017 年竣工。第一期工程耗時 3 年多，包括建造一個人工島、集裝箱碼頭的第一部分和東海大橋。第二期和第三期及液化天然氣碼頭和成品油碼頭分別於 2006 年和 2008 年完成並投入運營。2008 年，上海已經成為世界最大貨運港和第二大集裝箱港口。[108] 有了洋山港這個巨無霸深水港，上海在對全球卓越地位的競爭中如虎添翼。[109]2008 年竣工的第三期工程在 5.6 千米長的海岸線上修建了 10 個集裝箱船專門泊位，60 台高大的紅色集裝箱橋吊沿人造島上的港口一字排開。第四期是全自動碼頭，於 2017 年 12 月建成並投入運營。至此，13 千米長的碼頭完全建成。全自動碼頭上的設備增加到 26 台橋吊、120 台軌道吊和 130 台自動引導車。預計到 2020 年，這個全自動碼頭的年裝卸能力將達到 630 萬標箱。

就航運和運輸而言，上海，特別是洋山深水港，大大受益於強大的經濟支持和頂級的先進設施。集裝箱從洋山深水港運往中國的廣袤內地有四個辦法：鐵路、高速公路、河運和海運。上海出口的集裝箱大約 85% 來自長三角其他城市，大部分經由高速公路運輸。事實上，對高速公路運輸的依賴導致了嚴重的交通擁堵，每天都有約 5000 輛集裝箱卡車經過東海大橋。

為減輕當地高速公路的壓力，中央政府通過了“長江戰略”，旨在增加長江沿岸城市接納集裝箱船的數量。按照這個計劃，南京、武漢和重慶要擴建港口設施，各自達到停泊 1000 艘、500 艘和 200 艘集裝箱船的能力。這樣，長三角地區的其他城市就可以先把集裝箱運到浦東的外高橋碼頭，然後用水上巴士運到洋山深水港。作為長江戰略的一部分，長江沿岸的幾座城市，包括九江和重慶，建起了新的集裝箱港口。[110]2012 年到 2018 年，中國政府在擴建港口設施上面一共花了 1 萬億元。[111]

表 5-7 顯示，中國港口在全球航運業一家獨大。2018 年世界最繁忙的 10 個集裝箱港口中，7 個在中國。北美和歐洲也有國際航運樞紐，如紐約、洛杉磯、鹿特丹和漢堡，但它們的港口無一上榜。值得注意的是，僅僅二十年前，中國還沒有一座城市擠得進最繁忙集裝箱港口的前 20 名。顯然，中國的經濟崛起造成了國際航運地理分佈的大洗牌。上海在這方面一騎絕塵。

表 5-7　世界前 10 名最繁忙的集裝箱港口，2018 年

排行	100 萬標箱	港口城市
1	42.0	中國，上海
2	36.6	新加坡
3	26.4	中國，寧波
4	25.7	中國，深圳
5	21.9	中國，廣州
6	21.6	韓國，釜山
7	19.6	中國，香港
8	19.3	中國，青島
9	16.0	中國，天津
10	15.0	阿聯酋，迪拜，傑貝阿里

來源：香港海事處；丹尼爾·任：〈在貿易榮景和國家投資公共工程的刺激下，中國佔了世界上 10 個最繁忙集裝箱港口中的 6 個〉（*China Has Six of the World's 10 Busiest Container Ports, Spurred by Booming Trade and a State Coffer That Invests in Public Works*），《南華早報》2019 年 4 月 13 日。

國際科技創新中心

上海沒有北京那麼多國內頂尖大學和研究機構，也缺乏研發能力和機構支持。在深圳和杭州，很多民營科技公司積極參與技術及電子商務創新；相比之下，上海的民營企業家在創新領域明顯落後。儘管如此，"魔都" 在其他方面自有其比較優勢，整個改革開放時期，上海一直被視為國家知識產業和科技發展的重要力量。

根據中國官方信息來源，2018 年，上海的研發開支相當於全市 GDP 總額的 4%。[112] 目前，上海獲得的國家最高科研成就獎和國家科技獎佔頒獎總數的 1/3，新藥研發項目也佔全國的 1/3。20 世紀 90

年代創立浦東新區時，浦東的張江被確定為科技研究與商業創新區。2011 年，國務院批准成立張江國家自主創新示範區（張江示範區）。在那裏實施了一些重大技術基礎設施與研究項目，包括建設了一個光子科學設施，集中研究硬 X 射線、超强超短激光和第二相光源。張江示範區號稱有世界上最大、最多樣、最强的光子科研設施。

2017 年，中央政府決定把上海建成國際科技創新中心，這加速了上海在這一領域力爭上游的努力。張江科學城總面積約 95 平方千米，是新成立的上海科技創新中心的核心功能區。上海在這裏建成了具有全球影響力的科技創新中心。生物醫藥是中心的一個關鍵研究領域。據稱中心做出了藥品方面的 6 個重大創新，並開展了 60 多次二期和三期臨床試驗，"將近 30 種藥品居於新藥研發前列"。[113]

為加强上海作為中國國際科技創新中心的作用，市政府組織了若干研究工作組開展大規模集思廣益活動。2015 年發佈了一份 400 頁的戰略報告，其中列舉了上海市政府制定的 2015 年到 2025 年科技趕超與創新戰略計劃的五大領域和 14 個課題。[114] 五大領域是：(1) 互聯網和新一代信息技術；(2) 生命科學和公共衛生；(3) 新能源和自動駕駛汽車；(4) 航空航天；(5) 人工智造。

上海領導層制定的戰略計劃高度重視人工智能和大數據。2013 年，上海向公眾宣佈了 2013 年到 2015 年在上海推動大數據研發的三年行動計劃。市政府的重點是建設醫療衛生、食品安全、終身教育、智慧交通、公共安全和科技服務這六大產業的大數據公共平台，並推進六類大數據行業應用的研發：金融證券、互聯網、數字生活、公共設施、製造業和電力部門。[115] 在醫療衛生領域，上海已經建起了世界最大的醫療數據共享系統，還計劃建立並改善涵蓋 3500 萬患者的醫療記錄電子檔案，可同時支持 2000 名醫生線上看診。[116]

科技發展戰略計劃和上海市政府發佈的其他相關報告經常制定某個時間段的具體目標。例如，到 2025 年的短期計劃、到 2035 年的中期計劃和到 2050 年的長期計劃。2015 年的戰略報告稱，上海將在 10 年內培育 50 家大數據上市公司，數據服務業的產出值同期將達到 1000 億元人民幣。[117] 另外，上海計劃到 2050 年吸引《財富》500 强中至少 50 家公司的總部、3000 家多國公司的地區總部和 20 家全球 100 强創新企業遷到上海。高科技產業的附加值要佔到工業產出總值的 60%。[118] 至於無人駕駛汽車，上海汽車工業集團在 2020 年發佈了一款能上高速路的無人駕駛汽車，定於 2030 年大規模推廣。[119]

改革開放時期，上海市領導層千方百計吸引科技人才，特別是頂尖科學家和技術專家來上海落戶。根據中國的一個消息來源，在研發公司的全球及地區總部的數量方面，上海僅次於硅谷和東京。學界研究者估計，上海的高科技人員總數超過 5 萬。[120] 到 2017 年，上海共聘用了 6.2 萬名高級專業人士，包括近 7500 名中國政府評出的“企業科技創新人才”。截至 2020 年，上海共有 7.5 萬這樣的人才。另外，上海發明專利的數量從 2004 年的 4689 項增加到 2014 年的 56515 項——十年增加了 19 倍多。[121]2017 年，上海有 13 位學者當選為中國科學院院士和中國工程院院士，佔所有新當選院士的 10%。在聲望卓著的兩院院士中，來自上海的共有 182 人。

眼下在上海工作的外國人共 21.5 萬，佔所有在華外國人的 23.7%，上海因此而成為中國 31 個省級實體中外國人最多的一個。自 2017 年 4 月開始實施外國人來華工作許可制度以來，上海發放的“外國人工作許可”超過 12 萬，其中兩萬多是發給外國高級人才的。據上海市政府消息，上海的外國人才無論是數量還是質量都居全國之首。自 2018 年開始實施“外國人才簽證制度”以來，上海已批准了近 500

名外國人的“外國高端人才確認函”，使上海成為外國人才來華工作的首選地。[122]

2018 年 11 月，上海舉辦了首次中國國際進口博覽會，中國領導人在會上宣佈，中國將在上海證券交易所設立“科創板”並試點註冊制。這個新股票類型專為符合國家戰略的科技創新企業服務，有可能促成關鍵核心技術領域的突破，並得到市場的强烈認可。具體而言，科創板旨在支持新一代信息技術、高端技術設備、新材料、新能源、節能環保、生物醫藥發展和其他高科技產業。[123]2019 年 7 月，122 家中國信息技術公司申請在科創板發行上市，25 家公司通過了調查流程，獲批上市。[124]

近來美國和中國因為華為公司關係緊張，華盛頓也在討論對華技術脱鈎；為應對這種情況，中國計劃加快自主技術創新。上海將再次成為此中的中堅力量。在“一帶一路”倡議的執行中，上海也具有地理和經濟優勢。用上海官員的話説，上海是“一帶一路”倡議的橋頭堡。[125] 因其在中國的貿易、商務、金融、運輸、航空航天和生物技術等領域的領頭作用，上海在中國國內及中國與其他國家的互聯互通中是關鍵的一環。例如，有些中國學者稱，“一帶一路”項目使用人民幣進行貨幣結算將主要通過上海的“金融市場”操作。[126]

最後幾點思考

改革時代上海天際線的非凡巨變，還有這座城市同樣驚人的發展，特別是“中國曼哈頓”在浦東的崛起，都是無可爭辯的奇蹟。然而，一個關鍵的問題是，是什麼使上海奇蹟般飛速躍升為全球性城市？是市場改革開放，以及上海明顯的西方影響和企業家亞文化？還是國家的強大作用和中國的產業政策？

回答並非二元式的非此即彼，應該説它們都是重要的促成因素。上海對重大經濟舉措的先行試驗和充分實施都表明它正實實在在地努力實現市場改革和“開放”，那些舉措中最值得注意的是，成立證券市場、開發商用土地租賃、接受中外合資企業和外資獨資企業、向民營和外國金融機構開放銀行業和保險業、設立外國投資貿易負面清單、允許民營公司主導電子商務。

與此同時，改革時代中國的市場轉型與對外開放一直保留了中國領導人所稱的“中國特色社會主義”，即使在中國融入全球經濟的前沿城市上海也不例外。這樣的產業政策幫助上海成為許多部門中的佼佼者，特別是在航空航天、生物技術、人工智能、信息技術、可持續能源和新能源汽車等部門。中央政府將上海打造為“五個國際中心”的宏大戰略表明，這種大規模努力可能會持續多年。這些動態發展更加説明必須研究上海，研究中國領導人立志將其建成全球城市的因與果。

上海獨一無二的地位也許影響了國內外與它競爭的其他城市的利益。十多年來，北京和天津一直在與上海激烈競爭國家最大金融中心的位置。隨著上海繼續大力推進港口建設與發展，上海以南的深圳、廣州和寧波，以北的青島、大連和天津這些重要海港城市的國際航運業務可能受損。上海還可能增加新加坡、釜山、高雄和橫濱等亞太地區其他大海港城市的競爭壓力。在某種意義上，上海重返中國龍頭的地位造成了國內及地區內經濟力量的再分配。

註釋

1. 村松稍風（村松義一）：《魔都》，最初於 1924 年以日文發表，題為 “Mato”（也譯為魔鬼城），譯者徐靜波（上海：上海人民出版社，2018）。
2. 正義 · 利佩特（Seiji Lippet）：《日本現代主義的地形》（*Topographies of Japanese Modernism*）（New York: Columbia University Press，2002）；徐靜波寫在村松稍風的《魔都》譯本中的〈譯者前篇〉。
3. 同上。
4. 例如，葛劍雄：《上海極簡史》（上海：上海人民出版社，2019）；羅軍主編：《魔都漫步》（上海：上海人民出版社，2018）。
5. 維琦、徐丹鹿、尚傑、曹繼軍：〈一座城市的時代坐標 —— 推動高質量發展的上海路徑〉，《光明日報》，2019 年 4 月 21 日。
6. 星球研究所彙編：《為什麼上海被稱為 “魔都” ？》，2019 年 6 月 27 日。
7. 周武：《新文化運動是京滬共謀的結果》，上海市文學藝術界聯合會，2019 年 5 月 6 日。
8. 丁駿、詹繼偉、范子恒、楊夢：〈人口回流上海〉，《21 世紀財經》，2019 年 3 月 2 日。
9. 威爾 · 哈里斯（Will Harris）：〈“魔都”：上海令人著迷的綽號〉（*“Magic City”: Shanghai's Spellbinding Nickname*），《文化之旅》（*Cultural Trip*），2019 年 3 月 19 日。
10. 同上，第 13 頁。
11. 錢江晚報新民生：《長三角 —— 下一個淘金地》（杭州：浙江人民出版社，2003），第 67 頁。
12. 岳欽韜：《以上海為中心：滬寧、滬杭甬鐵路與近代長江三角洲地區社會變遷》（北京：中國社會科學出版社，2016）。
13. 維琦等：《一座城市的時代坐標》。
14. 賈遠琨、周琳：〈打響上海 “金字招牌” 〉，《瞭望新聞週刊》，2018 年 8 月 7 日。
15. 譚彥、孟群舒：〈李強會見馬斯克對特斯拉純電動車項目正式簽約表示祝賀〉，《解放日報》，2018 年 7 月 11 日，第 1 版。
16. 〈埃隆 · 馬斯克前往上海交付第一批中國製造特斯拉〉（*Elon Musk Heads to Shanghai to Deliver His First Made-in-China Teslas*），彭博社（Bloomberg），2020 年 1 月 6 日。
17. 〈特斯拉市值使通用和福特加起來都黯然失色〉（*Tesla's market value eclipses GM and Ford combined*），路透社（Reuters），2020 年 1 月 8 日。
18. 拉斯 · 米切爾（Russ Mitchell）：〈特斯拉瘋狂的股票價格在一個瘋狂的市場裏倒也說得通〉（*Tesla's Insane Stock Price Makes Senseina Market Gone Mad*），《洛杉磯時報》（*Los Angeles Times*），2020 年 7 月 22 日。
19. 王戰、翁史烈、楊勝利、王振：《轉型升級的新戰略與新對策》（上海：上海社會科學院出版社，2015），第 4 頁。
20. 榮躍明、鄭崇選：《上海文化發展報告 2017》（北京：社會科學院出版社，2017），第 39 頁。

21. 同上，第 179 頁。

22. 謝黎萍主編：《上海改革開放史話》（上海：上海人民出版社，2018），第 184 頁。

23. 艾倫 · 巴爾富給艾倫 · 巴爾富、鄭時齡合編：《世界城市：上海》撰寫的〈導言〉（West Sussex, England: Wiley-Academy，2002），第 9 頁。

24. 星球研究所：《為什麼上海被稱為"魔都"？》。

25. 呂書平：《上海鳥瞰》（上海：上海人民出版社，2017），第 67 頁。

26. 黃宗儀：《行走於貧民窟與摩天樓之間：香港、東京和上海開放空間的幻象》（Hong Kong: Hong Kong University Press，2004），第 103 頁。

27. "2001 中國 APEC 峰會"：中國互聯網新聞中心（China Internet Information Center），2001 年 10 月 21 日。

28. 數據基於《解放日報》，2009 年 3 月 26 日。

29. 巴富爾、鄭時齡：《世界城市》，第 110 頁。

30. 黃宗儀：《行走於貧民窟與摩天樓之間》，第 7 頁。

31. 星球研究所：《為什麼上海被稱為"魔都"？》。

32. Pamela Yatsko：*New Shanghai: The Rocky Rebirth of China's Legendary City,* New York: John Wiley & Sons，2000，第 26 頁。

33. 黃宗儀：《行走於貧民窟與摩天樓之間》，第 7 頁。也見 Joe Gamble: *Shanghai in Transition: Changing Perspectives and Social Contours of a Chinese Metropolis*，London: Routledge Curzon，2003，第 x 頁。

34. 詹姆斯 · P. 斯特巴（James P. Sterba）：〈向哪裏的大躍進？〉（*A Great Leap Where?*），《華爾街日報》（*Wall Street Journal*），1993 年 12 月 10 日，R9 版。

35. 黃菊等合編：《邁向 21 世紀的上海》（上海：上海人民出版社，1995）；甘布爾：《上海過渡》，第 xi 頁。

36. 謝黎萍：《上海改革開放史話》，第 110 頁。

37. 巴爾富、鄭時齡：《世界城市》，第 66 頁。

38. 婁承浩、薛順生：《老上海經典建築》（上海：同濟大學出版社，2000），第 1 頁。根據 20 世紀 90 年代早期的一項研究，"上海是世界上裝飾藝術風格大樓最多的城市"。江似虹、爾東强：《最後一瞥：老上海的西式建築》（Hong Kong: Old China Hand Press，1993），第 70 頁。

39. 程乃珊：《上海探戈》（上海：學林出版社，2002），第 201 頁。

40. 張偉：《滬瀆舊影》（上海：上海辭書出版社，2002），第 299 頁。

41. 同上，第 301 頁。

42. 同上。

43. 也見熊月之、周武：《海納百川：上海城市精神研究》（上海：上海人民出版社，2003），第 51 頁。

44. 《上海擴張：中國超級城市最好的建築和設計》(*Shanghai Sprawling: The Chinese Mega-city's Best Architecture and Design*)，Wallpapers online，2018 年 3 月 22 日。

45. 任力之、陳繼良、劉琦：〈上海中心大厦的城市性實踐〉，《建築學報》，606，No.3，2019，第 35—40 頁。

46. 鄭時齡：《挑戰和潛力》(*Challenge and Potential*)，載於艾倫·巴富爾、鄭時齡合編：《世界城市：上海》，第 135 頁。

47. 對上海大樓的國際投標清單見鄭時齡：〈當代建築和城市主義〉(*Contemporary Architecture and Urbanism*)，此文載於艾倫·巴富爾、鄭時齡合編：《世界城市：上海》(West Sussex, England: Wiley-Academy，2002)，第 121 頁。

48. 鄭時齡：〈當代建築和城市主義〉，第 120 頁。

49. 《上海美術館雜誌》(*Shanghai Art Museum Magazine*)，No.1，2003，第 15 頁。

50. 《上海藝術家》，No.4—5，2003，第 159 頁。

51. 《上海美術館雜誌》(*Shanghai Art Museum Magazine*)，No.1，2003，第 9 頁。

52. 埃米莉·迪克森（Emily Dixon）：《上海開通世界最長 3D 打印混凝土橋》(*Shanghai Opens World's Longest 3D-printed Concrete Bridge*)，CNN，2019 年 1 月 24 日。

53. 上海師範大學的一位博士生尹洛碧寫道："最近上海建造的宏偉的摩天樓象徵著人類征服高度的夢想。但是，對世界貿易中心發動的 9·11 恐怖襲擊揭示了摩天樓的悖論：它强大到能克服地球引力，但它崩塌時也威力巨大。"《上海藝術家》，No.5—6，2002，第 126 頁。

54. 尚傑、維琦、徐丹鹿：〈一座城市的開放品格——推動高質量發展的上海路徑〉，光明網，2019 年 4 月 22 日。

55. 張元：〈連續 5 年！習近平在上海團都要提這 6 個字〉，央視網（CCTV Network），2017 年 3 月 6 日。

56. 楊東平：《城市季風：北京和上海的文化精神》（北京：東方出版社，1994），第 313—314 頁。

57. 楊祖昆、曾樺：《繽紛上海》（上海：復旦大學出版社，2003），第 72 頁。

58. 石磊、七格、袁敏：《向上海學習》（上海：世界知識出版社，2003），第 6 頁。

59. J. 布魯斯·雅各布斯：〈上海：另一個中心？〉，載於戴維·S. G. 古德曼編：《改革中的中國各省：階級、社群和政治文化》（London: Routledge，1997），第 169 頁。

60. 陳伯海：《上海文化通史》，第 1 卷（上海：上海文藝出版社，2001），第 63 頁；鄭時齡：〈1949 年前的建築〉，載於巴爾富、鄭時齡主編：《世界城市》，第 95 頁。

61. 詹姆斯·法洛斯：〈上海驚奇〉，《大西洋月刊》(*Atlantic Monthly*)，1988 年 7 月，第 76 頁。

62. 謝黎萍：《上海改革開放史話》，第 34 頁。

63. 李成：《重新發現中國：改革的動態與困境》(*Rediscovering China: Dynamics and Dilemmas of Reform*)（Lanham, MD: Rowman & Littlefield Publishers，1997），第 19 頁。

64. 中華人民共和國國家統計局彙編：《中國統計年鑑，1999》（北京：中國統計出版社，1999），第 186 頁。

65. 康燕：《解讀上海》（上海：上海人民出版社，2001），第 387 頁。

66. 李成：《重新發現中國：改革的動態與困境》，第 19 頁。

67. 根據最近的一次調查，約 78 家公司，包括 UPS 和霍尼韋爾國際公司，已經在上海設立了地區或中國總部。邁克爾 · S. 蔡斯（Michael S. Chase）、凱文 · L. 波爾皮特（Kevin L. Pollpeter）、詹姆斯 · C. 馬爾維農（James C. Mulvenon）：《被脅迫了？信息技術與投資跨台灣海峽流動的經濟與政治影響》（*Shanghaied? The Economic and Political Implications of the Flow of Information Technology and Investment across the Taiwan Strait*）（Arlington, VA: The Rand National Defense Research Institute，2004），第 79 頁。

68. 上海市統計局國家統計局、上海調查總隊：《2018 年上海市國民經濟和社會發展統計公報》；何偉：〈上海為吸引投資設定優先〉（*Shanghai sets priorities for attracting investment*），《中國日報》（*China Daily*），2019 年 4 月 22 日。

69. 劉園園、王春、談琳：〈創新，熔鑄高質量發展不竭動力〉，中國知識產權網站（China IPR, website），2019 年 6 月 5 日。

70. 上海市政府辦公室：《上海，中國》（Shanghai: City Government Publication，2004），第 1 頁。

71. 石磊、七格、袁敏：《向上海學習》，第 13 頁。

72. 謝黎萍：《上海改革開放史話》，第 103—104、116 頁。

73. 拉克沙 · 阿羅拉：〈中國擁房率飈升〉（*Home ownership Soars in China*），2005 年 3 月 1 日，蓋洛普調查。

74. 謝黎萍：《上海改革開放史話》，第 120 頁。

75. 呂書平：《上海鳥瞰》，第 97 頁。

76. 羅軍：《魔都漫步》（上海：上海人民出版社，2018），第 196 頁。

77. 謝黎萍：《上海改革開放史話》，第 116—119 頁。

78. 張敏彥：〈這項"新時尚"工作，習近平非常看重〉，新華網，2019 年 6 月 6 日。

79. 陳雅妮：《上海 15 年》（北京：新華出版社，2003），第 168 頁。

80. 丹尼爾 · 任（Daniel Ren）：〈倫敦—上海股市互通開始，外國公司的股票首次能够在中國大陸上市〉（*London-Shanghai Stock Connect Goes Live, Allowing Foreign Firms to List Their Shares in Mainland China for the First Time*），《南華早報》（*South China Morning Post*），2019 年 6 月 17 日。

81. 胡敏：〈新外國投資法生效〉（*New foreign investment law takes effect*），Shine 網站，2020 年 1 月 1 日。

82. 帕梅拉 · 亞茨科：《新上海：中國傳奇城市的艱難重生》（New York: John Wiley & Sons，2000），第 213 頁。

83. 劉園園、談琳、王春：〈高質量發展〉，《科技日報》，2019 年 4 月 10 日。

84. 《每日頭條》，2018 年 9 月 25 日。

85. 高謙、吳野白：《上海高質量發展戰略路徑研究》，上海市政府發展研究中心網站，2019 年 4 月 15 日。

86. 謝黎萍：《上海改革開放史話》，第 77 頁。

87. 劉園園、談琳、王春：《高質量發展》。

88. 尚傑、維琦、徐丹鹿：《一座城市的開放品格》。

89. 每日經濟新聞網，2019 年 7 月 19 日。

90. 星球研究所：《為什麼上海被稱為"魔都"？》。

91. 同上。

92. 徐曉青、潘清、周蕊：〈"開放 100 條"：勾勒未來路線圖〉，《瞭望新聞週刊》，2018 年 8 月 7 日。

93. 王弘義：〈上海將發展為國際貿易中心〉（*Shanghai to Develop as an International Trade Center*），《中國日報》（*China Daily*），2016 年 11 月 11 日。

94. 謝黎萍：《上海改革開放史話》，第 66—67 頁。

95. 尚傑、維琦、徐丹鹿：《一座城市的開放品格》。

96. 謝黎萍：《上海改革開放史話》，第 77 頁。

97. 《東方早報》，2009 年 3 月 26 日。

98. 段思宇：〈對標紐約倫敦，上海國際金融中心建設進入衝刺階段〉，《第一財經》，2019 年 3 月 15 日。

99. 李成：〈重奪"龍頭"稱號：上海作為中國的國際金融與航運中心〉（*Reclaiming the "Head of the Dragon": Shanghai as China's Center for International Finance and Shipping*），《中國領導層觀察》（*China Leadership Monitor*），28，2009 年春，第 8 頁；段思宇：〈對標紐約倫敦，上海國際金融中心建設進入衝刺階段〉。

100. 謝黎萍：《上海改革開放史話》，第 82 頁。

101. 上海證券交易所網站。

102. 段思宇：〈對標紐約倫敦，上海國際金融中心建設進入衝刺階段〉。

103. 季碩鳴、劉穎：〈中國挑戰美元霸權〉，《亞洲週刊》，2009 年 4 月 2 日。

104. 軒召強：〈上海：出台"擴大開放 100 條"打造全面開放新高地〉，人民網，2018 年 7 月 12 日。

105. 丹尼爾．任：〈在貿易繁榮和國家投資公共工程的刺激下，中國擁有世界上 10 個最繁忙集裝箱港口中的 6 個〉，《南華早報》（*South China Morning Post*），2019 年 4 月 13 日。

106. 星球研究所：《為什麼上海被稱為"魔都"？》。

107. 《東方早報》，2009 年 3 月 26 日。

108. 同上。

109. 2008 年，世界 10 個最繁忙的集裝箱港口是新加坡、上海、香港、深圳、釜山、迪拜、廣州、寧波、舟山和青島。

110. 軒召強：〈上海洋山港帶動區域騰飛〉，江蘇網，2006 年 7 月 11 日。

111. 丹尼爾·任：〈在貿易繁榮和國家公共工程的刺激下，中國擁有世界上 10 個最繁忙集裝箱港口中的 6 個〉。

112. 劉園園、王春、談琳：〈創新，熔鑄高質量發展不竭動力〉。

113. 同上。

114. 王戰、翁史烈、楊勝利、王振：《轉型升級的新戰略與新對策》（上海：上海社會科學院出版社，2015），第 26—27 頁。

115. 同上，第 154 頁。

116. 同上。

117. 同上，第 156 頁。

118. 同上，第 12 頁。

119. 同上，第 29 頁。

120. 高謙、吳野白：《上海高質量戰略發展路徑研究》。

121. 王戰、翁史烈、楊勝利、王振：《轉型升級的新戰略宇新對策》，第 1 頁。

122. 王春、談琳、劉園園：〈人才，激活高質量發展第一資源〉，《科技日報》，2019 年 4 月 23 日。

123. 陸東：〈科創板正式開板！中國資本市場迎來歷史新時刻〉，《觀察者》，2019 年 6 月 13 日。

124. 林澤弘：〈只花 22 天上海科創板開板〉，《世界日報》，2019 年 6 月 14 日。

125. 王振、李開盛合編：《探尋國際合作新機遇：首屆“一帶一路”上海論壇論集》（上海：上海社會科學院出版社，2018），第 133—164 頁。

126. 同上，第 159 頁。

- 第六章　“海龜”　出國留學潮與歸國潮
- 第七章　教育交流的影響　上海的海歸
- 第八章　態度與價值觀　對上海留學精英的縱向調查
- 第九章　西方影響與幻覺　上海當代藝術的繁榮
- 第十章　與西方對話　上海前衛藝術家對全球化的批判

第四部分

全球化上海的教育與藝術：視角、觀念和呼聲

第六章

“海龜”出國留學潮與歸國潮

任何一個民族、一個國家，都需要學習別的民族、別的國家的長處，學習人家的先進科學技術。我們國家要趕上世界先進水平。派人出國留學也是一項具體措施。

——鄧小平

他們不僅看到了“新中國”的出現，他們為其鋪就了道路。

——托馬斯 ·E. 拉法爾格

鄧小平和吉米 · 卡特在 1978 年啟動中華人民共和國和美國之間第一個交換學生學者項目時，明確地把這種教育交流與促進“更多領域的雙邊合作”和推動世界和平及地區穩定的更大期冀聯繫在一起。[1] 長期以來，美國對華政策的一個前提是，美國為中國的年輕精英提供教育，最終將能夠影響中國的未來走向。[2] 從某個角度來說，美國決策者通過開放與中國的教育交流來培養未來中國精英的目的基本達到了。

這個現象導致了漢語中的一個新詞，專指中國歸國留學生這個迅速擴大的群體—"海歸"，或"海龜"。漢語中這兩個詞發音相同，所以就有了這個綽號。中美教育交流剛開始時，一些外國觀察人士評論說，這個舉措"在共產黨世界中是史無前例的"。[3] 如一位中國學者所說，"中國整整一代今後可能在各領域擔當重任的人正在資本主義國家中接受教育"。[4] 中美兩國政治制度和意識形態有天壤之別，但兩國之間教育交流的深度與廣度令世人矚目。然而，隨著近年來美中關係的惡化，很多從美國歸來的中國留學生對於美國政府的對華政策不以為然，甚至強烈抵觸，這加深了華盛頓對雙邊教育交流效果的懷疑。

從歷史上看，鄧小平 1978 年決定派遣大批中國學生、學者赴海外留學，特別是去美國學習，這在當時的確是共產黨領導的中國對外開放的第一個驚人信號，也是中國改革開放的戰略"序幕"。[5]1978 年 12 月 26 日，第一批 52 名中國學生、學者赴美學習。[6] 他們到達美國的幾（此處缺 容，原書頁 175-176，補回）天前，中共十一屆三中全會剛剛結束，那場重要會議標誌著中國經濟改革開放的開始。他們到達美國的幾天后，美國和中華人民共和國建立了外交關係。他們這些中美教育交流的先鋒被視為"政治使節"或"親善大使"，而不是學生或學者。[7]

1978 年的時候，恐怕無人想像得到後來四十年間發生的事情，無論是中國出國留學生的龐大數量，還是中國學生、學者留學結束後的歸國大潮。僅 2018 年一年，就有大約 66.21 萬中國學生在國外學習，包括 3.02 萬政府公派生、3.56 萬受各種機構資助的學生和 59.63 萬（佔總數的 90%）自費留學生。[8] 中國因此而連續十年名列全球各國出國留學生人數的榜首。[9] 2017–2018 學年，在美國學校入學的中國學生總數是 363341 人，連續九年為在美外國留學生人數之最。[10] 那個學年，來自中華人民共和國的學生佔了美國國際學生總數的 33%。

1985 年到 2005 年，在美國教育機構學習的中國國民中有 1/3 學成回國，1/3 決定在美國找工作或以其他方式定居，另 1/3 仍在學習。[11] 獲得博士學位的，特別是成就卓著的學者，一般都在美國大學和研究機構就職。按照美國國家科學基金會 2017 年作的一項研究，從 2005 年到 2015 年，獲得博士學位的中國學生近 90% 想學成後留在美國。[12]

根據最近的一項研究，美國常春藤聯盟 8 所盟校裏，大約 320 位終身教授出生在中國，他們幾乎全部是在中國完成大學本科教育，然後到美國或其他西方國家讀研究生的。[13] 在美國一流大學裏，自然科學和工程學領域中幾乎每個學科都有出生在中國的教授（社會科學和人文科學稍少一些）。這些華裔教授一般都是在中國上完大學，在西方獲得博士學位。[14] 目前，美國威望顯赫的國家科學院有 26 位院士出生在中國，他們大多數人有同樣的教育背景——在中國拿到學士學位，在美國獲得研究生學位。[15] 總算起來，美國 4 個聲名卓著的學術機構（即國家科學院、國家工程院、國家醫學院和美國藝術與科學院）裏有 300 多名中國出生的學者。[16]

然而，預計美國目前的對華"教育脱鈎"政策將導致今後幾年在美留學的中國學生學者人數鋭減。事實上，與 2016 年相比，2017 年對中國學生發放的赴美簽證已經減少了 24%。[17] 預期未來中國在美學生人數還會下降，主要原因是美國政府 2018 年 7 月採用了新規則，要求必須對科技領域的中國學生嚴加審查。[18]2018 年，中國赴美遊客也減少了 6%，為 15 年來首降。[19]2020 年 5 月，白宮決定暫停據信與中國的軍民融合項目有關係的中國研究生和研究人員入境，致使數千名中國在美學生和研究人員受到影響。[20]

而今華盛頓對於雙邊教育交流的主流看法不再是希望通過學術交流來促成積極的政治變化。相反，政客們開始擔心在美國高校學習的中國學者和學生會幫助中國壓倒美國成為科技超級大國。2018 年，聯邦調查局局長克里斯多弗 · 雷聲稱，在教育和文化交流方面，“中國是全社會的威脅”。之後，“美國情報機構開始鼓勵美國大學的研究部門制定規則”來監督來自中國的學生和訪問學者。[21]

此外，出生在中國的科學家（甚至是出生在美國的華裔科學家）越來越成為懷疑的對象。2018 年 8 月，在發送給 1 萬家美國研究機構的一份備忘錄中，國家衛生研究所主任弗朗西斯 · 柯林斯（Francis Collins）要求更加仔細地審查與中國有關係的研究人員執行的項目。[22] 美中“姐妹機構”之間在公共衛生、癌症研究、環境保護和基礎科學領域中的學術合作原先是受鼓勵的，現在卻“成了半犯罪行為，聯邦調查局探員截讀私人電子郵件，在機場攔阻中國科學家，還登門入戶評估當事人的忠誠”。[23] 彭博社記者彼得 · 瓦爾德曼（Peter Waldman）指出，聯邦調查局的大規模調查造成了“新的紅色恐慌”，使國家衛生研究所這樣的美國科學機構的研究人員人人自危，令淪為“聯邦調查局調查對象”的約 13 萬在美中國研究生和研究人員不寒而栗。[24] 聯邦調查局局長雷在 2020 年 7 月的另一次演講中稱，“目前聯邦調查局在全國展開的近 5000 件反間諜調查中，幾乎一半與中國有關”。因此，“聯邦調查局大約每 10 小時就開立一個有關中國的新反間諜案”。

最近，幾個美國研究機構和美國大學校長發聲反對新麥卡錫主義在美國的興起。[25] 憂思科學家委員會（Committee of Concerned Scientists）是一個倡導學術自由的非營利組織，它最近指控美國政府發動“針對華裔科學家的恐嚇運動”，呼籲政府“發表公開聲明，保證把華裔科學家作為美國社會中同樣寶貴的成員來對待”。[26] 中國出生的研究人員的焦慮若得不到平息，懷疑他們幫助中國竊取美國科技知識的廣泛情緒若不減退，那麼可以預見，越來越多的中國研究人員，包括一些世界級科學家，將別無選擇，只能離開美國。即使在“新的紅色恐慌”爆發之前，近年來，在美國留學的中國學生大多選擇了回國。到 2018 年，360 多萬中國留學生返回中國，佔在外國完成學業的留學生的 85%。[27] 白宮最近終止了在中國的富布萊特項目，還提出要禁止超過 9200 萬的中共黨員及其家屬入境美國；有鑑於此，美中兩國以往四十年教育交流的大門很快完全關閉並非不可想像。

研究中國及中美關係的學者和華盛頓的政策制定者必須全面評價中國出國留學潮的成果及其對雙邊關係的影響。需要評估國際學術交流產生的影響及其限制，特別是受過西方教育的歸國人員在中國帶來的影響。本章分三部分。第一部分回顧中國過去一個世紀的幾次出國留學潮及其對當代中國產生的社會和政治影響，也討論上海作為中國出國留學潮發源地和歸國人員目的地的突出地位。第二部分描述交換學生的特點，包括他們的贊助方式、學業類型與層級、留學目的地國和學業專科的分佈。第三部分討論中國政府過去二十多年來對出國留學生和留學回國人員的政策走向。

出國留學潮及其對當代中國的社會和政治影響

著名學者舒新城對當代中國出國留學史做了開拓性研究；根據他的描述，執行出國留學計劃之前，中國“沒有留學生，就沒有新文化運動”。[28] 出國留學潮從來都是中國教育改革、文化變革和社會與政治變化的催化力量。晚清政府派遣幼童赴美學習的決定開啟了當代中國首波出國留學潮，説明政府承認需要向外國人學習，來“應對現代的問題”。[29]

中國的出國留學運動誕生於 1872 年，當時清政府做出了送幼童赴美留學的里程碑式的決定。在那以前，在外國學習過的中國人屈指可數，經常是自費或受西方傳教士資助。[30] 比如，容閎在 1847 年受一位美國傳教士的資助去美國學習。他是在美國上大學的第一個中國人（耶魯學院，1854 年）。

歷史上很長一段時期內，中國的科技水平凌駕世界各國。根據《世界自然科學大事年表》，從公元前 6 世紀到公元 11 世紀，世界上 231 項重大創新科學成果中，中國佔了 135 項（58%）。接下來的 11 世紀到 16 世紀期間，中國佔了 67 項重大科學發明中的 38 項（57%）。[31] 那段時期，中國沒有派遣學生去外國學習的動力。事實上，外國學生一直對中國趨之若鶩。中文“留學生”一詞出現在唐朝，最早指在唐朝首都長安學習的大批日本學生。[32]

然而，到了 19 世紀，中國在鴉片戰爭中的慘敗說明它已經失去了科技優勢。自那以後，國家就經常派遣學生去海外獲取先進知識，儘管有時因戰爭、文化矛盾、意識形態爭端和國內動亂而中斷。整個 20 世紀，許多在外國學成歸國的中國人在政治、經濟、教育和社會領域對祖國產生了相當大的影響。因此，回顧當代中國史上幾次重大的出國留學潮，不僅有助於了解這些留學運動的走向和影響，也能凸顯有關留學精英的長期問題和今天這些人的重要性。

表 6-1 是對 1872 年到 2020 年中國最重要的幾次出國留學潮主要特徵的概覽。[33]1872 年到 1875 年，清政府的幼童出洋肄業局派遣 120 名（10 歲到 16 歲的）幼童去美國留學，這批幼童成為中國首批國家公派留學生。[34] 這批孩子原定在美國學習十五年，直到大學畢業。但 1881 年，他們和留美幼童計劃副監督容閎一起被召回中國。[35]

只有兩人在回國前完成了在耶魯大學的學業，其中一人是被譽為“中國鐵路之父”的詹天佑。政府政策急轉彎的部分原因是當時“美國的反華情緒”，但主要是由於清政府中的保守派擔憂留美學生在文化和政治上生出異心。[36]

表 6–1　當代中國出國留學潮概覽，1872—2020 年

時期 / 留學潮	年代	總人數	主要目的地國
幼童留美計劃	1872—1881	120	美國
“留日熱”	1896—1911	22000	日本
庚子賠款留美	1908—1929	1800	美國
留法勤工儉學計劃	1911—1924	1600	法國
留蘇政治學習	1921—1930	800	蘇聯
1949 年後留學社會主義國家	1950—1965	10000	蘇聯和其他社會主義國家
改革開放時期	1978—2020	590 萬	美國、歐洲、日本、澳大利亞

來源：香港歷史博物館彙編：《學海無涯：現代中國留學生展》（*Boundless Learning: Foreign-Educated Students of Modern China*）（香港：香港歷史博物館，2003 年）；楊曉靜、苗丹國：〈新中國出國留學教育政策的演變過程及對策研究〉，閔維方、王永達主編：《全國出國留學工作研究會成立十週年紀念文集》（北京：北京大學出版社，2002），第 38 頁；〈中國去年出國留學人數首破 60 萬〉，《人民日報．海外版》，2018 年 4 月 1 日；〈出國留學五十年數據彙總〉，芥末堆網，2019 年 4 月 10 日。李成彙集並列表。

這些留學生的求學生涯儘管被半途叫停，但他們回國後，在採礦、鐵路、電報和教育領域對中國當時的發展做出了重大貢獻。他們中間多人後來進入政府供職，包括唐紹儀（中華民國第一任總理）和梁敦彥（1911 年辛亥革命之前的外務部尚書）。19 人當了海軍上將或海軍高級軍官，為中國現代海軍的誕生出了力。辛亥革命後，孫中山的臨時內閣中，留學歸國人員所佔全體閣員的比例達到令人震驚的83%（18 位部長和副部長中有 15 位曾在外國留學）。[37]

1896 年到 1911 年，中國出現了“留日熱”，約 2.2 萬留學生負笈東瀛。[38]20 世紀頭兩個十年，在日本求學的中國學生佔同期所有中國留學生的 90%。[39] 這次出國留學潮不同尋常，因為去日本的中國學生有一半是學習政治學和法學的。[40] 有些人學習現代軍事，很多人積極參與了推翻清王朝的辛亥革命。毫不誇張地説，晚清時期留學日本的大批學生直接為封建體制的消亡出了力。[41] 那段時期留學日本的著名政治領袖人物有孫中山、蔣介石、陳獨秀和李大釗；他們各自創建的國民黨和共產黨，在後來的幾十年裏塑就了中國政治。

另一場重要的出國留學潮發生在 1908 年到 1929 年間，由美國政府從中國政府因義和團起義慘敗而被迫支付的“庚子賠款”中拿出一部分資金提供資助。從 1908 年到 1911 年，清政府甄選了 183 名青年才俊，用庚子賠款的錢供他們赴美留學。1911 年，這些資金撥給了為甄選培訓赴美留學生而成立的清華學堂。清華學堂的第一任校長唐國安是早先赴美學習的 120 個幼童中的一個。到留學計劃在 1929 年完成之時，清華學堂一共向美國派遣了 1279 名學生。[42] 另有數百名沒有上清華學堂的中國留美學生也得到了庚子賠款的資助。總算起來，1908 年到 1929 年，共有約 1800 名中國學生靠庚子賠款的資助去美國留學。[43]

這些學生中很多人獲得了美國著名大學的博士學位。他們主修的科目遍及各領域，有些人回國後創建了新學科。五四運動中，這些人帶頭大聲疾呼再造文明。他們中間有些人擔任了中國頂尖大學的校長，例如，梅貽琦是清華大學校長，胡適和馬寅初當過北京大學校長（馬寅初還做過浙江大學校長）。20 世紀 40 年代，中國有 17 位全科大學校長是拿過庚子賠款獎學金的留美學生。[44] 總的說來，中國學生靠獎學金在美國學習後，回到中國為五四運動提供了智識方面的領導，把“科學”與“民主”有系統地介紹到了中國。[45]

從 1847 年容閎進入美國學校到 1949 年，一個多世紀的時間裏大約有 1.3 萬中國學生赴美學習，人數僅次於留學日本的總人數。[46] 在自然科學領域工作的留美歸國人員在中國最著名的科學家中佔了很大比例。例如，1949 年中華人民共和國成立時，收入《中國科學家名人錄》的 877 位著名科學家中，622 位（71%）是從美國和其他國家留學歸來的。1981 年中國科學院重新建立時，400 位院士中 344 位（86%）曾在國外留學。[47]1995 年的 801 位中科院院士中，233 位（29%）在美國獲得了研究生學位，包括 179 位在美國大學拿到了博士學位。[48]

20 世紀上半葉，參加留法勤工儉學計劃和留蘇政治學習計劃的中國留學生參與政治和意識形態活動多於讀書。位於莫斯科的中山大學和東方勞動者共產主義大學在其短暫的存在時間內，培養了大約 800 名中國“革命同志”。事實上，正是在許多 20 世紀早期留法留蘇的中國人的推動下，中國共產黨才誕生並成長起來的。[49]

參加這兩次出國留學潮的有幾位到世紀下半葉成了中國的關鍵政治人物，包括周恩來、鄧小平、劉少奇。他們在海外留學期間吸收了共產主義思想，學會了政治動員和運作技巧，後來用這些幫助中國共產黨奪取了權力並掌管世界上人口最多的國家。正如一些學者所說，若不考慮外國教育的影響，“就無法理解現代中國”。[50]

1949 年後，蘇聯成為中國學生出國留學的主要目的地。從 1950 年到 1965 年，中國向蘇聯、東歐、朝鮮、古巴和其他 39 個國家派遣了 10698 名留學生。這些人中有 8414 人（79%）去了蘇聯，約 1000 人去了其他東歐社會主義國家。[51] 那段時期，去非社會主義國家留學的中國留學生只有 250 人（2%），主要是學習外語。[52] 去蘇聯陣營國家留學的學生大多主修工程學和自然科學。改革開放時期，20 世紀 50 年代曾在蘇聯或東歐社會主義國家留學的技術官員佔主導地位。到 20 世紀 60 年代早期，中蘇大規模教育交流由於兩國間的政治和意識形態爭端而終止。

1966 年到 1969 年間，中國一個公費留學生也沒有派。[53]1970 年，中國重啟學生交流活動，派了 20 名學生去法國學法語，還派了 16 名學生去英國學英語。1972 年到 1978 年，中國一共向 32 個國家派遣了 1977 名留學生，多數是為了學習外語。[54] 這主要是因為中國在 1972 年尼克松總統訪華後，又同日本、英國和法國建立或恢復了外交關係後，急需翻譯人才。只有 90 名留學生（5%）是學習科學技術的。[55]

中國出國留學潮的歷史突出了教育與政治之間、留學目的地國與中國政治方向變化之間的緊密聯繫。這個聯繫反映在個人和集體兩個層面上。在個人層面，自身教育經歷對若干（教育領域和政治領域中）未來領袖人物產生了持久的影響。第一個在美國上完大學的中國人容閎推動並管理了幼童出洋肄業計劃，把幼童送去美國學習。幼童留洋肄業計劃中的一個學生唐國安後來成了使用庚子賠款資金辦留美預備班的清華學堂的校長。梅貽琦、胡適和馬寅初都努力把中國大學辦成他們在美國上過的大學的樣子。另外，20 世紀 70 年代末，與美國談判重建教育交流項目的中方代表是當時的北京大學校長周培源，他從 1924 年到 1926 年作為庚子賠款留學生在芝加哥大學上過學。[56] 同樣，孫中山和蔣介石等政治領導人的留洋經驗也對他們的政治觀點和行為產生了持久的影響。

在集體層面，中國精英在外國的學習和政治活動經歷對國家的教育進步和政治身份都影響頗深。[57] 如一些中國學者觀察到的，早期國民黨政府“親日”，主要是因為統治階級中很多人是從日本回來的。後來，隨著越來越多從西方，特別是從美國回來的人在國民党政府中青雲直上，政府的對外政策發生了轉變，變得日益親美。

歷史上基於教育背景的衝突在今天意義尤其突出，因為大批留學人員正潮水般湧回，在中國各行各業影響力日增，在國際交流的前沿城市上海尤其如此。改革開放初期，上海經常被稱為中國人出國留學的“搖籃”。

中國資金雄厚的大學超乎比例地集中於幾座沿海城市，留學歸國人員也大多集中在那裏。例如，2003 年，上海和北京兩地佔了全國留學歸國人員的 58% 左右。[58] 據中國官方媒體報道，2009 年和 2015 年開展的兩次量化研究顯示，上海的留學歸國人員佔全國的 1/4，超過了北京。這很了不起，因為北京的大學和研究所比上海的名氣大得多。[59]2013 年到 2017 年，大約 15 萬海歸在上海找到了工作。[60] 放眼全國，人力資源方面的地區差距以後很可能會進一步擴大，因為家在上海和其他沿海城市的海歸經常不願意去不那麼富裕的內地或西部地區工作。

上海的留學海歸建起了許多俱樂部和校友會，藉以彼此加强聯繫。上海海歸中心成立於 2009 年 7 月，現有 1.8 萬名註冊會員。[61] 中心定期組織論壇和社交聚會，並在線上分享會員們就經濟問題、教育、環境和娛樂撰寫的文章。

為吸引更多的科學家和其他專業人才，上海市政府 2017 年建立了一個高級科技專家數據庫，屬中國首創。2018 年，據報道該數據庫收集了大約 24.5 萬人的專業背景資料（包括 11 萬外國人、4 萬海外華人、上海的 4.8 萬專才和國內其他地方的 4.7 萬專才），涵蓋自然科學、社會科學、醫學等領域的 333 個專項。[62] 在那之前的一年，在上海工作的外國人達到 21.5 萬，佔全中國外國人數目的 24% 左右，上海因此在外國專業人員數量方面位居中國省級行政區之首。[63] 早在 2004 年，留學回國人員就在上海創辦了約 3000 家私營企業。[64] 這個數字今天超過了 5000。另外，2018 年，在上海學校入學的外國學生人數為 6.14 萬，僅次於北京。[65] 第七章將闡述了美中教育交流對上海高等教育產生的重大影響。

中國歷史上最大的出國留學潮

自改革開放初期開始的這次出國留學潮，無論在學生數量還是持續時間上，無疑都是中國歷史上最大的一次（表 6–1）。從 1978 年到 2020 年，出國留學的中國國民共有 585.71 萬人。這些人當中，150 萬仍在國外學習、做研究，430 多萬完成了學業。學成的人中 360 多萬回到了中國，佔在國外完成學業人數的 85%。[66] 剩下的 67.18 萬人（12%）定居在了外國。近年來，出國留學潮急劇加速。圖 6-1 是對從 1978 年到 2018 年每年出國留學和學成回國的中國學生學者人數的概覽，顯示了人數的指數級增長。2000 年，出國留學的中國人共有 38989 人，這個數字到 2018 年增長到 66.21 萬 —— 十八年間增加了 17 倍。

參加此次出國留學潮的人在年齡和教育水平上差別更大，資金來源也比中國歷史上前幾次出國留學潮更加多樣。中國政府用“留學人員”一詞稱呼所有出國學習或從事學術研究的中國公民。這些人中有

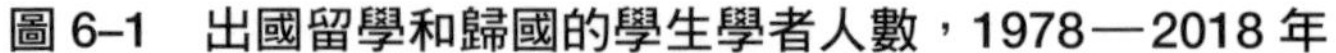

圖 6–1　出國留學和歸國的學生學者人數，1978—2018 年

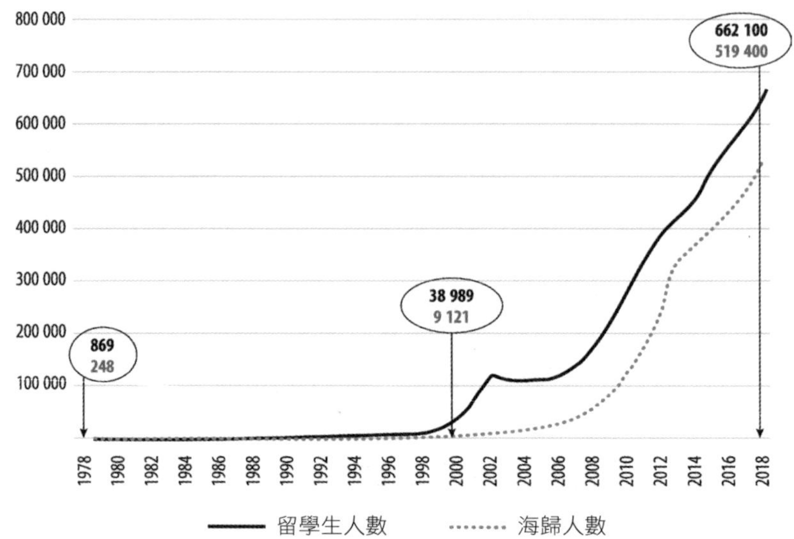

來源：《2018 年度我國出國留學人員情況統計》，中華人民共和國教育部網站，2019 年 3 月 27 日；江波：《四十年出國留學與改革開放》，2018 年在中國教育發展戰略學會年會上的講話，2018 年 12 月 3 日。李成彙集。

高中畢業，年滿 18 歲去國外上大學的學生，也有 60 來歲的成名學者，[67] 還有去外國大學攻讀各種學位的學生及訪問學者。回顧改革開放時代這場留學潮流的不同階段，可以看出資助形式、留學人員的類型及程度、目的地國這三個方面的重要趨勢。

資助形式

就留學的資金而言，出國留學的中國學生學者分為三類：（1）國家公派，指中央政府選送出國的人；（2）單位公派，指地方政府和機構選送出國的人；（3）自費，指靠自己出錢、親友籌款或外國機構資助出國的人。過去幾十年裏，出國留學人員從國家或單位的公派生和自費生平分秋色，發展到自費生佔絕大多數。

1978 年底，第一批出國留學的中國學者和學生完全是國家公派的。中國和美國在 1979 年建立了外交關係後，兩國間重新成立了富布萊特計劃，次年就開展了第一批富布萊特學者交換項目。不久後，海外華人科學家和學者李政道、楊振寧、吳瑞、丁肇中、陳省身、鄒至莊和哈佛大學教授威廉·馮·埃格斯·多林（William von Eggers Doering）在中國學術機構與美國大學之間牽線，啟動了教育方面的合作活動。他們成功發起了中美聯合招考物理研究生項目、中美生物化學聯合招生項目、中美實驗物理研究生項目、中美數學研究生項目、中美經濟學教育交流項目和又稱多林項目的中美化學研究生項目。[68] 中美之間這些交流項目大大擴展了中國學生學者赴美學習的渠道，使許多聰明有才的中國大學生進入了美國頂級大學的研究生班。

此外，設在美國和香港的各個基金會也出資執行了一些重要的出國留學項目。這方面的例子包括包玉剛和包兆龍中國留學生獎學金。這些項目資助了數千名中國學生學者去美國深造。總的來說，中國公派留學項目通常集中於自然科學和工程學，而美國政府和非政府組織推動的留學計劃通常注重人文科學和社會科學。改革開放時代出國留學潮剛開始的 1984 年到 1988 年，國家或單位公派留學人員和自費留學生旗鼓相當，各佔 50%。[69]

自 20 世紀 80 年代中期起，出國留學的 3 類資助形式中，自費增長幅度最大。自費留學生總數 1983 年是 1000 人，1986 年增加到 1 萬人，1987 年躍升至 10 萬人——短短幾年增加了 100 倍。[70]

從 20 世紀 90 年代中期開始，自費留學生始終佔留學生總數的 90% 左右。[71] 2018 年，出國留學的 66.21 萬學生學者中，3 萬來人（4.6%）是國家公派，3.5 萬多（5.4%）是單位公派，超過 59.6 萬

（90%）是自費生。[72] 過去三十年來，自費留學生大增是中國中產誕生和成長的直接結果，因為中產人士有錢送孩子出國留學。

留學人員的類型及程度

從改革開始的第一個十年到近些年，中國出國留學潮在兩個重要領域發生了變化：原來大多是訪問學者，現在主要是攻讀學位；原來大多是研究生，現在主要是本科生。出國留學潮初期，"留學人員"多數是訪問學者。根據中國學者苗丹國的研究，1978 年到 1982 年，9179 名公派人員中，6843 人（75%）是訪問學者，1496 人（16%）是研究生，840 人（9%）是本科生。[73]

自 20 世紀 90 年代起，出國讀學位的學生人數大為增加。這可以歸因於恢復高考後越來越多的學生通過高考，在中國完成了大學學業，獲得了碩士學位，因此在申請進入西方和日本的研究生項目時，競爭力有所增加。中國教育部的消息稱，2006 年到 2008 年，每年大約有 13 萬中國公民出國留學。[74] 同期，國家留學基金每年給約 5000 名留學生提供全額獎學金，供他們出國攻讀高等學位。2009 年，留學基金為 1.2 萬學生提供了獎學金，他們中間一半人出國是為了攻讀碩士或博士學位。[75]

出國攻讀學位的趨勢在中國留美學生中尤其明顯。1988–1989 學年，在國外學習的所有中國學生中，研究生比例高達 93%。1996–1997 學年，在美國大學攻讀學位的中國留學生人數為 42503 人，訪問學者只有 9724 人。那年在美的中國留學生中，大約 77% 是研究生。[76]

然而，過去十年間，赴美讀大學本科的中國學生人數超過了研究生。2006–2007 學年，中國在美留學生 80% 左右是研究生，本科生所佔比例不到 15%。過去十年中，留學美國的中國本科生比例增長到 2013–2014 學年的 40%，同期，研究生的比例從 71% 下降到 42%。[77]

一些常春藤盟校加大了吸引中國傑出學生的努力。例如，2009 年，哈佛大學和賓夕法尼亞大學首次直接從中國高中學生中招了 200 名學生。在美國大學入學的中國本科生從 2005–2006 學年的 9309 人增加到 2012–2013 學年的 93768 人。[78] 2014–2015 學年，美國大學裏中國本科生人數達到 124552 人，比前一年增加了 13%。同時，在美國求學的中國研究生人數達到 120331，比前一年增加 4%。[79] 從 2014–2015 學年開始，中國出國留學人員中本科生成為多數。根據美國國土安全部發佈的數據，2018 年中國在美所有留學生中，36% 攻讀學士學位，32% 攻讀碩士學位，15% 攻讀博士學位，剩下的 17% 在接受大學前教育。[80]

越來越多的中國青少年加入了出國留學大軍。根據中國的官方統計數字，自 1999 年起，18 歲以下出國留學的人數每年增加 40%。2000 年，廣東省 5000 到 6000 名自費留學生中 50% 是小學生或中學生。[81] 2005–2006 學年，在美國上高中的中國留學生只有 65 人。但到了 2012–2013 學年，這個數字飈升到 23795 —— 短短七年增加了 365 倍。[82] 2011 年，中國超越韓國，成為美國高中國際學生的最大來源。2013 年，在美國高中上學的中國學生超過 3 萬，佔美國高中外國學生總數的 46%。[83] 這個現象再次反映了中國中產的迅速擴大，尤其是中產家庭對於把孩子從小就送到國外學習的熱衷。

這一波中小學生的西方留學潮值得研究。由於這些孩子的世界觀和價值觀仍在形成期，也許可以說，將來上海、北京、深圳和廣州的年輕人將不再像他們的父輩，而是與漢城、東京、華盛頓和紐約的年輕人有更多相同之處。儘管有一定的文化差異，但這些年輕的中國學生和他們的外國同齡人有著相似的生活方式、全球視野和社會期望。這些因素可以成為促進中國深遠變革的重要力量。

目的地國

近年來，中國學生在美國的國際學生中佔比最大，不過，中國赴美留學生已經開始大幅減少。自改革時代的出國留學潮開始，美國就是中國學生學者的心儀之地。圖 6-2 回顧了在美中國學生學者人數的

圖 6–2　中華人民共和國在美留學生人數的迅速增長，1977—2018 年

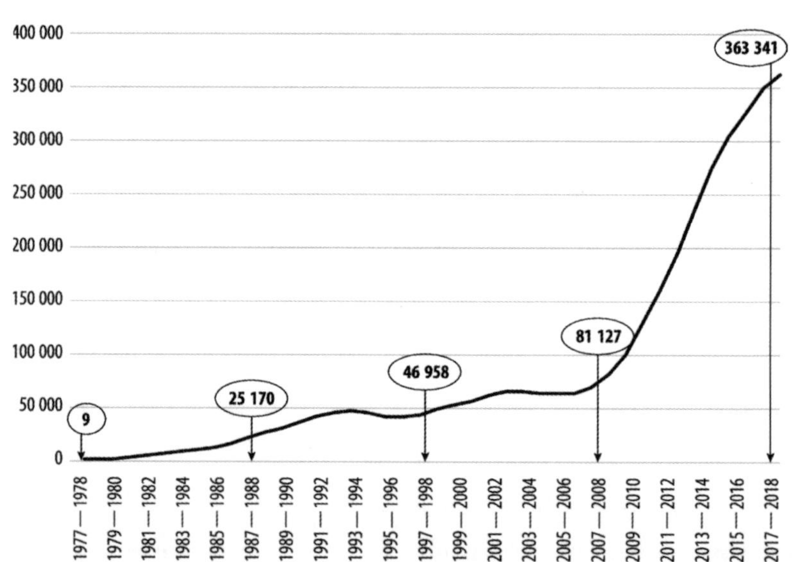

來源：國際教育研究所：〈2001 年到 2018 年應該知道的事實〉（*Fast Facts from 2001 to 2018*），門戶開放網；托德 · M. 戴維斯（Todd M. Davis）：〈門戶開放：國際教育交流報告〉（*Open Doors: Report on International Educational Exchange*），科研之門（Research Gate）網站，2000 年 1 月；元青、岳婷婷：〈新時期中國留美教育的發展歷程和趨勢〉，中國社會科學網，2015 年 5 月 6 日。

説明：這些數字包括初中 / 高中生、大學本科生和研究生。李成彙集。

驚人增加：1978 年只有 9 人，1988 年增至 25170 人，1998 年到了 46958 人，2008 年達到 81127 人，最後是 2018 年的 363341 人。根據杜克昆山大學提供的統計數字，從 1978 年到 2018 年，赴美學習的中國學生超過 160 萬。[84] 數百所中國大學和美國學術機構建立了聯合研究項目和各種交流計劃。到 2017 年，80 多所美國大學和中國大學建立了聯合本科生項目，30 多所學校設立了和中國教育機構的聯合研究生項目。[85]

這四十年間，中美關係經歷了若干危機，如 1996 年台海導彈危機、1999 年美國轟炸中國駐南斯拉夫使館，還有 2001 年南海撞機事件。有些危機對中美教育交流產生了衝擊。例如，圖 6-2 顯示，1996 年台海導彈危機前後，中國留美學生人數稍有減少，2001 年“9·11 事件”發生後，美國減少了對國際學生發放簽證的數量，中國留學生人數也隨之稍減。然而總的來説，這些危機基本無礙雙邊教育交流。

圖 6-2 顯示，2007–2008 學年後，赴美中國學生迅速增加，2009–2010 學年超過 10 萬，2012–2013 學年超過 20 萬，2014–2015 學年達到 30 萬以上。中國赴美學生的激增源於 2009 年 11 月美國總統貝拉克·奧巴馬（Barack Obama）和中國國家主席胡錦濤在北京簽署的《中美聯合聲明》。美國政府承諾接受更多中國學生赴美學習，為中國人申請簽證提供便利。接下來的兩年裏，赴美簽證的批准率超過 95%。[86] 2016–2017 學年，在美國的中國學生學者總數超過 35 萬。2007 年到 2009 年，在美中國學生年增長率約為 20%，2009–2010 學年後升至 30%。

圖 6-3 顯示了從 1995 年到 2018 年在美中國學生學者在人數和佔比方面的驚人增長。1988–1989 學年，中國首次成為世界上留美學生最多的國家，並連續六年穩佔鰲頭。然而，從 1994 年到 1997 年，日

本成為第一，中國降到第二。[87] 自 2009 年以來，中國再次超過印度和日本，成為在美留學生人數最多的國家。

圖 6–3　中國在美留學生人數與比例的增加，1995—2018 年

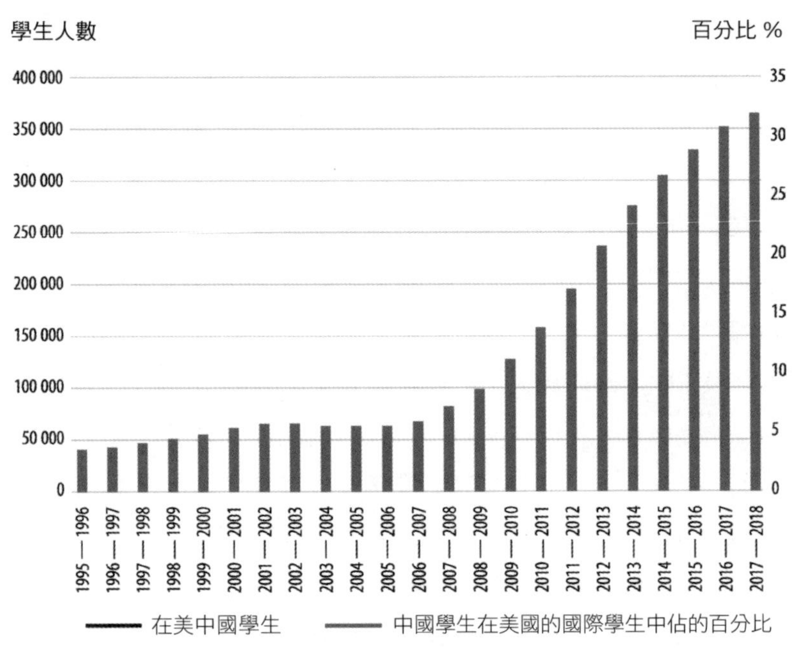

來源：國際教育研究所：〈2001 年到 2018 年應該知道的事實〉，開放門戶網；托德 · M. 戴維斯：〈開放門戶：國際教育交流報告〉，科研之門網站，2000 年 1 月。李成彙集。

圖 6-4 表明，在美國學習的中國學生學者總人數自 2009 年以來一騎絕塵，遠超其他國家。例如，2017 年，中國在美學生學者超過 35 萬人（確切地説是 363341 人，佔美國全部國際學生的 33%），而位列第二的印度去美國的學生學者還不到 20 萬（196271 人；18%）。[88]

在美國教育機構學習的中國學生、學者人數固然大幅增加（他們在美國學校的國際學生中也佔了超比例的份額），但過去四十年間，他們在中國出國留學的學生、學者總人數中所佔比例卻相對出現下降。據同濟大學的江波提供的信息，改革開放時期，出國留學的中國學生學者 90% 去了以下 10 個國家：美國、澳大利亞、加拿大、日本、英國、韓國、法國、德國、新西蘭和新加坡。在這些學生、學者中，約 80% 去了英語國家。[89] 最近，中國政府多方努力，力促更多學生、學者去上述國家以外的國家學習。2017 年，共有 6.61 萬中國公民去了"一帶一路"倡議的參與國留學，包括俄羅斯，那裏的中國留學生比頭一年增加了 16%。[90]

圖 6–4　在美留學生人數最多的前 10 個國家和地區，1999—2018 年

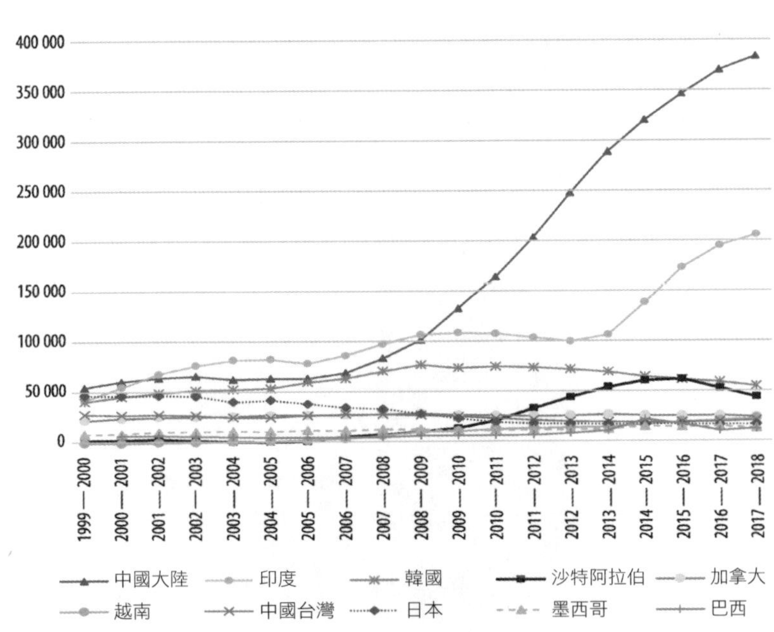

來源：國際教育研究所：〈2001 年到 2018 年應該知道的事實〉，開放門戶網；托德 · M. 戴維斯：〈開放門戶：國際教育交流報告〉，科研之門網站，2000 年 1 月。李成彙集。

1978 年到 1999 年間，40 萬中國學子負笈海外，其中大約 16.5 萬人（41%）奔赴美國。[91] 加上 21 世紀第一個十年的數字（即 1978 年到 2008 年），中國出國留學人數一共達到 140 萬左右，其中約 37% 去了美國。[92] 2000 年，中國在美留學生人數與 1998 年相比增加了 54%。然而，同年中國在美學生所佔中國出國留學生的總數只有 27%，比兩年前降了近 12%。

圖 6-5 顯示了 2014 年中國學生學者按留學目的地國的分佈狀況。美國佔的百分比最高（30%），下面依次是英國（21%）、澳大利亞（13%）和加拿大（10%）。這四個西方英語國家幾乎接納了那年中國出國留學的學生學者的 3/4。然而，自 20 世紀 80 年代起，在美國的中國學生學者所佔全部中國海外學生學者的比例逐年下降，降幅還很大。隨著美中關係的惡化，這一趨勢應該會繼續。

圖 6–5　中國學生學者出國留學的目的地（國家和地區）分佈，2014 年

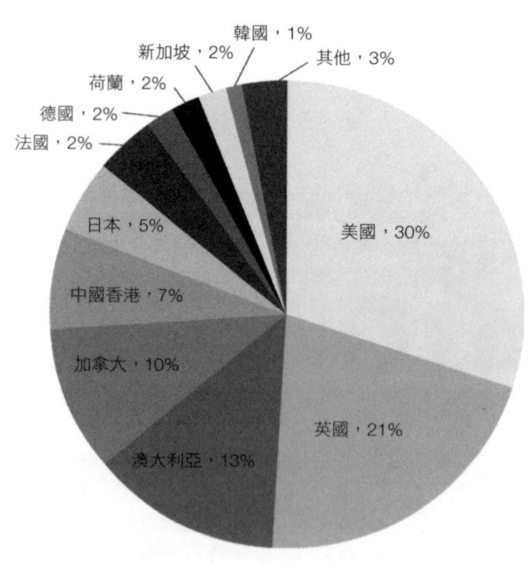

來源：〈2014 年出國留學趨勢報告〉，中國教育在線，2014 年 10 月 12 日。李成彙集。

就主修學科領域而言，過去十年間，中國留美學生主修自然科學和工程學的人數減少了，這些學科在教育交流的前二十年非常熱門；現在專修工商管理的中國留學生增多了。例如，2013–2014 學年，中國學生在美學習的前五大主修科目是工商管理（28%）、工程學（20%）、數學和計算機科學（12%）、物理和生命科學（9%）、社會科學（8%）。[93]

然而，不同學歷的中國學生常常選修不同的科目。例如，2009 年秋季，45% 的中國本科生選擇學商科，比研究生學商科的比例高。總算起來，71% 的本科生主修的科目在科學和工程學領域以外，碩士生學工商管理的佔 36%，之後是學工程的佔 17%。不過，中國留學生的博士生中，87% 學習自然科學和工程學，包括數學、物理學、農學和生物科學，只有 4% 學習工商管理。[94]

"海龜"歸國大潮

當然，海歸這個群體形形色色，在留學經歷、專業知識、政治歸屬、世界觀，以及與中國的黨和國家制度的互動等各個方面很不一樣。他們中間大部分人就職於教育和研究機構，或者在商業部門工作。中國對海歸（即留學回國人員）的官方定義是：出生在中國，出國做留學生或訪問學者一年以上，然後暫時或永久性回到中國工作的人。按照這一定義，海歸不包括原來在海外生活，後來選擇回中國居住的華僑，即出生在外國的華裔或中國去外國的非留學移民。

鄧小平決定派學生學者去西方學習後，留學生歸國率多年偏低，引起了中國政府的關切。20 世紀 80 年代中期，國家教委副主任何東昌去華盛頓和美國的對口官員簽署了一項聯合聲明，重申中華人民共和國的國家和單位公派生“有義務回國效力”。[95]

根據中國官方消息來源，1978 年到 1995 年，共有 13 萬中國公民去了美國留學，其中回國的大約兩萬（15%）。[96] 那段時期在加拿大的約兩萬中國學生學者中，4000 人左右回到了中國（20%）。留澳人員歸國率最低 —— 4 萬人中只有 2500 人回國（6%）。與訪問學者相比，攻讀學位的留學生更可能留在外國。例如，1978 年到 1991 年間，國家一共派出了 54526 名訪問學者，其中 35552 人（65%）回國。相比之下，國家公派的 18898 名攻讀學位的留學生中，只有 2671 人（14%）回國。[97] 自費生由於沒有對第三方的義務，所以歸國率比國家或單位的公派生更低。1978 年到 1989 年，2.2 萬名自費生回國的不到 1000 人（5%）。[98]

中國官方儘管擔憂“人才外流”，卻並未關閉出國留學的大門。他們可不能失去這個改進中國高等教育制度、在科技方面迎頭趕上的重要手段。中國政府認為，人才流失是暫時現象，個人的移民決定是可以逆轉的。許多中國學者拿台灣地區做例證，因為台灣經過三十年的人才外流之後，在 20 世紀 80 年代出現了人才回流。他們說，中國大陸也有可能發生同樣的人才流動逆轉。[99]

在繼續敞開教育交流大門的同時，鄧小平在 1992 年發出了一個重要呼籲，說歡迎所有出國留學的人回國。[100] 同年，政府宣佈了在鄧小平關於出國留學問題的指示基礎上制定的出國留學指導政策：“支持留學，鼓勵回國，來去自由。”次年，政府宣佈了“211 工程”，確定了 100 所高校，要使它們的教育質量在 21 世紀初達到“世界標準”。[101]

過去的二十年，中國領導人為培育人才資源多管齊下。1998 年，江澤民說“中國要建成幾所世界一流大學”。[102] 2001 年，當時的國務院總理朱熔基在中國經濟論壇上講話時說，中國經濟改革的重點將從吸引資本轉向吸引人才和技術。[103] 2013 年 10 月，在北京舉行的歐美同學會成立一百週年的紀念會上，習近平呼籲海外的中國學生學者回國實現“中國夢”。[104] 他宣稱，在技術革命時代，“人力資源的競爭已經成為綜合國力競爭的核心”。[105]

過去二十多年，中國政府設立了各種計劃，如長江學者計劃、春輝計劃和千人計劃，誠聘在海外工作或學習並有所成就的中國國民。[106] 根據中國的官方統計數字，從 1979 年到 2013 年，留學美國的海歸中，289 人當選為中國科學院院士，68 人當選為中國工程院院士，21 人當選為 9 所中國頂尖大學的校長和黨委書記，489 人被選為長江學者，836 人進入千人計劃。[107] 另外，政府於 1999 年啟動了 985 工程。該工程的目的是為國家的 9 所頂尖大學提供支持，幫它們在三十年內成為“世界一流”大學。[108] 為了達到這個目的，這些精英大學更加積極主動地從海外招聘學者，對華人學者和外國學者一律歡迎。

最重要的是，過去十來年的時間裏，海歸大潮回流中國，僅 2018 年一年就有 51.94 萬在外國留學的中國公民回國（圖 6–1）。作為比較，那年出國的中國學生總人數是 66.21 萬。圖 6-1 顯示，1978 年到 2018 年間，與海歸人數增加相對應的是同期出國留學的中國公民人數的增加。在改革時代出國留學潮的早期，留學生歸國率很低。例如，1979 年中國留學生的歸國率只有 10%，1992 年增加到 50% 左右。[109] 2016 年，在海外留學的中國學生總數是 54.45 萬，回國人員的總數是 43.25 萬（79%）。過去，一年中出國學生和回國學生在人數上差距巨大，現在這個差距正在逐漸縮小。目前仍然有許多中國國民在外國求學，所以可以預測，今後回國的人會更多。

最後幾點思考

當代中國的歷史也是一部中國國民和外部世界多層面互動交流的歷史。留學歸國人員經常在中國的政治變遷、社會和經濟生活、文化和意識形態傳播，以及科技發展方面發揮關鍵作用。

改革開放時代中國的出國留學潮意義十分重大。用中國領導人的話說，它是中國漫長歷史上“規模最大、領域最多、範圍最廣的留學潮”。[110] 這股留學潮的勢頭可能會繼續加大，部分原因是迅速興起的中國中產有錢送孩子出國，一部分也是中國政府正持續增加對出國研究生教育的資助；政府的目的很明確，就是到 21 世紀中期把中國建成全球大國。

四十年前，中國和美國的決策者在計劃這些深遠的教育交流活動時各有盤算。鄧小平的首要目的是，把“文化大革命”耽誤的“那些年補回來”——“文革”十年中，中國幾乎與國際學術界完全隔絕。[111] 今天看來，鄧小平的目的顯然已經達到了。不過，中國官方也一直擔憂，中國學生去西方國家接觸到自由主義觀點和價值觀後，會發生“精神污染”和“資產階級自由化”。中國領導層依然警惕並抵制西方的政治和意識形態滲透。

美國的學者和機構四十年來幫助培育中國出類拔萃的人才，展現了美國社會的慷慨、開放和軟實力。當然，美國對中國學生學者的開放門戶政策部分是出於自身利益。對美國大學來說，近十來年，中國學生支付的全額學費是一大筆收入。另外，就美國對外政策而言，一些決策者一直認為與非西方國家的教育交流是絕妙的文化外交形式。[112] 用美國總統艾森豪威爾的話說：“戰爭發乎人心，和平亦然。”[113] 美國決策者相信，教育可以成為向外國未來的領導人灌輸美國價值觀和美國意識形態的重要手段。[114] 然而，他們也認識到，來自中國的留學生不僅能在美國的校園裏和社會上接觸到自由主義思想，也能接觸到美國最先進的科學技術研究。對此問題的關切與恐懼近年來迅速增長，特別是因為中國的科技進步似乎已開始形成對美國長期霸主地位的挑戰。在美國某些政策制定者和戰略研究者眼中，美中教育交流所依靠的前提已全線失敗。

美國現在就斷言政策失敗是否操之過急、目光短淺？政策制定者如何能夠對教育交流在當今世界上的影響作出更加平衡透徹的評價？本章在宏觀層面上的分析闡明了教育交流的大格局和大趨勢。第七章和第八章則在微觀層面上展開審視。這也許特別有助於從不同角度和層次思考這些關鍵問題，在美中雙邊關係當下的艱難時刻拓寬視野。

註釋

1. 伯納德・格韋茨曼：〈美國和中國簽署協定：卡特看到了"不可逆轉"的潮流〉，《紐約時報》，1979 年 2 月 1 日，A16 版。
2. 史景遷：《改變中國：中國的西方顧問，1620—1960》（*To Change China: Western Advisers in China, 1620–1960*）（Boston, MA: Little, Brown Publishers，1969），第 292 頁。
3. 《北京週報》（*Beijing Review*），42，No.5，1999 年 2 月 1—7 日，第 17 頁。
4. 杜瑞清：《中國高等教育》（*Chinese Higher Education*）（New York: St. Martin's Press，1992），第 101 頁。
5. 如部培德（Patrick Tyler）：《長城：六位美國總統與中國》（*A Great Wall: Six Presidents and China*）（New York: Public Affairs，2000）；戴維・M. 蘭普頓、喬伊斯・A. 馬丹西（Joyce A. Madancy）、克里斯滕・M. 威廉姆斯（Kristen M. Williams）合著：*A Relationship Restored: Trends in U.S.-China Educational Exchanges, 1978–1984*，Washington, D. C.: National Academy Press，1986。

6. 這52位學生和學者都是中年人，最大的49歲，最小的36歲。他們在“文化大革命”前完成了大學本科教育。他們來自中國各地的22個教育和研究機構。在美國，他們先在華盛頓特區的美國大學和喬治敦大學學了幾個月的英語口語，然後分散到加州大學伯克利分校、麻省理工學院、哥倫比亞大學、威斯康辛大學、普林斯頓大學和其他高校去完成自然科學和工程學領域的研究生學業或做研究。見卡爾·李（Karl Li）、理查德·埃爾韋爾（Richard Elwell）：〈和中國人聊天〉（*Chatting with the Chinese*），《美國教育》（*American Education*），1979年5月，第17—19頁；《北京週報》（*Beijing Review*），42，No.5，1999年2月1—7日，第17頁。
7. 《北京週報》（*Beijing Review*），32，No.5，1989年1月30日，第39頁。
8. 《2018年度我國出國留學人員情況統計》，中華人民共和國教育部網站。
9. 同上。
10. 〈所有的來源地〉（*All Places of Origin*），開放門戶網站（Open Doors website）。
11. 李成主編：《連接太平洋兩岸的橋樑：美中教育交流1978—2003》（*Bridging Minds across the Pacific: U.S.-China Educational Exchanges 1978–2003*）（Lanham, MD: Lexington Books，2005），第1—24、69—109頁。
12. 亞歷山德拉·尹-亨德里克斯（Alexandra Yoon-Hendricks）：〈對中國學生的簽證限制令學界驚心〉（*Visa Restrictions for Chinese Students Alarm Academia*），《紐約時報》（New York Times），2018年7月27日。
13. 德先生：〈550萬華人在美人才現狀〉，“知乎”，2020年6月16日。
14. 李成的數據庫。亦見李成主編：《連接太平洋兩岸的橋樑：美中教育交流1978—2003》，第69—109頁。
15. 黃亞生：〈知識與國家安全，美國華人學者的生存危機〉，“中美印象”網站，2019年5月29日。
16. 德先生：〈550萬華人在美人才現狀〉。
17. 〈美國給中國學生的簽證驟減〉，新浪網，2018年5月7日。
18. 馮哲芸（Emily Feng）：〈聯邦調查局敦促大學監督某些在美中國學生學者〉（*FBI Urges Universities to Monitor Some Chinese Students and Scholars in the U.S.*），國家公共電台NPR，2019年6月28日。
19. 楊鳴：〈中國赴美遊客人數15年來首次下降〉，美國之音（Voice of America），2019年5月28日。
20. 白宮：《暫停中華人民共和國某些學生和研究人員非移民入境的公告》（*Proclamation on the Suspension of Entry as Nonimmigrants of Certain Students and Researchers from the People's Republic of China*），2020年5月29日。
21. CNN文稿，2018年2月13日；馮哲芸：〈聯邦調查局敦促大學監督某些在美中國學生學者〉。
22. 馮哲芸：〈聯邦調查局敦促大學監督某些在美中國學生學者〉。
23. 彼得·瓦爾德曼：〈美國在從頂尖機構中清洗中國癌症研究者〉（*The U.S. Is Purging*

Chinese Cancer Researchers from Top Institutions），《彭博商業週刊》（*Bloomberg Businessweek*），2019 年 6 月 13 日。

24. 同上。

25. 例如，L. 拉斐爾 · 賴夫：〈給麻省理工學院全體人員的信：移民是一種氧氣〉（*Letter to the MIT Community: Immigration Is a Kind of Oxygen*），《MIT 新聞》（*MIT News*），2019 年 6 月 25 日。

26. 蒂莫西 · 普科（Timothy Puko）、凱特 · 奧基夫（Kate O'Keeffe）：〈美國打擊中國和其他國家招募政府科學家的努力〉（*U.S. Targets Efforts by China, Others to Recruit Government Scientists*），《華爾街日報》（*Wall Street Journal*），2019 年 6 月 10 日。

27. 共有 432.32 萬學生拿到了學位或完成了學習計劃。《2018 年度我國出國留學人員情況統計》，中華人民共和國教育部網站。

28. 舒新城：《近代中國留學史》（上海：上海文化出版社，1989；第一版印刷於 1927 年），第 1 頁。

29. 鄧嗣禹、費正清：*China's Response to the West: A Documentary Survey*，Cambridge, MA: Harvard University Press，1954，第 276 頁。

30. 王奇生：〈中國留學生〉（*Foreign-Educated Chinese*），載於香港歷史博物館彙編的《學海無涯：現代中國留學生展》（Hong Kong: The Hong Kong Museum of History，2003），第 14 頁。

31. 引自安宇、周棉：《留學生與中外文化交流》（南京：南京大學出版社，2000），第 4 頁。

32. 香港歷史博物館：《學海無涯：現代中國留學生展》，第 17 頁。

33. 關於區分中國出國留學潮不同時期的各種辦法，見張寧：〈中國留學研究問題及思考〉，載於閔維方、王永達主編：《全國出國留學工作研究會成立十週年紀念文集》（北京：北京大學出版社，2002），第 104 頁；汪一駒：《中國知識分子與西方：1872—1949》（*Chinese Intellectuals and the West: 1872–1949*）（Chapel Hill: University of North Carolina Press，1966），第 42 頁。

34. 王奇生：〈中國留學生〉，第 10 頁。

35. 然而，其中兩名學生拒絕回國。他們是譚耀勳和容閎的侄子容揆。後來他們二人都從耶魯畢業，在中國使館工作。那段時期，不接受政府贊助的中國人仍然能夠在美國學習。

36. Thomas E. La Fargue：*China's First Hundred: Educational Mission Students in the United States, 1872–1881*，Seattle, WA: Washington State University Press，1987，第 53—66 頁。

37. 《南方週末》，2005 年 4 月 15 日。

38. 安宇、周棉：《留學生與中外文化交流》，第 47 頁。

39. 王奇生：《中國留學生》，第 13 頁。

40. 李喜所、劉集林：《近代中國的留美教育》（天津：天津古籍出版社，2000），第 366 頁。

41. 黃福慶：《清末留日學生》，由凱瑟琳 · P. K. 惠特克（Katherine P. K. Whitaker）譯成英文（Tokyo: The Centre for East Asian Cultural Studies，1982）。

42. 中國科學院出國留學工作研究會：〈中國近現代留學教育史述〉，載於閔維方、王永達主編：《全國出國留學工作研究會成立十週年紀念文集》（北京：北京大學出版社，2001），第 447 頁。

43. 香港歷史博物館：《學海無涯：現代中國留學生展》，第 111 頁。

44. 張玉法：《歸國留美學生和中國領導層，1846—1949》（*Returned Chinese Students from America and the Chinese Leader ship,1846–1949*），《中國歷史研究》（*Chinese Studies in History*），35，No.3，2002 年春，第 53 頁。

45. 李喜所、劉集林：《近代中國的留美教育》，第 64—114 頁。

46. 同上，第 1 頁。

47. 湯全起、王慧蘭：〈21 世紀中國留學教育趨向分析〉，《出國留學工作研究》，No.3，1998，第 4 頁。

48. 曹叢：〈通過教育精英實現科學現代化〉（*Modernizing Science through Educating the Elite*），載於邁克爾．阿傑拉斯托、鮑勃．亞當森主編：《後毛澤東時代中國的高等教育》（Hong Kong: Hong Kong University Press，1998），第 107 頁。

49. 張寧：《中國留學研究問題及思考》，第 101—106 頁。

50. 韋慕庭（C. Martin Wilbur）為《中國知識分子與西方：1872—1949》寫的〈前言〉，第 v 頁。

51. 楊曉靜、苗丹國：〈新中國出國留學教育政策的演變過程及對策研究〉，《新教育時代》，2015 年 10 月，第 2—3 頁。

52. 魏能濤：〈新時期出國留學教育鳥瞰〉，載於閔維方、王永達主編：《全國出國留學工作研究會成立十週年紀念文集》，第 435 頁。從 1956 年到 1957 年，中國派遣了 50 名學生去資本主義國家學習語言。從 1957 年到 1965 年，中國向意大利、比利時、瑞士、瑞典、挪威、丹麥和其他國家派了約 200 名學生。大部分都是學語言的；只有 21 人學習自然科學。中國科學院出國留學工作研究會：〈中國近現代留學教育史述〉，載於閔維方、王永達主編：《全國出國留學工作研究會成立十週年紀念文集》，第 449 頁。

53. 中國科學院出國留學工作研究會：《中國近現代留學教育史述》，第 450 頁。

54. 同上。

55. 同上。

56. 關於周培源在重建美中教育交流和“美國對華文化與科學長期政策的成功”方面的作用，更多的討論見瑪麗．布朗．布洛克：〈美國科學與中國民族主義：對周培源生涯的思考〉（*American Science and Chinese Nationalism: Reflections on the Career of Zhou Peiyuan*），載於賀蕭（Gail Hershatter）等主編：《重畫中國地圖：歷史地形上的裂痕》（*Remapping China: Fissures in Historical Terrain*）（Stanford, CA: Stanford University Press，1999），第 210 頁。

57. 汪一駒指出，自 1906 年開始，在日本學習過的人開始影響中國的教育政策，他們“引進了一系列模仿日本做法的改變”。但是，隨著更多留美人員回國後影響力增強，“1922 年對教育制度進行了大改”。汪一駒：《中國知識分子與西方：1872—1949》，第 362 頁。

58. 《北京青年報》，2003 年 12 月 12 日，第 1 版。

59. 〈上海“海歸”人數全國居首佔總數四分之一〉，《新民晚報》，2009 年 1 月 31 日。

60. 韓春力：〈最新最全上海落戶辦法〉，《勞動報》，2018 年 5 月 20 日。

61. 《歡迎加入上海海歸中心會員俱樂部》，上海海歸中心網站（Shanghai Returnee Center website），2019 年 3 月 31 日。

62. 韓春力：〈最新最全上海落戶辦法〉。

63. 同上。

64. 《解放日報》，2005 年 1 月 1 日，第 1 版

65. 《2018 年來華留學統計》，中國教育部網站，2019 年 4 月 12 日。

66. 〈出國留學五十年數據匯總〉，每日頭條，2019 年 4 月 10 日。

67. 18 歲以下出國上高中的學生稱為"小留學生"。根據中國教育部的標準，這些"小留學生"不算留學人員。《出國留學工作情況發佈會》，中國教育部網站，2004 年 2 月 16 日。

68. 張增益：《CUSBEA 計劃：二十年後》（*The CUSBEA Program: Twenty Years After*），*IUBMB Life*，61，No.6，2009 年 6 月，第 555—565 頁；元青、岳婷婷：〈新時期中國留美教育的發展歷程和趨勢〉，中國社會科學網，2015 年 5 月 6 日。

69. 李成主編：《連接太平洋兩岸的橋樑：美中教育交流 1978—2003》，第 77 頁。

70. 〈出國留學五十年數據匯總〉。

71. 同上。

72. 同上。

73. 苗丹國：《出國留學六十年》（北京：中央文獻出版社，2010）。

74. 中國教育部：《各類留學人員情況統計結果》，中國教育部網站。

75. 同上。

76. 魏能濤：〈新時期出國留學教育鳥瞰〉，第 442 頁。

77. 元青、岳婷婷：〈新時期中國留學教育的發展歷程和趨勢〉。

78. 陳鑄：〈2014 年出國留學趨勢報告〉，《中國青年報》，2014 年 3 月 24 日。

79. 〈出國留學五十年數據匯總〉。

80. 周友友：《中國學生在美國的影響，趨勢與分佈》（*The Impact of Chinese Students in the US, Charted and Mapped*），Quartz，2018 年 10 月 2 日。

81. 同上。

82. 王石：〈2014 中國出國留學人員再增〉，《世界日報》，2014 年 3 月 25 日，A12 版。

83. 元青、岳婷婷：〈新時期中國留美教育的發展歷程和趨勢〉。

84. 《中美高等教育合作的新時代》，2019 年 12 月 16—18 日在中國昆山的杜克昆山大學舉行的 2019 杜克國際論壇。

85. 同上。

86. 元青、岳婷婷：〈新時期中國留美教育的發展歷程和趨勢〉。

87. 同上。

88. 〈出國留學五十年數據匯總〉。

89. 江波：《四十年出國留學與改革開放》，在中國教育發展戰略學會 2018 年學術年會上的發言，2018 年 12 月 3 日。

90. 張爍：〈張爍：中國去年出國留學人員數破 60 萬〉，《人民日報》網站，2018 年 4 月 1 日。

91. 教育部國際司出國留學工作處、上海市教育科學研究院智力開發研究所：〈留學人員回國創業現狀及政策研究〉，《出國留學工作研究》，No.2，2000，第 1 頁。

92. 〈中國留學人員概況〉，新華網，2009 年 1 月 3 日。在美學習的中國學生學者總數基於中國駐美大使周文重 2005 年 6 月 1 日在西雅圖的一次講演。

93. 同上。

94. 同上。

95. 羅伯特 · L. 雅各布森（Robert L. Jacobson）：〈中國和美國對交流學生歸國問題表示關切〉（*China and U.S. Express Concerns over Return of Exchange Students*），《高等教育紀事報》（*The Chronicle of Higher Education*），1987 年 6 月 17 日，第 32 頁。

96. 魏能濤：〈新時期出國留學教育鳥瞰〉，第 314 頁。

97. 湯全起、王慧蘭：〈21 世紀中國留學教育趨向分析〉，第 4 頁。

98. 魏能濤：〈新時期出國留學教育鳥瞰〉，第 438 頁。

99. 杜瑞清：《中國高等教育》，第 103 頁。

100. 忻福良：〈上海吸引海外華人智力的基本思路〉（*The Basic Line of Thinking in Shanghai's Efforts to Attract Overseas Chinese Intellect*），《中國教育與社會》（*Chinese Education and Society*），34，No.3，2001 年 5/6 月，第 65—77 頁。

101. 程開明：〈高等教育管理與供資的改革〉（*Reforms in the Administration and Financing of Higher Education*），載於阿傑拉斯托、亞當森主編：《後毛澤東時代中國的高等教育》，第 23 頁。

102. 引自裴兆宏：〈瞄準世界一流，構築人才高地〉，《神州學人》，No.1，2003，第 34 頁。江澤民在 1998 年 5 月北大建校百年紀念會上說了這番話。《新聞週刊》，No.26，2003 年 7 月。

103. 《神州學人》，2003 年 7 月。

104. 習近平：〈在歐美同學會成立 100 週年慶祝大會上的講話〉，人民網，2015 年 10 月 21 日。

105. 同上。

106. 長江學者計劃的資金來自李嘉誠和其總部位於香港的長江實業集團有限公司。長江計劃的第一階段投資總額為 6000 萬港元，其間教育部設立了 300—500 個長江特聘教授職位，任期從 1998 年開始。到 2003 年，445 位長江學者中，410 位（92%）是海歸。"春輝計劃" 為擁有博士學位的中國國民提供在海外教育機構短期工作（六到十二個月）的資助，在短期工作期間為他們提供薪金、免費住房、往返機票和保險。根據中國教育部的消息，自 "春輝計劃" 於 1996 年設立以來，大約 7000 名學者接受了計劃的資助，2003 年 8 月 17 日。

107. 元青、岳婷婷：〈新時期中國留學教育的發展歷程和趨勢〉。

108. 《聯合早報》，2003 年 4 月 11 日。這九所頂尖精英學校是：北京大學、清華大學、復旦大學、上海交通大學、南京大學、浙江大學、西安交通大學、中國科技大學和哈爾濱工業大學。

109. 〈出國留學五十年數據匯總〉。

110. 習近平：〈在歐美同學會成立 100 週年慶祝大會上的講話〉。

111. 崔大偉、陳昌貴、駱思典：〈中國向美國的人才外流：20 世紀 90 年代海外中國學生和學者的觀點〉，《中國研究專題》（*China Research Monograph*），No.47（Berkeley, CA: Institute of East Asian Studies, University of California，1995），第 7 頁。

112. 菲利普·庫姆斯：《外交政策的第四維度：教育與文化事務》（New York: Harper and Row，1964），第 6—7、17 頁。

113. 德懷特·D. 艾森豪威爾：《在史密斯－蒙特法通過 10 週年紀念儀式上的講話》（講話，華盛頓特區，1958 年 1 月 27 日）。

114. 卜利平：*Making the World Like US: Education, Cultural Expansion, and the American Century*（Westport, CT: Praeger，2003），第 7 頁。

第七章

教育交流的影響
上海的海歸

我們必須努力擴大人類智慧、同理心和視野的疆界，而要做到這一點，除了教育別無他途。

——J. 威廉 · 富布萊特

陳丹青、陳竺、金星、沈南鵬、徐匡迪、姚明、袁岳、張文宏和朱民這些人有何共同之處？很少。他們的年齡、性格、專業和政治觀點迥然不同。然而，他們都功成名就，在中國家喻戶曉。他們也都是上海人，並且都是海歸。他們或是生長在上海，或是至少成年後大部分時間在上海，在海外學習後又回到上海。

· 陳丹青畢業於中國中央美術學院，後來到紐約經歷了十年藝海沉浮。他因創作《西藏組畫》而名聲大噪。這個系列組畫體現了陳丹青對於中國油畫長期受現實主義風格影響，以及當時描繪藏族人時普遍採取的居高臨下角度的強烈批判。2007 年，他辭去了清華大學美術學院教授的職務。之後，陳丹青落戶上海，繼續藝術創作和政治評論。

- 陳竺是上海人，擁有上海第二醫科大學的碩士學位和法國巴黎狄德羅大學（巴黎七大）的博士學位，是世界著名的血液學專家。他在巴黎一家醫院當過一段住院醫師後，於 1989 年回到上海，成為瑞金醫院的醫生。他先任上海血液學研究所分子生物學實驗室主任，後來成為研究所主任。陳竺不是共產黨員，但做了六年衛生部部長（2007–2013）。因為他在醫學研究和公共衛生方面的成就，他被好幾個聲望甚隆的學院授予院士頭銜，包括美國國家醫學院、美國國家科學院、法國科學院、英國醫學科學院和發展中國家科學院。
- 金星是位變性現代舞舞者，20 世紀 80 年代晚期和 90 年代初期在紐約學習現代舞蹈，也在羅馬教過舞蹈。她回到上海後，不僅創辦了一家現代舞蹈團，而且因主持電視節目《金星秀》而成為無人不曉的文化偶像。《金星秀》是收視率最高的深夜節目，開始時在上海播出，後來擴及全國。2021 年初，金星又轉戰娛樂界，負責經營上海的老牌夜總會和舞廳“百樂門”。
- 沈南鵬畢業於上海交通大學和耶魯大學，是紅杉資本中國基金的創始人和合夥管理人。他以此身份創立並投資了許多成功的人工智能公司和電子商務公司，如携程旅行網、如家連鎖酒店、螞蟻金融服務集團和頭條。他曾在德意志銀行香港分行、化學銀行、雷曼兄弟公司和花旗銀行做過投資銀行業務。他在中國和美國都積極參與慈善工作和教育交流，為耶魯北京中心的創立出了力。2020 年，他連續第三年蟬聯《財富》雜誌全球最佳風險投資人。
- 徐匡迪是工程學教授，曾在上海教了二十五年書，後來做過六年上海市市長（1995–2001）。他是留歐海歸，在倫敦帝國理工學院做過訪問教授，在瑞典的一家公司做過副總工程師。徐匡迪擔任上海市領導時，在上海城市改造中發揮了重要作用。卸任市長後，他當了十年的中國工程院院長，現在是包括雄安新區建設在內的京津冀一體化工程的主要顧問。

· 姚明在上海大鯊魚籃球俱樂部和休斯敦火箭隊打過球，被公認為最出名的中國籃球球員。2011 年，他在 NBA 的火箭隊打了 8 個賽季後返回家鄉上海。他除了擔任中國籃球協會主席之外，還積極投身於許多其他事業，包括保護大象、控制煙草、宣傳關於艾滋病毒 / 艾滋病的知識、幫助貧困兒童受教育和促進中美兩國相互了解。

· 袁岳是新上海人（非土生土長的上海居民），1992 年在上海創辦了零點研究諮詢集團。他是美國海歸，2001 年在哈佛大學肯尼迪政府學院獲得公共行政管理碩士，2007 年入選耶魯世界學人項目（Yale World Fellows Program），2013 年到 2015 年參加了阿斯彭學者計劃（Aspen Scholar Program）。袁岳的零點研究諮詢集團是中國第一家私有大型調查公司，業務包括市場研究、輿論調查、政策評價和內部管理調查。過去二十年來，袁岳利用自己頻繁接受媒體採訪的機會，積極為社會問題發聲呼籲，他關注的社會問題有保護並促進財產權、幫助移民工人，以及保護弱勢群體和殘疾人的權利。

· 張文宏是醫生，在中國抗擊新冠病毒鬥爭中成為家喻戶曉的名人。他是復旦大學附屬華山醫院的感染科主任。新冠疫情暴發後，張醫生擔任了由 60 位醫學專家組成的上海市新冠肺炎救治專家組組長。本來預計上海的感染率和死亡率會雙高，但截至 2020 年 11 月，上海只有 1259 例感染（包括境外輸入）和 7 例死亡。數字如此之低，部分要歸功於張醫生的團隊在預防和救治方面的傑出工作。在人們對新冠肺炎一無所知的時候，張文宏經常對公眾坦率講述相關信息和科學知識，在中國社交媒體上獲得好評如潮。張文宏畢業於上海醫科大學，在哈佛醫學院和芝加哥的伊利諾伊州立大學做過訪問學者和博士後。

- 朱民畢業於復旦大學、普林斯頓大學和約翰斯·霍普金斯大學，後來擔任中國人民銀行副行長和國際貨幣基金組織（貨幣基金）副總裁，是這個重要國際組織中第一個來自中國的高級官員。他積極推動可持續增長和金融穩定，還為加强貨幣基金與亞洲和新興經濟體的關係發揮了關鍵作用。朱民 2016 年完成在貨幣基金的五年任期後回到中國，經常在重大的全球經濟論壇上演講，是世界上講話條理最清楚、影響力最大的經濟學家之一。

這些個人體現了海歸在上海各行各業的存在和日益增長的影響力。在某種意義上，正如他們許多人公開宣稱的那樣，無論他們是體制內的政府官員，或是體制外針砭時弊的知識分子，還是兩者之間的調停角色，他們都代表著公眾的，特別是上海新興中產的利益與關切。不管這些人的政治立場如何，他們作為一個整體，主要通過自己在上海的工作對中國的社會和經濟生活、知識探討和公共輿論產生了影響。

不出意料，中國受海歸影響最大的領域是高等教育領域。今天，中國一流大學中佔壓倒性多數的教授和大部分行政管理人都有出國學習的經歷，或者在國外獲得了學位，或者做過訪問學者。這些教育工作者與外國教育機構的緊密關係在課程設定、項目立項、科技創新、社會科學研究、政策和學術辯論等方面起到了非常重要的作用。最重要的是，他們在對中國未來精英的培養中舉足輕重。在國外待過的中國人有的自費或受外國資助讀了大學本科或研究生班，有的在外國長期擔任教職，還有的參加過為時一年的訪問學者計劃；大家的經歷五花八門，各不相同。

本章更加詳細地分析海歸在中國高等教育體系和上海頂級律師事務所中的代表。第一部分總體介紹了中國大學裏海歸人員的增多，通過對高校海歸的生平、個人、職業和學術背景的全面審視，找出了一些重要模式，既包括他們的海外求學情況，也涵蓋 21 世紀第一個十年中國高校高級行政管理人的明顯特徵。第二部分集中討論受過西方教育的海歸目前在上海高等教育機構中的主導地位。這部分談到了今天的海歸行政管理人與大約十年前的同行有何不同，以及如何從這些不同中得出中國今後教育發展和政治軌跡的寶貴信息。第三部分，也是最後的部分，探討了海歸在上海律師事務所高級合夥人中的廣泛分佈。

中國高等教育體系中海歸人數的增加

資料來源與研究方法

本書的研究以作者自 2002 年開始建立的 3 個數據庫為基礎。第一個數據庫載有 21 世紀第一個十年中在中國最好的 25 所高校任教的 2044 名海歸的生平與專業背景。這 25 所高校是從中國兩個不同的研究團體在 2002 年和 2003 年確立的中國大學前 20 名排行榜中選出來的。[1] 由於兩份前 20 名排行榜內容有重疊，所以一共有 25 所大學在這兩個排行榜中至少一個榜上有名。[2]

“985 工程”中的 9 所頂級大學，或稱“九校聯盟”的成員都包括在內。985 工程由中國政府於 1998 年 5 月啟動，目的是在中國建成一批“世界知名大學”。985 工程的第一批學校 —— 中國聲望顯赫的 9 所大學 —— 於 2003 年選定，是北京大學、清華大學、復旦大學、上海交通大學、南京大學、浙江大學、中國科技大學、哈爾濱工業大學和西安交通大學。後來，985 工程又增加了 30 所大學，總數達到 39 所。按照政府計劃，後 30 所大學也要建成“世界知名高水平大學”。就教師隊伍而言，第一批 985 大學，只佔整個高等教育體系的 1%，但相當大一部分的國家研究資金都給了它們。

2044 名海歸的生平資料主要來源於大學網站。能夠在 25 所頂級大學的網站上查到生平信息的海歸人員都包括在了本書的研究裏，所以把他們納入數據庫並非按照統計學客觀的標準。儘管如此，他們的信息仍然是豐富的資料，可用來分析中國頂級大學中海歸的特點。

第二個數據庫載有 134 所大學裏 936 位高級行政管理人的生平與專業信息。高級行政管理人包括校長、黨委書記、副校長和黨委副書記。大學內部機構和學院的院長沒有包括在數據庫中，除了同時在大學一級擔任高級職務的人。

134 所大學從中國網絡大學 2002 年彙編的中國高校排行榜中選出。[3] 排行榜包括約 1000 所中國高校，榜上前 40 名都納入了本書的研究。這 40 所高校均屬“211 工程”，那是中國政府 1995 年（比 985 工程還早）為準備 21 世紀的到來而啟動的一項工程。

中國教育部在全國挑選了 100 來所高校，給它們增加撥款用於開展學術研究和派遣教師出國學習。從 1996 年到 2000 年，給 211 工程的撥款大約共 22 億美元。[4] 據《人民日報》報道，到 2008 年，116 所高校（佔全國高校的 6%）被定為 211 工程高校。總算起來，這 116 所高校（包括九校聯盟的 9 所頂級大學）培養了中國 4/5 的博士生和 2/3 的碩士生。國家關鍵研究項目的 85% 由它們負責，中國主要的研究實驗室 96% 設在它們那裏，國家科研資金的 70% 撥給了它們。[5]

在排名最前的 40 所大學的官網上，可以找到學校現任領導的信息。第二個數據庫中其他 94 所高校是根據兩個因素選出來的。第一，只選官網提供現任領導信息的高校；第二，為確保地域多樣性，挑選學校時考慮了地理位置。因此，這個數據庫的資料來源更加客觀、系統。

當然，這些高校並非所有高級管理人都是海歸。事實上，本書的研究顯示，936 位高級行政管理人中只有 313 人（33%）是海歸。因為有這個變量，所以可以在海歸高級管理人和國內培養的高級管理人之間做出比較。根據中國學者陳學飛 2003 年對高校教師情況的研究，校、系、研究所、研究中心和關鍵國家實驗室的 132 名高級管理人中，102 人（77%）是海歸。[6] 與我這項研究相比，陳學飛的研究中有留學經歷的高級管理人百分比更高。這個差別有三個可能的解釋。第一，中國兩所"超級"大學（清華和北大）的海歸可能比其他頂級大學多，陳學飛的研究數據中這兩所大學的教員比較多。第二，海歸做行政管理人當時通常在系一級，而不是校一級，而我這項研究僅限於校一級。第三，許多海歸行政管理人可能是助理校長，這一類經常被列為大學一級的管理人，但不包括在我的研究之中。

除了在學校官網上找到的信息，本書還利用中國和海外的線上搜索引擎獲取關於中國著名高校行政管理人的更多信息。這樣的網站有時會提供關於大學領導的生平信息，不過經常比較零碎，沒有系統性。

本書的研究還從其他中國官方來源搜集信息，如《中國人物年鑑》提供的中國一流大學新任高級行政管理人的生平。[7] 近來出版的介紹海歸成就的中文書籍特別有幫助，裏面包含了關於中國教育界著名領導人物的詳細信息。[8] 這些多種信息來源互相補充，可以交叉核實本書所分析的教育界精英的數據。

第三個數據庫完全是關於上海的，包含兩組數據。第一組數據包括上海最好的 10 所大學 122 位最高行政管理人（校長、副校長、黨委書記和黨委副書記）。對大學的挑選基於 2019 年上海大學綜合實力排名榜，此外還有一項對復旦大學做的案例研究。[9] 所有數據都來自這些大學的官網，也使用在百度上查到的生平資料和作者採訪作為補充。第二組數據專注於上海最好的 5 家律師事務所共 613 位合夥人的教育背景。對 5 家律師事務所的挑選基於 2018 年上海律師協會年度排行榜。[10] 這兩組數據於 2017 年到 2019 年間收集，最後更新時間是 2020 年 7 月。

生平與專業信息包括年齡、性別、出生地、目前職位、學術成就、行政經驗、政治背景、教育水平、獲得學位的學校、訪問學者或博士後經歷、學術專業、學術職稱、出國經驗和留學時長。每個人的這些信息都輸入數據庫進行量化分析。為清楚起見，研究的第一個海歸群體取名為“海歸教授”。第二個群體是大學高級行政管理人，取名為“高級管理人”，留過學的行政管理人取名為“海歸高級管理人”或“海歸行政管理人”。第三個群體是復旦大學的高級行政管理人，取名為“復旦管理人”或“復旦海歸管理人”，上海律師事務所合夥人那個群體取名為“上海海歸律師”。

2005 年數據的研究結果

中國的海歸教授和高級行政管理人絕大多數是男性，各自佔比為 86% 和 93%。這一點值得注意，因為自改革開放開始以來，大學生和教師中的女性人數都增加了。比如，女大學生在全體大學生中所佔百分比 1978 年是 24%，1990 年增加到 34%，1998 年又增到 38%，

2010 年升至 50%，2018 年達到了 52%。[11] 在研究生一級，女性佔比從 1980 年的 10% 增加到 1990 年的 23%，再到 2010 年的 50%，然後到 2016 年的 53%。[12]2010 年，中國博士生中女生佔了 36%，2016 年增加到 39%。[13]

過去二十年，中國女大學生人數的顯著增加是否會改變中國高校領導層的性別不平衡，目前尚未可知。對比一下 21 世紀第一個十年的大學高級管理人和海歸高級管理人這兩個群體，可以看到，出國留學的女性行政管理人更少（只有 6%）。海外大學招生時通常不問性別，所以大批中國女生現在去國外讀書。根據中國官方統計數字，2013 年的留學回國人員中，女性佔了 58%。[14]

絕大多數海歸教授和高級管理人（國內培養的和留學歸來的都算上）是漢族。中國頒佈了平權政策以促進少數民族大學生入學，並推動聘用少數民族大學教師，但是，中國一流大學的海歸教授只有 0.3% 是少數民族，高級管理人和高級海歸管理人中也只有 2% 不是漢族人。

海歸教授的年齡分佈顯示，多數（52%）接近 40 歲或 40 來歲。研究表明，在許多國家，這個年齡組的人都是最能出成果的。50 歲以上的海歸教授佔比較小（22%），其主要原因是"失去的一代"這個現象——指由於"文化大革命"的動亂，只上完小學或初中就被迫中斷學業的那一代人。儘管那一代人被稱為"失去的一代"，其實中國的高等教育並不是真的少了整整一代合格師資。"失去的一代"中，有些人在 20 世紀 70 年代晚期恢復高考後上了大學，後來也有些人去了國外留學。事實上，大批在西方留過學的教師幫助填補了"文革"造成的空白。

所以，儘管中國"文革"前的學術界領軍人物均已上了年紀，世紀之交時即將退休，但因此就擔心後繼無人，怕出現合格教師的嚴重短缺，未免有些杞人憂天。[15] 改革開放時代，留學大潮產生的海歸大潮帶回了許多學界新人，足以勝任教職。20 世紀 90 年代末和 21 世紀第一個十年初，多數高級管理人年齡是四五十歲，把海歸也算上的所有高級管理人中約 86% 都屬這個年齡組。約 76% 的海歸教授年齡是 50 來歲或者更低。未來回國的海歸很可能更年輕，因為 20 世紀 90 年代出國的留學生平均年齡比 20 世紀 80 年代的留學生小 10 歲。[16]

看一下海歸教授和海歸行政管理人出生的省份，可以看到，他們中間一半以上出生在華東地區。僅江蘇一地就佔了本書研究範圍內海歸教授的 16% 和海歸高級管理人的 18%。生長在華東地區的人超乎比例，這與對改革開放時代的政治、經濟和軍事精英開展研究後發現的狀況不謀而合。例如，高級行政管理人中有 24 個有留學經歷的上海人（9%）。相比之下，本書研究範圍內的海歸高級行政管理人中沒有一個出生在天津，儘管天津是 4 個直轄市之一。

也許意義更加重大的是，就地域分佈而言，海歸在中國的發展極不均衡。本書前面説過，除了上海，北京和江蘇也有很多海歸。[17] 相比之下，其他內地高校的海歸寥寥無幾。因為大部分海歸都落戶在了沿海地區，所以近年來中國官方努力聘請更多海歸人員去內地。教育部設立了一個回國人員事務辦公室，鼓勵海歸人員去西部找工作。西部省份也在北京派有代表，負責與留學國外的學生學者接洽。

2002 年，國家派出了 2500 名公派學生和學者，裏面只有 3 人來自西北部的青海省。本書對留學歸來的教授和高級行政管理人的研究再次顯示，海歸的地域分佈存在著沿海和內地之間的不平衡。高等教育機構總的地區差距，具體到受過外國教育的師資方面的差距，突出顯示了中國的一個長期問題。地區差距以後可能會進一步加大，因為家在上海、北京和其他富裕沿海城市的海歸可能仍然不願意去內地工作。

表 7-1 顯示了海歸教授和海歸高級行政管理人在國外受教育的程度。2044 位海歸教授中，多數（61%）是訪問學者，近 30% 是攻讀學位的學生。海歸高級行政管理人的數據顯示，他們中間訪問學者的佔比更大（74%）。這些高級管理人中，大約 20% 在國外獲得了博士學位，只有 4% 獲得碩士學位。

表 7–1　海歸教授與海歸高級管理人員在國外受教育的程度，2005 年

海外教育程度	海歸教授		海歸高級管理人	
	人數	百分比（%）	人數	百分比（%）
博士生	602	29.5	76	24.3
訪問學者（包括博士後）	1 253	61.3	230	73.5
既拿學位又是訪問學者	66	3.2		
行政工作			7	2.2
未知	123	6.0		
共計	2 044	100.0	313	100.0

來源：李成的研究。

分析一下 2005 年關於教授和高級管理人在國外學習時長的數據，可以看到他們大部分人在海外待的時間比較短。根據能夠找到的關於留學歸來的教授和高級管理人在國外逗留時長的信息，海歸教授中的 61% 和海歸高級行政管理人中的 65% 在海外學習的時間為一到兩年，大部分是訪問學者。只有 4% 的海歸教授在海外學習工作了十年以上，高級行政管理人中只有當時的福州大學副校長王欽敏在英國學習並工作了十年以上。他在倫敦帝國理工學院獲得了工程學博士學位。

中國大學招聘教師通常從本校校友中挑選。中國人把這種現象稱為“近親繁殖”，學者們經常批評它不利於學術發展。然而，從海歸進入中國大學教師隊伍的情況來看，這種做法似乎並未改變。本書研究使用的數據表明，大部分海歸教授都回到了母校任教。事實上，63%的海歸教授是任職高校的校友，包括 23% 在任職高校本科畢業，18%在任職高校上過研究生，還有 23% 的人本科和研究生都是在任職高校上的。只有 37% 的海歸教授不在自己畢業的高校任職。

值得注意的是，高級行政管理人回母校任職的概率也很大。數據表明，留學歸來的高級行政管理人中 75% 和全部高級行政管理人的 70% 目前在自己的母校任職。這種狀況可能會妨礙中國建設世界一流大學的努力，因為一流大學需要學生和教員有多種多樣的學業背景，需要國際包容性，還需要對教員職位和大學行政管理職位的公開競爭。

表 7-2 排列了中國高校海歸負笈求學的前 10 個國家。這批人分 4 個群體，在美國學習的海歸在這前 3 個群體中位居第一：（1）教授（39%）、（2）有外國博士學位的教授（30%）、（3）高級管理人（35%）和（4）獲外國博士學位的海歸高級管理人（19%）。前 3 個群體中留學目的地國排名第二的是日本，但中國學生在美國留學的人數遠遠多於在日本留學的人數。然而，在擁有外國博士學位的海歸高級行政管理人中，美國成了居於日本之下的第二名。這並不奇怪，因為在 20 世紀 90 年代晚期，3000 名在日本獲得博士學位的中國學生回到了中國，這是個不小的數字。[18]3 個群體中，在俄羅斯學習的人所佔比例極小，從 2% 到 4%。不過看發展趨勢，不久後，從俄羅斯回國的學者會有所增加，因為選擇去俄羅斯學習的中國人越來越多。2003 年，俄羅斯有大約 1 萬中國留學生，大多在俄羅斯最好的大學讀書。2019

年，留俄中國學生的人數增長到 3 萬。[19]

表 7–2　海歸留學目的地國排名，2005 年

國家	海歸教授（2375 人）			獲外國博士學位的海歸教授（370 人）			海歸高級管理人（392 人）			獲外國博士學位的海歸高級管理人（63 人）		
	排名	人數	%	排名	人數	%	排名	人數	%	排名	人數	%
美國	1	930	39.0	1	141	30.1	1	138	35.2	2	12	19.0
日本	2	341	14.3	2	118	25.2	2	61	15.6	1	14	22.2
德國	3	248	10.4	4	41	8.8	3	45	11.5	3	11	17.5
英國	4	244	10.2	3	43	9.2	4	43	11.0	5	6	9.5
加拿大	5	148	6.2	8	12	2.6	5	27	6.9	6	2	3.2
法國	6	99	4.1	5	27	5.8	6	17	4.3	4	7	11.1
澳大利亞	7	61	2.6	7	15	3.2	8	10	2.6			
俄羅斯	8	53	2.2	6	17	3.6	7	11	2.8	6	2	3.2
荷蘭	9	39	1.6									
比利時	10	25	1.0	10	8	1.7	9	4	1.0			
瑞典				8	12	2.6						
奧地利										6	2	3.2
丹麥							9	4	1.0	6	2	3.2
新加坡							9	4	1.0			
韓國							9	4	1.0			
南斯拉夫										6	2	3.2

來源：李成的研究。

表 7-3 顯示，73% 的海歸教授和 71% 在海外獲得博士學位的教

授主修的都是工程和科學。然而，在高級行政管理人中，在國外獲得博士學位的和沒有獲得學位的人主修的科目差別就比較大。有外國博士學位的高級管理人中，主修工程與科學的佔比（87%）高於在全部高級管理人中的佔比（64%）。中國高等教育體系中從國外留學歸來的教授及擔任行政領導職務的大多是學工程學和自然科學的；中國著名的自然科學家和社會科學家之間的强烈對比更突出了這個現象。81% 的中國科學院院士和 54% 的中國工程院院士是 21 世紀初回國的海歸，但中國社會科學院研究員只有 4% 是留學回國人員。[20]

表 7–3　海歸教授與海歸高級管理人員的學術領域，2005 年

學術領域	海歸教授		獲外國博士學位的海歸教授		高級管理人		獲外國博士學位的高級管理人	
	人數	%	人數	%	人數	%	人數	%
工程與科學	1490	72.9	429	71.1	475	64.3	55	87.3
工程學	517	25.3	163	27.0	199	26.9	25	39.7
地質學	71	3.5	23	3.8	19	2.6		
農學 / 林學	27	1.3	18	3.0	32	4.3	3	4.8
生物學	132	6.5	52	8.6	15	2.0	5	7.9
物理學	108	5.3	26	4.3	42	5.7	6	9.5
化學	312	15.3	71	11.8	55	7.4	6	9.5
計算機科學	105	5.1	17	2.8	16	2.2	2	3.2
數學與統計學	56	2.7	24	4.0	50	6.8	4	6.3
心理學	25	1.2	5	0.8	4	0.5		
建築學	3	0.1	2	0.3	1	0.1		
醫學	134	6.6	28	4.6	42	5.7	4	6.3

學術領域	海歸教授		獲外國博士學位的海歸教授		高級管理人		獲外國博士學位的高級管理人	
	人數	%	人數	%	人數	%	人數	%
經濟學與管理	255	12.5	71	11.8	77	10.4	2	3.2
經濟學與金融	87	4.3	46	7.6	67	9.1	2	3.2
管理（含工商管理碩士）	168	8.2	25	4.1	10	1.4		
社會科學與法學	190	9.3	51	8.5	57	7.7	1	1.6
政治學	28	1.4	15	2.5	30	4.1		
社會學與人類學	35	1.7	14	2.3	1	0.1		
考古學	2	0.1						
公共行政	24	1.2	1	0.2	1	0.1		
黨史與黨務	2	0.1						
新聞學與傳播學	21	1.0	5	0.8				
法學	78	3.8	15	2.5	25	3.4	1	1.6
亞洲研究			1	0.2				
人文科學	109	5.3	45	7.5	130	17.6	4	6.3
藝術	1	0.0	2	0.3	4	0.5		
歷史	6	0.3	6	1.0	26	3.5		
哲學	27	1.3	12	2.0	32	4.3	1	1.6
教育學	6	0.3	2	0.3	12	1.6	1	1.6
中國語言文學	11	0.5			42	5.7		
外國語言文學	58	2.8	23	3.8	14	1.9	2	3.2
未知			7	1.2			1	1.6
共計	2044	100.0	603	100.0	739	100.0	63	100.0

來源：李成的研究。

中國大學的進步與尚存的不足

2002 年春，江澤民視察中國人民大學，視察中他要求推進社會科學和哲學領域的研究。他說："中國的社會科學家和自然科學家同樣重要。"[21] 但是，分析一下當時中國頂尖的大學即可看到，社會科學與人文科學領域缺乏師資，也缺少這些領域出身的校級行政管理人。

2005 年有關中國一流高校中海歸教授和海歸高級行政管理人的數據明確無誤地顯示，在西方受過教育的中國學者在中國高校領導層佔據了主導地位。21 世紀之初，中國高校的教師隊伍和行政管理班子中，留學回國的海歸都大有人在。在他們的影響下，中國的高等教育體系在改革時期採納了很多西方國家的，尤其是美國的教育標準、程序和行政管理機制。突出的例子包括三級學位制（學士 / 碩士 / 博士）、學分制、創立自然科學基金會和終身教職制度。

然而，這些改變受到幾個因素的制約，例如海歸教授在地域和人口分佈上不均衡；自然科學與工程學專業佔壓倒多數，社會科學與人文科學專業少得可憐；高校傾向於招聘自己的畢業生進入教師隊伍；真正國際化的諾言未能兑現。這些因素都嚴重制約著中國高校，使之無法完成其核心學術使命與目標。一個重要的問題是，受過西方教育的海歸在中國高校的教師及管理人隊伍中的人數進一步增加後，他們能否彌補中國高等教育制度中的這些不足。關於這個問題，以下最近對上海高校海歸展開的研究也許能為我們提供一些寶貴線索。

上海高校的海歸：趨勢與影響

上海一直是中國高等教育機構集中的地方。1949 年之前，上海共有 44 所大學，佔全國高校的 25%。這些高校中，好幾所名滿全國，甚至享譽國際，如交通、復旦、同濟、暨南、大同、大夏、光華、滬江、震旦和聖約翰。[22] 新中國成立後，這些大學和全國其他地方的大學一樣，進行了院系調整。那個時期，上海基本不准學生和學者去海外學習。例如，從 1958 年到 1978 年，上海只發了約 5000 本私人護照。1968 年整整一年，上海只發了 5 本私人護照。[23]

1978 年改革開放以後，上海發放的私人護照（許多是自費留學生的）呈指數級增長，1986 年發了 1 萬本，1987 年就增至 2 萬本，1988 年更是漲到 6 萬本。[24] 自 20 世紀 80 年代中期開始，上海市領導班子一心要"和世界接軌"。這個長期的口號反映了中國希望在經濟與教育全球化的過程中被"現代世界"接受的強烈企盼。

在教育領域，上海的高等教育從專為精英服務的體系轉向為大眾服務。從 2011 年到 2016 年，共有 18.53 萬人獲得了碩士學位，2.86 萬人獲得了博士學位。上海適齡勞動人口平均接受了十二年左右的教育，大約 35% 接受了高等教育。[25]2018 年，上海共有 64 所高校，包括 19 所民辦高校。大學生總數為 51.49 萬，比四十年前多將近 10 倍。[26] 上大學的機會增加了，普通高校錄取率接近 90%，比 2000 年的錄取率高 22%。上海有 49 所教育機構設有研究生班，2018 年入學的全職學生大約 15.85 萬。

自 20 世紀 90 年代初開始，上海有幾所大學與外國夥伴建立了聯合大學，包括上海交通大學和歐盟的歐洲委員會 1994 年聯合創辦的中歐國際工商學院（中歐商學院）、上海大學和悉尼科技大學 1994 年聯合創辦的 SHU-UTSSILC 工商學院、同濟大學和德意志學術交流中心 1998 年聯合創辦的中德學院、密歇根大學和上海交通大學 2006 年聯合創辦的聯合學院，還有中國和美國聯合成立的第一家國際大學——紐約大學和華東師範大學 2011 年聯合創辦的紐約大學上海分校。兩年後的 2013 年，杜克大學和武漢大學共同創立了杜克昆山大學，這是在上海附近的昆山設立的又一家聯合國際大學。目前，美國法學教授、康奈爾大學原校長傑弗里 · S. 雷曼（Jeffrey S. Lehman）和美國心理學家、斯沃思莫爾學院原院長阿爾弗雷德 · 布魯姆（Alfred Bloom）各自擔任紐約大學上海分校和杜克昆山大學的常務副校長。

到 2020 年，共有 9 所海外和中國香港合資大學在中國辦學。除了紐約大學上海分校和杜克昆山大學之外，其他 7 所合資大學是設在寧波的諾丁漢大學寧波分校（2004 年創立）、設在珠海的北京師範大學—香港浸會大學聯合國際學院（2005 年創立）、設在蘇州的西交—利物浦大學（2006 年創立）、設在溫州的溫州—肯恩大學（2011 年創立）、中國香港大學深圳校區（2014 年創立）、設在汕頭的廣東以色列理工學院（2016 年創立）和設在深圳的深圳北理莫斯科大學（2017 年創立）。這 9 所合資大學中，5 所位於長三角地區，4 所在珠三角地區。[27]

自 2009 年以來，中歐商學院一直被英國《金融時報》評為世界前 10 名工商學院之一和亞洲最好的工商學院。[28]2019 年，也是這家報紙把中歐商學院的工商管理碩士班評為世界前五。[29] 第六章討論過，上海在改革時代的出國留學潮中是領頭羊。這一點有統計數字和案例研究為證。根據中國的一份官方報告，從 1978 年到 2003 年，上海有大約 8 萬學生學者出國留學。他們中間 70% 左右去了發達國家，包括美國、日本、英國、德國、法國和澳大利亞，80% 拿到了博士和碩士學位。

前面說過，上海最近的趨勢表明，越來越多的高中生選擇不在中國，而是去外國上大學。在送青少年出國留學方面，上海可以說是開全國風氣之先。自 20 世紀 90 年代中期以來，美國常春藤盟校和其他名校也派招生團隊到上海的頂尖高中招生。[30]

過去二十年中，上海市政府出台了一系列政策來吸引海歸來滬工作。2003 年，上海舉辦了幾場大規模專業招聘活動，對海外專業人員（主要是留學回國人員）發放三年期上海居住證，期滿後還可延長。[31]2009 年，上海成為中國第一個准許持證居住七年以上的人申請戶口的大城市。

2018 年，選擇回國的中國留學生超過 51 萬，創歷史新高。根據中國一家求職資源公司的調查，2018 年，36% 以上的海歸把上海和北京列為首選，約 10% 選擇廣州和深圳。[32] 在上海，相當多的海歸在大學任教。2003 年，上海 39 所高校的校長、院長、系主任和學術界領軍人物中，80% 是海歸。[33]

表 7-4 列出了 2019 年上海最好的 10 所大學頂層行政管理人的教育背景。122 名頂層管理人中，98 人（80%）是留學歸國人員。九校聯盟中的兩所上海高校，復旦大學和上海交通大學的最高行政管理層中，海歸佔了 93%，包括這兩所大學全部 17 位校長和副校長。

表 7–4　上海最好的 10 所大學最高管理人員中的海歸，2019 年

大學	校長和副校長		黨委書記和副書記		總數	
	海歸 / 總數	海歸佔比 %	海歸 / 總數	海歸佔比 %	海歸 / 總數	海歸佔比 %
復旦大學	8/8	100.0	5/6	83.3	13/14	92.9
上海交通大學	9/9	100.0	4/5	80.0	13/14	92.9
同濟大學	9/9	100.0	4/6	66.7	13/15	86.7
華東師範大學	7/7	100.0	4/6	66.7	11/13	84.6
華東理工大學	6/7	85.7	4/5	80.0	10/12	83.3

大學	校長和副校長		黨委書記和副書記		總數	
	海歸 / 總數	海歸佔比 %	海歸 / 總數	海歸佔比 %	海歸 / 總數	海歸佔比 %
上海大學	6/6	100.0	2/4	50.0	8/10	80.0
上海財經大學	4/6	66.7	2/4	50.0	6/10	60.0
東華大學	6/6	100.0	4/5	80.0	10/11	90.9
上海理工大學	4/6	66.7	2/5	40.0	6/11	54.5
上海師範大學	6/7	85.7	2/5	40.0	8/12	66.7
共計	65/71	91.5	33/51	65.0	98/122	80.3

來源：名次排列基於〈2019 年上海市大學綜合實力排行榜〉，研究生教育網，2019 年 3 月 26 日。所有數據均基於這些大學的官網，輔以從百度上搜索到的生平信息及作者做的採訪。身兼校長或副校長和黨委書記或副書記的人在兩類中都計算在內。

這些海歸大部分是在 20 世紀 90 年代出國留學的。以上海交通大學為例，身為中國工程院院士和長江學者的校長林忠欽從 1994 年到 1995 年在悉尼大學做訪問學者。黨委書記楊振斌 1995 年到 1996 年是德國斯圖加特大學的訪問學者。常務副校長、中國科學院院士丁奎嶺 1993–1994 學年在日本龍谷大學做博士後研究，1997 年到 1998 年又在東京工業人學做訪問學者。副校長黃震 1991 年到 1993 年在日本群馬大學做博士後研究。副校長毛軍發在 1994—1995 學年並從 1995 年到 1996 年先後在香港大學和加州大學伯克利分校做博士後研究。副校長徐學敏於 20 世紀 90 年代初在伊利諾伊大學厄巴納—香檳分校獲得熱物理學的博士學位。

她曾在紐約市立大學機械工程系和普渡大學生物醫學工程系教書，先後長達十多年，在這兩所大學都獲得了終身教職。在美期間，她還當過美國機械工程學會生物技術熱傳導委員會聯席主席。21 世紀第一個十年之初，她作為長江學者計劃特聘教授回到上海。

2019 年上海 10 所頂尖大學的校長和黨委書中，有 5 人出生於 20 世紀 50 年代，8 人出生於 20 世紀 60 年代早期，5 人出生於 20 世紀 60 年代晚期，2 人出生於 20 世紀 70 年代早期；此即這些大學領導人的年齡分佈。復旦大學和華東理工大學的黨委書記是女性。這些領導人中 14 位（70%）在上海上了大學或讀了研究生，或二者皆是。然而，只有 5 人（25%）是從他們目前管理的大學畢業的。這個百分比遠遠低於本章前述的 2005 年對大學高級行政管理人的調查。

這些最高管理人中除了兩人，其餘的（90%）全部有在外國學習的經歷，再次證明上海的一流大學裏海歸十分普遍。20 人裏有 11 人曾留學美國，沒有一人在俄羅斯學習過。與 21 世紀第一個十年早期相似，海歸行政管理人大多在外國大學做過一到兩年的訪問學者。4 人在外國大學獲得了博士學位，並在海外待了十年以上。例如，復旦大學校長許寧生 1982 年在中山大學獲得物理學學士學位，畢業後在中山大學教了一年書後，去英國的阿斯頓大學花了三年時間攻讀博士學位，在接下來的十一年裏做研究、教課。

1996 年，許寧生回到母校中山大學。他 1999 年加入共產黨，然後在長江計劃下擔任中山大學物理科學和工程學院院長、光電材料與技術國家重點實驗室主任、中山大學副校長，後又升至校長。2014 年，他調任復旦大學校長。

2005 年對海歸行政管理人的分析顯示（表 7-3），大多數人（87%）是學工程學和自然科學的。對比之下，2019 年對海歸行政管理人的研究顯示，20 人中有 9 人（45%）主修人文科學和社會科學，包括 3 位學哲學的和 3 位學經濟學或工商的。華東師範大學黨委書記童世駿生在上海，1982 年和 1984 年在華東師範大學主修哲學，獲得了學士學位和碩士學位。他在母校做了幾年教師後，出國去挪威卑爾根大學讀博士，1994 年拿到哲學博士學位。他還在 1998 年作為客座教授訪問德國馬堡大學，並從 2000 年到 2001 年在哥倫比亞大學哲學系做富布萊特學者。童世駿的主要研究領域是認識論、實踐哲學和社會理論，他在這些領域中用中文、英文和其他歐洲語言發表了 10 多本著作和 100 多篇論文。[34] 他因研究於爾根·哈貝馬斯的公民社會思想而名揚學界，他熱心推動中西方就現代性展開對話的努力也廣為人知。

2020 年復旦大學的學術行政管理人（即校長和副校長），大多是各自領域的成名學者。3 人是中科院院士，8 人中 6 人（75%）上的是同一所大學 —— 復旦大學和 2000 年併入復旦的上海醫科大學。這些海歸行政管理人多數（88%）曾在美國留學。

復旦大學副校長金力的學術生涯特別出眾。他 1963 年出生在上海，1981 年到 1987 年在復旦大學獲得學士學位和碩士學位，主修遺傳學。他在復旦的老師是加州理工學院博士、曾任復旦副校長、被稱為“中國現代遺傳學之父”的談家楨。金力在復旦拿到碩士學位後不久赴美留學，1994 年在得克薩斯大學休斯敦衛生科學中心獲得生物醫學和遺傳學博士。1994 年到 1996 年，他在斯坦福大學醫學院從事醫學遺傳學的博士後研究，1996 年後在得克薩斯大學衛生科學中心和辛辛那提大學醫學院的環境衛生系教授人類分子遺傳學，在這兩所大學都獲得了終身教職。金力 1999 年受聘為長江學者計劃特聘教授，開始在復旦大學任教。後來，他在千人計劃下得到了更多資金。自 2007 年起，金力開始擔任復旦大學副校長和研究生院院長。

2013 年，他被推選為中國科學院院士。金力的例子表明，中國政府在努力從海外招聘出生在中國的頂級科學家。海歸行政管理人中，許多人在中國拿到學士學位（有些人還拿到了碩士學位），然後在美國獲得博士學位（有些人還在美國做了博士後研究）。

在社會學、人類學、心理學、政治學、經濟學、工商管理，以及婦女和性別研究等領域，上海各大學的海歸教授經常通過引進西方理論來幫助他們所在的學校發展社會科學學科。例如，他們把許多近期西方學術書籍翻譯成中文出版。上海交通大學的政治學教授林岡（他擁有賓夕法尼亞州立大學的博士學位）和復旦大學的政治哲學教授林曦（他擁有倫敦政治經濟學院的博士學位）翻譯了當代世界學術名著政治學系列中的好幾本。這項重大翻譯工程由路易斯維爾大學的華裔美國政治學家華世平發起，自 2012 年起由中國人民大學出版社出版。系列中的著作包括羅伯特．達爾（Robert Dahl）的《論民主》（*On Democracy*）（2012）、邁克爾．赫克特（Michael Hechter）的《遏制民族主義》（*Containing Nationalism*）（2012）、哈羅德．拉斯基（Harold Laski）的《歐洲自由主義的興起》（*The Rise of European Liberalism*）（2012）、約瑟夫．奈的《美國註定領導世界？》（*Bound to Lead*）（2012）、亞當．普沃斯基（Adam Przeworski）的《資本主義與社會民主》（*Capitalism and Social Democracy*）（2012）、克萊德．威爾科克斯（Clyde Wilcox）的《利益集團社會》（*The Interest Group Society*）（2012）、伊恩．夏皮羅（Ian Shapiro）的《民主理論的現狀》（*The State of Democratic Theory*）（2013）、塞繆爾．P. 亨廷頓的《第三次浪潮：20 世紀晚期的民主化》（*The Third Wave: Democratization in the Late 20th Century*）（2013）、羅伯特．帕特南（Robert D. Putnam）的《使民主運轉起來》（*Making Democracy Work*）（2015）、羅伯特．達爾的《民主及其批評者》（*Democracy and Its Critics*）（2016）、安東尼．吉登斯的《現代性與自我認同》（*Modernity and Self-Identity*）（2016）、博．羅思坦（Bo Rothstein）的《正義的制度》（*Just

Institutions Matter）（2017）和安德魯·赫里爾（Andrew Hurrell）的《全球秩序的崩塌與重建》（*On Global Order: Power, Values and the Constitution of International Society*）（2018）。[35] 這些西方名著為中國政治學家在這個對中國來說相對較新的學科教學與研究提供了知識與啟發。

律師事務所中的海歸

受西方教育的海歸在上海高等教育機構中的壓倒性作用最為顯眼，其實海歸分佈在上海的各行各業，包括研究中心、金融機構、諮詢公司、國企和民企、建築師事務所、媒體網絡、娛樂產業、酒店服務業、運動俱樂部、藝術畫廊、醫院、慈善基金會、教會和其他非政府組織。海歸人士在法律專業領域也相當普遍。

上海頂級律師事務所中留學美國的海歸

1978 年後，中國在向著市場經濟的過渡之中需要更多法律法規。1981 年，國務院成立了經濟法研究中心，責成其大規模起草經濟立法。1979 年到 1993 年，全國人民代表大會通過的 130 部法律中，一半以上在經濟法和行政法領域內。[36] 慢慢地，改革開放時代的中國建起了法律框架。根據官方數字，中國在改革開放時期頒佈了 239 部法律。國務院還發佈了 690 部行政規則和細則，地方政府更是發佈了約 8600 部地方法律法規。這一切在很大程度上填補了當時的法律真空。[37] 許多法律構成了重要的基礎，可以在它們之上逐漸建起一個更加有效的體系。

在新形勢中，法律專業開始隨著各種法律的頒佈茁壯生長。[38] 新中國成立初期，全國只有 4 所政治與法律專科學院。[39]1983 年，共和國第一家獨立律師事務所在深圳蛇口成立。值得注意的是，20 世紀 80 年代早期，人口接近 10 億的中國只有約 3000 名律師，而且他們當時都是國家幹部。[40] 然而，到 2010 年底，這個數字擴大了 68 倍，增長到 20.4 萬名持證律師。[41] 那年獲得註冊律師資格證的中國國民大約有 4 萬人。2011 年，中國的 640 個法學院和法律系培養出了大約 10 萬名法律畢業生。[42] 到 2018 年底，中國的註冊律師總人數達到 42.3 萬，在中國開展業務的律師事務所超過 3 萬家。[43]

與此同時，過去二十年來，中國大學的法律課程，如法理學、憲法學、行政法、刑法、民法、訴訟法和環境法，已成為確立的專業分支。1978 年時幾乎連法律教科書都沒有，而現在，學術書店的書架上通常 1/4 都是有關法律的書籍。[44]2007 年，中國出版了大約 400 部法律書籍和 7 萬篇法律學術論文，包括翻譯過來的作品。2009 年，中國的法律專業刊物超過 200 份。[45]

所有這些新的學術分支、法律課程和傳播法治知識的努力都受到西方法律學説的深刻影響，而西方法律學説正是通過國際教育交流進入中國的。一個很好的例子是中國法律診所的誕生與成長。1999 年 12 月 6 日，在北京舉辦了一場關於教授法律診所課程的座談會。2000 年，北大、清華、人大、武大、中南政法大學、華東政法大學和復旦大學開設了法律診所課程。

根據診所法律教育專業委員會發佈的統計數字，到 2003 年底，中國至少有 13 個機構開展了法律診所教育，參與者有 76 位教師、38 位客座講師和 2430 名學生。作為這一計劃的重要組成部分，他們在具體實踐中處理了 1136 個法律援助案件，提供了 1 萬多次法律諮詢。[46] 這些法律診所處理的問題包括勞工權利保護、消費者權利保護、公益訴訟、弱勢群體權利保護、婦女權利保護、公民權利保護、刑法、環境法和立法事務。

在中國的法治發展方面，就國際交流和成立法學院及律師事務所而言，上海又是全國的排頭兵。根據中國司法部發佈的官方數據，2018 年，上海有 126 家外國律師事務所，佔在華設有分支的全部 223 家外國律師事務所的 57%。[47] 許多律師事務所選擇扎堆上海，因為那裏集中了上海培養出來的頂尖法律人才。華東政法大學、復旦大學法學院、上海交通大學凱原法學院和上海財經大學法學院屬全國最好的法學院。過去幾十年間，上海許多大學，包括同濟大學、華東師範大學、上海外國語大學、上海對外經貿大學、上海大學和華東理工大學，都開辦了法學院。2008 年，上海創辦了一家專科法學院：上海海事大學法學院。[48]

表 7-5 顯示了過去十年上海的律所和律師數目的明顯遞增。十年內，律所總數幾乎翻了一番。上海的註冊律師人數從 2014 年的 16900 人增長至 2018 年的 23664 人 —— 五年增加了 42%。2015 年到 2018 年，上海律師共處理了 73.94 萬件各類訴訟案，包括 10.76 萬件刑事訴訟案、61.77 萬件民事訴訟案和 1.4 萬件行政訴訟案。此外，他們還處理了 26.41 萬件非訴訟案和超過 580 萬件法律援助案，提供了 27.42 萬次公益法律服務。[49]

表 7–5　上海律師事務所和律師的數目，2008—2018 年

年份	律師事務所數目	律師人數
2008	889	10071

年份	律師事務所數目	律師人數
2009	976	11184
2010	1064	12298
2011	1117	13761
2012	1158	14593
2013	1222	16692
2014	1321	16900
2015	1409	18360
2016	1463	20319
2017	1537	21743
2018	1602	23664

來源：林戈：〈十年律師人數翻倍，創收增長 3.4 倍，上海法律市場的驚人增速和未來機遇〉，《律師界》，2018 年 7 月 13 日。2018 年的數據基於〈上海律師四十年〉，豆瓣網。

在上海法律專業的壯大中，留學海歸發揮了重要作用。表 7-6 顯示了上海 5 個最佳律師事務所中海歸的普遍存在。本書研究的焦點是這些律所的高級律師，包括權益合夥人、非權益合夥人和高級顧問。“錦天城律師事務所” 1998 年創立，總部設在上海。表中的其他律所總部設在北京，在上海有分所。2017 年，上海的 1537 家律所中，僅有 133 家總部設在中國其他城市和省份，在上海設有分所；這樣的律所總部大多在北京（60%），其次是江蘇、廣東和浙江。[50] 本書的研究只關注駐在上海的高級律師。上海 5 家最佳律所的 613 位合夥人中，220 人（36%）是留學海歸。

表 7–6　上海 5 家最佳律師事務所中的海歸佔比，2019 年

排名	律所名稱	創辦年份	律師總數	海歸合夥人數	合夥人總數	海歸佔比 %
1	錦天城律師事務所	1998	1069	68	215	31.6
2	大成律師事務所	2001	474	39	157	24.8
3	盈科律師事務所	2010	672	9	47	19.1
4	國浩律師事務所	1998	309	29	82	35.3
5	中倫律師事務所	1993	316	75	112	67.0
	共計			220	613	35.8

來源：5 家最佳律師事務所排名基於上海律師協會 2018 年的年度排名。〈2018 上海市律師事務所排名前 50 名〉，民商法律網，2018 年 1 月 24 日。有關海歸的數據來自這些律師事務所的官網。李成彙集。

中倫律師事務所的 112 名合夥人中，75 人是在國外留過學的海歸，佔合夥人總數的 2/3。仔細看一下海歸合夥人的生平信息，特別是教育背景，會發現一些有意思的規律。男性 52 人（69%），女性 23 人（31%）；女性佔比稍低於 2018 年上海全部註冊律師的女性佔比（40%）。[51] 此外，海歸律所合夥人中多數（75 人中有 48 人，佔 64%）是在美國獲得法學博士學位的，在英國獲得學位的人數居第二（19 人，佔 25%）。[52] 只有幾個在如下國家留學：澳大利亞、加拿大、德國、荷蘭、日本、韓國和新加坡。

除了一個例外，其餘所有 74 名海歸合夥人（99%）都在中國完成了大學本科。那個例外是城銘志。他 1978 年到 1982 年在耶魯大學上學，1982 年到 1985 年在加州大學伯克利分校讀法學博士。多數合夥人是在上海上的大學（51 位合夥人，69%）。中倫律師事務所全部 75 位海歸合夥人中，28 人（37%）在華東政法大學上了本科，有些人研

究生也是在那裏唸的。相當數量的合夥人是復旦大學畢業生（16 位合夥人，21%）。這些發現似乎證實了一個規律，即上海不僅把大量大學畢業生送往國外，而且吸引了眾多成就斐然的海歸回來，尤其是上海本地人和上海的大學校友。

傑出法律專業人士中，海歸女性比前面討論的高校高級管理人中多得多。有些人年輕得令人驚訝，尤其是考慮到她們在這些著名律師事務所中是合夥人這類高級法律專業人士。總的來説，中國的律師相對年輕。根據最近對上海律師的一項研究，24% 在 30 歲以下，36% 在 31 歲到 40 歲，23% 在 41 歲到 50 歲。[53] 總算起來，上海 83% 的律師不到 50 歲。中國的律師可以説是一個重要的精英群體，今後幾十年中，這支相對年輕的隊伍也許能發揮重要作用，幫助中國在迅速變化的世界中努力改善治理。

這些留美海歸都上過美國的頂尖法學院，包括哈佛大學、斯坦福大學、加州大學伯克利分校和芝加哥大學的法學院，有幾人在哥倫比亞大學和紐約大學聲名卓著的法學院獲得了法學博士學位。他們大多通過了紐約州的律師資格考試，這樣他們就可以在這個國際金融貿易重鎮執業。隨著經濟全球化的發展，隨著美國和其他西方國家不斷對中國施壓，要求中國達到國際規則標準，特別是保護並遵守知識產權，這些在美國受過教育的中國律師也許能起到促進跨太平洋合作與溝通的作用。

最後幾點思考

在中國這個迅速崛起的大國中，國際教育交流不只是向西方國家學習科學技術，而是一個複雜的、多層面的、不斷變化的過程，能導致經濟改革、文化再生、教育調整和法律重建。海歸人數不斷增多，特別是他們遍佈上海各行各業，證明了他們對上海的建設性影響，也令人對中國未來的改變充滿希望。

當今世界到處是緊張、偏見、誤解，甚至戰爭，美國的政策制定者和民眾中的不少人對本國在教育領域的"開放門戶政策"感到擔憂。此時此刻，完全取消美中這兩個截然不同的國家之間的教育和專業交流能否真正解決我們面臨的問題，需要進行仔細評判。留學西方的海歸持續主導中國高等教育機構；中國力爭建立世界一流大學；中國和外國聯合興辦的大學和教育項目在上海和中國其他城市迅速擴張；中國的法律教育和法律專業主要在西方的影響下從無到有、從小到大——這一切無不顯示出改革時代中國的滄桑巨變，此中與西方的教育交流厥功至偉。

如本章開頭時所説，海歸這個群體五花八門，在觀點、價值觀和期望方面差異巨大。隨著回國的海歸越來越多，不難想像他們會發揮更大的社會影響力，也會爭取更多的權利。在某種意義上，海歸在幫助塑造國家的未來中捨我其誰的自信與中國民眾對國家成為當今世界大國的期盼不謀而合。

本章開頭引用的 J. 威廉·富布萊特的箴言應激勵支持美中關係的人們擴大 21 世紀這對意義最為重大的雙邊關係的疆界。畢竟，如果教育都無法促成太平洋兩岸民心相通，還有什麼能行呢？

註釋

1. 資料來自：（1）2002 年廣東管理科學研究所選出的中國最好的 100 所大學排名，（2）2003 年中國網絡大學做的中國大學排名。
2. 這 25 所頂級大學是（按英文字母順序）：北京航空航天大學、北京師範大學、華中科技大學、重慶大學、大連科技學院、復旦大學、哈爾濱工業大學、吉林大學、南京大學、南開大學、北京大學、人民大學、山東大學、上海交通大學、四川大學、華南理工大學、東南大學、中山大學、同濟大學、清華大學、中國科技大學、武漢大學、西安交通大學、浙江大學和中南大學。
3. 〈中國高校排名榜〉，人民網。
4. 李利煦：〈中國的高等教育改革 1998—2003：總結〉（*China's Higher Education Reform 1998–2003: A Summary*），《亞太教育評論》（*Asia Pacific Education Review*），5，No.1，2004，第 14—22 頁。
5. 〈對"211 計劃"將投資超 100 億元〉，《人民日報》網上版，2008 年 3 月 26 日。
6. 陳學飛：〈人才流動與留學之評説〉，《神州學人》，2003 年 7 月。
7. 中國文學藝術界聯合會：《中國人物年鑑》（北京：中國人物年鑑社，2001 和 2002）。
8. 例如，見王大珩、葉篤正主編：《我的事業在中國：留學與奉獻》（上海：上海教育出版社，1999）。
9. 〈2019 年上海市大學綜合實力排行榜〉，研究生教育網（Graduate Education website），2019 年 3 月 26 日。
10. 〈2018 上海市律師事務所排名前 50 名〉，民商法律網，2018 年 1 月 24 日。
11. 許美德著，許潔英譯：《中國大學 1895—1995：一個文化衝突的世紀》（北京：教育科學出版社，2000），第 165 頁；國家統計局彙編：《中國統計年鑑，1999》（北京：中國統計出版社，1999），第 651 頁；〈中國高校女生比例不斷上升〉，科學網，2012 年 10 月 25 日；〈2018 屆大學生性別報告〉，搜狐網，2018 年 4 月 5 日。
12. 〈中國研究生男女比例女性逆襲〉，新華社，2014 年 3 月 26 日；房琳琳：〈中國科學界：女性撐起半邊天任重道遠〉，新華網，2018 年 5 月 8 日。
13. 〈中國高校女生比例不斷上升〉，科學網，2012 年 10 月 25 日；房琳琳：〈中國科學界：女性撐起半邊天任重道遠〉。
14. 《世界日報》，2013 年 8 月 3 日，A12 版。
15. 例如，根據張燕東 20 世紀 90 年代晚期在美國雪城大學進行的研究，中國大學的 3700 個系主任只有 5% 在 50 歲以下。
16. 對出國學習的年輕學生最近的一次調查顯示，他們中間多數人（2/3）完成學業後計劃回國。希望子女回國的父母比例小於想回國的學生比例。易松國：〈為什麼大學生和中學生想出國？〉（*Why do College and Middle School Students Want to Go Abroad?*），《中國教育與社會》（*Chinese Education and Society*），34，No.3，2001 年 5/6 月，第 48—56 頁。

17. 江蘇省政府計劃到2010年將全省GDP的6%用於教育開支，大部分資金將用於人力資源開發（2003年7月27日）。

18. 李成主編：《連接太平洋兩岸的橋樑：美中教育交流1978—2003》（Lanham, Maryland: Lexington Books，2005），第96頁。

19. 吳燕：〈俄羅斯官員：中俄交換學生達8.5萬人〉（*Russian official: Exchange students between China and Russia reach 85,000*），中國國際電視台網站（CGTN Website），2019年6月4日。

20. 中國社科院原國際合作局局長黃平說，差距如此之大也許是因為對回國人員定義的不一致。然而，他承認，統計數字顯示了在推動自然科學家和社會科學家出國留學方面的巨大不平衡。

21. 雷石山、廖和平：〈試論江澤民知識分子思想的發展軌跡〉，中國社會科學網，2009年9月3日。

22. 熊月之：《上海通史》，第14卷（上海：上海人民出版社，1999），第1—2頁。

23. 陳強主編：《海上潮湧：紀念上海改革開放40週年》（上海：上海大學出版社，2018），第264、271頁。

24. 同上。

25. 同上。

26. 上海市統計局和國家統計局、上海調查總隊：〈2018年上海市國民經濟和社會發展統計報告〉，上海統計網，2019年11月15日。

27. 丹尼斯・西蒙：〈在中國從零開始建新大學：杜克昆山大學的案例〉（*Starting a New University from Scratch in China: The Case of Duke Kunshan University*），在2019年12月16—17日於中國昆山舉行的2019杜克國際論壇上的發言，論壇主題為"中美高等教育合作的新時代"。

28. 〈中歐國際工商學院〉，鳳凰網，2012年10月9日。

29. 〈2019年金融時報全球MBA排行榜出爐〉，《每日經濟新聞》，2019年1月28日。

30. 耶魯、杜克、芝加哥大學和達特茅斯學院聯合組成招生隊前往上海，從上海的高中生裏招生。這4所學校已經連續十年以上在海外聯合招生。

31. 〈中國海歸的城市居住情況〉（*City residence for Chinese returnees*），上海市政府網站，2011年1月6日。

32. 〈51萬多海外學生歸國〉（*More than 510,000 overseas students returned*），《亞洲時報》（*Asia Times*），2019年4月11日。

33. 李成主編：《連接太平洋兩岸的橋樑：美中教育交流1978—2003》，第96頁。

34. 例如，童世駿：《論規則》第2版（上海：上海人民出版社，2019）；童世駿：《當代中國的精神挑戰》（上海：上海人民出版社，2017）。

35. 例如，安德魯・赫里爾著，林曦譯：《全球秩序的崩塌與重建》（北京：中國人民大學出版社，2018）。

36. 蔡定劍：〈依法治理〉，載於俞可平主編：《中國治理變遷三十年：1978—2008》（北京：社會科學文獻出版社，2008），第 142 頁。

37. 任渺：〈法律文本成形，法治認同尚遠〉，《多維時報》，2011 年 3 月 18 日，第 17 頁。

38. 關於對中國法律發展在專業擴大方面比較樂觀的觀點，見李成、喬丹·李：〈中國法律制度〉（*China's Legal System*），《中國評論》（*China Review*），No.48，2009 年秋，第 1—3 頁。

39. 陳甦：《當代中國法學研究》，第 13 頁。

40. 顧欣：〈重振中國社會：機構轉型與社會變化〉（*Revitalizing Chinese Society: Institutional Transformation and Social Change*），載於王賡武、黃朝翰（John Wong）主編：《中國：二十年的改革與變化》（*China: Two Decades of Reform and Change*）（Singapore: Singapore University Press and World Scientific Press，1999），第 80 頁。

41. 見〈我國律師人數已超二十萬〉，中國律師網絡（China Lawyers' Network），2011 年 1 月 10 日。

42. 任渺：〈法律文本成形，法治認同尚遠〉。

43. 〈全國律師已達 42.3 萬〉，每日頭條，2019 年 3 月 27 日。

44. 賀衛方、何勤華、田濤主編：《法律文化三人談》（北京：北京大學出版社，2010），第 87 頁。

45. 陳甦：《當代中國法學研究》，第 238 頁。

46. 同上。

47. 林戈：〈10 年律師人數翻倍，創收增長 3.4 倍，上海法律市場的驚人增速和未來機遇〉，《律師界》，2018 年 7 月 13 日。

48. 關於上海法律院校的更多討論，見尼克·威廉（Nick William）：〈法學院風雲之上海灘〉，Law School website，2017 年 9 月 18 日。

49. 周正、董宇洲：〈從數字看上海律師行業 4 年發展〉，騰訊網，2019 年 4 月 2 日。

50. 林戈：〈10 年律師人數翻倍，創收增長 3.4 倍，上海法律市場的驚人增速和未來機遇〉。

51. 〈上海律師四十年〉，豆瓣網，2019 年 4 月 13 日。

52. 在兩個國家留過學的人算兩次，一個國家一次。

53. 周正、董宇洲：〈從數字看上海律師行業 4 年發展〉。

第八章

態度與價值觀 對上海留學精英的縱向調查

改變思想，就能改變世界。

——H. G. 威爾斯

我恨美國霸權，我愛 NBA 球賽。

——一位中國大學生

若以出國留學人數作為一個國家國際教育交流成功與否的衡量標準，那麼改革開放時代的中國無疑是最成功的，因為它的出國留學生人數多年蟬聯世界第一。美國作為大部分國際學生的東道國也獲益匪淺。通過為世界各國的學生提供教育，並藉著交流項目散播文化影響力，美國積累了"軟實力"。然而，懷疑者和批評者不認為國際教育交流能夠影響外國學生作為一個集體的思想和價值觀。實證研究能使人對相關問題獲得深刻了解，在目前關於教育交流的思想與政策辯論中明辨是非。

教育交流及其影響的重要性無可辯駁，但無論在中國還是在外國，都鮮有學者深入研究過這個題目，特別是中國留學歸國人員的態度及其變化。[1] 結果是常常不經實證檢驗與核實，僅根據個別事例就對海歸的世界觀籠統而論，例如，斷言他們推動自由民主價值觀、贊成與西方發展建設性友好關係。對中國的學術研究，特別是對教育與文化交流的研究，並未對這個關鍵課題開展充分的調查。

2016 年，北京的“中國與全球化”智庫中一些學者對 1328 名海歸做了一次調查，這是少數幾次對海歸的問卷調查之一。調查顯示了幾項有趣的結果。[2] 問卷上有一個問題是“海歸回到祖國後最難以適應的是什麼”？47% 的海歸受訪人表示，最難以適應的是“價值觀的差異”；這反映出中國與西方在文化、社會和政治環境方面的差別。另外，29% 的受訪者選擇國人的“思維方式”作為最難適應的因素。選擇“生活方式”和“中國國民心理”的分別佔受訪者的 11% 和 10%。[3] 這次調查結果顯示，西方的文化、教育、社會和政治環境都使身在西方國家的中國學生發展出了某些觀點和看法，與在國內讀書的人大相徑庭。主持這次調查的中國研究人員注意到，看法的改變導致了認知上的衝突，使一些海歸感到苦惱，難以適應。

對涉及中國的國內發展、外交政策、後冷戰時代的美國霸權、國際競爭和全球共同挑戰的關鍵問題，海歸持何種看法？海歸的觀點和價值觀在哪些方面因其在國外留學的經歷發生了改變？他們的意見和態度又在哪些方面依然如故？海歸和在國內讀書的人之間及海歸彼此之間的分別是什麼因素造成的？海歸在國外留學時形成的觀點與價值觀會長久維持下去嗎？本章將分析在兩個不同年份對上海海歸做的兩次調查，希望藉此對這些至關重要的問題獲得一定了解。

方法與數據集群

兩次調查都是由一家設在上海的民意調查公司“零點研究諮詢集團”開展的，專門為本書研究中國留學精英而做，調查結果也是首次通過本書呈現給公眾。

第一次調查的時間是 2009 年後半年（2009 年 6 月 22 日到 12 月 7 日），第二次調查於 2013 年年底進行（2013 年 11 月 6 日到 12 月 17 日，2014 年年初完成更新）。為方便起見，下文中將第一次調查稱為“2009 年調查”，將第二次調查稱為“2014 年調查”。2009 年調查的受訪者共 200 人，其中 159 人以電子郵件作答，33 人是面對面採訪，6 人靠打電話，2 人通過傳真。2014 年調查的受訪者有 211 人，其中 32 人以電子郵件作答，179 人使用電腦電話採訪的方式回答。參與調查的人名單，包括基本的生平與專業信息，由零點研究諮詢集團提供，但並未列出 2014 年調查的受訪者中也參加了 2009 年調查的人員的交叉信息。

2009 年調查問了 86 個問題，2014 年調查有 76 個問題。2014 年調查問卷上的問題大約 3/4 重複了 2009 年調查問卷的問題，或者只是在文字上稍做調整。兩次調查均涵蓋了重要的題目，如中國對氣候變化的責任、中國政府在全球金融治理中的作用、能源安全、中國國內及世界上的經濟不平等、中國中產的地位及未來前景、對農民工和弱勢群體的看法、對中國經濟增長模式的評估、食品與產品安全、社會穩定、教育發展、腐敗與政府問責、對美國及幾位美國總統的看法、對不同國家的態度、對中國外交政策的評價、對海峽兩岸關係的展望、對中國軍事現代化的觀點、對文化衝突與文化傳播的看法，還有民族主義及愛國情緒的激昂程度。

本書的研究在必要時還把對上海海歸的調查與對上海居民、各種其他群體，以及對全國範圍的公眾的各種調查相比較。用於比較的調查有的是同一個時間段做的，有的是不同時間段做的（其中有些同樣是"零點研究諮詢集團"做的調查）。[4] 本書通過分析不同群體的答卷，揭示了關於上海海歸視角變化的重要信息。將他們的觀點與其他中國公民相對比時，這樣的變化就更加顯著。

兩次調查的受訪者多數在西方（西歐國家和美國）上過學。2014 年調查的受訪者 28% 在歐洲留過學，其中英國佔 17%，隨後是法國和西班牙（各佔 2%）。只有一人（不到 1%）在俄羅斯留學。在美國留學的共有 34 名學生（16%）。留學亞洲國家的人中（29%），在日本留學的佔 15%，然後是新加坡（9%）。標為"其他"類別裏的人主要在澳大利亞（18%）、新西蘭（4%）和加拿大（2%）留學。總算起來，參加 2014 年調查的人 77% 在以下 8 個國家中留過學：澳大利亞、英國、美國、日本、新西蘭、法國、西班牙和加拿大。上海的一些研究人員在 2009 年做的另一項研究也顯示，上海海歸留學的國家主要是 6 個 ——英國、日本、澳大利亞、美國、法國和德國；這些國家佔海歸留學目的地國的 68%。[5]

這項 2009 年的研究中，留美海歸有 37 人，佔受訪者的 19%。

圖 8-1 根據為本書做的 2009 年調查和 2014 年調查，顯示了海歸在外國留學的時長和專業經歷。2009 年調查的受訪者中，有三年或三年以上國外學習或工作經驗的人大約佔 55%；2014 年調查的受訪者中，這樣的人佔比約為 75%。這與以前對海歸的研究很不一樣。以前調查的受訪者大部分只在國外學習過一到兩年。例如，2005 年對中國頂級大學留學回國的高級行政管理人和教授做的一次調查顯示，這兩組人中，只在海外學習過一到兩年的佔多數 ——各自為 65% 和 62%。[6]

圖 8–1　上海海歸的留學時長，2009 年和 2014 年的調查

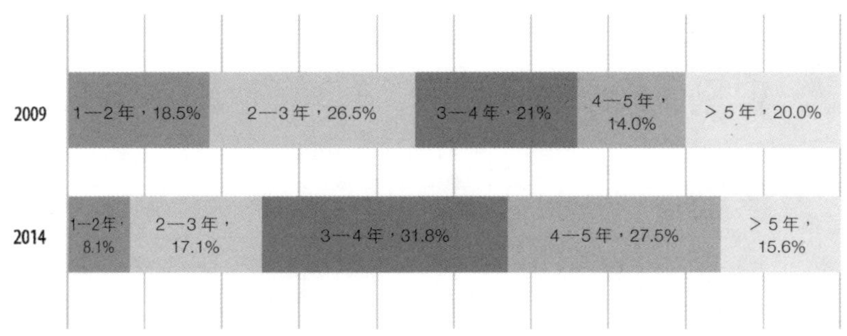

表 8-1 是兩次調查參與者的人口與個人信息的概覽。兩次調查的海歸受訪者大多是二三十歲。年齡在 40 歲以下的受訪者在 2009 年調查和 2014 年調查中各佔 96% 和 91%。這些海歸半數以上（2009 年調查是 53%，2014 年調查是 52%）有研究生學位，主要是碩士學位，3%–4% 有博士學位。2014 年調查顯示，從美國和歐洲留學回來的人擁有高等學位的百分比較高（各自為 62% 和 73%）。這個教育程度模式符合同期上海海歸的總趨勢。例如，2011 年對上海海歸做過一次大規模調查，調查結果也顯示，受訪者一半以上（56%）在海外獲得了高等學位，主要是碩士學位。[7] 然而近年來，上海和全國的海歸擁有博士學位的大大增多，特別是 31–40 歲年齡組的人。[8]

過去十年中，上海中產擴大了，生活水平提高了。就海歸群體而言，他們的收入水平激增。2009 年調查中，26% 的海歸家庭月收入不到 1 萬元人民幣。2014 年調查中，這個百分比降了一半。與此同時，家庭月收入超過 1.4 萬元人民幣的受訪者比例從 2009 年調查的 53% 增長到 2014 年調查的 61%。這個收入群體中，留美海歸比在別的國家留學的海歸佔比高得多（76%）。上海經濟在過去十年中突飛猛進，因此家庭收入增加不足為奇。如前面討論過的，以 2019 年為

表 8–1　受訪者人口與個人信息的百分比（%）（2009 年調查 N=200，2014 年調查 N=211）

		總數		美國		歐洲		亞洲		其他國家 *	
		2014 年調查	2009 年調查	2014 年調查	2009 年調查	2014 年調查	2009 年調查	2014 年調查	2009 年調查	2014 年調查	2009 年調查
性別	男	46.0	53.1	61.1	52.9	43.2	47.5	45.0	54.8	33.3	57.6
	女	54.0	46.9	38.9	47.1	56.8	52.5	55.0	45.2	66.7	42.4
年齡	20 歲及以下	0.5	0.5	0.0	0.0	0.0	1.7	1.7	0.0	0.0	0.0
	21—30 歲	60.0	52.6	56.8	47.0	63.4	64.4	51.7	50.0	76.2	47.5
	31—40 歲	36.0	38.4	43.2	41.2	31.7	30.5	41.7	38.7	23.8	44.1
	41—50 歲	3.0	8.1	0.0	11.8	3.7	3.4	5.0	9.7	0.0	8.5
	51—60 歲	0.5	0.5	0.0	0.0	1.2	0.0	0.0	1.6	0.0	0.0
教育	高中	1.0	0.0	0.0	0.0	0.0	0.0	3.3	0.0	0.0	0.0
	兩年大學	6.0	0.9	10.8	0.0	2.4	0.0	8.3	3.2	4.8	0.0
	學士學位	40.0	47.4	32.4	38.2	29.3	27.1	50.0	59.7	66.7	59.3
教育	碩士學位	49.5	48.3	56.8	55.9	61.0	69.5	36.7	35.5	28.6	37.3
	博士學位	3.5	3.3	0.0	5.9	7.3	3.4	1.7	1.6	0.0	3.4
婚姻狀況	已婚	52.3	50.2	62.2	55.9	48.1	42.4	51.7	46.8	52.4	55.9
	未婚獨居	23.1	16.6	18.9	14.7	25.9	18.6	23.3	14.5	19.0	16.9
	未婚，與伴侶或親戚同居	24.6	32.7	18.9	29.4	25.9	39.0	25.0	38.7	28.6	25.4

		總數		美國		歐洲		亞洲		其他國家 *	
		2014 年調查	2009 年調查	2014 年調查	2009 年調查	2014 年調查	2009 年調查	2014 年調查	2009 年調查	2014 年調查	2009 年調查
家庭月收入	2 000—4 000 元	1.7	0.0	0.0	0.0	1.4	0.0	1.9	0.0	5.6	0.0
	4 000—6 000 元	3.9	5.2	2.9	0.0	1.4	8.5	5.6	6.5	11.1	3.4
	6 000—8 000 元	6.1	1.4	0.0	0.0	12.3	0.0	1.9	1.6	5.6	3.4
	8 000—10 000 元	13.9	5.7	5.7	8.8	13.7	1.7	14.8	6.5	27.8	6.8
	10 000—12 000 元	17.8	16.1	11.4	11.8	17.8	16.9	22.2	12.9	16.7	20.3
家庭月收入	12 000—14 000 元	3.9	9.5	2.9	2.9	1.4	10.2	5.6	9.7	11.1	11.9
	14 000—16 000 元	12.8	7.1	17.1	8.8	11.0	6.8	14.8	8.1	5.6	6.8
	16 000 元以上	40.0	54.0	60.0	67.6	41.1	52.5	33.3	54.8	16.7	47.5
宗教	羅馬天主教徒	0.6	0.5	0.0	0.0	0.0	1.7	0.0	0.0	5.0	0.0
	新教徒 / 基督徒	1.7	1.9	0.0	0.0	1.4	5.1	1.8	1.6	5.0	1.7
	佛教徒	18.3	9.5	21.9	5.9	11.1	10.2	23.2	12.9	25.0	6.8
	無宗教	79.4	86.7	78.1	91.2	87.5	79.7	75.0	85.5	65.0	91.5
	未回答	0.0	1.4	0.0	2.9	0.0	3.3	0.0	0.0	0.0	0.0
	共計	100.0	100.0	100.0	100.0	100.0	100.0	100.0	100.0	100.0	100.0

* 其他國家主要包括澳大利亞、新西蘭和加拿大。

例，上海人均 GDP 超過了兩萬美元。[9]

然而，海歸中信仰宗教的人，特別是在兩次調查中表示自己皈依了羅馬天主教、新教或基督教的人佔的比例明顯較低。兩次調查中，從美國回來的海歸沒有一人皈依天主教、新教或基督教。這樣看來，所謂對外交流計劃能導致文化傳播和價值觀轉變似乎沒有那麼簡單容易。這兩次調查關於宗教的發現與普渡大學中國宗教與社會研究中心 2018 年所作調查的結果截然不同。普渡大學那次調查的焦點是宗教對美國中西部一所大學 1008 位中國學生的影響。[10] 調查表明，那些中國學生到達美國以後，他們中間信仰天主教和道教的人數增加了一倍，信仰新教的在同一時期內更是增加了 4 倍。[11] 上海海歸的調查結果與普渡大學的調查結果對比如此鮮明，其原因也許從其他實證研究中可見端倪；那些研究發現，在美國信了基督教的中國學生回國後 80% 都不再去教堂參加宗教儀式，也不再從事宗教活動。

總的説來，對中國宗教狀況的研究一般都顯示，中國總人口中宗教信徒比例相對較低。例如，2013 年在中國開展的"世界價值觀調查"發現，對關於宗教在生活中重要性的問題，2300 名受訪者中 1145 人（50%）回答"完全不重要"，628 人（30%）的回答是"不重要"。只有 60 名受訪者（3%）認為宗教"非常重要"。[12] 就兩次調查受訪者的職業而言（表 8–2），很多人在工商管理領域工作。受訪者中，公司中層管理人或公司主管、企業主和銷售經理在 2009 年調查中佔 42.1%，在 2014 年調查中佔 48.7%。在科研部門、技術領域和學術領域工作的（如科研工作者、工程師、醫生、護士、公共衛生人員、大學教授或學校教師）在 2009 年調查中佔 18%，在 2014 年調查中佔 16%。在金融部門工作的海歸，包括銀行業者、保險與證券分析師、會計師、統計師和審計師的比例從 2009 年調查的 7% 增加到

表 8-2　受訪者職業與專業信息的百分比（%）（2009 年調查 N=200，2014 年調查 N=211）

	總數		美國		歐洲		亞洲		其他國家 *	
	2014 年調查	2009 年調查	2014 年調查	2009 年調查	2014 年調查	2009 年調查	2014 年調查	2009 年調查	2014 年調查	2009 年調查
公司中層管理人	28.6	24.6	18.9	23.5	24.7	30.5	43.3	24.2	19.0	20.3
公司主管	11.6	13.7	21.6	29.4	11.1	8.5	6.7	17.7	9.5	6.8
辦公室非管理人員	10.1	12.3	5.4	14.7	11.1	13.6	8.3	12.9	19.0	8.5
科研工作者 / 工程師	7.0	8.1	8.1	5.9	11.1	8.5	3.3	8.1	0.0	8.5
銀行、保險、證券分析師	3.0	6.2	8.1	5.9	2.5	11.9	1.7	0.0	0.0	8.5
會計師、統計師、審計師	3.5	5.2	8.1	2.9	3.7	3.4	1.7	4.8	0.0	8.5
媒體 / 廣告專家、建築師	2.0	3.8	0.0	5.9	3.7	1.7	4.8	0.0	3.4	
其他技術專業	6.5	3.8	10.8	0.0	6.2	1.7	5.0	6.5	4.8	5.1
律師	2.0	3.3	0.0	2.9	2.5	1.7	3.3	1.6	0.0	6.8
工商和服務人員	3.0	3.3	0.0	0.0	1.2	0.0	5.0	6.5	9.5	5.1
政府公務員	3.0	2.8	2.7	0.0	2.5	5.1	5.0	3.2	0.0	1.7
企業主	3.5	2.4	5.4	0.0	3.5	1.7	1.7	3.2	9.6	3.4
醫生、護士、公共衛生人員	1.5	1.9	5.4	0.0	0.0	0.0	1.7	0.0	0.0	6.8

	總數		美國		歐洲		亞洲		其他國家 *	
	2014 年調查	2009 年調查	2014 年調查	2009 年調查	2014 年調查	2009 年調查	2014 年調查	2009 年調查	2014 年調查	2009 年調查
大學教授和學校老師	3.0	1.9	0.0	2.9	7.4	3.4	0.0	1.6	0.0	0.0
銷售經理	5.0	1.4	0.0	2.9	2.5	0.0	10.0	3.2	9.5	0.0
政府和國企領導人	1.0	0.9	0.0	0.0	2.5	0.0	0.0	0.0	0.0	3.4
翻譯	1.0	0.9	0.0	0.0	1.2	3.4	1.7	0.0	0.0	0.0
銷售員	0.0	0.9	0.0	0.0	0.0	0.0	0.0	0.0	0.0	3.4
記者 / 編輯	0.5	0.5	0.0	0.0	1.2	1.7	0.0	0.0	0.0	0.0
自由職業者	0.0	0.5	0.0	0.0	0.0	0.0	0.0	1.6	0.0	0.0
學生	2.5	0.5	0.0	0.0	1.2	1.7	1.7	0.0	14.3	0.0
退休人員	1.0	0.5	2.7	0.0	0.0	1.7	0.0	0.0	4.8	0.0
家居（無業）	0.5	0.5	2.7	2.9	0.0	0.0	0.0	0.0	0.0	0.0
共計	100.0	100.0	100.0	100.0	100.0	100.0	100.0	100.0	100.0	100.0

* 其他國家主要包括澳大利亞、新西蘭和加拿大。

了 2014 年調查的 11%。

2009 年調查和 2014 年調查中，都只有 1% 左右的海歸擔任政府或國企領導人。政府公務員只佔受訪海歸的 3%。2016 年曾做過一次對海歸的全國性調查，發現有 32% 的海歸報名（或計劃報名）參加公務員考試，14% 已經參加了考試。[13] 此外，這項全國性調查發現，進入公務員隊伍的海歸（2%）比國內大學畢業生的比例略微高一點（1%）。[14] 同一項調查還顯示，出生於 20 世紀 80 年代和 90 年代的海歸中，21%（27% 的男性和 14% 的女性）對參政議政感興趣。[15] 本書對上海海歸的研究沒有問及受訪者是否中共黨員，不過 2010 年上海市政府做的一項對上海海歸的調查顯示，大約 1/4 的海歸（24%）是中共黨員。[16]

主要調查結果

2009 年調查和 2014 年調查均聚焦海歸對 5 個重大問題的態度。這五大問題是：（1）氣候變化與環境保護，（2）經濟展望，（3）社會規範與態度，（4）國際關係，（5）文化同化的影響。以下是這些領域中調查的主要發現。為便於讀者比較兩次調查的數據又不致改變調查的任何發現，對曲線圖作了調整。由於空間有限，沒有把兩次調查的所有問題和回答全部展示出來。選中的問答旨在突出 2009 年和 2014 年兩次調查之間的比較，還有本書對上海海歸的研究與其他對上海居民（或全中國人口）及各類精英群體做的調查研究的比較。一些關鍵的發現用經過調整的曲線圖來顯示，經常是對海歸和非海歸群體進行比較。其他重要發現有簡短的文字總結。

對氣候變化與環境保護的看法

圖 8-2 報告了 2009 年調查和 2014 年調查顯示的上海海歸對氣候變化的關注程度，並將其與 2007 年、2012 年和 2017 年就"你本人對氣候變化有多擔憂"這一問題開展的 3 次其他調查的結果做了比較。[17] 2009 年對上海海歸的調查中，83% 的受訪者表示了對氣候變化的關切。同樣，2014 年調查顯示，87% 的上海海歸擔憂氣候變化，其中 47% 表示"非常擔憂"，40% 表示"相當擔憂"。這些百分比遠遠高於 2007 年和 2012 年對中國民眾的調查中表示關切的受訪者比例（各為 69% 和 62%）。2017 年的全國調查中，關切氣候變化的民眾有所增加（79%），但仍然低於之前兩次對上海海歸調查的百分比。這樣看來，受過外國教育的海歸預示了中國民眾對氣候變化與環境退化關切的增加。

圖 8-3 顯示，受訪者在國外待的時間越長，就越關注氣候變化。上海海歸表示對氣候變化"非常擔憂"的人所佔比例隨著他們在國外留學時間的增加而增加。2014 年調查中，在國外學習過一到兩年的人有 18%"非常擔憂"，而在國外學習時間超過五年的人 67%"非常擔憂"，幾乎多了 50%。2009 年調查也展現了同樣的規律。這些結果表示，留學經歷也許有力地影響了海歸對應對氣候變化重要性的看法。

2009 年和 2014 年的調查都要求受訪者説明，他們覺得應為氣候變化負最大責任的是發達國家還是發展中國家。2009 年調查中 44% 的受訪者和 2014 年調查中 38% 的受訪者認為，發達國家應負更多責任。2009 年調查中 14% 的受訪者和 2014 年調查中 22% 的受訪者覺得，發展中國家應負更多責任。2009 年調查中受訪者剩下的 42% 和 2014 年調查中剩下的 37% 認為，發達國家和發展中國家應負平等責任。與 2009 年調查的結果相比，2014 年調查的受訪者中認為，發達國家應負更大責任的比例減少了。

圖 8–2　對氣候變化關切程度的 5 次調查的比較
——"你本人對氣候變化有多擔憂？"

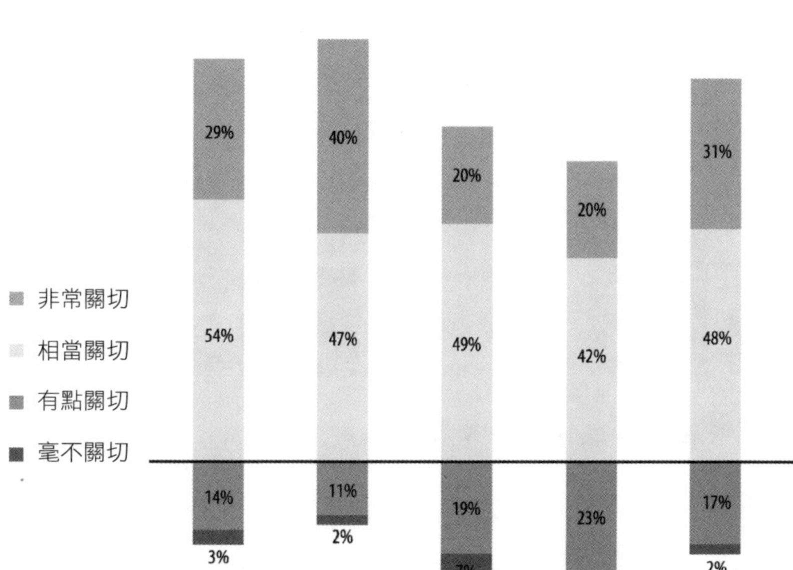

來源："2007 年中國公眾"調查指百人會做的民意調查，《希望與恐懼：美國人和中國人對彼此的態度——就美中關係所涉問題同時展開的調查》（*Hope and Fear: American and Chinese Attitudes Toward Each Other – Parallel Survey on Issues Concerning U.S.-China Relations*）（紐約，百人會出版，2007 年 12 月），第 12 頁。"2012 年中國公眾"調查指百人會做的民意調查，《美一中對彼此的態度》（*US-China Attitudes toward Each Other*）（紐約：百人會出版，2012），第 53 頁。"2017 年中國公眾"調查指百人會《美中公眾的看法：2017 年民意調查》（*US-China Public Perceptions: Opinion Survey 2017*）（紐約：百人會出版，2017），第 44 頁。

*2007 年中國公眾調查、2012 年中國公眾調查和 2017 年中國公眾調查都有受訪者選擇"不回答"，所以總計達不到 100。

圖 8–3　對氣候變化“深為關切”的上海海歸所佔比例與他們在國外逗留時長的關係，2009 年和 2014 年的調查

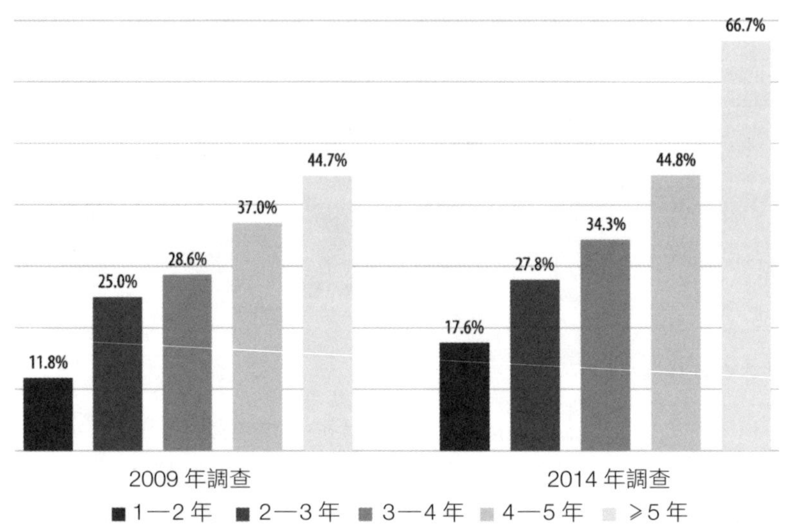

圖 8–4 呈現了各個調查中對“你如何評價中國政府處理環境問題的表現？”這一問題的回答。2014 年對上海海歸的調查中，64% 的受訪者認為，中國政府在環境治理方面表現不佳，其中 48% 選擇了“不好”，16% 選擇了“非常不好”。2009 年調查的回答與 2014 年調查驚人地相似。相比之下，2007 年、2012 年和 2017 年那 3 次對中國公眾的民意調查中，受訪者對中國政府的環保表現遠沒有那麼不滿。

圖 8–4　對評價中國政府環境治理表現的 5 次調查的比較
——“你如何評價中國政府處理環境問題的表現？”

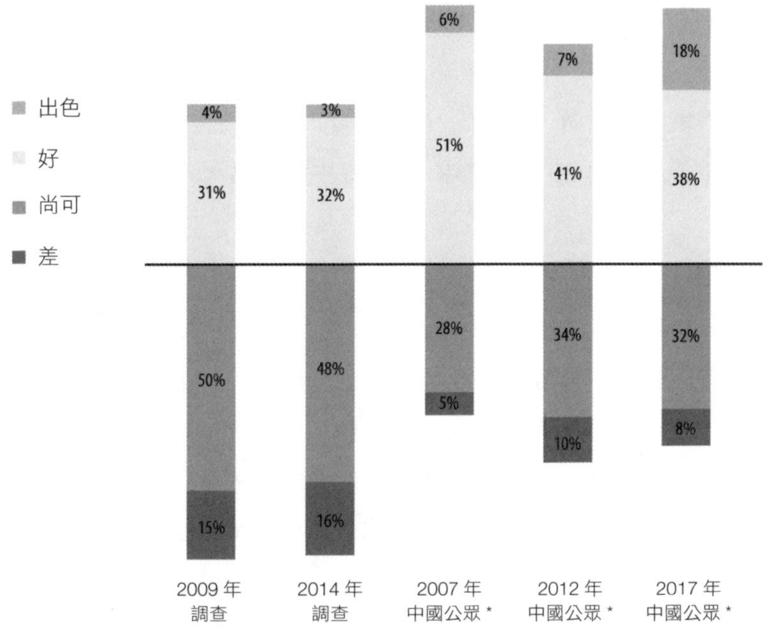

來源：“2007 年中國公眾”調查指百人會做的民意調查：《希望與恐懼：美國人和中國人對彼此的態度——就美中關係所涉問題同時展開的調查》（紐約，百人會出版，2007 年 12 月），第 12 頁。“2012 年中國公眾”調查指百人會做的民意調查：《美一中對彼此的態度》（紐約：百人會出版，2012），第 53 頁。“2017 年中國公眾”調查指百人會：《美中公眾的看法：2017 年民意調查》（紐約：百人會出版，2017），第 44 頁。
* 2007 年中國公眾調查、2012 年中國公眾調查和 2017 年中國公眾調查都有受訪者選擇“不回答”，所以總計達不到 100。

有意思的是，2009 年和 2014 年的調查中，各自僅有 4% 和 3% 的受訪者認為，中國政府在應對環境挑戰中表現“出色”。2007 年和 2012 年的兩次全國性調查結果顯示，民眾的看法也非常相似（各自為 6% 和 7%）。2017 年的全國性調查中這個數據好一些（18%），這也許是因為中國政府加大了推動“綠色 GDP”的力度。雖然中國的環境問題依然嚴重，但政府近來盡力關停大批污染嚴重的工廠、推動清潔能源汽車，成績斐然，顯著降低了中國與其他國家相比的污染水平。據生態觀察網（EcoWatch）的統計，2018 年世界上 20 座污染最嚴重的城市中，15 座在印度，兩座在中國。[18] 十年前的 2008 年，世界銀行和世界觀察研究所（World Watch Institute）開展的研究都顯示，世界上污染最嚴重的 20 座城市中 16 座是中國城市。[19]

經濟展望

過去十年中，中國經濟大起大落、脱胎換骨。2008 年全球金融危機爆發後，儘管中國經濟迅速實現了令人矚目的 V 形復甦，但危機突出表明，中國急需根本性經濟結構調整。改革開放剛開始那幾十年間的雙位數增長榮景不再，但中國已發展成為世界第二大經濟體。通過“一帶一路”倡議，中國也開始改變現存國際經濟格局。

2009 年對上海海歸展開調查時，正值全球金融危機肆虐。在那樣的環境裏，87% 的受訪者肯定中國政府應對金融危機的表現，包括 70% 認為政府的應對“還算好”，17% 認為“非常好”。具體來看，留歐海歸的 24% 和留美海歸的 23% 認為中國政府的表現“非常好”。這些意見也許反映了當時歐洲和美國正在經濟困境中泥足深陷的情形。此外，上海海歸對中國克服金融危機的前景相當有信心（78%）。2009 年做的另一次中國城市居民調查中，79% 的受訪者對國家成功克服金融危機的能力表示了高度信心。[20] 所以，2009 年，上海海歸和中國城市居民都很有信心。

2014 年對上海海歸的調查問到了參與者對中國經濟結構調整前景的信心。總的來説，71% 的受訪者對中國經濟結構調整有信心，其中 61% 表示對國家的經濟前景“相當有信心”，10% 表示“非常有信心”。在澳大利亞、新西蘭和加拿大留過學的受訪者對中國經濟結構調整的信心更大，在對中國經濟的未來持樂觀態度的受訪者中佔了 81%。2009 年調查和 2014 年調查都問了受訪者他們認為十年後哪個國家會是世界經濟的領跑者。有趣的是，兩次調查的結果大相徑庭。2009 年調查顯示 52% 的受訪者認為領跑者將是中國，33% 的受訪者認為是美國，但 2014 調查顯示次序掉了個個兒，38% 認為美國將是第一，32% 認為中國會領先。

上海海歸對於中國地區間經濟差距和城鄉發展不平衡持較强的批評態度，也更感擔憂。被問到“中國目前的經濟與社會發展結構是否合理，尤其在地區發展狀況和城鄉差別方面？”時，2014 年調查中的多數受訪者（58%）對中國的經濟發展結構，特別是中國地區間經濟不平衡和城鄉差距表示了擔憂（圖 8–5）。表示擔憂的受訪者中，44% 認為現存經濟結構“不合理”，14% 覺得“完全不合理”。然而，認為中國經濟結構不合理的受訪者佔比從 2009 年調查的 71% 降到了 2014 年調查的 58%。這個下降也許反映了中國領導層近年來推動內地和鄉村地區經濟發展的努力。

很多上海海歸也對中國經濟不平等的程度感到關切。2009 年調查中，87% 的受訪者認為目前的貧富差距不合理，包括 44% 認為“不合理”，43% 認為“非常不合理”。2014 年的調查結果顯示，這方面的關切略有緩解，但依然居高不下；77% 的受訪者認為中國的貧富差距不合理，其中 40% 認為“不合理”，37% 認為“非常不合理”。調查中的一個問題問到“中國農民工權利得到實現或保障的程度”；2014 年調查中，66% 的受訪者認為農民工的權利基本沒有保障，包括 50% 認為農民工權利“沒有得到充分實現或保障”，16% 認為權利保護“很差”。

圖 8–5　對經濟發展的看法——“中國目前的經濟與社會發展結構是否合理，尤其在地區發展狀況和城鄉差別方面？”

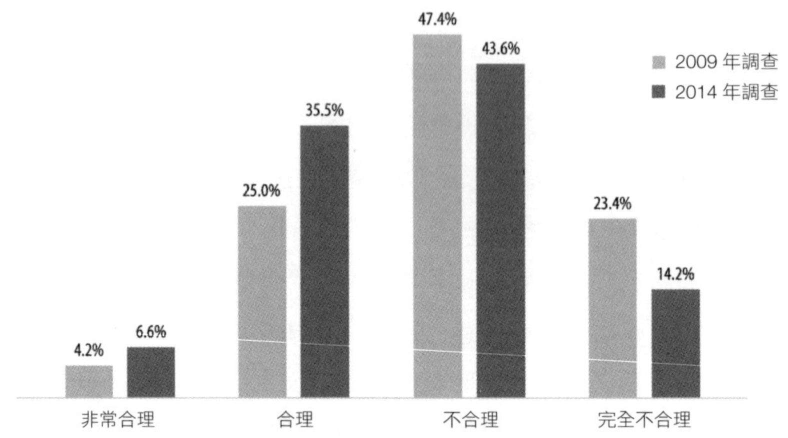

圖 8–6　對能源安全的看法——“你擔心中國未來的能源安全嗎？”

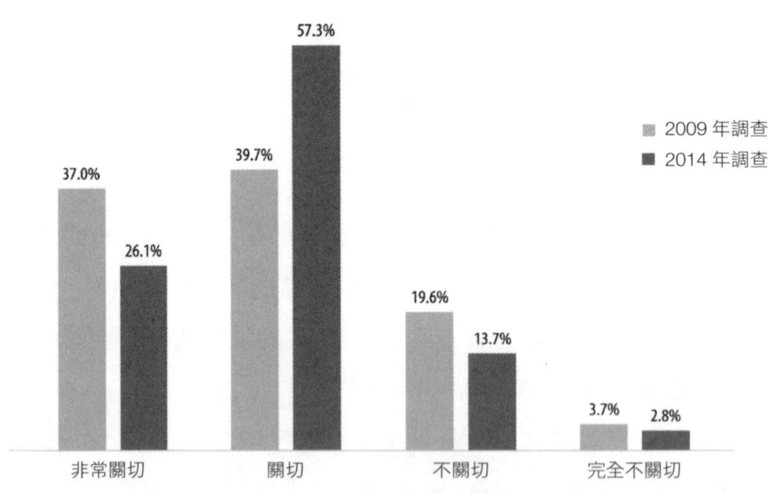

許多上海海歸對中國的能源安全表示憂慮。2014 年調查中，多達 83% 的受訪者對能源安全挑戰表示關切，特別是因為中國的快速經濟

發展依賴石油和天然氣供應。他們中間 26% 表示“嚴重關切”，57% 表示“關切”。與 2009 年調查的結果相比，對能源安全的關切程度增加了（圖 8–6）。將對能源安全的關切程度與海歸的留學地聯繫起來看，留歐海歸對中國未來能源安全最為關切，百分比高達 88%，留美海歸對此問題感到關切的有 76%，為各個留學群體中最低。

社會規範與態度

對上海海歸的兩次調查還問到了社會規範與態度、中國的社會經濟狀況，以及治理方面的問題。調查問卷上的問題包括中產的作用、高等教育的狀況、對食品及產品安全的關切、經濟不平等、農民工權利、社會穩定、腐敗與法治、媒體監督，等等。

圖 8-7 把對上海海歸的兩次調查中關於中國中產重要性的回答與百人會 2012 年對普通公眾、輿論領袖和工商界領袖這 3 個群體的調查結果做了比較。所有調查都問了如下問題：“新興中產會成為中國社會中最有影響力的力量嗎？”上海海歸中給出肯定回答的佔一大部分，2009 年調查和 2014 年調查都是 74%。這個百分比比其他 3 個群體都高，那 3 個群體中給出肯定回答的百分比是：普通民眾 44%，輿論領袖 57%，工商界領袖 66%。上海的海歸在國外留學時間越長，就越有可能認為中產在中國起著關鍵作用。例如，2009 年調查中，在國外留學四年或更長時間的人有 83% 同意“中產將成為中國社會最有影響力的群體”這一說法。

上海海歸對中國高等教育制度評價不佳。2009 年調查受訪者的 3/4（76%）認為中國高等教育“差”或“很差”。相比之下，2010 年對中國城市居民開展的一次調查發現，51% 對國家高等教育制度持負面看法。[21] 然而，海歸人士對中國高等教育制度的看法在 2014 年調

圖 8–7　關於中國中產重要性的 5 次調查的比較
——“新興中產會成為中國社會最有影響力的群體嗎？”

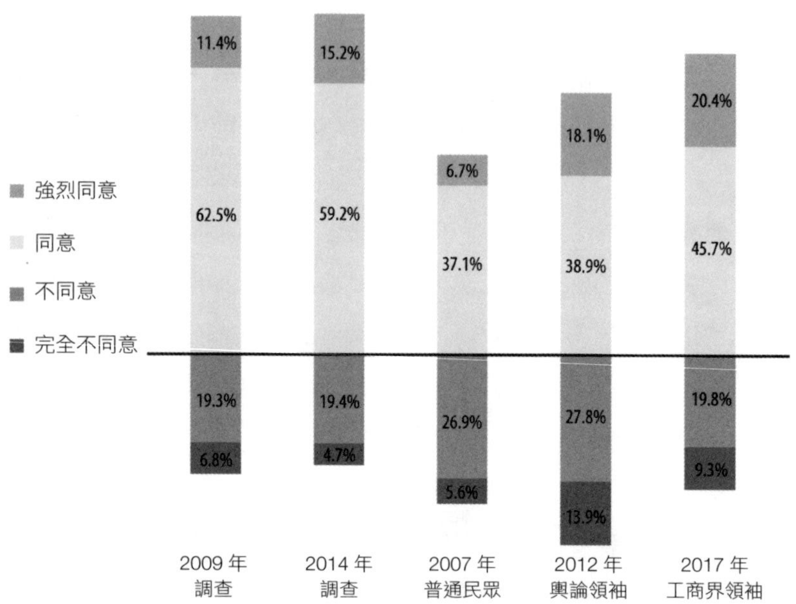

來源：“普通民眾 2012”調查、“輿論領袖 2012”調查和“工商界領袖 2012”調查均基於百人會調查《美一中對彼此的態度》中對“中國新興中產將對中國社會和政治產生巨大影響”這一説法的同意程度（紐約：百人會出版，2012），第 97 頁。

查中大為改善，只有 52% 持負面態度。2014 年調查還顯示，從美國回來的海歸最有可能對中國高等教育制度持負面看法（59%）。

圖 8-8 對比了上海海歸和中國公眾對食品安全與產品質量問題的關切程度。2009 年和 2014 年對上海海歸的調查都顯示出對中國食品與產品安全的高度擔憂：2009 年調查中 86% 的受訪者表示了關切，其中 46% 感到“擔憂”，40%“非常擔憂”，2014 年調查中表示關切的有 82%，其中 34%“擔憂”，48%“非常擔憂”。2009 年調查中，在亞洲，主要是日本和新加坡留過學的人對食品及產品安全的關切最

圖 8–8　對中國食品和產品安全關切程度的 5 次調查的比較
——"你本人對中國的食品和產品安全問題有多擔憂？"

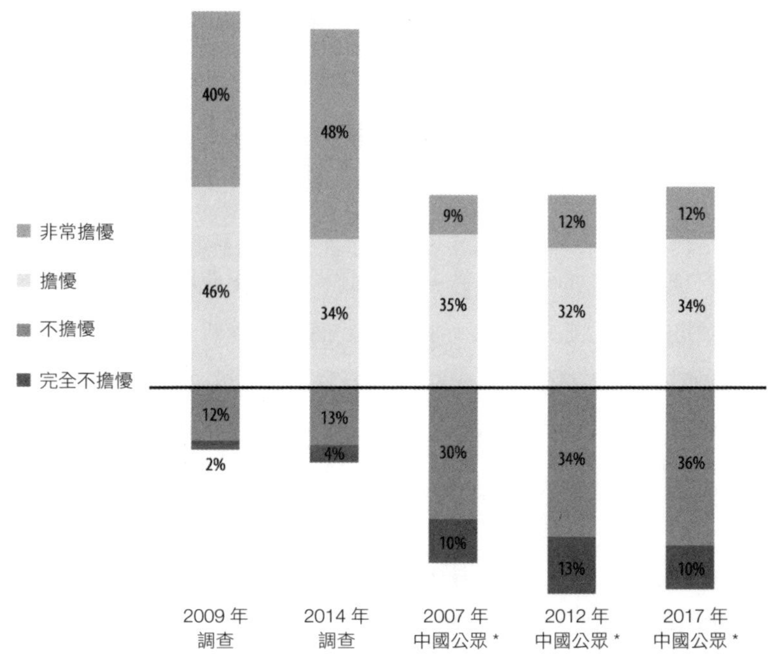

來源："2007 中國公眾" 調查指百人會做的民意調查：《希望與恐懼：美國人和中國人對彼此的態度——就美中關係所涉問題同時展開的調查》(紐約，百人會出版，2007 年 12 月)，第 40 頁。"2012 中國公眾" 調查指百人會做的民意調查：《美—中對彼此的態度》(紐約：百人會出版，2012)，第 69 頁。"2017 中國公眾" 調查指百人會：《美中公眾的看法：2017 年民意調查》(紐約：百人會出版，2017)，第 71 頁。
*2007 年中國公眾調查、2012 年中國公眾調查和 2017 年中國公眾調查都有受訪者選擇 "不回答"，所以總計達不到 100。百人會調查中問題的提法略有不同："中國食品污染和玩具不安全的案例是否降低了你對中國製造的產品的信心？"

大（92%），2014 年調查中則是留學美國的人最為關切，有 88%。

中國公眾與海歸不同，他們對這些安全問題的擔憂程度低得多（2007 年和 2012 年的調查都是 44%，2017 年的調查是 46%）。百人會在 2017 年的調查中也向 3 個精英群體問了同樣的問題，回答 "擔憂”或“非常擔憂”的有 69% 的工商界領袖、63% 的政策專家和 67% 的記者。[22] 這些群體固然比大眾更關心食品和產品安全問題，但與海歸相比，關切程度還是低了不少。有趣的是，之前 2007 年對中國工商界領袖的調查中，對同樣的問題只有 38% 表示關切。[23] 根據 2009 年中國做的一次調查，中國城市居民對食品和產品安全感到放心的有 54%，這個百分比相當低，但上海海歸更不放心，感到放心的只有 25%。[24]

過去幾十年，部分地由於多件食品和藥品安全醜聞被高調曝光，中國公眾開始注意這些問題，跟上了上海海歸的步伐。對中國公眾的調查中，認為食品安全是很大問題的受訪者從 2008 年的 12% 增加到 2013 年的 38%，又升至 2016 年的 40%。同樣，根據皮尤研究中心在中國做的調查，對藥品安全的關注也從 2008 年的 9% 增長到 2013 年的 27%，再到 2016 年的 42%。[25]

對國際關係的看法

過去二十年，中國民眾一直認為美國對中國的經濟發展與安全非常重要。[26] 調查結果也顯示出中國民眾對美國揮之不去的愛恨交加。一方面，多數中國公民對美國持積極看法，支持加強美國和中國之間的經濟相互依存關係；另一方面，許多中國人感到，美國在企圖阻撓他們的國家向著世界大國地位的邁進。

美國的皮尤研究中心 2016 年春開展的全球態度調查就是一個例子。調查顯示，一半受訪的中國公民給了美國正面評價。同時，52% 的人認為美國在試圖阻止中國成為與之平起平坐的大國。[27] 調查還表明，大批中國人（75%）認為，與十年前相比，中國在世界事務中發揮著更重要的作用，這比歐盟（23%）和美國（21%）的受訪者被問到自己國家或地區在世界上的作用時給出肯定回答的百分比高得多。[28] 2016 年那次調查也發現，中國公民對自己國家在世界上地位的信心也摻雜著一定的焦慮，比較重內不重外。對調查結果的分析顯示，“多數中國人（56%）希望中央政府專注於解決中國自身的問題。只有 22% 的人想讓政府幫助其他國家”。[29]

上海海歸持有類似的觀點，不過，他們的看法在某些方面與普通民眾和其他精英群體有所不同。圖 8-9 給出了關於中國受訪者對美國總體印象的 5 次調查結果。2009 年調查和 2014 年調查中，上海海

圖 8–9　關於對美國總體印象的 5 次調查的比較
——“你如何描述你對美國的印象？”

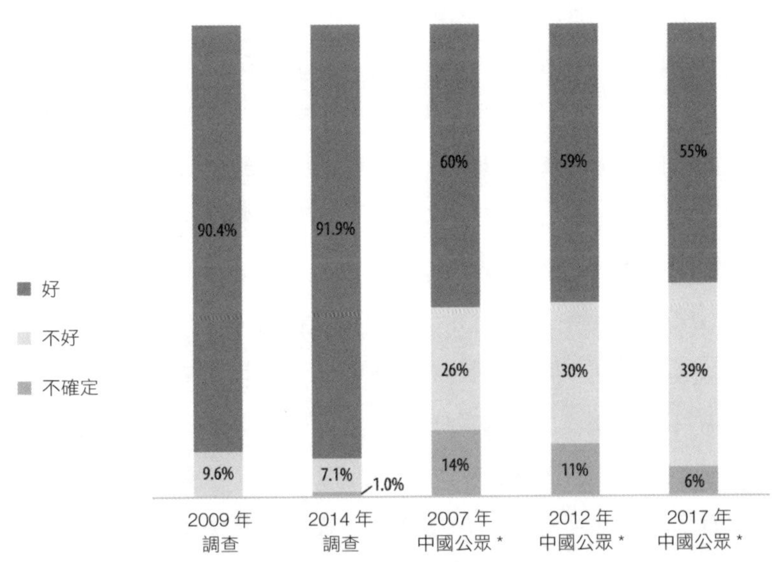

來源：“2007 中國公眾”調查指百人會做的民意調查：《希望與恐懼：美國人和中國人對彼此的態度——就美中關係所涉問題同時展開的調查》（紐約，百人會出版，2007 年 12 月），第 12 頁。“2012 中國公眾”調查指百人會做的民意調查：《美一中對彼此的態度》（紐約：百人會出版，2012），第 20 頁。“2017 中國公眾”調查指百人會：《美中公眾的看法：2017 年民意調查》（紐約：百人會出版，2017），第 16 頁。

歸對美國的印象（2009 年和 2014 年各為 90% 和 92%）都比對中國民眾調查的受訪者好得多（2007 年是 60%、2012 年是 59%、2017 年是 55%）。有意思的是，與在其他國家和地區留過學的海歸相比，留學美國的海歸對美國的印象最好（2009 年是 100%，2014 年是 97%）。

對於“你對美國總統奧巴馬看法如何？”的問題，2014 年調查中 77% 的上海海歸回答說喜歡奧巴馬，其中 10%“非常喜歡”，67% 只是“喜歡”。2009 年調查中對奧巴馬總統表示正面看法的受訪者更多：14%“非常喜歡”，78%“喜歡”。按照受訪者留學的國家或地區來分，留美海歸在 2009 年調查和 2014 年調查中對奧巴馬總統持正面看法的比例最高（各為 94% 和 88%）。

鑑於當時中日兩國間的緊張關係，2014 年調查還問了幾個關於日本和中日關係的問題。回答對日本總體印象的問題時，上海海歸中 53% 表示對日本總體印象良好，包括 9% 印象“極好”，44% 印象“好”。相比之下，《2012 年中國居民生活質量調查報告》顯示，中國民眾對日本的印象不太好，87% 的受訪者表示了對日本的負面看法。[30]2014 年調查中，從亞洲（絕大多數從日本）回國的海歸對日本印象最好（73%）。與之相比，從澳大利亞、新西蘭和加拿大回國的受訪者中只有 32% 對日本有好印象。

圖 8-10 介紹了 2014 年調查中上海海歸對中國與幾個國家和地區雙邊關係的評價。被視為最重要的雙邊關係是中美和中俄關係（各為 87% 和 86%），之後是中國與歐盟的關係（86%）。中國與拉丁美洲、朝鮮和非洲的關係被認為最不重要。令人吃驚的是，大部分受訪者認為中國與俄羅斯關係好（80%），然後是與非洲的關係（79%）和與歐盟的關係（74%）。這個結果值得注意，因為這次調查的受訪者

中，只有 1% 的海歸是在俄羅斯留學的。中日關係（50%）、中印關係（66%）和中美關係（68%）在評價中墊底。作為對比，2009 年對上海海歸的調查結果顯示，受訪者認為中國與 8 個國家和地區關係的重要程度按如下次序排列：美國、俄羅斯、歐盟、日本、東盟、印度、韓國和朝鮮。至於友好關係排行榜，俄羅斯名列第一，之後是東盟、美國、朝鮮、歐盟、韓國、印度和日本。這與同年對中國民眾做的一次調查的結果類似，中國民眾受訪者中最大的群體（64%）認為美國由於經濟原因是對中國最重要的國家。至於在安全方面哪個國家是中國最親密的盟友，最多的受訪者（49%）認為俄羅斯是中國最重要的安全盟友。[31]

圖 8–10　在"重要程度"和"友好關係狀況"方面對中國與幾個國家和地區雙邊關係的評價（2014 年調查）

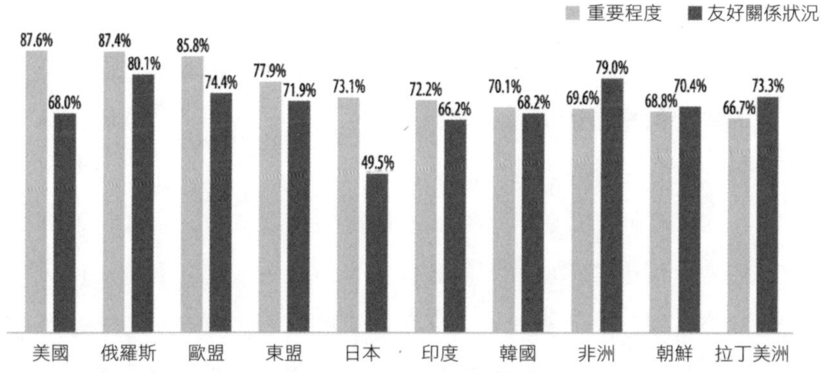

2009 年，對上海海歸的調查還問到受訪者在多大程度上同意中國在世界舞台上"和平崛起"的戰略目標。93% 的受訪者表示同意，其中 31%"完全同意"，62%"同意"。留學美國的海歸表示同意的最多（97%）。收入超過 1.6 萬元人民幣的受訪者中，99% 表示同意中國

“和平崛起”的戰略目標。受訪者的收入越高，越同意中國的和平崛起戰略。至於台海兩岸關係的前景，68% 的海歸受訪者相信台灣在今後幾年會維持現狀，31% 相信台灣將趨向與大陸統一，只有 2% 認為台灣會走向獨立。認為台灣將“維持現狀”的男性達到 80%，而持此觀點的女性為 57%。另外，女性更傾向於相信台海兩岸“未來將趨向統一”（41%）。

相當一部分海歸相信，美國使用台灣作為“不沉的航空母艦”來遏制中國。關於美國在台灣的作用的問題要求受訪者提供多個回答。2/3（68%）的受訪者認為美國“真正關心的是它自身的利益”，29% 認為美國是“麻煩製造者”，21% 相信美國“更願意推動台灣獨立”，20% 認為美國“為兩岸交流融合製造障礙”。

在回答關於中國政府追求軍事現代化努力的問題時，2014 年調查中 90% 的海歸認為中國政府有效地推動了軍事現代化，其中 17% 認為政府這方面的努力“優異”，73% 認為“好”。2014 年調查中的積極回應稍高於 2009 年調查（87%）。按海歸留學的國家和地區來看，留學亞洲的海歸積極評價軍事現代化的最多（97%）。留歐海歸給予積極評價的最少（83%）。

從 1998 年到 2015 年，對北京居民共做了 11 次調查，對這些調查的縱向比較也顯示出民眾對政府推進軍事現代化的强烈支持。對於“你認為在國家財政支出中，國防開支應增加，還是維持，還是減少？”的問題，所有 11 次調查中都有 80% 以上的受訪者回答說中國應維持或增加軍費開支在國家財政的支出。[32] 所有這些調查中，平均有 65% 左右的受訪者相信中國應增加軍費開支。

有趣的是，這些年來的調查有 7 次（2002 年到 2015 年間）問了如下的問題：“你是否同意政府應減少國防開支以改善社會福利？”除

2009 年的調查之外，多數受訪者都給出了肯定的回答。例如，2015 年的調查中，約 3/4 的受訪者表示同意。[33]

文化同化的影響

絕大多數的上海海歸覺得，他們在海外度過的歲月對他們的個人發展影響巨大。2009 年調查中，對於“你在外國的經歷對你個人的成長有多大影響？”這個問題，94% 的受訪者做出了肯定的回答，其中 39% 的受訪者説影響“巨大”，55% 説影響“重大”（圖 8–11）。2014 年調查所顯示的留學造成的文化影響比 2009 年調查更大，96% 的受訪者説自己的海外經歷對自己有大影響，其中 46% 説影響“巨大”，50% 説影響“重大”。

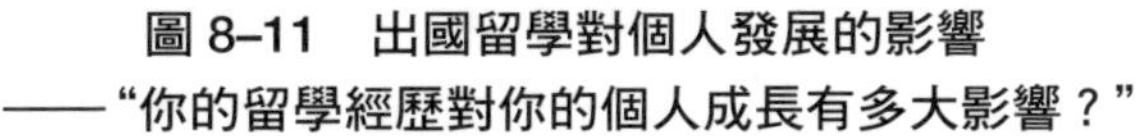

圖 8–11　出國留學對個人發展的影響
——“你的留學經歷對你的個人成長有多大影響？”

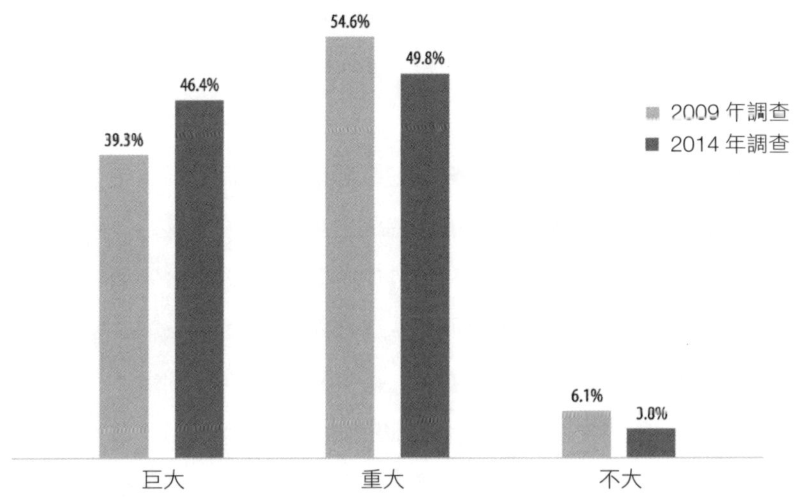

圖 8–12　留學時長不同的上海海歸的愛國程度（2014 年的調查）

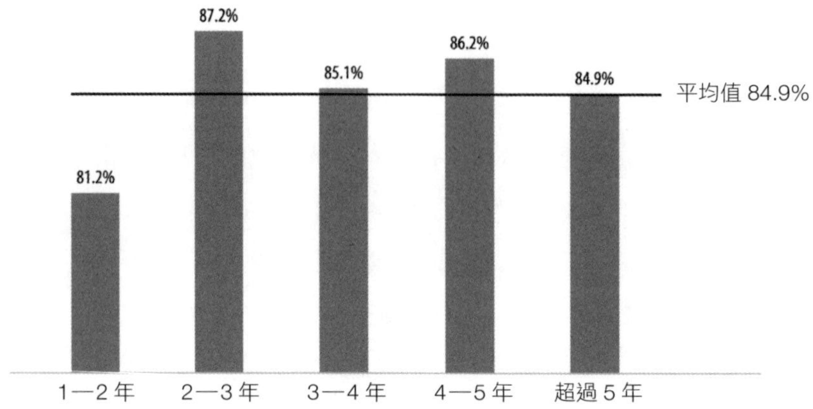

2009 年調查和 2014 年調查都包含一個關於上海海歸的愛國主義和民族主義感情的問題。[34] 圖 8-12 顯示了 2014 年調查結果表現的愛國程度與留學時長的關係。幾乎所有受訪者，不管在國外學習了多長時間，都非常愛國（平均 85%），不過在國外學習了兩到三年的海歸愛國主義情感最强（87%）。有意思的是，2009 年調查得出了同樣的結果，也是在國外學習了兩到三年的海歸表現的愛國心最强。

看了 2009 年和 2014 年對上海海歸的愛國主義和民族主義感情的調查結果，使我們對於高等教育在意識形態形成中的作用，以及通過國際教育交流來傳播價值觀所產生的影響獲得了寶貴的了解。斯坦福大學的潘婕和加州大學伯克利分校的徐軼青對於政治價值和觀點在中國的形成與改變做了一項全面研究，他們各自對從 2012 年 1 月到 2014 年 12 月做的線上民調收集的大批中國網民（460532 人）的數據進行了分析。那次線上民調包括 50 個問題，分七類：（1）政治機構，（2）個人自由，（3）市場經濟，（4）資本和勞工，（5）經濟主權與全球化，（6）民族主義，（7）傳統主義。他們利用這些問題來尋找組成“中國意識形態光譜”的斷面。[35] 這兩位學者根據自己的分析提出，自由、親市場、非傳統和“非民族主義”的價值取向與較高水平的教育、收入、經濟開放度和西方影響相關聯，而這些價值觀在比較發達的富裕地區和北上廣深這樣的世界級大都市的居民中比較常見。[36] 至於民族主義，他們把受訪人分為兩組；一組是支持愛國主義，强烈主張捍衛中國領土完整，同時對西方懷有敵意的人（他們把這些傾向稱為“民族主義”）；另一組人反對這種對抗性的“民族主義”情緒（他們稱之為“非民族主義”傾向）。[37]

這兩位研究者根據他們所做的量化分析得出結論説，“民族主義者”在幾個方面與“非民族主義者”迥然不同。與後者相比，前者更有可能支持國家的强力領導，認為應該允許國家更多地干預市場和私人領域，相信中國的經濟改革造成了經濟不平等和社會脱序等負面影響，認可社會等級制和反同性戀等傳統價值觀，並贊成民族主義的對外政策和經濟保護主義。[38]

本書對上海海歸開展的調查規模小得多，結果卻與潘婕和徐軼青的調查結果顯著不同。2009 年和 2014 年對上海海歸的調查中，受訪者都表現出强烈的愛國主義和民族主義感情，他們民族主義感情的强烈程度絕不低於中國公眾和其他精英群體。雖然上海海歸的“愛國”情緒高漲，但如前所述，他們對於環境、經濟、社會和對外政策問題的意見和他們對中國政府的看法並不能簡單地歸入潘徐二人的研究顯示的二元式分類。所以，强烈的民族身份認同和愛國情感並不表示一定具有意識形態上一致的社會價值觀或外交政策理念。如康奈爾大學的政治學家白潔曦（Jessica Chen Weiss）最近觀察到的，這一點在對其他中國民意調查結果的研究中也得到了證實。[39] 關於對中國的普通民眾、網民和精英的 5 次民調，白潔曦評論稱：

> 身份在傾向的形成過程中的確發揮了作用，但民族認同的感情與外交政策的理念與態度不同。以身份來衡量的民族主義並不總能反映政府推行對外政策時受到的壓力。傾向會隨著國內外環境的演變而轉移，即使身份維持不變，或改變的速度比較緩慢。也許可以假設，注重民族主義中身份因素的人在外交政策上通常有鷹派傾向。在一些情況中，民族主義者可能遵從政府的意思，支持自由的國際政策。其他自封的愛國者也許希望政府把注意力集中在國內的優先事項上，避免推行强硬的外交政策。[40]

2009 年調查和 2014 年調查的結果都與白潔曦的論點相一致——中國受訪者的“鷹派”或“鴿派”政策傾向更有可能是因為中國外交政策遭遇的外部因素被中國公民記在心上，在調查中表現了出來，而不是出於中國人的愛國情緒和民族身份觀。[41]2009 年和 2014 年兩次調查獲取的數據都不多，自然難以據之達成普遍推論，不過仍可從中推斷出一些線索。總的來説，上海海歸的國外留學經歷在文化同化、國際眼界和某些普世價值方面對他們影響頗大，但留學經歷不一定直接影響到他們的愛國心和民族身份觀。

結論

要分析國際教育交流的影響，必須通過實證來審視留學生在國外學習期間發展起來的想法與價值觀。本章介紹了對上海留學回國的海歸做的兩次原始民意調查的結果；在上海迅速崛起的新興中產中，海歸是一個特色鮮明的亞群體。民意調查結果揭示了海歸對國內外各種問題的態度與看法。通過分析對調查問卷的回答，以及參與者的人口組成和政治和經濟因素，可以得出 4 點關鍵的觀察結論。

第一，中國面臨著環境退化、全球氣候變化、經濟不平等、城鄉差距、農民工權利受到忽視、能源安全、食品藥品安全、法治和治理等各種挑戰；調查結果表明，留學的經驗在很大程度上影響了海歸關於是否要緊急應對這些挑戰的看法。最近開展的其他調查也顯示，海歸明顯地比中國民眾，甚至比中國的一些精英群體對所有上述問題更加關切，也持較强的批評態度。海歸受訪者在國外住的時間越長，對這些問題的關切就越明顯。另外，對於大部分上述問題，2014 年調查與 2009 年調查相比，有更多受訪者表示了更强烈的關切。在對中國面臨的各種挑戰發表批評意見和關切方面，上海海歸與中國公眾相比是超前的。鑑於過去十年間公眾對這些問題的意識的增强，可以合理地認為，曾留學國外的海歸預示了一種新趨勢的到來，即公眾對這些問題的關切將日益增加，要求政府在這些領域中推行政策改革的壓力也會隨之加大。

第二，上海海歸深知自己的中產身份及留學經驗對自己的影響，對中國的教育制度意見强烈。在國外逗留的時間越長，就越有可能認為中產在中國發揮著關鍵作用。絕大多數上海海歸感到，在國外留學的經驗對自己的個人發展，包括專業成長和文化同化，影響巨大。上海海歸也比中國城市居民對中國高等教育制度意見大得多。留美海歸比在其他地方留學的海歸更有可能對中國高等教育制度不以為然。

第三，本書研究的一個重大發現是，海歸更有可能對自己留學的國家持有積極看法。從美國留學歸來的人與在其他國家和地區留學的人相比，對美國的印象最好。同樣，留學亞洲（本書的研究中絕大多數是留學日本）的海歸對日本的好感最大。海歸對自己留學國的好感度會隨著祖國和留學國社會和政治環境的變化，以及雙邊關係的變化而改變。例如，根據 2018 年開展的一次對在美中國學生的研究，約 16% 的受訪者表示自己來美後對美國的好感增加了，而 42% 的受訪者表示來美之後對美國的看法變差了。

同時，約 46% 的受訪者表示自從來到美國，自己對中國的看法改善了，13% 的受訪者則表示對中國的看法變得更差。對於留學國的負面看法也許可以歸因於近年來中美關係的惡化，以及美國政府發起的新一波指控，說在美中國留學生普遍從事間諜活動。[42]

第四，對於將社會政治價值觀或對外政策理念分為保守對自由、民族主義對非民族主義的涇渭分明的兩個陣營，以此界定意識形態光譜的二元論，本書的研究結果提出了質疑。上海海歸懷有高度的愛國主義和民族主義感情，這是他們的特點，但他們在某些重要問題上也是具有全球觀的世界主義者。他們對美國有好感，但這並不意味著他們對美國的對外政策全盤接受，特別是美國遏制中國崛起的做法。最近對在美國學習的幾百名中國大學本科生做了一次調查，調查結果表明，種族歧視使得他們對民主價值觀心生抵制。在美國學習的中國學生儘管本來比他們在中國的同齡人更贊成自由民主，但是他們在美國遭受的反華歧視大大增强了他們對中國政府的支持。

海歸和中國公眾一樣，對美國的態度有些矛盾；他們讚賞兩國在各方面的雙邊合作，但擔憂台灣問題或其他問題可能引發軍事衝突。在這方面，多數海歸認為中國政府推動軍事現代化是對的。為了同樣的原因，上海海歸不僅將俄羅斯列為與中國關係最好的國家，也視俄羅斯為安全戰線上中國最親密的盟友。

在很大程度上，上海海歸及整個中國中產的觀點和價值觀是保守的，因為他們支持中國領導層集中精力推進軍事現代化、維持社會穩定；同時也是進步的，因為他們要求為公民提供更好的法律保護、限制大型國有企業的壟斷、讓公眾更多參與社會—經濟政策的制定。上海海歸和中國中產有許多共性，也有自己的特性；他們的意見、價值觀和信念今後將如何演變並不清楚。所以，用本書研究的結果一概而論，斷定海歸將給中國帶來何種政治影響、作出何種貢獻，殊為不智。正如一位外國觀察家敏銳地指出的，就中產的政治關切而言，多變的國內外環境使得“得與失的平衡不斷變化”。[43]

註釋

1. 突出的例外是崔大偉、馮楊：〈海外學生、海歸和國際規範在後毛澤東時代中國的散播〉（*Overseas Students, Returnees, and the Diffusion of International Norms into Post-Mao China*），《國際研究評論》（*International Studies Review*），16，No.2，2014 年 6 月，第 252—263 頁。
2. 苗綠、鄭金連、王建芳：〈2016 年中國留學回國人員發展情況調研報告〉，載於王輝耀、苗綠主編：《中國留學發展報告》，No.6，北京：社會科學文獻出版社，2016，第 56—85 頁。
3. 同上，第 82 頁。
4. 本書在這項調查和作者在不同的項目下開展的其他調查之間做了許多比較。比如，百人會：《希望與恐懼：美國人和中國人對彼此的態度——就美中關係所涉問題同時展開的調查》（New York, Committee of 100 Publication，2007 年 12 月）。作者是百人會這次調查的共同主席之一。
5. 黃穎：〈上海市海歸群體發展狀況調查〉，《中國人才》，2009 年 12 月，第 20 頁。
6. 李成：〈回家教書：海歸在中國高等教育中的地位和流動〉（*Coming Home to Teach: Status and Mobility of Returnees in China's Higher Education*），載於李成主編：《連接太平洋兩岸的橋樑：美中教育交流 1978—2003》（Lanham, MD: Lexington Books，2005），第 92—93 頁。
7. 上海市政府僑務辦公室和上海市歸國華僑聯合會：〈上海市基本僑情〉，上海地方誌辦公室網站，2013 年 2 月 4 日。
8. 教育部留學服務中心：《中國教育報告：發展與質量——中國留學回國就業藍皮書 2016》（北京：人民教育出版社，2017）。

9. 張煜：〈上海人均 GDP 突破 2 萬美元〉，《解放日報》，2019 年 3 月 2 日。

10. 普渡大學宗教與中國社會中心：《2018 年度在美中國留學生與訪問學者調查報告》，2018 年 10 月 17 日。

11. 同上，第 6 頁。

12. 《世界價值觀調查第六波：2010—2014》（*World Value Survey Wave 6: 2010-2014*）。

13. 苗綠、鄭金連、王建芳：《2016 年中國留學回國人員發展情況調研報告》，第 77 頁。

14. 同上。

15. 同上。

16. 上海市歐美同學會課題組：〈留學回國人員在滬工作情況的調查與思考〉，《海歸學人》，No.10，2010 年 4 月 7 日。

17. 2007 年數據來自百人會民意調查：《希望與恐懼：美國人和中國人對彼此的態度》，第 12 頁；2012 年數據來自百人會民意調查：《美—中對彼此的態度》（New York: Committee of 100 Publication，2012），第 53 頁；2017 年數據來自百人會：《美中公眾的看法：2017 年民意調查》（New York: Committee of 100 Publication，2017），第 44 頁。

18. 奧利維婭·羅薩恩（Olivia Rosane）：〈2018 年世界污染最嚴重的 20 個城市〉（*The World's 20 Most Polluted Cities in 2018*），Eco Watch，2019 年 3 月 6 日。

19. 〈世界 10 個最糟糕的城市〉（*The World's 10 Worst Cities*），《大眾科學》（*Popular Science*），2008 年 6 月 23 日；〈世界上 20 個污染最嚴重的城市 16 個在中國〉（*16 of World's 20 Most-Polluted Cities in China*），美國之音（Voice of America），2009 年 10 月 31 日。

20. 2009 年對中國城市居民總體信心水平的民調由零點研究諮詢集團完成。見 2009 年 6 月發表的《2009 年城市生活調查報告》（*The 2009 Urban Life Survey Report*）。此次民調使用了靶向攔截方法。民調開展的時間是 2009 年 5 月 4 日到 10 日，取樣地點有北京、上海、廣州、哈爾濱、青島、大連、武漢、南京、成都和深圳。從這 10 個城市中獲取了 3295 個有效樣本，受訪者的年齡在 24 歲到 45 歲。

21. 零點研究諮詢集團、搜狐新聞中心：《2010 年關於兩會熱門話題的民調》（*2010 Survey on Hot Topics in the Two Sessions of the Chinese Government's Annual Meeting*）。調查報告 2010 年 1 月由零點研究諮詢集團公佈。

22. 百人會：《美中公眾的看法：2017 年民意調查》，第 71 頁。

23. 百人會：《希望與恐懼：美國人和中國人對彼此的態度》，第 40 頁。

24. 零點研究諮詢集團：《中國公共服務的公眾評價指數報告 2009》（*China Public Service Public Evaluation Index Report 2009*）。這次民調在 7 個城市（北京、上海、廣州、武漢、成都、瀋陽和西安）使用了多階段隨機抽樣法對 18 歲到 60 歲的居民做了家訪調查。調查結果根據每個城市的實際人口規模做了加權。誤差率為正負 0.92 個百分點。

25. 理查德·威克（Richard Wike）、布魯斯·斯托克斯（Bruce Stokes）：〈中國公眾認為中國在世界上作用加強，指美國為頭號威脅〉（*Chinese Public Sees More Powerful Role in World, Names U.S. as Top Threat*），皮尤研究中心網頁，2016 年 10 月 5 日。

26. 例如，百人會：《希望與恐懼：美國人和中國人對彼此的態度》。

27. 威克、斯托克斯：〈中國公眾認為中國在世界上作用加強，指美國為頭號威脅〉。

28. 同上。

29. 同上。

30. 零點研究諮詢集團：《2012 年關於中國居民生活質量的調查報告》（*The 2012 Survey Report on the Quality of Life of Chinese Residents*）。

31. 零點研究諮詢集團：〈中國城市居民對中國與其他國家關係的評價〉（*The Relationship Evaluation between China and Other Countries by Chinese Urban Residents*），《2009 年中國人民眼中的世界調查》（*The 2009 World in the Eyes of Chinese People Survey*）。此次民調採用了多階段隨機抽樣法，3000 名受訪者居住在包括北京、上海、和廣州在內的 10 個城市，年齡在 18 歲以上。有 95% 的把握說此次民調結果誤差率為正負 1.06 個百分點。

32. 白潔曦：〈中國公眾有多強硬？再次審視"上升的民族主義"和中國外交政策〉（*How Hawkish Is the Chinese Public? Another Look at 'Rising Nationalism' and Chinese Foreign Policy*），《當代中國》（*Journal of Contemporary China*），28，No.119，2019 年 3 月，第 689 頁。

33. 同上。

34. 這次調查對愛國主義和民族主義程度的衡量基本與唐文方在其 2008 年為估量中國人民族主義情緒開展的民調中採用的開創性方法一樣。唐文方在民調中請受訪者回答是否同意反映"對我國（中國）感情"的 4 個說法：（1）"比起任何其他國家，我更願意做我國的公民。"（2）"如果別國人民更像我國人民，世界將更加美好。"（3）"我國比大多數國家都好。"（4）"我國在國際賽事中取得好成績令我自豪。"

35. 潘婕、徐軼青：〈中國的意識形態光譜〉（*China's Ideological Spectrum*），*Journal of Politics*，80，No.1，2018 年 1 月，第 258—260 頁。

36. 同上，第 271 頁。

37. 同上，第 255 頁。

38. 同上，第 255、262 頁。

39. 白潔曦：〈中國公眾有多強硬？再次審視"上升的民族主義"和中國外交政策〉，第 679—680 頁。

40. 同上，第 680 頁。

41. 同上，第 692 頁。

42. 普渡大學宗教與中國社會中心：《2018 年度在美中國留學生與訪問學者調查報告》，第 5 頁。

43. 陳安：〈中國的資本主義發展、企業家階級和民主化〉（*Capitalist Development, Entrepreneurial Class, and Democratization in China*），《政治學季刊》（*Political Science Quarterly*），117，No.3，2002，第 422 頁。

第九章

西方影響與幻覺
上海當代藝術的繁榮

一件藝術傑作必定有多重解釋。

——楊衛

如果一個城市有夢，那就是等待藝術家前來。如果一個藝術家有夢，那就是去有很多藝術家的城市工作生活。

——薛松

經驗豐富的瑞士藝術收藏家烏利·西格（Uli Sigg）最近發表了一篇文章，題為“為什麼西方人會誤解現代中國藝術”（*Why Westerners Misinterpret Modern Chinese Art*）。他在文章中指出，“西方策展人通常會按照自己對中國先入為主的觀念來選擇展品”。[1] 同一篇文章引述了中國前衛藝術家何翔宇（1986 年生）關於自己的作品被西方錯誤解讀的評論。

何翔宇認為中國前衛藝術家作品往往有多層次含義。但西方學者的片面理解反映了海外中國研究中固有的一些關鍵問題，包括藝術與政治之間耐人尋味的聯繫、知識分子與政府之間複雜多變的關係，以及前衛藝術與社會中意識形態變化的關聯。對於藝術和政治齊頭並進的簡單化假設，許多研究中國的學者都心存懷疑。然而，大家普遍同意，文化潮流與包括政治在內的其他生活領域中的變化有所關聯。

按照定義，前衛藝術家必然站在變化的前列。中文中“前衛藝術家”和“先鋒派”的含義是他們走在了時代的前面。前衛藝術家的關注經常包括他們所處時代的一些最敏感、最具前瞻性的問題。在很大程度上，中國前衛藝術家目前藉以生發的思想土壤反映了中國中產的迅速興起。如前所述，一些研究城市中產文化的中國學者聲稱，如果說經濟增長是改變的動能，那麼文化就決定了改變的方向。[2] 從某種意義上說，前衛藝術家是中國中產崛起的副產品，而他們反過來又塑就了中產的焦慮、抱負和矛盾心理。

中國當代藝術家堅稱，文化現代化是中國現代化的一部分。研究上海的著名學者余秋雨屬提倡文化現代化概念的先驅。[3]

若想對改革時代的中國中產進行全面研究，就必須探討藝術家群體的政治追求，特別是前衛藝術家的活躍作用。過去二十年間，中國藝術家通過自己的作品表達的思想、觀點、價值觀和風格反映了文化精英內部在國家飛速變化之時的重要思想對話。社會和經濟轉型塑就了一代更有創造力、更具批判思維、更複雜精微、更不拘教條的藝術家。這段時期，前衛藝術作品結束了 20 世紀 90 年代大部分時間中的地下生存狀態，在 21 世紀頭兩個十年中進入了藝術主流。[4] 前衛藝術家的藝術經常具有政治性和全球性，目的與含義均遠比一些西方評論家的典型解讀寬廣得多，要傳達的信息經常是“多層次的”。藝術必定有多層面的含義才能算作藝術。中國藝術批評家張曉凌說過，他難以想像，一個對於現今經濟、社會和政治挑戰缺乏主見、對世界上人口與技術變化沒有想法的人能夠成為真正的藝術家。[5] 因此，若能明白中國當代藝術家的作品表達的實驗性思想，就能更好地理解中國知識分子和其他中產成員對於政治和全球事務的新思維。

本章第一部分探討中國當代藝術如何能幫助我們理解改革時代中國社會、經濟和文化轉型過程中的發展和矛盾，也談到一些前衛藝術作品受到了外國評論家怎樣的誤解。然後，第二部分詳細介紹了前衛藝術家在上海的驚人崛起和這座城市活力充沛的藝術生活，特別是它國際聞名的雙年展。上海的藝術現狀值得注意，因為它反映了並經常預示著中國在全球化時代的一些重要發展趨勢。本章第三部分講述了歷史上上海作為中國當代藝術搖籃的作用，也回顧了自 20 世紀 90 年代以來前衛藝術家群體日漸增長的作用。第四部分，也是本章的最後部分，描述了西方影響、消費主義、政府打造國際文化中心的目標、民營企業家和慈善家的大量投資、中產熱切希望開發新的公共空間來開展公民和思想討論等種種因素如何造就了上海藝術畫廊的蓬勃發展。

對中國前衛藝術家的理解與誤解

中國前衛藝術家普遍的想法，認為西方評論家看中國前衛藝術的角度普遍過於政治化，總是視其為藝術與政府的衝突。[6] 例如，郭適（Ralph Croizier）在對蘇聯和改革開放時代中國前衛藝術運動的比較研究中，把中國前衛藝術定性為反建制、受西方啟發、反文化。對中國前衛藝術家這類不可靠的籠統定性在西方評論非常普遍。然而，本書介紹的上海前衛藝術家的作品可以證明，這三點定性至少失之片面、眼界狹隘。

第一，今天中國的前衛藝術家對中國領導層的看法未必完全一致，亦非一成不變。對於政府的政策，他們根據具體問題與環境，會部分支持，也會部分反對。然而，經濟全球化的發展，特別是改革開放過程中專注於追求 GDP 增長，造成了某些收入的巨大不平等、社會脱序和環境退化現象，一些藝術家因此而對中國向著市場經濟，或是有些人所謂的“市場原教旨主義”的過渡日益不滿。

第二，許多中國前衛藝術家的確受到了西方思想、價值觀和藝術風格的啟發。不過，自 20 世紀 90 年代晚期以來，他們也對西方的後殖民主義和文化沙文主義產生了懷疑和憤懣。在許多中國人眼中的一波“西方政客反華言論”和“以美國為首的遏制中國崛起”的操作之後，特別是從評判塞繆爾·亨廷頓的文明衝突理論角度來看，一些前衛藝術家開始重新思考西方政客的意圖和他們在中國推動“民主”“人權”的目的。

第三，主流文化和反文化之間，或者説藝術表達的常規方式和特異方式之間的界線近幾年來越來越模糊。其他本來清晰的概念界線，如傳統與現代之間，甚至是中國與外國之間的界線也不再清晰。如一位上海本地藝術家所説，“在全球化時代，中國知識分子‘崇洋媚外’已經是過去時，已經沒有意義了”。[7]

2000 年，研究中國文化的著名澳大利亞專家白傑明（Geremie Barme）指出，中國前衛藝術家引人注意，主要是因為他們身處陰暗背景之中。[8] 重慶藝術家、女性主義團體“塞壬藝術工作室”（Siren Studio）的共同創始人奉家麗感到，對中國藝術的這種評論是一種冒犯。她寫道，有些西方藝術評論家“很可能會把絢爛的彩虹誤認為白霧”。[9] 在一些中國學者看來，這些西方評論家表現出來的“思想狹隘”和他們以歐洲為中心或以美國為中心的偏見使他們看不到當今中國的文化生活、知識討論和藝術實驗的豐富多彩。一些中國學者和藝術家相信，西方評論家的二元式思維導致他們對中國社會和政治現實的認識過於簡單。國際知名電影導演張藝謀説，“西方長期以來一直將中國電影政治化，如果中國電影不是反政府，就被認為是親政府的宣傳”。[10]

中國很多著名藝術策展人和前衛藝術家的意見與張藝謀一致。例如，高名潞慨嘆，自 20 世紀 90 年代早期以來，國際上幾乎所有展示中國當代藝術的展覽都“把政治波普和玩世主義説成是重要的非官方先鋒派運動，對它們進行意識形態解讀”。[11] 因具有爭議的人體藝術和行為藝術而出名的張洹和馬六明都對中外記者説過，不應把他們的作品解讀為反政府。張洹説：“中國的問題非常複雜，人們想從不同的角度尋求答案。”[12] 馬六明説，他那些引起爭議的行為藝術作品不是要表達政治觀點，而是要顯示“性曖昧在精神上的普遍性”。[13] 就一些中國前衛藝術家而言，他們異見的矛頭所向是全球性文化霸權。

當然，郭適、白傑明或桑曄的觀點不能代表所有的海外藝評家，不過公平而論，他們的意見也不能説全無道理。此外，隨著觀察中國的學者對中國前衛藝術領域近來的發展更加熟悉，他們的評價也可能改變。即使一些西方批評家非常了解中國前衛藝術作品反映出來的活力和多樣性，上海的藝術家仍然發現，要把自己的見解傳達給西方公眾，包括傳達給生活在外國的同行，可説是難上加難。過去十年中大部分時間住在中國的卡倫·史密斯（Karen Smith）是中國前衛藝術的專家，她尖鋭地發問：“如果我們説（我們主要欣賞的是）現在中國產生的藝術作品質量上乘、多姿多彩，（西方）有多少人會相信？”[14]

前衛藝術家的成熟壯大：上海雙年展

自 1996 年起，中國和國外的藝術家開始聯合組織上海雙年展，旨在與國外藝術界及中國觀眾建立更多的專業聯繫。一些研究當代中國藝術的專家相信，上海雙年展的創辦預示著現代中國藝術最具活力的地點正在發生南向轉移，從北京轉到上海和其他東南沿海地區。[15] 自雙年展開辦以來，上海各方協同努力在公共領域把當代藝術，特別是前衛藝術，推上新台階。上海藝術批評家冀少峰注意到，舉辦雙年展時，美術館、藝術畫廊、策展人、藝術家、藝評家、基金會、拍賣行、藝術院校、媒體、觀眾和網站自覺不自覺地共同建造起了一套促進當代藝術的知識生產與傳播體系。[16]

國內外批評家都認為，2000–2001 年舉辦的第 3 屆上海雙年展是中國當代藝術重返這塊當代藝術熱土的標誌性場合。特別是與前兩次雙年展相比，第三次雙年展精湛高質的藝術作品繁星閃耀，各類國際藝術家群賢畢至。[17] 來自 18 個國家的 67 位藝術家參加了正式展覽，雙年展上展出的作品遍及前衛藝術的各個門類，包括行為藝術、裝置藝術、概念藝術、環境藝術、政治波普、立體主義、印象主義、抽象主義、超現實主義、玩世現實主義、現代主義和後現代主義。這些展覽盡顯上海藝壇百花齊放的繁榮景象。[18] 芝加哥大學藝術歷史學家巫鴻寫道，上海雙年展和同期舉辦的其他上海藝術展一起，代表著中國當代藝術的突破。他說，雙年展使實驗藝術正常化，為爭議性的藝術形式和挑戰社會政治規范的作品創造了合法的展覽空間。[19]

2018–2019 年的第 12 屆上海雙年展是雙年展歷史上首次當代拉丁美洲藝術的大型展覽。這次雙年展以其巧妙而發人深省的中英文主題而著稱。英文主題是“Proregress”，這個詞是美國詩人 E. E. 卡明斯（E. E. Cummings）1931 年把“進步”（progress）和“退步”（regress）兩個字壓縮在一起創造出來的。[20] 它反映了彌漫於 20 世紀頭幾個十年間那種亟須改變，卻又因停滯而阻礙重重的深切矛盾與焦慮。這個詞本已淡出了人們的記憶，但第 12 屆上海雙年展又將其呈現在眾人的眼前。雙年展的一位策展人誇特莫克·梅迪納（Cuauhtémoc Medina）（墨西哥籍藝術史與哲學教授，曾任泰特現代藝術博物館拉丁美洲藝術收藏的副館長）解釋說，這個詞用於今天的世界恰如其分，因為我們所處的全球環境變幻莫測。我們無法確定人類社會是在前進還是在後退，我們也不明白我們的思想能如何影響世界。[21]

第 12 屆上海雙年展的另一位策展人王薇薇發出了同樣的呼聲，呼籲重新思考現代性、歐洲中心主義和非人類中心說。她呼應"Proregress"和政治不確定性的主題，著重指出了我們時代一些相互矛盾的趨勢："一方面，社會把女權主義、同性戀和社會少數群體等重要問題提上了議程；另一方面，社會衝突和族裔衝突，以及民族主義和種族主義在世界各地都呈現出上升態勢。"[22]

有趣的是，雙年展的中文主題是"禹步"這個罕見詞，它指中國古代道士做法事時的步法，看似向前，但同時又似向後，或看似向後同時又似向前。這種步法有些像邁克爾·傑克遜（Michael Jackson）那著名的太空步。雙年展的中文主題反映在一件特別顯眼的展品中。那件藝術品名叫"圍地"，靈感來自中國古代兵法家孫子的名著《孫子兵法》。作品用廢紙殼排列出字句"進一退二；進二退一"。這件藝術作品表達了中國和全球背景中的多層次政治象徵主義。所以，2018–2019 上海雙年展的中英文主題以具有高度想像力的方式交相呼應，挑戰簡單化的二元論，大聲疾呼在當今時代的模糊曖昧中跳出窠臼，發展新思維。上海雙年展獲得的機構支持和它國際聲望的上升代表著中國前衛藝術家及其作品在世界舞台上的成長。

當代上海藝術：歷史背景

上海在歷史上是中國當代藝術的搖籃。1912 年，著名藝術家烏始光、張聿光和劉海粟在上海創立了中國第一所現代藝術學校（上海美專）。五四運動爆發時，上海大概有 10 所藝術學校。[23]20 世紀頭幾十年，上海美術界開始挑戰傳統國畫的統治地位，開啟了國畫與西畫並存的時代。同時，上海藝術家群體促成了中國藝術界的兩大變化：他們實現了藝術的商業化，並開始使用西方理論和繪畫技巧。[24] 在某種意義上，上海當代藝術家抱著與外部世界建立聯繫的強烈意願，站到了中國走向世界的前列。

據上海著名策展人朱其説，上海作為中國現代主義的誕生地，是 20 世紀中現代主義在中國唯一未曾中斷的城市。[25]20 世紀上半葉，黃賓虹、潘天壽、張大千、林風眠、劉海粟和張樂平等一眾上海藝術家在同代人中鶴立鷄群，當時不僅在中國，而且在全世界他們都是最傑出的藝術家。[26] 林風眠、吳大羽、關良和顏文樑在新中國成立後定居上海，與他們的弟子們一起繼續創作現代派畫作。

20 世紀 60 年代和 70 年代，人數寥寥的“地下現代主義”群體在上海繼續堅持著。[27] 雖然 20 世紀上半葉的上海是中國繪畫最重要的中心，遠超其他城市，[28] 但在反常的年代，上海藝術家和他們在中國其他地方的同行一樣，與他們各自專業的國際潮流完全隔絕。[29]

朱其策劃的《前衛 · 上海：上海當代藝術 30 年文獻展（1979–2010）》從 2017 年到 2018 年在上海明圓美術館展出，那是一家民營的美術館。展覽展示了改革時代上海前衛藝術運動的 3 個階段：第一階段“重啟現代主義”（1979–1985）、第二階段“前衛主義新潮”（1985–1992）、第三階段“重構當代”（1992–2010）。展覽全面回顧了前衛藝術在上海這個中國最國際化、最面向未來的城市中的重生和迅速發展，共展出了五代人約 200 位藝術家的作品。

到了第二階段，20 世紀 90 年代早期，上海藝術家才從蘇立文（Michael Sullivan）所謂的“沉睡”中醒來，開始了藝術創作的實驗。[30] 上海藝術界的蘇醒證明這個世界性城市正在重新努力尋求自己的身份特徵，尋求上海有別於其他中國城市及地區、甚至有別於整體中國的身份特徵。若要研究政治文化和政治實驗，上海是個特別合適的案例，因為自 20 世紀 90 年代以來，評論上海內在特徵和外在形象的文章著作浩如煙海，可以説國內外沒有任何一個城市中心能與之相比。第五章已經討論過，中國領導層想把上海打造成中國重返世界舞台的展示窗和中國社會、經濟及文化發展的實驗室。

上海藝術界活力四射的一個原因是這座城市長期受西方文化的影響。這不光是由於租界時期的遺產或大批外國訪客的影響，也與大批上海學生出國留學有關。20 世紀 80 年代，第一批出國留學的中國學生中就有上海藝術家的身影。他們中間（並不都是前衛藝術家）有陳丹青、陳逸飛、陳一鳴、谷文達、胡冰、徐建國和張建軍；這些人都在 20 世紀 80 年代期間去了美國。其他的著名藝術家，如陳真、徐芒耀和嚴培明去了巴黎學習現代藝術。

自 20 世紀 90 年代早期開始，這些現已蜚聲國際的藝術家陸續回到上海，或頻繁回訪這座故鄉城市。像陳逸飛、陳真和谷文達這樣的藝術家雖然日程上排滿了各種國際展覽，但 21 世紀第一個十年早期，他們在上海待的時間比在任何其他地方都多。在國外的經歷和上海近來的變化促使這些出生在上海的藝術家踏上尋根之旅。有些人還發揮了社會學的想像力。他們不肯遁世歸隱，而是努力讓自己的藝術反映國民面臨的問題。

與此同時，來自中國其他省份和城市的藝術家也紛紛定居上海。作為一個基本由遠近各省移民組成的大都會，上海從來以其多樣性和開放而著稱。如第四章所述，第二次世界大戰期間，上海是世界上唯一一座允許猶太移民無需簽證即可入境的城市。有人自豪地聲稱："辛德勒救了大約 1000 名猶太人，但我們上海人救了 3 萬。" [31] 改革開放時期，上海吸納了來自其他地區的數百萬外地人。20 世紀 90 年代，上海每 5 個人中就有一個外來人。[32] 上海和其他移民城市一樣，對各種生活方式、藝術追求和社會價值觀來者不拒。今天，移民藝術家是上海活躍的文化生活中的生力軍。

上海藝術畫廊的競相綻放

世紀之交，藝術畫廊在上海如雨後春筍般迅速湧現。新中國成立初期至改革開放之前，上海只有幾家藝術品商店（包括南京路上大名鼎鼎的朵雲軒藝術中心）。中國當代藝術，更確切地説是中國前衛藝術，不是誕生在上海，而是於 1979 年誕生在北京。當時，一小群藝術家在中國國家美術館對面的公園欄杆上辦了一次非正式的畫展。那次前衛藝術展覽僅僅辦了兩天就被叫停，但中國的前衛藝術運動繼續在首都成長壯大，最終於 21 世紀第一個十年早期落戶於北京東北部的 798 藝術區。[33]

從舊倉庫到西外灘

即將進入新世紀，中國的前衛藝術運動正在北京蓬勃發展之時，上海一群藝術家和策展人建起了有些分析家口中的"藝術集群"或"藝術殖民地"。[34] 他們佔用了原來一座紡織廠的廢棄倉庫，還有莫干山路上及附近地區的工廠廠房。來自寶島台灣的建築師鄧昆艷在 1998 年底首先發現了這個廢棄的工業倉儲區，搬了進來。[35] 兩年後，出生在澳大利亞的華裔藝術家李梁把他在復興西路的東廊藝術畫廊（Eastlink Gallery）遷入了這個地區的一所倉庫，丁乙也把畫室建在了這裏。

2000 年，薛松率先在現已相當出名的莫干山路 50 號大樓（又稱 M50 創意園）裏建起了畫室。這個地方遂成為眾多藝術家群集之地，不僅有上海藝術家，如周鐵海、張恩利和浦捷，也有外國藝術家，如藝海（Artsea）的以色列老闆迪文 · 巴加爾（Dvir Bar-Gal）、創建了比翼藝術中心（Bizart）的意大利人達維德 · 夸德里奧（Davide Quadrio），還有外國組織，如由英國總領事館的文化隨員西蒙 · 科爾比（Simon Kirby）主管的上海英國藝術中心（British Art Centerin Shanghai）。[36]M50 創意園為中外前衛藝術家提供了難得的共享空間。截至 2020 年，這裏仍有前衛藝術家的 100 多個畫室和展出。

上海聲譽最隆的前衛藝術畫廊香格納畫廊（ShanghART）的瑞士創始人何浦林（Lorenz Helbling）是這個"藝術殖民地"的早期住戶。他向一位《紐約時報》記者描述了"20 世紀 90 年代中期那些過去的日子"："上海沒有幾家美術館。沒有人來上海是為了藝術。"[37] 何浦林 20 世紀 80 年代晚期在復旦大學學習歷史，1996 年在南京路上的波特曼酒店創辦了藝術畫廊，然後安頓在復星花園，後來又搬到莫干山路。莫干山藝術區的建立為上海的藝術社群注入了新的活力，而香格納畫廊通過展出整個長江三角洲地區藝術家的作品，在此中厥功至偉。可以毫不誇張地説，是何浦林把以上海為大本營的一些前衛藝術家推到了國際聚光燈下。

改革開放後的幾十年間，中國最國際化的都市中藝術畫廊寥寥無幾的局面逐漸有所改善。局面改善的部分原因是民營部門和中產的迅速崛起，但主要是官方籌備 2010 年上海世博會的結果。

世紀之交時，上海當地一家英文雜誌在全市只找出了 47 家略有名聲的畫廊。[38] 然而，到 2019 年，根據世界城市文化論壇（World Cities Culture Forum，它由倫敦市長倡議建立，是專注於城市文化方面全球領導作用的一個國際線上媒體集團）的排名，上海在藝術畫廊總數上排名世界第三（770 家），僅次於紐約（1475 家）和巴黎（1142 家），領先東京（618 家）、倫敦（478 家）、羅馬（355 家）、布魯塞爾（313 家）、洛杉磯（279 家）、新加坡（225 家）、伊斯坦布爾（199 家）、阿姆斯特丹（196 家）和悉尼（170 家）。[39]

浦東的藝博畫廊（Yibo Gallery）主要展出住在上海的藝術家的作品。這家畫廊經常圍繞一個主題組織展覽。上海許多其他畫廊也是這樣。例如，史丹尼畫廊（Stanney Gallery）自 1998 年春創辦後，四年中舉辦了 10 多次展覽，涵蓋的題目包括消費社會中的個性、代溝和女權主義。上海的畫廊展出的作品風格多樣，其中前衛藝術家的作品最為突出。除了展出和銷售藝術品之外，有些畫廊還提供每週一次或每月一次介紹現代藝術的公共講座。對 2016 年到 2017 年上海藝術展觀眾的研究顯示，20–39 歲的人佔了觀眾的 62%，50 歲或 50 歲以上的人佔 12%。相比之下，柏林藝術展覽的觀眾中這兩個年齡組分別佔 33% 和 43%。上海藝術展的觀眾年輕得多，所以這個世界級城市中心對藝術的熱情將會比柏林或其他人口組成相似的城市持續時間更長。[40]

21 世紀第一個十年早期，幾家分散在上海各地的畫廊宣佈，計劃將部分或全部業務遷到上海市中心的兩條商業街 —— 紹興路和泰康路。這兩條藝術街尚在建立中，就已經有了綽號："中國蒙馬特"（Montmartre of China）和 "上海蘇荷區"（Soho of Shanghai）。[41] 同時，原有其他用途的著名的老地方 —— 泰康路的田子坊和虹口區的 1933 老場坊（也叫 Old Millfun，20 世紀 30 年代曾是上海最大的屠宰場）——變成了新藝術畫廊和其他文化活動的集中地。[42] 毫不奇怪，上海多數藝術畫廊的藝術品都以海外買家作主要客戶，所以，大部分在線上有網站的畫廊官網只有英文。據吳亮（上海閣樓畫廊 Attic Gallery 老闆）和張海騰（史丹尼畫廊老闆）所說，21 世紀第一個十年早期，他們的客戶大約 95% 來自海外。[43]

2001 年，當時的上海戲劇學院院長、上海市政府顧問余秋雨提出，亞洲雖然有東京、香港和新加坡等金融和經濟中心，卻缺少巴黎或紐約那樣的國際文化中心。他認為，上海應該填補這個空白，特別是在當代藝術、舞蹈、音樂和戲劇方面。[44] 余秋雨的主張似乎在上海市政府官員中獲得了強烈支持。2010 年世博會之前的幾年裏，對西外灘（後來中文名字叫西岸）投入了數十億美元，把這個曾經灰撲撲的工業區和造船區改造成為黃浦江畔的時尚藝術走廊。[45]

2012 年 10 月，全國第一家國有當代藝術博物館 Power Station of Art（PSA）在上海西岸開業，後來上海雙年展就在這裏開辦。當代藝術博物館和倫敦的泰特現代藝術博物館一樣，由原來的一個發電站改造而成，這也是它名字的由來（Power Station 是發電站的意思 ——譯者註）。最近，上海市政府把這所博物館定為地標性建築，把它所在的黃浦江畔 13.5 千米的一塊土地設定為上海的一個優先功能區 ——"亞洲最大的藝術走廊"。西岸是上海市中心的高級公共空間，是上海的國際技術與文化走廊。所以，大型多國公司無不把辦公室設在這裏，比如，華為技術公司就把 5G 展覽中心設在了西岸。

西岸 6 千米長的龍騰路聚集了數十家美術館和專業藝術畫廊，其中包括西岸藝術中心（West Bund Art Center）、龍美術館西岸館（Long Museum West Bund）、上海攝影藝術中心（SCoP，專門展覽攝影藝術的一流博物館級場所）等大型美術館，還有一些比較小型的藝術畫廊，如東畫廊（Don Gallery）、香格納畫廊的分支、上海阿拉里奧畫廊（Arario Gallery Shanghai）、徐震工作室（XuZhen Studio）和附近的當代藝術博物館。這些美術館、藝術中心和畫廊不僅展出上海和中國其他地區的藝術家的作品，還時常展出海外當代藝術家的作品。

例如，2019 年 9 月，龍美術館西岸館辦了一場題為"洛杉磯"（Los Angeles）的畫展，展出了洛杉磯藝術家馬克·布拉德福德（Mark Bradford）創作的關於"社會抽象"（socialabstraction）的多幅大型畫作。上海攝影藝術中心為住在紐約的德國攝影師馬丁·舍勒（Martin Schoeller）舉辦了一場肖像攝影展《知人識面》（*Close*）。阿拉程奧畫廊也舉辦了 3 場展覽，分別是韓國雕塑藝術家金炳昊（Kim Byoungho）的《生命軌跡》（*Seventy Two Silent Propagations*），出生在河北、在紐約普瑞特藝術學院學習過的溫一沛的前衛藝術展《置景》（*Staging*），和江蘇藝術家徐跋騁的互動性藝術展《永生之島》（*Island of Immorality*）。同月，上海當代藝術博物館舉辦了數場展覽，包括讓·鮑德里亞（Jean Baudrillard）的攝影作品、日本建築師石上純也（Junya Ishigami）的《自由建築》（*Freeing Architecture*）和中外藝術家的前衛藝術作品集展《客人的到來》（*The Return of Guests*）。這些例子展示了為上海興旺的藝術景象添薪加火的各項活動，而這些活動對於上海新興的公民討論影響深遠。如一位中國批評家所説：中國不缺藝術家，缺的是"能接受那些藝術家的人"。[46]

大型民營美術館的興起

西岸許多新建的美術館和藝術設施是私人出資的。例如，余德耀美術館（Yuz Museum）由印尼華裔企業家、慈善家和藝術收藏家余德耀（Budi Tek）於 2014 年創建。余德耀是印尼富商，旗下公司 PTSieradProduceTbk 專營禽類分銷和餐飲經營。2004 年，他開始收藏藝術品，藏品多達 1500 多件，包括莫瑞吉奧・卡特蘭（Maurizio Cattelan）、弗雷德・桑德貝克（Fred Sandback）和阿德爾・阿德貝斯麥德（Adel Adbessemed）等西方當代藝術家的作品，也有一些中國"超大型藝術"作品，如徐冰國際聞名的《煙草計劃》。2011 年，余德耀在《藝術與拍賣》雜誌評出的藝術世界十大最具影響力人物中名列第八。2017 年，他因推動法中文化交流與合作被法國政府頒以"榮譽軍團勛章"。

余德耀美術館是日本建築師藤本壯介（Sou Fujimoto）設計的，建在原來龍華機場的一個機庫和原上海飛機製造廠的舊址上。美術館面積共有 9000 平方米，是中國當代藝術展覽空間一個新的地標性建築。余德耀美術館號稱有 3 個目標："將世界的注意力吸引到上海，推動中國當代藝術的發展，促進東西方文化對話。"[47]

也是在 2014 年，億萬富翁夫婦劉益謙和王薇創立了龍美術館西岸館，而僅僅兩年前，他們剛於 2012 年建立了龍美術館浦東館。龍美術館西岸館開館時，是中國最大的私人美術館。美術館由大舍建築師事務所（Atelier Deshaus）的中國建築師柳亦春設計，佔地 3.3 萬平方米，展出用地 1.6 萬平方米。館址是黃浦江邊原來的一個運煤碼頭。來參觀的觀眾仍可從 20 世紀 50 年代時建造的一堵隔斷墻（約 110 米長、10 米寬、8 米高）上看到煤漏斗卸載橋。

劉益謙和王薇都於 1963 年出生在上海。劉益謙是總部設在上海的投資公司新理益集團（Sunline Group）的董事長。他們夫婦通過投資股票市場、房地產和製藥發了財。2015 年，劉益謙以 1.7 億美元買下了意大利畫家阿梅代奧・莫迪利亞尼（Amedeo Modigliani）創作的世界名畫《仰臥的裸女》(*Nucouché*)，這是當時世界上藝術品拍賣的第二高價。劉益謙還買過中國南宋王朝和明朝的昂貴古董。

劉益謙的妻子王薇是龍美術館的館長，她對中國當代藝術更感興趣，收藏了李鐵夫、張大千、齊白石、顏文梁、劉海粟、林風眠和吳大羽等著名藝術家的作品。王薇收藏的藝術品種類多樣，從民國時期的油畫和水彩畫到革命時期的油畫(稱為中國現實主義)，再到前衛藝術作品。王薇似乎對反映中國的飛速經濟增長對中國人民多層面深遠影響的藝術作品情有獨鍾。[48] 2014 年龍美術館的收藏展《1199 個人》展出了她收藏的大批中國當代藝術作品。作品中有現實主義藝術家羅中立的傑作，有已故畫家陳逸飛的肖像系列如《穿藍裙的女孩》《長笛手》《彈吉他的女子》和《吹單簧管的女子》，有陳丹青的《西藏組畫》，也有王廣義、方力鈞、岳敏君、張曉剛、張恩利、於紅、曾梵志和周鐵海等藝術家創作的世界聞名的油畫，以及余友涵和薛松的多媒介前衛藝術作品。[49]

王薇説，龍美術館把重點放在“東西古今藝術的對比展出與研究”上面，同時更深地扎根於上海當地文化之中。[50] 龍美術館放眼全球，展出多種多樣的視覺藝術作品，既有中國當代藝術家的著名作品，也有世界各地的當代藝術與文化。有人也許會説，劉益謙和王薇建成了“中國的古根海姆博物館”。[51] 龍美術館西岸館在 2018 年舉辦了一場題為“轉折點——中國當代藝術四十年”的展覽，展示了它驚人的藝術品收藏。展覽展出了美術館收藏的眾多改革時代的代表性作品，按時間順序排列，共有 99 位著名中國藝術家的作品。[52]

如王薇所説，這場展覽展示了 20 世紀 80 年代以來中國藝術領域的演變：在 80 年代，“藝術家滿腦子新思想和理想主義”；到 90 年代，“藝術似乎成了社會學的一個分支”；再到 21 世紀第一個十年，

"藝術家在尋求文化身份與自我定位"，以圖在快速全球化的世界中找到生存空間；最後是 21 世紀 10 年代，中國藝術家的追求越來越"在概念和技巧上與世界同步"。展出的藝術家無論屬於哪個十年，都通過自己的創作出色地反映了在國家社會、經濟和技術發展一日千里之時自己周圍的景象。[53] 所以，王薇自豪地聲稱，改革開放時代中國當代藝術的所有重大發展都能在龍美術館西岸館的館藏中看到。值得注意的是，展覽展出的 99 位藝術家中，29 人在國外學習工作過，主要在歐洲、美國和日本。

為儲存藝術品建造的保稅倉庫"自由港"（Le Freeport）在西岸落了戶。3 個相對較小但國際知名的藝術畫廊 —— 沒頂畫廊（Made In Gallery）、艾可畫廊（Aike Dellarco）和香格納畫廊 —— 也都從上海原來的藝術中心 M50 創意園遷到了西外灘。何浦林最近把西岸稱為"全上海，甚至可以說是全中國最令人興奮的新興藝術區"，說他的畫廊搬到這裏是為了"到熱鬧帶勁的地方來"。[54] 不久前，蓬皮杜中心（Center Pompidou）宣佈計劃於 2020 年在大衛・奇普菲爾德（David Chipperfield）設計的西岸美術館（West Bund Art Museum）開辦中國分館。這個名為蓬皮杜中心上海分館的新空間開啟了法中兩國延續到 2025 年的一項長期文化合作計劃。[55]

2010 年世博會開幕時，中央政府宣佈中國將在五年內在全國新建 3500 座博物館。這個雄心勃勃的計劃包括對地方政府和開發商給予稅務優惠。英國《經濟學人》雜誌指出，中國政府這個計劃其實已經在 2012 年提前 3 年超額完成。[56] 毫無疑問，西外灘大大受惠於這項政策。上海通過視覺藝術的發展，再一次走到了全國前面。上海有些博物館將成為城市的文化地標，其實有的已經成了地標。用藝術家周鐵海的話說，人們想到紐約、巴黎和倫敦這些全球大都會的時候，首先想到的可能是大都會博物館（Metropolitan Museum）和現代藝術博物館（MoMA）、盧浮宮（Louvre）和蓬皮杜中心、大英博物館（British Museum）和泰特現代藝術中心，而不會想到某個餐館或購物中心。在周鐵海看來，上海新建的美術館將起到同樣的作用。他説："藝術空間可以代表並塑造一座城市的靈魂。"[57]

2017 年，上海共有 124 家博物館，包括 82 家高端藝術畫廊和美術館，其中只有 18 家是國有的，80% 以上為私人所有。[58] 新建的私人藝術畫廊包括當代藝術館（Museum of Contemporary Art）、Hao 藝術畫廊（Hao Art Gallery）、寶龍美術館（Baolong Art Museum）、蘇寧藝術館（Suning Art Museum）、美博美術館（Mei Bo Art Museum）、喜馬拉雅美術館（Himalaya Museum）、相潤藝術空間（YoonArte）、先鋒畫廊（Vanguard Gallery）、上海宣傳畫藝術中心（Shanghai Propaganda Poster Art Center）、上海多倫現代美術館（Shanghai Duolun Museum of Modern Art）、上海明圓美術館（Shanghai Mingyuan Art Museum）、明珠美術館（Pearl Art Museum）和藝倉美術館（Yicang Art Museum）。相比之下，2012 年的上海只有 34 家高端藝術畫廊和美術館，也就是説，藝術展覽場地的數量五年間增加了 130%。預計今後幾年還會開設更多的藝術畫廊和美術館。

2017 年，共有 617 萬人參觀了上海的藝術畫廊和美術館，其中 396 萬參觀了國有美術館，221 萬參觀了民營美術館。[59] 民營美術館和藝術畫廊，特別是像余德耀美術館和龍美術館西岸館這種財力雄厚的大美術館，對前衛藝術的發展起到了重要作用，為營造上海濃郁的藝術氣氛作出了貢獻。參觀美術館不再只是為了娛樂，而且也是"一種教育、一種生活方式"。[60] 在中國，看展覽已經成為日益普及的活動。一項最近的研究顯示，過去十年間，上海平均每年舉辦 300 場國際展覽。[61]

最後幾點思考

根據定義，前衛藝術走在時代的前面，因此經常不會立即獲得公眾的接受或理解。用巫鴻的話説，“代表新思想的藝術作品剛出現的時候…… 經常遭到藝術主流的拒絕與排斥，被鄙視為不入流。只有大膽的私人收藏家才能掙脱大眾品位的枷鎖和故步自封的機構的束縛”。[62] 巫鴻和余德耀都認為，上海“是中國唯一開始出現博物館文化的城市”。[63]

上海的前衛藝術家和策展人積極為上海爭取作為新興的多樣性文化都會的世界地位。現在，上海已成為“中國當代藝術界有影響力的標籤”，與北京的 798 藝術區和宋莊藝術家社區分庭抗禮，甚至後來居上。余德耀最近説過，“如果你真想看到新的、迷人的、達到國際標準的東西，就必須來上海”。[64]

> 在很大程度上，藝術畫廊在上海的蓬勃發展反映了這座城市不斷壯大的中產對文化體驗的渴望。如藝術批評家姜俊所說，中國新興中產全心全意地接受活力充沛、持續發展的經濟後，不再對爭取多元化政治權利感興趣，也不想“鬧革命”爭取承認。他們想要的是他們在西方和日本的同類享受的那種文化生活的融合。他們在尋求一種多重審美的綜合消費選擇，當代藝術正好滿足了這種日益緊迫的需求。[65]

鑑於上海一些藝術家和藝評人將當代藝術用於商業目的所引起的

關切，姜俊如此一概而論也許言過其實。儘管如此，與新中國成立後的頭半個世紀相比，上海的中產和上層階級越來越不滿足於千篇一律的產品和服務，想要多種文化，追求差異化。前衛藝術滿足了這些要求，也成為時尚、精英主義、個人主義和世界主義的象徵。[66]

上海的前衛藝術家是當地文化、社會和政治環境的產物，反映了中產成員的觀點與價值觀。不僅如此，他們還是中產的代言人，為這個群體發聲，表達這個群體對未來的嚮往。第十章將審視這些前衛藝術家試圖通過自己的藝術作品傳達的重要主張和超前思想。

註釋

1. 彼得·內維爾－哈德利（Peter Neville-Hadley）：〈西方人為何誤解現代中國藝術——如何改變看法〉（*Why Westerners Misinterpret Modern Chinese Art—and How Perceptions Can Be Changed*），《南華早報》（*South China Morning Post*），2019 年 4 月 7 日。
2. 施選青：〈新時期上海美術創作概況〉，《上海藝術家》，2，1999，第 12 頁；中國文化書院講演錄編委會：《中外文化比較研究》（北京：生活·讀書·新知三聯書店，1989）。
3. 康燕：《解讀上海》（上海：上海人民出版社，2001），第 351 頁。
4. 上海前衛藝術家施勇這樣描述 20 世紀 90 年代初上海的藝術情境：“‘地下！地下！’許多人都使用這個詞，它總是使人聯想到抵抗，聯想到挺直脊樑堅持意見。但實際上，在大多數情況中，那只是因為我們沒有選擇！那時候，主流藝術界把我們的藝術看成是垃圾（現在仍有人這麼認為，雖然他們不再壟斷藝術話語權）。”引自比利亞娜·齊里奇（Biljana Ciric）：〈卜漢可、申凡、周鐵海、施勇和丁乙——我們談談錢：上海首次國際傳真藝術展〉（*Hank Bull, Shen Fan, Zhou Tiehai, Shi Yong, and Ding Yi—Let's Talk about Money: Shanghai First International Fax Art Exhibition*），《藝術：中國當代藝術研究》（*Yishu: Journal of Contemporary Chinese Art*），18，No.2，2019 年 3/4 月，第 9 頁。
5. 張曉凌：《觀念藝術：解構與重建的詩學》（長春：吉林美術出版社，1999），第 86 頁。
6. 本章的一部分內容最早見李成、林恩·懷特三世：〈與西方對話：上海前衛藝術家的政治信息〉（*Dialogue with the West: A Political Message from Avant-Garde Artist in Shanghai*），《亞洲批判研究》（*Critical Asian Studies*），35，No.1，2003 年 3 月，第 59—98 頁。

7. 劉淳：《薛松訪談錄》（太原：三晉出版社，2015），第 48 頁。

8. 白傑明：〈藝術銷售：誰來買？中國當代藝術在國內與國外〉（*Artful Marketing: Who Buys It? Contemporary Chinese Art at Home and Abroad*），*Persimmon*，1，No.1，2000 年春，第 23 頁。

9. 奉家麗：〈無盡的不同：論在中國做女性藝術家〉（*Limitless Difference: On Being a Chinese Woman Artist*），《亞太藝術》（*Art Asia Pacific*），31，2001，第 68 頁。

10. 麥琪．法利（Maggie Farley）：〈戛納少了一部電影〉（*One Less Movie at Cannes*），《洛杉磯時報》（*Los Angeles Times*），1999 年 5 月 7 日，F1 版。

11. 高明路主編：*Inside Out: New Chinese Art*，Berkeley and Los Angeles: University of California Press，1998，第 29 頁。

12. 錢志堅：〈表演身體：張洹、馬六明和中國的行為藝術〉（*Performing Bodies: Zhang Huan, Ma Liuming, and Performance Art in China*），《藝術學報》（*Art Journal*），58，No.2，1999 年夏，第 70 頁。

13. 同上，第 78 頁。

14. 卡倫．史密斯：《中國的前衛藝術》（*China's Avant-garde*），2001 年 8 月 20 日。類似論點見高名潞：《20 世紀中國藝術的徹底現代性與前衛性》（*Total Modernity and the Avant-Garde in Twentieth-Century Chinese Art*）（Cambridge, MA: The MIT Press，2011）。

15. 卡倫．史密斯：《上海精神》（*The Spirit of Shanghai*），2001 年 8 月 20 日；冀少峰：〈當代藝術版圖中的上海〉，載於馬欽忠主編：《象界：上海當代藝術家巡禮》（上海：學林出版社，2015），第 11 頁。

16. 冀少峰：《當代藝術版圖中的上海》，第 12 頁。

17. 史密斯：《上海精神》。

18. 關於第 3 屆上海雙年展的詳細情況，見上海雙年展目錄（上海：上海雙年展，2000）。

19. 巫鴻：〈2000 年上海雙年展：歷史性事件〉（*The 2000 Shanghai Biennale: The Making of a Historical Event*），《亞太藝術》（*Art Asia Pacific*），31，2001，第 47 頁。

20. 第 12 屆上海雙年展詳情見其官網。

21. 夸特莫克．梅迪納：《第 12 屆上海雙年展主題：禹步：歷史曖昧時代的藝術》（*Theme of the 12th Shanghai Biennale: Proregress: Artinan Age of Historical Ambivalence*），第 12 屆上海雙年展網站。

22. 見引用於錢雪兒：〈第 12 屆上海雙年展開幕：進退之間，無序或矛盾〉，《澎湃新聞》，2018 年 11 月 10 日。

23. 20 世紀 50 年代初全國教育改組後，許多這類學校被關閉。有些遷到杭州，併入浙江美術學院。幾十年的時間裏，上海連一家藝術學院都沒有。見余丁：《新古典風藝術：世紀末的回聲》（長春：吉林美術出版社，1999），第 23 頁。

24. 上海百年文化史編纂委員會：《上海百年文化史》（上海：上海科學技術文獻出版社，2002），第 1 冊，第 35 頁。

25. 朱其：《半年多，三展覽，五代人，上海當代藝術三十年》，海外集團網站（Overseas Group website）。

26. 這個評估基於中國國內和國外的批評之聲。見施選青：〈新時期上海美術創作概況〉，《上海藝術家》，2，1999，第 12—23 頁；魏明德（Benoit Vermander），〈中國繪畫的未來〉（*The Future of Chinese Painting*），《中國新聞分析》（*China News Analysis*），1601，1998 年 1 月 1 日，第 1—10 頁。

27. 朱其：《半年多，三展覽，五代人，上海當代藝術三十年》。

28. 懷特：《非國家權力》，第 2 卷，第 144 頁。著名中國當代藝術商人張頌仁（Johnson Chang）說："在不同歷史時期，不同的省份各領風騷。18 世紀是揚州；19 世紀是上海。今天是上海、北京和四川。" 引自《藝術報》（*Art Newspaper*），77，1998 年 1 月，第 23 頁。

29. Richard Kraus、Richard P. Suttmeier：*Reconstituting the Arts and Sciences*，載於 Edwin A. Winckler 主編：*Transition from Communism in China: Institutional and Comparative Analyses*，Boulder, CO: Lynne Rienner，1999，第 212 頁。

30. 蘇立文：《20 世紀中國的藝術和藝術家》（*Art and Artists of Twentieth-Century China*）（Berkeley and Los Angeles: University of California Press，1996），第 272 頁。然而，上海的一些邊緣藝術，如連環畫和農民畫，即使在 20 世紀 60 年代和 70 年代期間都發展很快，並具有很高的審美質量。見懷特：《非國家權力》，第 2 卷，第 144 頁。

31. 引自蔣祖烜主編：《神話陳逸飛》（長沙：湖南美術出版社，1999），第 225 頁。

32. 康燕：《解讀上海》，第 334 頁；還有 Dorothy J. Solinger：*Contesting Citizenship in Urban China*，Berkeley and Los Angeles: University of California Press，1999。

33. 〈上海正迅速成為中國的文化之都〉（*Shanghai is racing to become China's cultural capital*），《經濟學人》（*The Economist*），2016 年 11 月 24 日。

34. 顧欣：〈上海再工業化的藝術〉（*The Art of Re-industrialisation in Shanghai*）載於約翰·弗奈斯（Johan Fornäs）、馬丁·弗雷德里克松（Martin Fredriksson）、燕妮·約翰尼松（Jenny Johannisson）主編：《鬆綁的文化》（*Culture Unbound*）系列，第 4 卷，《上海現代：見微知著？》（*Shanghai Modern: The Future in Microcosm?*）（Linköping, Sweden: Linköping University Electronic Press，2012），第 193—211 頁，賈斯廷·伯格曼（Justin Bergman）：〈上海發生藝術爆炸〉（*An Arts Explosion Takes Shanghai*），《紐約時報》（*New York Times*），2015 年 11 月 8 日。

35. 韓妤齊、張松：《東方的塞納左岸：蘇州河沿岸的藝術倉庫》（上海：上海古籍出版社，2004），第 28—29 頁。

36. 同上，第 71 頁。

37. 伯格曼：〈上海發生藝術爆炸〉。

38. 《這裏是我生活的城市上海》（*That's Shanghai*），2001 年 6 月，第 36—38 頁。

39. 《關於城市文化的全球領導力》（*Global Leadership on Culture in Cities*），世界城市文化論壇。

40. 榮躍明、花建：《上海文化產業發展報告 2018》（上海：上海人民出版社和上海書店出版社，2018），第 200 頁。

41. 關於上海這兩條藝術街的更多信息，見艾里斯·鄭（Iris Zheng）：〈按門牌的繪畫：紹興路上新藝術區的創立〉（*Painting by the Street Numbers: The Creation of a New Art Districton*

Shao Xing Lu），《這裏是我生活的城市上海》（*That's Shanghai*），2001 年 5 月，第 37 頁；《解放日報》，2001 年 8 月 11 日，A8 版。

42. 李倫新、方明倫、李友梅、丁錫滿主編：《海派文化與城市創新》（上海：文匯出版社，2010），第 11 頁。

43. 《世界日報》，2001 年 6 月 3 日，A4 版；也見李成 2001 年夏在上海對張海騰的訪談。這個模式也許會隨著中國中產階層的增長而改變。有些觀察者說，外國人在藝術市場上佔的份額自 21 世紀開始以來在緩慢減少。據住在台北的中國當代藝術專家魏明德所說，21 世紀第一個十年早期，中國大約 30% 的藝術品被台灣買家買走，香港和東南亞買家各佔 5%。見魏明德：《中國繪畫的未來》，第 8 頁。

44. 見引用於康燕：《解讀上海》第 370。

45. 希勒米．尤索夫（Helmi Yusof）：《上海努力成為藝術之都》（*Shanghai's Bid to Bean Arts Capital*），《商業時報》（*Business Times*）（新加坡），2016 年 12 月 16 日。

46. 薛紅艷：《上海，9 ＋ 1！——走近蘇州河藝術家》（上海：上海人民出版社，2005），第 4 頁。

47. 〈神話 / 歷史 II：上海星空〉，《余德耀美術館雜誌》（*YUZM Magazine*），2015 年 5 月，第 6 頁。

48. 徐震：《1199 個人：龍美術館收藏展》（上海：格致出版社，上海人民出版社，2019）。

49. 關於此收藏，見徐震：《1199 個人：龍美術館收藏展》。

50. 王薇：〈館長的話〉，《龍藝術》，4，2019，第 2 頁。

51. 同上。

52. 王薇、張慶傑、徐子涵主編：《轉折點：中國當代藝術四十年》（上海；上海文化出版社，2018）。

53. 同上，第 6—7 頁。

54. 尤索夫：《上海努力成為藝術之都》。

55. 阿里．莫里斯（Ali Morris）：〈蓬皮杜中心將在戴維．奇普菲爾德的西岸美術館開設上海分部〉（*Centre Pompidou to open Shanghai outpost in David Chipper field's West Bund Art Museum*），Dezeen 網站，2017 年 8 月 8 日。

56. 〈上海正迅速成為中國的文化之都〉，《經濟學人》（*The Economist*），2016 年 11 月 24 日。

57. 周鐵海：〈好的藝術空間可以代表城市的靈魂〉，《藝術國際》，2014 年 11 月 5 日。

58. 榮躍明、鄭崇選：《上海文化發展報告 2017》（北京：社會科學文獻出版社，2017），第 5 頁；姜俊：〈如何理解“今天”上海當代藝術的繁榮〉，《鳳凰藝術》，2018 年 11 月 19 日。

59. 姜俊：〈如何理解“今天”上海當代藝術繁榮〉。

60. 同上，第 125 頁。

61. 星球研究所：《為什麼上海被稱為“魔都”？》，2019 年 6 月 27 日。

62. 巫鴻：〈為什麼中國需要私人當代藝術博物館（前言）〉（*Why China Needs Private Contemporary Art Museums (Preface)*），載於巫鴻主編：《收藏家與美術館：上海余德耀美術館籌備專集》（廣州：嶺南美術出版社，2013），第 5 頁。

63. 巫鴻主編：《當代藝術的實踐：美術館收藏與研究》（廣州：嶺南美術出版社，2014），第 89 頁。

64. 見引用於巫鴻：《收藏家與美術館》第 64 頁。

65. 姜俊：〈如何理解“今天”上海當代藝術的繁榮〉。

66. 同上。

第十章

與西方對話
上海前衛藝術家對全球化的批判

我們不能以為靠挑戰某些社會禁忌，就足以使藝術獲得自由……要實現真正的自由，首先必須能獨立思考。不能把藝術簡單地視作一種權力或意識形態鬥爭。

——侯瀚如

中國當代藝術的價值在中國，不在藝術。

——周鐵海

上海當代藝術領域一個貫穿性主題是：中國知識分子要求平等對話，不單在國家與社會之間，也要求中國與西方之間的平等對話，在這個全球化時代尤其如此。平等對話的呼聲絕非中國所獨有。許多發展中國家的民族主義知識分子都以終結他們眼中趾高氣揚的後殖民主義為己任。向消費社會的過渡引起了文化身份的問題，在許多國家造成了民族主義情緒的上升，有些中國批評家指出，西方評論家經常不理解這種過渡中出現的困難。重重挑戰之中，全球化孕育出一波新的城市化浪潮，重新激起了智識和觀念方面的求索。數字時代的到來，加之通俗文化與社交媒體的興起，更推動了當代藝術的發展，使前衛藝術作品與社會、政治、經濟和生態建起了千絲萬縷的聯繫。

在廣義上，前衛藝術和一切其他事物的廣泛聯繫引起了更多耐人尋味的問題。當今中國的文化常常被視為一成不變、墨守成規、單調統一、以國家為中心；在這樣的社會文化中，多元活躍的前衛藝術如此高調登台是怎麼做到的呢？為什麼前衛藝術家能蓬勃生長，甚至在政府贊助的藝術展上大量展出他們的作品，特別是在上海？上海前衛藝術畫廊的興旺發達最重要的驅動力是什麼？是龐大的中產形成的藝術品消費市場？是政府要把上海建成世界一流的國際都市而採取的刺激措施？抑或是富人和商業大公司希望尋找另一個資產分配的路子？還是這三者的結合？從西方獲得靈感的中國前衛藝術家從文化跨國主義中獲益匪淺，對西方普遍的世界觀及全球化的批評態度卻日益強烈——這兩種看似矛盾的現象該如何解釋？要回答這些問題，了解上海前衛藝術家過去二十年來政治和思想上的心路歷程會大有啟發。

本章聚焦於五位上海前衛藝術家的作品：薛松（1965 年出生）、施勇（1963 年出生）、浦捷（1959 年出生）、周鐵海（1966 年出生）和丁乙（1962 年出生）。作為對比參照，也會討論其他藝術家及其作品。[1] 這五位上海藝術家都屬“60 後”或“準 60 後”，對他們的成長影響最深的事件都發生在 1978 年改革開放之後。薛松生在安徽，在上海戲劇學院學習美術。其他四人都生在上海，各自在上海輕工業學院、上海工藝美術學院（後來併入上海大學）和上海師範大學的美術系上學。五人均畢業於 20 世紀 80 年代晚期，目前在上海居住工作。

當然，藝術家的風格與專攻不受地域的限制或決定。電信和數字革命進一步模糊了藝術家的國家及地區身份特徵。然而，上海前衛藝術家有一些明顯的共同特徵。本書的研究當然無法囊括上海所有的著名前衛藝術家。其他一些前衛藝術家也對上海當代藝術做出了重要貢獻，如陳強、谷文達、胡介鳴、李山、孫良、楊福東、余友涵和張恩利。儘管如此，本章重點討論的五位前衛藝術家代表了一些重要的藝術手法與主題表現方式，從中可見改革開放時期上海前衛藝術家的顯著特徵。

自 20 世紀 90 年代以來，這五位藝術家都名揚藝術圈，經常在國內外開辦畫展。周鐵海和丁乙還獲得過著名國際藝術獎。目前，他們五位屬上海最活躍的前衛藝術家。每個人都有自己鮮明獨特的藝術風格，但他們基本關注同樣的社會問題，有類似的政治意見，代表著他們這一代前衛藝術家的新觀點。本書的研究表明，以這幾位著名藝術家為代表的上海前衛藝術經常挑戰西方關於中國前衛藝術家的政治立場與世界觀的基本看法。總的來說，這些藝術家並不符合西方對中國知識分子思想傾向的大部分描述，而是更加反西方、反全球化，卻不那麼反對國家。

具體來看上海藝術家的態度和意見，自 20 世紀 90 年代中期以來，上海的前衛藝術大多並不批評中國政府，但許多藝術作品對經濟全球化的負面效果表示譴責。美國的經貿權勢、政治霸權、在世人眼中的偽善、道德優越感、對中國的無知與傲慢、對世界的經濟不平等視若無睹⋯⋯這些都是上海前衛藝術家抨擊的對象。自 20 世紀 90 年代中期開始，中國非藝術圈的知識分子和大學生也明確表達了類似的關切。[2] 中國知識分子和學生中的民族主義情緒和反美情緒有所增強。外國學界分析家對最近這一趨勢的解讀或有不同，但決不能忽視這個重要變化。

“性格即命運”：上海前衛藝術家

斯坦福大學研究中國藝術的學者林似竹（Britta Erickson）彙編了大約 1000 名華人當代藝術家的生平數據，包括住在台灣、香港地區及海外的藝術家；這個彙編涵蓋了所有對國家或國際藝術界作出突出貢獻的人。[3] 出生在中國大陸的藝術家中，找得到出生地信息的有 531 人（表 10–1）。這組數據中，出生在上海的人（66 人）佔的比例超高，佔總數的 12%，比上海佔全國人口的比例高 10 倍。這個數據庫中，上海藝術家的人數僅次於北京（14%）。這一點特別驚人，因為上海藝術院校的數目遠比不上北京。其他兩個直轄市，天津和重慶，在藝術家出生地的數據裏各自只佔 1.7% 和 2.3%。值得注意的是，如果加上出生在江蘇（8%）和浙江（6%）兩省的藝術家，長三角地區就在這組數據中的中國著名藝術家中佔了 27%。

表 10–1　中國著名當代藝術家出生地按省份的分佈，2001 年

省 / 直轄市 / 自治區	人數	百分比（%）	人口（%）
華北			
北京	72	13.6	1.0
天津	9	1.7	0.7
河北	17	3.3	5.3
山西	6	1.1	2.6
內蒙古	15	2.8	1.9
小計	119	22.4	11.5
東北			
遼寧	23	4.3	3.4

省 / 直轄市 / 自治區	人數	百分比（%）	人口（%）
吉林	8	1.5	2.2
黑龍江	26	4.9	3.1
小計	57	10.7	8.7
華東			
上海	66	12.4	1.2
江蘇	44	8.3	5.9
山東	32	6.0	7.2
浙江	31	5.8	3.6
安徽	4	0.8	5.0
福建	15	2.8	2.7
江西	3	0.6	3.4
小計	195	36.7	29
華中			
河南	5	0.9	7.5
湖北	30	5.7	4.8
湖南	17	3.3	5.3
小計	52	9.9	17.6
華南			
廣東	37	7.0	5.7
廣西	0	0	3.8
海南	0	0	0.6
小計	37	7.0	10.1
西南			
重慶	12	2.3	2.5
四川	27	5.1	6.9
貴州	6	1.1	2.9

省／直轄市／自治區	人數	百分比（%）	人口（%）
雲南	8	1.5	3.3
西藏	1	0.2	0.2
小計	54	10.2	15.8
西北			
陝西	9	1.7	2.9
甘肅	6	1.1	2.0
青海	1	0.2	0.4
寧夏	0	0	0.4
新疆	1	0.2	1.4
小計	17	3.3	7.1
總計	531	100.0	99.8

來源：人口數據根據國家統計局彙編：《中國統計年鑑，1996》（北京：中國統計出版社，1996），第 42–32、73 頁；國家統計局彙編：《中國統計年鑑，1999》（北京：國家統計出版社，1999）計算得出。因四捨五入，所以百分比不是 100%。這些人口數據由李成收集並列表。

上海前衛藝術與北京和其他城市“震撼藝術”的比較

上海的前衛藝術家與他們在北京和武漢的許多同行不一樣，後者以通過令觀眾震驚來傳達強烈信息的“震撼藝術”而聞名。“震撼藝術”的內容常常是反建制的，造成的震驚程度是衡量作品成功與否的標準。[4] 在人的裸體上、動物身上和肉上繪畫來表達激進的情感成為一些震撼藝術家的慣用手法。

上海的前衛藝術中，震撼藝術行為不常見。一些上海前衛藝術家聲稱，“震撼藝術”只能“震撼”，卻可能會“殺死”藝術。[5]

20 世紀 90 年代早期，北京冒出了幾個“藝術家村”。例如，圓明園畫家村成為政治波普和玩世現實主義藝術的中心。幾年後，一群行為藝術家在北京朝陽區組成了所謂的“東村”，此地隨即成為實驗性行為藝術的中心。20 世紀 90 年代晚期，來自中國各地的 200 多名藝術家落腳通州郊區。[6] 住在北京的著名藝術批評家楊衛描述了當時北京 41 位突出的藝術家和策展人的特點，特別是他們在宋莊和通州藝術家村的日子。[7] 這些藝術家村中走出了蜚聲國際的前衛藝術才俊。宋莊藝術家社群一度號稱有 3000 多名在冊藝術家。[8] 他們的有些作品的確讓人耳目一新，但用一些西方藝評家的話説，這些藝術家村的很多人“並無多少特色”。[9] 除了幾個出名的例外，聚集在這些社區的藝術家們通常彼此模仿，表達的觀念也是些老生常談。[10]

北京的前衛藝術家聚集成村，他們的上海同行卻大多在自己的畫室裏各幹各的，單獨與藝術畫廊洽談自己作品的展覽事宜。雖然有些畫廊和展覽位於“藝術群落”中，但上海藝術家彼此之間無論是住所還是社交都比其他地方的同行疏遠得多。如薛松指出的，“上海的文化更加注重獨立。獨立需要距離，而距離產生特色”。[11]

1979 年舉辦了兩場前衛藝術展覽，第一場在北京（《星星畫展》），第二場在上海（《12 人畫展》）；據前面提到的北京藝術批評家楊衛説，這兩場畫展預示著對政治觀點與價值觀兩種涇渭分明的態度與側重。[12] 北京的畫展意識形態色彩很強，參展的作品大多表達了强烈的政治觀點。與之形成對比的是，上海畫展的參展畫家來自上海的知識分子或普通市民家庭，他們的作品高度强調藝術自我表達。楊衛指出，這兩場畫展代表著“中國當代藝術的兩個求索方向”——北京注重藝術的社會和政治批判功能，而上海傾向於在抽象藝術中沖淡意識形態色彩。[13] 於是，上海變成了中國的“抽象之都”。2001 年、2002 年、2003 年和 2005 年，上海美術館以“形而上”為主題連續舉辦了 4 場大型抽象藝術展覽。[14]

研究中國藝術的專家安雅蘭（Julia Andrews）提出，追求藝術表達自由的有些方法需要“在體制內努力”。畢竟，藝術家很少能“免於社會、政治與經濟環境的壓力”。[15] 因此，20 世紀 90 年代期間，上海開始出現獨立策展人，專門負責組織藝術展。他們策辦的有小型藝術展，也有上海雙年展這樣的大型藝術展；這些藝術展既不完全由官方主導，也不反對政府。另外，許多實驗性藝術展覽找到了辦法，“在畫廊、俱樂部、咖啡館和酒吧這類私營空間辦展，以此繞過官方渠道”。[16] 政府一般都配合上海市的藝術家團體，在官方媒體上公告獨立藝術畫廊的活動。[17] 然而，這並不意味著前衛藝術家們喪失了社會與文化獨立性，而是表明，在今天的中國，藝術與國家的關係比西方觀察人士普遍以為的更加複雜。

不過，對於前述上海前衛藝術近來的發展，並非所有中國藝術批評家都持贊許態度。例如，馬艷在對上海前衛藝術生態的研究中指出，上海的當代前衛藝術存在著問題與不足，包括藝術家、藝評家和策展人數量不多（尤其是在年輕一代中），沒有專業學術期刊，專用於傳播當代藝術的大眾媒體渠道不夠，以及“藝術畫廊强但藝術院校弱”。[18] 馬艷指出，上海的藝術生態表像給人造成的活躍酷炫的印象是虛假的，仔細看一看上海前衛藝術社群的內部運作，即可發現“缺氧”和“生態不平衡”的情況。在她看來，上海的藝術機構欣欣向榮，但上海藝術家的“生產機制”卻單薄脆弱。上海這座城市中，內在的悖論、矛盾、衝突、膚淺和理性總是在不斷上演。[19]

馬艷的尖銳批評給關於前衛藝術在上海的地位與特點的學術辯論增添了新內容。近幾十年來，中國城市的文化日趨多樣化，尤其是上海和北京這兩個當代藝術中心既共存又競爭，這個現象也許更加重要。

對抗商業文化：既是受益者又是批評者的藝術家

商業的興起可能是中國改革開放時代最顯著的文化變化。一個矛盾的現象是，前衛藝術家既受益於物質主義和市場經濟，又對其大加批評。中國藝術家與市場經濟這種看似矛盾的關係可以理解，因為改革之前的幾十年裏，他們身處一個極為壓抑的環境中。中國向市場經濟的過渡給藝術家們帶來了僅僅幾年前還想像不到的文化空間、經濟繁榮和（相對來説的）知識自由。所以，這些中國藝術家與西方審美現代主義者不同，後者中有人始終表示對物質主義的厭惡，前者卻對物質主義欲拒還迎。一位中國批評家斥責西方前衛藝術家對資本主義和物質主義全盤拒絕的態度，説他們企圖通過在象牙塔裏貴族式的自我放逐來創造一個純美學的烏托邦。[20]

這並非説中國前衛藝術家是狡猾的一群人，浸淫在商業文化中，不具備譴責霸權體制的能力。[21] 恰恰相反，他們經常對霸權，也對彼此發出挑戰。他們深知自己身為藝術家在一個迅速商業化的國家裏的尷尬處境。

上海的前衛藝術家尤其如此。改革開放時代的許多重要發展，包括商業社會的重新興起、股票市場、外國投資、建築熱、農村人口向城市的大規模遷徙和市場經濟各種新形式，都是在上海開始的，或者表現得特別突出。這些深遠的社會和經濟變化並非發生在文化真空裏。事實上，過去二十年來，現存的價值觀和互相衝突的意識形態，現代主義還是後現代主義，儒家新威權主義還是西方後殖民主義，民族主義還是全球主義，多文化主義還是普世主義，都在上海受到了帶有批判眼光的審視。上海前衛藝術家的作品反映了這場仍在進行的活躍的政治討論，也顯示出藝術家自身的尷尬定位。早在 1996 年，上海前衛藝術家施勇、丁乙、周鐵海和其他人一道在上海組織了題為“我們談談錢”的畫展，傳達了“一種關於中國藝術界發展方向的警告”。[22] 他們認為，市場變成了新的“規範藝術制度的力量，大大改變了藝術領域的焦點與內部動態”。[23]

薛松特色鮮明的繪畫方法與技巧同他的主題思想明顯吻合。二十多年來，他把各種材料融入自己的藝術創作之中。具體地説，他使用火焰、灰燼、燒焦的圖片和印刷品殘片作為媒介，然後用烘焙、粘貼和上色等手法來處理散落在畫布各處的圖像，創造了自己獨有的視覺風格。[24] 有些藝評家注意到，“火在薛松的作品中起著中心作用。它是一種哀悼的形式”。薛松認為，灰燼是關於命運的提醒，也是重生的象徵。用他的話説，“火是我的創作手段”。[25] 從破壞到重生，他的作品經歷了一段“再生”過程，其間掙脱了原來的意義，被賦予新的含義。薛松在畫作中把歷史記憶與當前現實、傳統文化與現代觀點、滑稽模仿與嚴肅批評相結合，將創造的碰撞呈現在觀眾眼前。在某個意義上，他從毀滅性的破壞和損耗中創建了拼貼畫的新語彙。

薛松關於上海浦東金融區的作品使用了他的“標誌性”材料——大量被焚燒過的外灘老建築照片和殘破圖片（附錄插圖 2）。畫作裏，一些顯示上海在 1978 年以前，甚至是 1949 年以前風貌的圖片，包括殖民時代外灘代表性建築的圖片，全被剪成碎片，粘貼在浦東嶄新的摩天大樓上，像是浦江兩岸的鏡像。藍天白雲中滿是日期和數字。它們提醒著人們過去幾個世紀中一波波的動盪不安，還有困擾著這個國際交往中心的揮之不去的股市和房地產泡沫。畫作的下部是黃浦江模糊的水下暗流，與“光彩奪目”的上部形成強烈對比。薛松使用挪移、操縱和顛覆的手法來傳達歷史記憶的喪失和宿命循環的諷刺等信息。

上海藝術家使用當代方式來批判現代性。他們對於當前全球變化的矛盾態度説明藝術的作用發生了改變。從前“反文化”和“主流文化”之間的涇渭分明現在日益模糊，因為反文化已經完全融入了佔支配地位的物質主義主流文化。藝術家對市場轉型從來態度曖昧。他們與消費文化關係密切，但身處其中又踟躇忐忑。中國著名現代藝術批評家侯瀚如觀察到，前衛藝術家儘管因突破社會與道德禁忌而構成“挑戰”，但他們大部分人“其實是與社會現實一致的 —— 他們藝術的本質是名聲、金錢、消費和慾望”。[26]

施勇在 20 世紀 90 年代的裝置藝術作品表現的就是這種自相矛盾的現象和對這種現象的社會批判。施勇從未出國學習過，但自 20 世紀 90 年代早期開始，他的作品在全球多座城市展出過，包括阿姆斯特丹、柏林、波爾多、漢堡、赫爾辛基、伊斯坦布爾、倫敦、馬德里、墨西哥城、紐約、鹿特丹、釜山、聖保羅、舊金山、首爾、多倫多、溫哥華、維也納、威尼斯，還有其他城市。施勇採用多種媒介來創作表現藝術、裝置藝術、視頻和線上互動藝術。他不直接發表政治觀點，而是通過“在創意泉湧、勤於實驗之時採用各種不同媒介”來尋求更個性化的表達方式。[27] 從 20 世紀 90 年代到 21 世紀第一個十年早期，施勇幾乎所有的作品都是對上海在日益全球化的商業世界中公共形象的批評。

他在那個時期的許多作品都使用了互動媒介，觀眾需要參與其中才能充分領悟作品的含義。他的作品《第一次約會》的背景是上海浦東，包括當時中國對外資開放的象徵 —— 著名的東方明珠塔（附錄插圖 3）。作品中站著一個男女不辨的人，如作品題目所示，手中拿著一支紅玫瑰，等待著他或她的第一次約會。在《上海今日新形象》系列中，觀者選擇電腦屏幕上的照片，開始和照片中的人物“交流”，然後軟件顯示照片中的人是一個男人（其實是施勇的照片）。交流包括六部分，每個部分要求觀者從多個選擇中挑一個答案。電腦屏幕上的人像隨著觀者每次挑中的選項而變化。如果觀者不喜歡電腦提供的任何現成選擇，可以自創新答案。這個互動藝術作品的重點當然不是簡單的約會或戀愛。它喻意著先進工業化國家與發展中國家的關係、全球化時代西方文化與非西方文化的關係，以及這些規則範圍之內的各種選項。施勇要表達的意思是，上海的公共形象由西方的理想來決定。在一份線上雜誌中，施勇寫道，所謂的多文化主義其實是由西方國家界定的。他這些話反映在作品中，顯示電腦屏幕上的非西方人物指導著"公共形象"順從事先確定的後殖民時代標準。

《上海今日新形象》系列中的一些作品對上海打造形象的相關問題做出的批判更加複雜、更多層次（附錄插圖 4）。那些作品通常有兩部分。第一部分是行為藝術，第二部分是互動性多媒體藝術。在行為藝術部分，施勇從身上揭開一個布斗篷，將自己顯露出來，恰似在百貨商店盛大開業儀式上揭去一座雕像或一塊匾額上的罩布。揭開斗篷的行為用英文標著"上海新形象"，揭開之前，觀者可以看到蒙著斗篷的人站的臺子上"中國製造"的字樣。施勇的意思是，雖然"上海形象"揭開斗篷後對觀者來說是新的，但這不會改變觀者已有的觀念。

在互動部分，施勇請觀眾（世界各地的網民）參與設計一個更加理想的形象，一個"最適合上海高速現代化的形象"。觀眾通過線上電腦程序可以"專門設計"髮型和衣服，然後要他們對各種樣式投票，由電腦程序來計票。乍看起來，觀眾也許以為，這位藝術家是在謳歌個性、多樣性和上海的公民參與。其實，施勇的《上海今日新形象》要表達的更重要信息是，"社會把什麼算是好的、美的和時尚的思想投射給個人"。[28] 這才是他真正的主題。所以，施勇提出的論點是，中國的市場改革中，塑就"中國精神"形象的是西方顧客，而不是整個社會。在他看來，塑就形象的過程與處理西方顧客的一份訂單別無二致。如他所說，“我接了訂單，用‘中國製造’的方式加工後，就生產出了顧客需要的東西。”[29] 換言之，施勇被迫接受“强加”到他形象上的西方對中國的觀念。

施勇的作品是對於上海在成為新的國際都市過程中所發生變化的回應。20 世紀 90 年代的中國當代藝術可以稱為出口型當代藝術，用施勇的話說是“咬鈎型”或“迎合西方型”，也就是按照西方藝術體系希望在中國當代藝術中看到的東西來創作藝術。[30] 施勇認為，“按需生產在商業世界中是正常的，但在藝術世界中不可思議”。[31] 他的一幅攝影作品題為《你不可以克隆，但你可以買》，裏面他自己的形象重複了許多次；這件作品是對當今世界商業藝術過量生產的視覺呈現。施勇的作品通過直面這些壓力和矛盾，對於公共形象的形成和解讀提出了尖鋭質疑。他以富於想像和深思熟慮的方式提出，一座城市的風格或任何一個地方的身份特徵都有其背景，是多重的、靈活的，經常受到經濟與政治力量的操縱。施勇作品的另一層意思是，在一個面向消費者的社會中，藝術家的地位不能一件傑作定乾坤。1980 年，才華橫溢的四川藝術家羅中立以震撼人心的畫作《父親》蜚聲全國，那幅人物肖像畫的是一個飽經風霜的中國農民。他靠著這幅畫成為中國當代藝術界的明星。然而，在一個完全商業化和全球化的世界中，藝術家不可能只靠一幅畫就地位穩固（或發財）。必須創作出大量相似的作品來佔據藝術市場的一席之地。這是一個原因，説明為什麼已故畫家陳逸飛的畫作常常是組畫（比如江南組畫或西藏組畫）；陳逸飛生前是上海最著名的非前衛藝術家，但以“前衛企業家精神”聞名。組畫中每一幅新作的價錢都創新高，因為之前的畫已經在市場上揚了名。陳逸飛在西藏和蘇州拍下照片，然後運用他此前作為社會現實主義畫家的技巧，在畫布上畫出照片的效果。他使用這種“現代方法”畫出了大批描繪西藏人民、高原風光和江南小橋流水景致的油畫，賺得盆盈鉢滿。事實上，本書重點介紹的 5 位上海前衛藝術家都創作過許多系列作品。

從 21 世紀第一個十年早期開始，施勇創作《上海新形象》系列作品的激情開始消退。他對“當代上海”的興趣從個人維度發展到城市維度。近些年來，他創作了更多抽象裝置作品，如《幻覺現實》系列和《規則之下》系列，藉以探索技術監視、信息流動、數字控制，以及全球化背景下的隱私權和私密性問題。[32]2013 年愛德華・斯諾登（Edward Snowden）“棱鏡門”洩密這類重大事件對包括中國在內的世界各地知識界與藝術界產生了强烈衝擊。上海很多前衛藝術家越來越擔憂公共安全問題，特別是在數字技術日新月異的今天。

從施勇的角度來看，個人最應該關切的是，隱私和尊嚴的喪失、機器對人類的控制力和當前數字革命產生的其他破壞性效果。他寫過一篇關於自己作品的文章《秘密的真相》，其中寫道：“在潛意識裏，人總有一種偷窺的慾望，在自身安全得到保證的前提下以窺見事態突變為樂。正因為這種心態的普遍性，‘秘密’在現實中就最易構成顛覆性能量，常常成為控制他人的致命武器。”[33] 施勇 2018 年創作的裝置藝術作品《在另一個句子裏忽隱忽現 —— 消息不脛而走》表明了信息傳播在當今世界造成的焦慮、好奇、恐懼和破壞性後果（附錄插圖 5）。這個裝置用各種材料做成，有木頭、顏料、不銹鋼板、硫酸紙、一個電子喇叭、一個擴音器，還有一個音頻播放器。作品中還包括一些看似隱蔽的攝像頭和監視器的裝置。圍成圓形的電線似乎可以圍住作品題目中的“消息”，但電線本身也可以隱喻消息不脛而走。作品中有一片顯眼的陰影，重申了施勇那耐人尋味的論點：“真正能操縱我們的不是眼中看到的粉飾過的表面，而是看不到卻又無所不在的隱形事實。”[34]

互聯網和其他社交媒體平台使信息得以迅速傳播，因而放大了上述有別於反現代的後現代主題。浦捷是這方面的諷刺大師。他的許多作品都使用數字符號來强調互聯網造成的社會混亂。早在 20 年前，浦捷在作品《互聯網時代 11 號》中，把在線交友與 2000 年毀掉了全球數千台電腦的“我愛你”電腦病毒結合起來。在這幅用亞克力顏料繪成的畫中，一群女人向一個男人伸著手，那男人沒有頭，但穿著一身高級西裝。背景滿是以電腦程序字體寫成的數字、網絡鏈接和“我愛你”病毒的模樣（附錄插圖 6）。

浦捷和薛松及施勇一樣，常用上海這座城市當作品的背景，批評上海對全球化盲目而專注的全盤接受。浦捷常常在作品中使用“雙視角”手法，以反映他這一代中國藝術家生活經歷中的“重疊現象”。他和薛松一樣，經常並列排放兩層形象、兩個相互對比的文化、兩個相互衝突的思想、兩個藝術流派或兩個不同時代，在作品中將它們一起以單一的美學方式表達出來。浦捷的畫作《頭是她》描繪了兩個對立的時代。作品中，一個城裏女人的頭象徵著消費文化，她身穿檸檬黃的衣服，黑色描出的輪廓十分清晰，强調了她的活力，但也表現了匆忙、空虛和不安。作為對照，那女人身後是一位傳統女性的肖像，從容不迫、樸素無華，但更加程式化，也更加尊貴（附錄插圖 7）。

看過這件作品的一些觀眾發表了中肯的洞見，“浦捷把看似相反的叙事和記憶並列對比，企圖顯示生活那支離破碎、變化莫測，因此而毫不連貫的性質”。對浦捷來説，只有這樣的形象對比，才能使觀者理解時光變遷和時代撕裂帶來的錐心痛苦。從廣義上説，浦捷通過展示兩支對立力量彼此間對抗、溶解和消化的效力，試圖在當代中國生活中的吸收與排斥之間達成平衡。[35]

消費文化固然給許多前衛藝術家帶來了自由與金錢，但藝術家對伴隨經濟改革而來的文化變遷引起的諸多問題仍然揭露不誤。市場經濟刺激了中國當代藝術的繁榮，但也可能成為藝術的敵人。藝術批評家張曉凌説，“藝術獲得了自由，卻也付出了沉重的代價”。[36] 浦捷、施勇和薛松那一代人的生活經歷了大起大落、天翻地覆，所以他們並不幼稚地以為這世上真的存在某些西方批評家經常掛在嘴邊的純粹的藝術與知識自由。按照薛松的説法，他那一代人是幸運的，也是悲慘的。他們從鄙視中國傳統發展為盲目崇拜西方，再到緩慢地、有意識地發展自己的敘事。薛松説：“我們不相信絕對自由。”[37]

商業社會的異化、做作和荒誕是世界各地前衛藝術的重要主題。諷刺和自嘲是最常用的表達方式。上海前衛藝術家的許多作品都展現了一種自我批評精神。可以説，沒人比周鐵海更願意拿自己做諷刺對象的了。在一件名為《新上市證券周鐵海，在到達合理價格前繼續上漲》的作品中，周鐵海把自己當作一件在股市上標價的商品。《新上市》開展時有這麼一句説明：“7 月 12 日剛在上海證交所上市時，周鐵海似乎估價過低，前幾個小時的交易中僅稍有提高。”許多社會理論家都説過，人一進入市場，道德問題隨即出現；周鐵海以尖鋭的幽默感突出了這些問題。[38] 如周鐵海的作品所指，許多中國當代藝術家自己變成了商品，而“任何商品只有在被價格證明後才有價值”。[39]

全球化時代，西方無論是在經濟、道德、媒體還是在藝術領域都佔據優勢地位，周鐵海因對此種現象表示强烈不滿而著稱。20 世紀 80 年代，主修繪畫與設計的周鐵海剛從上海美術學院畢業時，認為藝術意味著“像梵高那樣作畫”。[40] 但這個幻覺很快被打得粉碎。在經歷了幾乎與薛松一模一樣的體悟後，周鐵海認識到，“藝術家其實從來都不自由”。[41] 如同在任何後殖民時代的討論中一樣，藝術家必須為自由而鬥爭，同時卻又要迎合藝術世界裏的統治力量。

周鐵海還是個年輕藝術家時，與西方人打的兩次交道給了他很大觸動。第一次是美國著名作家、國家圖書獎獲獎者安德魯·所羅門（Andrew Solomon）1993 年來到中國，要為《紐約時報雜誌》寫一篇關於中國當代藝術的特稿。他對周鐵海做了長時間的訪談，文章的終稿卻對周鐵海隻字未提。周鐵海因此大怒，決定要“回歸藝術”，以自己的方式講自己的故事。[42] 第二次也是在 20 世紀 90 年代早期，周鐵海看到了一位著名西方策展人開列的中國最佳當代藝術家名單。他發現自己和其他著名藝術家都榜上無名，遂決定直接對其提出質疑。[43] 他尖鋭地問道：“一個西方策展人能够決定這樣的名單嗎？家財萬貫的收藏家能够用錢投票來決定藝術家的排名嗎？還是説藝術家能够通過自己的作品來決定自己的名聲和地位？”按照這個思路，周鐵海製作了各種世界著名雜誌的假封面，有《時代》《新聞週刊》《紐約時報》《藝術新聞》和《Facts》，假封面上赫然是他自己的照片，頭條標題是“周鐵海”，以這種方式對公眾注意和藝術之間的關係提出質疑。一些藝評家指出，周鐵海通過製作這些自我推銷的形象，幫助“顛覆了關於藝術家形象和行為的確定觀念”。正如周鐵海認識到的，一個中國前衛藝術家的成功完全取決於他能否獲得西方的承認和接受。[44]

按照周鐵海的説法，今天中國藝術家在藝術界的核心問題是“話語權”。他將藝術追求視為爭取“話語權”的努力。為獲得話語權，周鐵海認為他需要發展“一種策略，其中心是藝術家、畫廊和美術館之間的三角關係，或者説是畫家、中間商、和策展人或藝評人之間的關係”。[45] 一些中國批評家説，周鐵海變成了“一個以自己富有想像力的策略吸引了廣泛注意的藝術家”。廣義上，周鐵海似乎是在暗示，中國與西方的戰略競爭不僅存在於軍事實力和經濟實力領域，也存在於文化與意識形態影響力方面，藝術在後者具有重大價值。[46]

在全球化時代呼籲平等對話

過去二十年來，中國前衛藝術家突出表達了對市場經濟的保留和對西方的批判，這與 20 世紀 80 年代和 90 年代早期中國的主流思想形成了鮮明對比。改革開放剛開始的二十年中，很多前衛藝術家對市場經濟非常熱情，深受西方政治思想的激勵。他們中間有些人去了美國或其他西方國家留學。今天，許多中國知識分子和藝術家批評説，市場改革並未給整個國家帶來繁榮，而是導致了經濟不平等、社會失序、官員腐敗和高失業率。進入 20 世紀 90 年代後，發生了很多大事，包括俄羅斯的經濟休克、1997 年亞洲金融危機和 2008 年全球金融危機。這些事件使許多中國知識分子開始懷疑自由市場經濟是否失靈了。

在國際方面，中國知識分子和大學生對西方的道德優越性日益嗤之以鼻，對他們眼中西方的傲慢日益憤懣不滿，對中國能否採用西方的經濟和政治制度日益心存疑慮。後來發生的一系列事件給中國知識分子和前衛藝術家的民族主義情緒火上澆油，包括西方帶頭阻撓中國申辦奧運會、西方媒體對中國的妖魔化、1999 年北約轟炸中國駐貝爾格萊德大使館事件、2001 年 EP-3 偵察機事件、美國將導彈防禦系統瞄準中國、正在開展的中美脱鈎、關於西方對 2019—2020 年香港黑暴事件的雙標指控，以及目前針對華為和抖音的技術制裁。

一些藝術家出於親身經歷對自己眼中美國的傲慢感到憤恨。例如，改革開放初期，藝術家奉家麗接到 Art Omi 的邀請，請她去美國做訪問學者。她寫道：“接待單位的主管幾次打電話給美國大使館，向他們保證我的確是專業藝術家，但我仍然遭到拒簽。理由是我‘無業’，而且是女人。”[47] 儘管如此，許多其他近來批評西方的中國藝術家仍然選擇住在西方。已故的陳逸飛經常被視為“美國夢”的範例，但他在生命最後幾年對記者宣稱，“我是個中國民族主義者”。[48] 出生在浙江、過去 30 多年一直在上海工作的孫良甚至直截了當地聲稱，“當代藝術最初是西方的一個騙局”。[49] 他呼籲他的中國藝術家同行“挑戰西方統治的藝術界規則”。

然而，大部分批評的矛頭所指是美國對外政策和人們眼中美國在經濟和文化領域中的霸權。在一幅題為“記者招待會 II”的照片（1997）中，周鐵海在世界各國的國旗前發表了這樣的言論：“藝術世界中的關係和後冷戰時代國與國的關係一樣。”周鐵海這幅作品呼應了許多前衛藝術家的共同主題 —— 西方和中國之間的經濟與文化交流是不平等的。周鐵海認為，當代藝術沒有真正的自由，因為它在全球各地都處於西方集體權力的控制下；包括薛松在內的其他藝術家也持相似的觀點。

在他的前衛組畫《安慰藥》中，周鐵海把一個資本主義“雅痞”畫成一頭駱駝，很像中國進口的美國駱駝牌香煙上的標誌駱駝喬（附錄插圖 8）。周鐵海認為，“安慰藥”最恰當地反映了東西方文化交流的諷刺。“一方面，東方對西方文化的成就五體投地，試圖用西方的藥來治東方的病；另一方面又知道這藥有嚴重的副作用。”[50] 換言之，藥不一定能治病，使用不當還會變成毒品。[51]

在一份周鐵海畫作的目錄中，藝評家哈拉德．澤曼（Harald Szeemann）把周鐵海的酷駱駝解釋為教父般的人物，要想得到安全就必須尋求他的保護。如同天神朱庇特控制著閃電，駱駝教父掌握著股票市場價格的指數。[52] 在一些畫中，駱駝穿著神父的袍子，發出教諭，勸誡他人該如何行事。在別的畫中，周鐵海挑選了各個歷史時期的名畫，包括文藝復興時期（達·芬奇）、啟蒙運動時期（戈雅）和當代各個時期的畫作（畢加索、安迪·沃霍爾、傑夫·昆斯和理查德·普林斯），把畫中人物的頭換成了駱駝頭。

周鐵海還畫了一幅水彩國畫來突出中美兩種世界觀的對比。駱駝喬想統治世界，中國的隱士卻對促進人與自然的和諧更感興趣。世貿中心遭到"9·11"恐怖襲擊後，周鐵海對紐約市長朱利安尼（Giuliani）的描繪（附錄插圖 9）嘲諷了美國的英雄崇拜，是對後"9·11"時代美國人情緒的質疑。

不久前，周鐵海和一位法國作家合作創作了題為"甜品"的新系列作品。那位法國作家寫過關於法國甜品起源與發展的故事，周鐵海則創作藝術作品，利用這些甜品的含義嘲笑西方精英群體，如外交官、法官和部長。那位法國作家和周鐵海把從互聯網上收集到的文章改造成圖像，用圖像反映"文章中提到的人物、隱喻和食材"。例如，畫作《法官》（附錄插圖 10）用 158 個大小不一的甜品形象作為背景，中間是一大塊甜點，底部是餅乾，上覆巧克力慕斯，最上面是一層加侖子醬。法文俚語中，"餅乾"是"賄賂"的意思。加侖子醬也暗含同樣的意思，因為在過去，貴族和資產者打贏官司後會把昂貴的加侖子醬作為禮物贈給法官。

當然，這些憤懣之情是否有道理，甚至是否代表所有的中國前衛藝術家，仍有待商榷，但這種感情的源起是可以理解的。它反映了中國和當今世界之間耐人尋味的關係；這種關係在跨文化交流中導致了文化矛盾的空前加劇，也以前所未有的方式促進了文化發展。文化交流對全球經濟結構和地緣政治的調整產生了複雜而不可預測的影響。[53] 中國當代藝術家看到，中國藝術界在僅僅一代人的時間內完成了西方藝術一百五十年的演變，從 19 世紀的現實主義到政治波普、超現實主義和今天的許多其他表現形式。[54] 這些劇變攪亂了文化記憶，以及這些記憶之間的互動和關係。

新加坡學者王愛華（Ong Aihwa）1999 年寫了一本書《具有伸縮性的公民身份：跨國性的文化邏輯》（*Flexible Citizenship: The Cultural Logic of Transnationality*），在書中指出，全球化導致了本國與跨國形式的民族主義，不僅拒絕西方霸權，而且在泛宗教的文明討論中尋求推動東方的崛起。[55] 其結果就是中國前衛藝術家與他們在世界各地的同行開始了國際對話。有些中國藝術家利用這場對話來批評西方，其他人則更希望找到路徑跨越東方與西方之間、傳統與現代之間的舊邊界。藝術以這種方式對世界上到底有沒有純粹的文化提出懷疑。在這些藝術家看來，傳統和現代，正如東方和西方，只要不發生衝突，對中國就不是什麼大事。

上海前衛藝術家之間的爭議：文化兼容還是文化衝突？

出生於重慶、現居紐約和北京兩地的藝術家徐冰在 1999 年獲得了麥克阿瑟基金會的“天才獎”。他感興趣的是跨國創造性，而不是對政治立場的表達。他的一個著名藝術手法是創造偽漢字，看上去莊嚴精緻，卻沒有任何意思。他在聞名國際的畫作《天書》中首次展示的這些“偽漢字”完全沒有溝通交流的功能。[56] 徐冰認為，浸淫於文化之中的藝術家在沒有文化的虛無主義或反文化運動的衝擊面前無力招架。所以，必須結合歷史重新思考知識的性質。他在一次訪談中說：“我的思想由四個因素形成：我成長過程中學習的馬克思主義意識形態和我今天生活其中的資本主義現實；我本身極端的中國性和我作為世界公民的存在。生活在兩個制度下、兩個文化中的經歷使我受益。我希望能把全球的不同文化融為一體。”[57]

藝術家谷文達生在上海，住在紐約，十多年來，一直致力於通過藝術作品超越舊疆界。他説他想超越東方一西方的範式，找到新方法來描述全人類面臨的普遍問題。[58] 谷文達和徐冰一樣，有扎實的中國山水畫和書法功底。他承認，影響他的除了中國隱士文化和佛教禪宗，還有尼采、弗洛伊德和維特根斯坦等西方思想家。然而，谷文達的作品不觸碰這些思想可能涉及的任何具體的政治、宗教或性問題。“他探索的是人類的永恒真理和普遍狀況。”[59] 根據自己的個人與職業經歷，谷文達也認為，藝術家要依靠自己的文化記憶和自身經驗，同時要避免落入極端民族主義或後殖民主義的陷阱。

谷文達的《聯合國》系列是個持續十年的大工程，要在進入 21 世紀時在 25 個國家創作裝置藝術。[60] 他使用從世界各地 300 多個理髮店收集來的人髮，用多個種族的人的頭髮混合編成各種形狀的簾幕。他的人發幕墻中編織入四種語言的“字”：英語、漢語、印地語和阿拉伯語。但是，所有這四種語言的字都是偽造的，沒有任何意義，雖然不懂這些語言的人（四種語言都懂的人寥寥無幾）也許無法完全領會其中的諷刺意味。

谷文達的裝置藝術和徐冰的作品一樣，反映了不同文化間溝通（誤會）方面的難題，提出了身份、多樣性和現代同化等問題。谷文達還就知識的形成發出提問，揭示出我們試圖理解自己身處的世界時所受的限制。人類在生活中也許過分依賴語言。谷文達認為，我們懂的不像我們自以為的那麼多。《聯合國》是當代藝術的一塊里程碑，既展示了文化的分別，也表現了人類的共同紐帶。這個作品清楚地顯示，谷文達相信，或者說希望，當今世界能實現文化兼容，而不是文化衝突。

抱著推動國際對話的同樣目標，薛松2005年的作品《與馬蒂斯對話》（附錄插圖11）是對大師亨利・馬蒂斯（Henri Matisse）的畫作《舞蹈》的致敬。薛松在畫布上使用了他自己特色明顯的混合媒介。他用馬蒂斯的原作當藍本，通過燃燒的方法予以"消解"，造成碎片、灰燼和糨糊。這樣創作出來的作品展示了奇怪的視覺效果，也强調了各種文化和宗教之間的多重衝突和轉變。如同馬蒂斯的原作那樣，畫中的5個人形可以理解為地球的五大洲。但與原作不同的是，薛松使用自己的媒介表達對當今世界上一個潮流的最大關切：不同宗教變成了衝突與戰爭的起因。薛松粘在一起的碎片是不同的宗教材料。5個人形拉著手的圖景表示世界面臨著共同的命運——和平或戰爭。[61]

本書研究的5位上海藝術家的作品表明，全球現代化的問題不止中國才有。比如，薛松2002年在香格納畫廊舉辦的個人畫展取名為"不搭介"，這個短語在上海方言中的意思是"完全沒關係"。這次展覽的宣傳畫是一個餓得奄奄一息的馬里孩子（以巴西攝影師塞巴斯蒂昂・薩爾加多（Sebastião Salgado）的一張著名照片為基礎）和一株枯樹（附錄插圖12）。然而，宣傳畫的金色背景中隱約可見現代奢侈生活的象徵——高級汽車、遊艇、別墅、寵物、太陽鏡，還有富人的面孔。他們生活在與那個捱餓的孩子完全不同的世界中。這件藝術品表示，全球化的過程中，持續存在著人與人之間的隔離和經濟不平等這些道德之災。

中國的一些前衛藝術家，包括前述四位上海藝術家，試圖通過强烈的對照、矛盾的並列、政治上的諷刺、發人深思的嘲諷，甚至是顯而易見的憤怒來吸引觀眾的注意。丁乙卻另闢蹊徑，使用不同的方式來引發哲理沉思、內心平靜和自我發現。丁乙 1962 年出生於上海，在一家印刷廠工作了兩年後上了上海工藝美術學校，從 1981 年到 1983 年專修裝飾設計。後來，他上了上海大學的美術學院。1988 年，還在上大學的丁乙開始創作實驗性系列組畫《十示》，他使用"＋和 ×"的形狀作為不斷出現的符號，意在把繪畫和設計合併為同一個表達形式。他的藝術在某種意義上與中國的格子布相似。丁乙的設計被奢侈時尚品牌愛馬仕採納，做出了 12 款絲巾。因此，丁乙的標誌性《十示》可以視為傳統與現代、東方與西方、抽象與實用的藝術融合。

用丁乙自己的話説，他尋求自己專有的藝術風格之時，正值"中國當代藝術受到西方文化强烈影響，中國藝術家對傳統文化開展批判性反思……但我想回歸藝術的本源，回歸繪畫形式的本質"。[62] 丁乙以富有想像力的形式，要"畫出不像畫的畫"。他解釋説，"＋和 ×"的形象沒有意義，不過是印刷業的技術詞彙和符號。然而，"＋和 ×"密集整齊的排列是以理性的方式對畫中淺層空間關係的探索。

時至今日，丁乙的《十示》系列已經畫了三十多年，他始終只創作用小十字形組成的抽象畫（附錄插圖 13）。他的多數作品都是不同顏色的"＋和 ×"以不同次序的層層重疊。乍看之下，丁乙的《十示》組畫給人以簡單而又單調的假像。不過，細細審視之下，可以看出畫作豐富的多樣性，以及丁乙藝術追求的深刻轉變。他自己承認，在創作《十示》系列之初，他使用的方法多多少少"帶有某種逃避現實的純抽象手法"。[63] 慢慢地，十字變成了繪畫風格，甚至是一種哲學視角和世界觀。研究中國當代藝術的學者馮博一注意到，對丁乙來説，他的獨特風格"不僅是一種形式，而且是一種具體而又微妙的親身體驗和內心情感，也是對於藝術的一種堅持而偏執的態度"。[64] 對丁乙來説，"藝術的本質不是表現畫作中的圖像，而是通過在描繪圖像時使用的筆觸來創造時代的精神力量”。[65]

從更廣的視角來看，丁乙的作品不是機械的藝術符號，而是代表著兩種高度融合的文化與知識求索。第一種是要發展出在當今世界能代表中國藝術家的一種特別的視覺語言，類似周鐵海所說的通過藝術創作來爭取“話語權”。第二種是為國家，特別是為上海培養精神守則。

關於第一種求索，丁乙在一次訪談中說，“把大量十字用網格方式排列，用眾多的十字表現出現代工業文明的標準化、複製和重複的性質”，這象徵著生產線、商業產品和大眾媒體廣告的無縫銜接。這些都是我們這個時代高度標準化進程的產物。[66] 丁乙和周鐵海一樣，也認為中國前衛藝術家需要找出聰明合理的辦法來，在一度被西方統治的藝術世界中贏得自己的地位。丁乙對通常會強調中國人面孔或中國景色的中國常規繪畫語言棄之不用，努力創造一種由“＋和 ×”形組成的獨特抽象語言來爭取在國際藝術圈的一席之地。他的作品如同“＋和 ×”組成的磁力線，表達出純化的語言和視覺秩序的簡潔，使他得以用自己的方法“奪取話語權”。[67] 丁乙認為，中國藝術家必須先使用別人能懂的語言與世界對話，然後才能更好地與人溝通。通過這種方法，中國藝術家“可以逐漸從被動變為主動”。[68]

關於第二種求索，丁乙的新抽象語言同時也可以為中國，特別是為上海提供他所謂的“成就名片”。[69] 在這方面，丁乙的《十示》系列似乎與中國的快速城市化契合得天衣無縫。以上海為代表的中國城市中大規模拆除和建設造成的失序、混亂和迷茫給所有經歷過這一過程的人留下了一種強烈的歷史感。丁乙覺得，人們從他作品中看似單調機械的“＋和 ×”的形象中，很容易辨認出這段緊張激烈的時間維度。

據丁乙所說，新的城市擴張必然與當今時代的新藝術形式有聯繫。一個藝術家的存在如何在城市歷史上留下時代的印記？藝術家如何能够從宏觀和中立的視角記錄下當前城市生活的嚮往、混亂和時髦，同時又顯示城中的霓虹燈、人潮、車流、廣告牌、摩天樓、股票顯示屏和成千上萬讓人眼花繚亂的景象？丁乙向其他藝術家和前來觀看他作品的觀眾提出了這些問題。他用畫筆把這些要素反映在《十示》之中，似乎在暗示，他的抽象作品體現的美學提供了答案。[70]

在 2018 年 6 月的一次訪談中，丁乙說：“我模模糊糊地覺得我在尋找一種新的社會精神，主要是因為社會發生的巨大變化提供了看世界的更高視角⋯⋯中國文化仍然很弱，仍缺乏文化自信和能够催生新文化的真正全球價值觀。”[71] 如一些藝評家所說，丁乙的風格是多層面的，立場看似無關政治，這與上海特有的文化表達方式非常一致。他的《十示》系列實質上成為顯示上海特徵的具有代表性的典型前衛藝術作品。“它在平靜之中表達著一種文化激情。”[72]

丁乙過去三十年幾乎所有的作品中，十字都必不可少，不過他也試著運用新材料和新媒介，包括熒光顏料、鉛筆畫和噴塗顏料。除了畫格子之外，他還在繪圖紙、宣紙、瓦楞紙、亞麻布、木頭和其他材料上展示十字，來重新調整對主體的認知框架，並“不斷遭遇異質體——這是不同於各種前定的和想像的符號秩序的新經驗”。[73]

自 20 世紀 90 年代晚期開始，丁乙試圖把他獨有的《十示》系列畫作擴展到三維媒介，如裝置、雕塑、建築、照明等。這些新藝術形式拓寬了丁乙的表現手段，使他得以更加充分地表達他對跨文化對話的看法，以及他對中國在全球化世界中對外接觸的批判性思考。他的公共雕塑《十示——如意》的靈感來自中國的傳統表意符號“如意”。如意最初是中國古代祭神用具，是一種搔背抓。如意在戰爭中也能用來自衛。如今，如意被廣泛認為有吉祥的寓意，無論是普通民居還是深宅大院都用它作裝飾。有人若要出外旅行，親友們會贈送如意表達祝福。丁乙的如意雕塑系列意在顯示，中國的傳統表意符號與圖形經過放大、改動和再創造後，就有了新的解讀，可能會阻斷歷史經驗與證據。2011 年，丁乙的如意系列在華盛頓特區的約翰 · F. 肯尼迪表演藝術中心外面展出（附錄插圖 14）。正如丁乙尖銳地指出的那樣，這些小小的如意擴大許多倍之後，它們的文化記憶和符號取向就往往使人感覺具有挑戰性。[74]

本著同樣的思路，丁乙 2012 年創作的雕塑系列《太極》顯示兩個人在打太極拳（附錄插圖 15）。按照中國的觀念，太極拳的特點是溫和、婉轉、緩慢和放鬆，反映了道家陰陽平衡的世界觀。然而，丁乙的《太極》雕塑卻把打太極拳的人形抽象化，將他們與他的經典《十示》符號混合起來。被丁乙改變了位置和形狀的兩個打拳人的姿勢顯得非常僵硬、激烈和敵對。在某個意義上，丁乙是在拒絕對太極拳的常規解釋，因為他相信，當環境已經發生了深遠的改變時，太極拳的原有概念也必然會相應變化。

所以，值此中國在世界舞台上歷史性崛起之際，跨文化溝通和國際對話愈發重要。丁乙似乎想要向全世界傳達一個信息。他認為，西方當然需要對中國目前的轉變作出新的、更加平衡的評估。但同樣重要的是，中國也必須更清楚自己地位的改變會如何影響外部世界，特別是對美國而言（並給它們留下何種觀感）。中美關係可能緩和也可能緊張，有時兩國也許猶如陰陽兩極，但文化和教育交流對確保總的平衡至為重要。如果在政治和經濟針鋒相對的情況下，跨文化的誤解抬頭並打破這種平衡，那麼兩國關係的崩潰將無可避免。

最後幾點思考

上海前衛藝術家在政治範疇中的思想往往遠超國家範圍。[75] 他們經常發表關於文化身份、個性和多樣性，以及經濟全球化和地緣政治大國關係的見解，但表現手法微妙婉轉，本章研究的 5 位藝術家的作品即是明證。上海前衛藝術界最顯著的現象是藝術家們在思想智識上作出努力，希望超越舊疆界、尋求新路徑，來應付國內外的文化變革。這 5 位藝術家克服了最初拋棄自身文化遺產、採用外國做法的傾向，走出了自己的路，在國內外文化之間靈活騰挪並從中擷取自己想要的東西。中國前衛藝術家要求與西方平等對話的 喊洪亮而清晰。因此，在很大程度上，本章介紹的上海前衛藝術家的作品是證據，似乎象徵了整個中國中產政治意識的新趨勢。這些前衛藝術作品不僅是在當今時代重振中國價值觀的努力，也是藝術家發出的呼籲，要求在世界舞台上就藝術與政治、民族主義與國際主義、和平與正義展開進一步對話。

這場對話是政治性的，但它涉及的不只是中國這個政體。它是一場浸淫著微妙的憤怒與幽默的爭論。它呼籲中國人和外國人都要發展新思想、新觀念。東方與西方、社會主義與資本主義、傳統與現代這些以往的二元式區分在上海前衛藝術家的作品中變得模糊起來。這些上海藝術家在他們生活的不同階段都曾受過“文化大革命”、西方知識思想和市場消費主義的影響。真正的問題不是這些影響在他們身上留下了多大的印記，而是他們經歷了所有這些強大的影響後，是否還有自己的觀點和聲音，當他們的國家和世界在前途未卜的十字路口相遇之時，他們是否還能敞開胸懷向前看。

這場討論表明，面向消費者的中產文化和全球化並未帶來藝術的同質化或“死亡”。恰恰相反，上海在改革開放時代的國際接觸給這座城市藝術家中的先鋒隊注入了活力。用一位上海藝術家的話説，“可幸的是，體現生活中的願望與冒險的藝術依然存在，沒有湮沒在千篇一律中，也不能通過大規模生產來製作”。[76]

註釋

1. 這五位藝術家都有作品在上海香格納畫廊展出。作者感謝香格納畫廊的何浦林在這些藝術家 20 世紀 90 年代期間的作品方面的幫助。作者也通過 2017 年到 2019 年參觀上海和別處的其他藝術畫廊研究了這些藝術家在 20 世紀 90 年代之後的作品。本章的部分內容最先作為作者與林恩 · 懷特合著的〈與西方對話：上海前衛藝術家的政治信息〉，發表於《亞洲批判研究》（*Critical Asian Studies*），35，No.1，2003 年 3 月，第 59—98 頁。
2. 關於中國知識分子和大學生對美國外交政策批評的詳細討論，見宋强、張藏藏、喬邊：《中國可以説不》（北京：中華工商聯合出版社，1996）；房寧、王炳權、馬利軍：《成長的中國：當代中國青年的國家民族意識研究》（北京：人民出版社，2002）。
3. 見林似竹的網站。1999 年彙編，2001 年 1 月更新。
4. 侯瀚如：〈裸城：2000 年上海雙年展策展筆記〉，《亞太藝術》（*Art Asia Pacific*），31，2001，第 61 頁。
5. 關於北京和其他城市震撼藝術的討論，見潘文（John Pomfret）：〈震撼藝術使自由降至新低〉（*Shock Artists Take Freedom to New Lows*），《華盛頓郵報》（*Washington Post*），2001 年 7 月 31 日，C1 版。
6. 關於北京這些藝術家村的更多討論，見楊穎詩：〈通州藝術家社區〉（*The Tongzhou Artists Community*），《亞太藝術》（*Art Asia Pacific*），31，2001，第 72—75 頁。
7. 楊衛：《四十一個人》（長沙：湖南美術出版社，2012），第 31—35 頁。
8. 馬艷：〈美術館時代下的上海當代藝術生態〉，《藝術國際》，2013 年 2 月 12 日。
9. 楊衛：《四十一個人》，第 31 頁。
10. 林恩 · T. 懷特：《非國家權力：中國知識、法律與政府改革的地方原因》，第 2 卷（Armonk, NY: M. E. Sharpe，1999），第 156 頁。
11. 見引用於劉淳：《薛松訪談錄》（太原：三晉出版社，2015），第 232 頁。
12. 楊衛：〈一半海水一半火焰：略談北京與社會藝術生態的差異〉，載於馬欽忠主編：《象界：上海當代藝術家巡禮》（上海：學林出版社，2015），第 16 頁。

13. 同上。

14. 李旭：〈上海抽象——中國當代藝術的重要範本〉，《藝術界》，2012 年 2 月 1 日。

15. 安雅蘭：*Painters and Politics in the People's Republic of China, 1949-1979*，Berkeley: University of California Press，1994，第 400 頁。

16. 克里斯 · 伊曼茨 · 埃爾庫姆斯（Kris Imants Ercums）:〈取消了！〉(*Cancelled!*)，《亞太藝術》(*Art Asia Pacific*)，31，2001，第 37 頁。

17. 尹繼佐：《上海文化發展藍皮書》（上海：上海社會科學院出版社，2000），第 105 頁。

18. 馬艷：〈表皮與內裏——上海當代藝術生態報告〉，《東方藝術 · 大家》，12，2012，第 130—139 頁；馬艷：〈美術館時代下的上海當代藝術生態〉。

19. 馬艷：〈表皮與內裏——上海當代藝術生態報告〉。

20. 高名潞：*Insideout: New Chinese Art*，Berkeley: University of California Press，1998，第 31 頁。

21. 見安東尼奧 · 葛蘭西（Antonio Gramsci）對文化霸權的經典馬克思主義分析，《獄中筆記選集》(*Selections from the Prison Note books*)（New York: International Publishers，1971）。

22. 比利亞娜 · 齊里奇：〈卜漢可、申凡、周鐵海、施勇和丁乙：我們談談錢——上海首次國際傳真藝術展〉，《藝術：中國當代藝術研究》，18，No.2，2019 年 3/4 月，第 17 頁。

23. 同上。

24. 劉淳：《薛松訪談錄》，第 86 頁。

25. 薛松：〈我的創作觀〉，載於馬欽忠主編：《象界：上海當代藝術家巡禮》，第 170 頁。

26. 侯瀚如：〈裸城：2000 年上海雙年展策展筆記〉，第 61 頁。

27. 高名潞用此説法描述中國前衛藝術運動的總體轉變。高名潞：*Insideout: New Chinese Art*，第 8 頁。

28. 侯瀚如：〈裸城：2000 年上海雙年展策展筆記〉，第 61 頁。

29. 藝術與收藏集團：〈施勇，1993—2014〉，*Shanghai: Shanghai ART Gallery*，*2018*，第 65 頁。

30. 同上，第 40—41 頁。

31. 同樣，武漢藝術家任劍宣稱當代藝術變成了產品藝術，如同隨時供人享用的快餐。這就是一些藝評家所謂的"藝術的麥當勞化"。引自高名潞：*Insideout: New Chinese Art*，第 28 頁。

32. 藝術與收藏集團：〈施勇，1993—2014〉，第 86 頁。

33. 施勇：〈秘密的真相〉，載於馬欽忠主編：《象界：上海當代藝術家巡禮》，第 142 頁。

34. 藝術與收藏集團：〈施勇：1993—2014〉，第 214 頁。

35. 西內 · 貝普勒（Sine Bepler）:〈浦捷的二元視角〉，*Art Link Art*（中國當代藝術數據庫），2007。

36. 張曉凌：《觀念藝術解構與重建的詩學》（長春：吉林美術出版社，1999），第 27 頁。

37. 黃丹麾、胡戎：《新表現藝術——情感的栖居地》（長春：吉林美術出版社，1999），第48頁。

38. Karl Polanyi：*The Great Transformation*，New York: Reinhardt，1944。

39. 張曉凌：《觀念藝術解構與重建的詩學》，第27頁。張曉凌是北京中國美術學院的學者。

40. 皮力：〈周鐵海：當代藝術的謀略〉，載於侯瀚如：《周鐵海》（Shanghai: ShanghART Gallery Publication，2003），第4頁。

41. 同上。

42. 喬恩·伯里斯（Jon Burris）：〈周鐵海：做藝術不難〉（*Zhou Tiehai: It Is Not Difficult to Make Art*），《中國日報》（*China Daily*），2014年11月7日。

43. 周鐵海：〈好的藝術空間可以代表城市的靈魂〉，《藝術國際》，2014年11月5日。

44. 薛紅艷：《上海，9＋1！——走近蘇州河藝術家》，第183頁。

45. 皮力：〈周鐵海：當代藝術的謀略〉。

46. 薛紅艷：《上海，9＋1！——走近蘇州河藝術家》，第87頁。

47. 奉家麗：〈無盡的不同：論在中國做女性藝術家〉，《亞太藝術》（*Art Asia Pacific*），31，2001，第68頁。

48. 蔣祖烜主編：《神話陳逸飛》（長沙：湖南美術出版社，1999），第154頁。

49. 孫良：〈談中國當代藝術之殤〉，《東方早報》，2011年4月1日。

50. 薛紅艷：《上海，9＋1！——走近蘇州河藝術家》，第86頁。

51. 皮力：〈周鐵海：當代藝術的謀略〉，第5頁。

52. 周鐵海（目錄），上海，香格納畫廊，2000。

53. 侯瀚如：〈駱駝先生，對今日上海最忠實的肖像——談周鐵海的作品〉（*On Zhou Tiehai's Work: Mr. Camel, the Most Faithful Portrait of Shanghai Today*），香格納畫廊，2006年9月11日。

54. 孫津：《波普藝術：斷層與綿延》（長春：吉林美術出版社，1999），第21—22頁。

55. 王愛華：《具有伸縮性的公民身份：跨國性的文化邏輯》（Durham, NC: Duke University Press，1999），第18頁。

56. 王昌浩：〈析世鑑—天書〉，載於靳濛濛、王青雲、郝赫彙編：《偉大的作品，偉大的歷程1978—2018》（北京：人民美術出版社，2018），第40頁。

57. 見引用於梁碩恩（Simon Leung）、珍妮特·A. 卡普蘭（Janet A. Kaplan）：《偽語言：與谷文達、徐冰和喬迅的談話》（*Pseudo-Languages: A Conversation with Wenda Gu, Xu Bing, and Jonathan Hay*），《藝術雜誌》（*Art Journal*），58，No.3，1999年秋，第87—99頁。

58. 引自高名潞：*Inside Out: New Chinese Art*，第35頁。

59. 同上。

60. 關於谷文達的《聯合國系列——中國紀念碑：天壇》（*United Nations Series—China Monument: Temple of Heaven*），見谷歌藝術與文化網站（Google Arts & Culture）。

61. 薛松：〈訪談〉，《美術文獻》，2014 年 7 月 15 日。

62. 丁乙：〈形式即精神〉，載於馬欽忠主編：《象界：上海當代藝術家巡禮》，第 88 頁。

63. 盧世偉：〈丁乙：城市的藝術文脉〉，《市場週刊》，2013 年 10 月，第 78—79 頁。

64. Artspy.cn 網站，2019 年 5 月 5 日。

65. 丁乙：〈形式即精神〉，第 92 頁。

66. 馮博一主編：《十 × 三十：丁乙作品》（上海：上海人民美術出版社，2018》，第 54 頁。

67. 沈嘉祿：〈丁乙的密碼〉，《新民週刊》，2011 年 12 月 14 日，第 60 頁。

68. 薛紅艷：《上海，9 ＋ 1！——走近蘇州河藝術家》，第 5 頁。

69. 沈嘉祿：〈丁乙的密碼〉，第 58 頁。

70. 丁乙：〈形式即精神〉，第 92 頁。

71. 馮博一主編：《十 × 三十：丁乙作品》，第 29 頁。

72. 冀少峰：〈當代藝術版圖中的上海〉，載於馬欽忠主編：《象界：上海當代藝術家巡禮》，第 15 頁。

73. 鮑棟：〈丁乙"十示"：從精神啟蒙到觀念自省〉，《中國藝術》，2016 年 5 月 18 日。

74. 馮博一主編：《十 × 三十：丁乙作品》，第 251 頁。

75. 關於政府外和企業內政治現實的比較，見 E. E. 謝茨施耐德（E. E. Schattschneider）：《半主權人民》（*The Semi-Sovereign People*）（New York: Dreyden，1960）。

76. 王遠：〈一個"塗像"製造者的自語〉，載於馬欽忠主編：《象界：上海當代藝術家巡禮》，第 176 頁。

● 第十一章　一個生機勃勃、多姿多彩社會的前景

對中國和美國的幾點啟示

第五部分

結論與建議

第十一章

一個生機勃勃、多姿多彩社會的前景對中國和美國的幾點啟示

人類歷史越來越成為教育與災難的賽跑。

——H.G. 威爾斯

美國中產階級的福祉應當是驅動我們對外政策的引擎。

——威廉 · J. 伯恩斯

2020 年 1 月 26 日，科比 · 布萊恩特（Kobe Bryant）不幸身亡。世界各地的球迷，包括太平洋彼岸千百萬剛剛醒來就得知這一噩耗的人們為之震驚心碎。中國球迷的悲痛，以及他們對這位傳奇籃球巨星由衷的熱愛和崇拜特別值得注意，因為中國當時正處在可怕的新冠肺炎疫情危機中。1 月 27 日，中國社交媒體平台微博上對科比的名字和直升機墜毀事件的搜尋超過 10 億次，比搜尋量第二多的新冠病毒多了一倍以上。[1]

科比在中國的巨大影響來自他長期以來對中國人民的善意。他認為自己不光是運動員，因為他在世上做的事情遠不止打籃球。他在 2009 年第四次贏得 NBA 冠軍後，與中國最大的慈善機構之一“宋慶

齡基金會”合夥成立了科比·布萊恩特中國基金。[2] 這個基金的第一筆捐款 500 萬元人民幣用於重建 2008 年四川地震災區和促進兒童體育活動。自那以後，科比十幾次訪問中國；他不僅表現出對這個日新月異的國家的由衷興趣，而且使中國青年，無論是出身中產和條件較差家庭的青年有機會以他為榜樣立志努力。他的女兒吉安娜（Gianna）經常和他一起去中國，她還能説、能讀、能寫中文。即使退役後，科比也定期更新自己的微博和網站，向關注他的 1000 萬中國網友播出個人視頻和信息。[3]

中國球迷對科比的崇拜，以及他不幸去世後全國各地的哀悼提醒我們，美中關係不只是國與國的關係，也是人與人的關係。科比在個人層面上與中國人的互動突出了體育在公共外交中的重要作用，即使在雙邊關係急劇惡化之時依然如此。進一步説，科比和中國人的關係和他對中國人的影響再次確認了本書的主題 —— 兩個意識形態與政治制度截然相反的國家之間開展文化與教育交流，可以促進相互理解和善意、傳播全球規則，因而降低軍事衝突的可能性。

在“脱鉤”成為華盛頓對華政策討論的主流之時，這一啟示既及時又重要。現在，在美國，關於雙邊教育與文化交流的普遍觀點不再是希望通過接觸來促成積極變化，而是害怕在美國教育和科研機構學習的中國學者和學生是中國“武器”，會加速促進中國崛起為科技超級大國，把美國甩在後面。新冠肺炎疫情大流行期間，中美之間的相互懷疑和敵意有增無減；在此背景下，美國偶像科比和中國人之間的善意和共鳴讓我們看到了一線希望。

這一線相互理解的希望應激勵美國和中國的決策者尋找辦法，擺脱今天雙邊關係中有史以來最嚴峻的局面。在某種程度上，新冠肺炎疫情非但沒有促成急需的合作，反而不幸加速了美中關係的脱鉤與惡化。終止對華接觸的極端政治舉措也許是出於美國國內政治的原因，但雙邊關係中緊張和競爭的根本原因要深遠得多。雙邊關係的螺旋形下滑把美中兩國推上了一條迎頭相撞之路，若不小心管理，會導致災難性的後果。

即使在世界抗疫成功，擺脱新冠肺炎疫情之後，美國仍須重新評價它對華脱鈎的做法和它對中國新興中產的了解，因為這兩者都將影響後新冠時期的世界秩序。更緊迫的是，對於美國未來在與中國競爭和接觸中的能力及限度，拜登政府要有一個清醒的認識，在此基礎上制定全面對華戰略。

中國也必須重新審視自己的視角與行為，在修補對美關係和推動亞太地區和平與繁榮方面擔負起自己的責任。中美兩國的外交政策和國際交往都越來越受兩國國內因素的影響。鑑於中國不斷發展變化的國家 —— 社會關係的巨大重要性和中國中產影響力的增加，世界各地的中國觀察人士，特別是美國的政策制定者，必須對這些新發展動態作出準確平衡的評估。

新冠病毒：美中關係中焦慮與敵意的加速劑

新冠肺炎疫情暴發前，美國和中國彼此間的不信任和不滿已經大為提高。新冠肺炎疫情大流行對美國造成了災難性打擊。十個月的時間內（從 2020 年 2 月下旬到年底），超過 2000 萬人確診，死亡人數達 35 萬以上。這在美國政客和民眾中激發了抱怨中國政府的情緒，這也為力主對華脱鈎的人提供了彈藥。

像許多其他國家一樣，新冠肺炎疫情對美國的打擊在多方面是空前的。美國歷史上第一次，所有 50 個州都宣佈了緊急狀態，95% 的人口被命令不得離家。[4] 從 2020 年 3 月下旬到 4 月下旬，2700 萬人（美國全國勞動力的 17% 左右）失去了工作。[5] 疫情危機期間，連續數週甚至數月，全國各地普遍存在測試盒、口罩、氧氣面罩、呼吸機和其他個人防護設備的短缺，紐約、洛杉磯、邁阿密和芝加哥等疫情嚴重的城市尤其如此。美國只顧應對國內大流行，放棄了一個大國的國際責任。到 2020 年 5 月下旬，中國政府向近 150 個國家提供了緊急援助，包括向疫情嚴重的國家空運醫療物資，並向 24 個國家派遣了 26 支醫學專家隊。[6] 然而，西方國家對於中國這些舉動的反應在稱揚和讚賞中夾雜著不同程度的懷疑和憂慮，特別是美國。

新冠肺炎疫情大流行期間，美國媒體充斥著對中國的批評和憂懼，因為這場危機暴露出了美中關係的一些重要方面，如美國在藥品上對中國的依賴。美國 97% 的抗生素、95% 的布洛芬、90% 的維生素 C 和大部分稱為活性藥物成分的藥品基本成分都來自海外包括中國和印度。不出意料，隨著疫情大流行期間對藥品供應的關切浮出水面，美國國會山的政策制定者們，民主黨人和共和黨人全算在內，都開始要求認真審視美國對從中國製造商那裏進口的藥品和原料藥的依賴。[7] 時任美國國家經濟委員會主任和特朗普總統首席經濟顧問的拉里·庫德洛（Larry Kudlow）敦促美國在華公司考慮遷回美國。[8]

美國和中國的官員開始互相指責對方製造了新冠病毒作為武器來打擊己方時，雙邊關係惡化的水平和恐懼憤怒的程度達到新高。[9] 美國一些參議員和眾議員及輿論領袖要求中國政府賠償美國和其他國家因疫情而遭受的損失。[10] 中國外交部發言人耿爽回應稱，如果美國政客提出這種要求，那麼中國和國際社會也可以要求美國"為最先發生在美國，後來傳播到 214 個國家和地區，造成近 20 萬人死亡的 2009 年 H1N1 流感作出賠償"。[11] 耿爽還提出要美國為 20 世紀 80 年代最早在美國報告發生的艾滋病作出額外賠償。

美國和中國官員言論的火藥味越來越濃，兩國的民族主義情緒也開始失控，特別是在美國 2020 年大選之前的幾個月。中美兩國媒體很快就上演了激烈的"罵戰"。緊張和相互敵意不僅限於一些中國分析人士所說的"罵戰"，[12] 而是很快升級為互相驅逐記者、關閉休斯敦和成都領事館，以及對雙方的高級政府官員實施制裁。

當然，在美中雙邊關係這個困難時刻，仍然有冷靜、明智和建設性的聲音。早在新冠肺炎疫情暴發之前的 2019 年秋，前國務卿亨利·基辛格就警告說，美中關係處於"冷戰的山麓"。[13] 他認為，若任由雙邊關係中的麻煩發展下去，其結果將要比第一次世界大戰之前的局勢還要嚴重。新冠肺炎疫情暴發為全球大流行之際，基辛格重申雙方必須力行克制，並堅稱這兩個大國必須在管理危機中維護它們的共同利益。用他的話說："失敗會使世界陷入火海。"[14] 基辛格呼籲，在這個劃時代的時刻，要有"全球協作的遠見和計劃"。

同樣，芝加哥全球事務委員會主席、前美國駐北約大使伊沃·達爾德（Ivo Daalder）論稱，對美國的政策制定者來說，正途是尋求更多國際合作，而不是減少國際合作。他說："全球化不僅是政策偏好，而且是當今世界的現實。"[15] 在世界面對新冠病毒這個共同挑戰之時，"單憑一國之力克服不了這場大流行，只有全球共同努力才有可能"。[16] 2020 年 2 月初，美國著手遏制新冠肺炎疫情的一個月前，曾任《時代》週刊編輯的老牌中國專家喬舒亞·雷默警告美國的"脫鈎論者"說："拔掉插頭、建起高牆、與其他國家'脫鈎'或重彈種族主義老調也許很誘人，但這些恰恰是我們決不能做的事情。"[17]

在 2020 年 3 月發表在《大西洋月刊》上的一篇文章中，紐約市立大學新聞學教授彼得·貝納特（Peter Beinart）說，特朗普政府過去幾年的對華脫鈎政策很可能加劇了新冠肺炎疫情的可怕蔓延。在貝納特看來，如果美國疾控中心和國立衛生研究院與中國同行保持密切聯絡，而不是不公平地、過分地指控中國醫學研究人員在美國實驗室搞所謂的偷竊和間諜活動，"那些非正式的渠道本可使美國在病毒肆虐早期多了解很多信息"。[18] 那樣的話，美國公共衛生官員和專家就可以更快行動起來，聯手阻斷病毒的傳播，就像 2003 年"非典"期間那樣。

2015 年，特朗普當選之前，比爾·蓋茨深刻指出了美國政府資源分配與管理不當的問題。他説，當今世界發生全球性大災難的最大風險很可能是傳染性極強的病毒，而不是核攻擊。[19] 蓋茨説："我們對核威懾投入巨資。但我們對流行病防疫體系的投資卻少之又少。"[20]

全面脫鈎的代價與風險

要應付好當前岌岌可危的複雜局面，美國需要超越關於新冠病毒的爭端和政黨政治，確立基礎牢固的長期對華戰略。美國的政策制定者要對中國和美國做出審慎、全面、高瞻遠矚的評估，這個評估也要包括美國及其盟友若最終決定實行對華全面脫鈎，將為自己帶來何種代價與風險。可以理解，新冠肺炎疫情後，每個國家都會對自己過去擁抱經濟全球化的政策和新的大國關係格局重新作出考慮。美國當然會決心維護自己的全球力量和影響力。所以，對華政策將成為今後美國對外政策的關鍵組成部分。美國對中國這個新興大國的政策應當是具體的、可定義的、有針對性的、靈活的。這樣的政策不應"不可避免地"使美國有意或自動進入與中國的根本性對抗或敵對關係，那將導致一場沒有贏家的災難性戰爭。

脫鈎鼓吹者那些危言聳聽的言論來自對中國能力與意圖的偏頗宿命的評估。特朗普政府全面對華脫鈎態度的驅動力是 3 個錯誤的（也是相關聯的）觀念或戰略主張：（1）認為理查德·尼克松和亨利·基辛格開啟的長達數十年的接觸政策失敗了，（2）主張與中國打一場新冷戰符合美國利益，（3）明確把推翻中國共產黨領導，實現中國政權更迭作為目標。華盛頓在致力於推動全面脫鈎計劃之前，必須對這 3 項假設進行批判性分析。脫鈎論者關於中國對國際秩序的（真實的或潛在的）衝擊表達關切固然有其合理之處，但必須弄清歷史事實，避免對美國最重要的競爭者產生誤判和誤會。

華盛頓對中國崛起的合理關切與批評

在某種程度上，脫鈎論者對中國的經濟競爭感到憤懣並不太令人吃驚 —— 中國改革開放時期實現的經濟奇蹟相對影響了美國在世界上的經濟地位。正如聯邦調查局局長克里斯多弗·雷所描述的，全球經濟格局發生了有利於中國的變化，“可以算得上人類歷史上一次最大的財富轉移”。在這方面，美國前司法部部長威廉·巴爾也説得很對：“誰都不應低估中國人民的聰明和勤勞。同時，誰都不應懷疑是美國在中國彗星般的崛起中發揮的作用。”[21]

本書記錄的中國中產的迅速興起與擴大顯示了這場令人矚目的“財富轉移”。美國中產階級在逐漸萎縮，從“二戰”後佔全國人口的 70% 到 20 世紀 70 年代的 61%，再到 2000 年的 55%，到今天是 50% 左右。[22] 根據世界不平等數據庫（World Inequality Database）提供的統計數字，1980 年到 2014 年間，各個收入階層的中國公民都從經濟全球化中大為受益，收入增長了 200% 到 1500%。[23] 相比之下，美國只有最高收入階層（頂層 20%）的收入增加了 100% 到 200%，而所有其他收入群體的收入要麼增幅很小，要麼沒有增長。[24] 在金融與經濟全球化和技術革命帶來的經濟不平等中，美國的中產階級和工人階級現在是社會和經濟光譜中最受傷害、最憤怒、最不滿的群體。

脫鈎論者聳人聽聞地聲稱，對於世界和平，"中國崛起是生死存亡的威脅"，美國還極力渲染要"不惜一切手段遏制中國"；這些都是反應過度、判斷錯誤。具體來說，脫鈎論者堅稱，中國"企圖通過秘而不宣的犯罪或脅迫性活動搞顛覆"，要改變美國的生活方式，對"自由世界"發起挑戰，還說中國政府的終極野心是"劫掠美國"；[25] 這些多為誇大其詞。

哥倫比亞大學教授、脫鈎論的主要批評者傑弗里·薩克斯指出，國務卿邁克爾·蓬佩奧聲稱中國政府懷有"幾十年的全球霸權願望"實在很諷刺。[26] 事實是，只有美國花了那麼久尋求霸權，而中國領導人已公開聲明"中國決不走大國稱霸的老路"。[27] 薩克斯解釋道，美國在海外有大約 800 個軍事基地，而中國只有一個。美國在中國周邊有多個軍事基地，而中國在北美附近沒有任何軍事基地。美國有 5800 枚核彈頭，而中國只有大約 320 枚。美國海軍有 11 艘航空母艦，而中國海軍只有兩艘。[28]

美國是如何從接觸政策中受益的

雖然美國的中國觀察人士並不一致認為美國不應再與中國保持接觸，但華盛頓的普遍觀點是，需要一項新戰略來取代過時了的接觸政策。蓬佩奧國務卿宣佈了一條"不容辯駁的事實"，即"過去與中國盲目接觸的范式根本不管用。我們決不能繼續這樣做，決不能回到老路上去"。蓬佩奧和其他脫鈎論者認為，本來以為對華接觸會使中國變得更自由、更民主、更與美國合作，但這個希望沒有實現，而且永遠不會實現。

但是，許多美國學者指稱，蓬佩奧的“盲目接觸”觀念和他眼中的接觸失敗是“對歷史的巨大歪曲”。[29] 他們相信，美國對中國的開放既非盲目接觸，也未失敗。接觸政策最初的首要目標不是從內部改變中國，而是“用中國作為對蘇聯的抗衡，並塑造中國的對外政策”，外交關係委員會會長理查德·哈斯（Richard Haass）如是説。[30] 尼克松—基辛格的對華開放不僅幫助結束了中美之間長達二十年的相互敵對，而且使華盛頓獲得了鞏固反蘇戰略聯盟的杠杆，幫助加强了世界和平與穩定的前景，最終導致了冷戰的結束。用哈斯的話説，這些戰略努力“基本都成功了”。[31]

對華接觸政策也產生了其他符合美國利益的重要成就。如前國家安全委員會亞洲事務高級主管傑弗里·A. 貝德所説，“自 20 世紀 70 年代以來，東亞從未發生重大軍事衝突。鑑於在那之前的四十年間，美國打了 3 場起源於東亞的戰爭，損失了 25 萬生命，這個成就非同小可”。[32] 這個成就主要歸功於美國的對華接觸。再來看中國，它“自 1979 年與越南的邊境衝突以來沒有打過一次仗。重要的是，中國沒有對台灣使用武力”。[33]

脱鈎論者經常從零和博弈的視角，把中國的經濟崛起視為美國的損失。然而，這個假設沒有考慮到一個事實，那就是包括美國在內的外國也在鄧小平開啟的經濟改革開放中通過外貿、投資和其他經濟接觸賺得盆盈鉢滿。另外，美國對外政策並非純屬由自身利益驅動。改革開放時代的中國取得了異乎尋常的人道主義成就，使大約 8 億人擺脱了貧困。這不僅是中國人的驕傲，也應該是整個國際社會的驕傲。如特朗普的白宮所説，“美國人民對中國發展的慷慨貢獻於史有據，正如中國人民在改革開放時代的驚人成就無可否認”。[34] 不僅如此，對華經濟接觸還使美國和國際社會增強了對中國的影響力，得以推動中國建設性地參與全球公益，特別是應對氣候變化。

本書表明，對華接觸政策，特別是其文化外交和教育交流部分，也達到了預期效果。美國成功地參與培養了幾代中國精英，這些精英在中國社會所有領域都發揮了關鍵作用，包括擔任了各個領域的領導人。本書的研究提供了多層面的證據，説明文化與教育交流如何導致了中國社會的變化。這些變化當然使中國受益，但文化與教育交流不是單行道，美國也是獲益方。因此，美國在這方面並未失敗，只不過脱鈎論者對這些成就視而不見。

除了參與培訓幾代中國精英以外，美國還獲得了許多決定留在美國工作的才華橫溢的中國移民。根據最近的一次研究，美國的中國移民中有碩士或碩士以上學位的佔 27%，而從其他國家來的移民中的相應比率只有 13%，土生土長的美國人更是只有 12% 達到類似學歷。[35] 本書第六章對教育交流在中美兩國產生的驚人影響做了詳細的記錄。例如，從 2005 年到 2015 年，在美獲得博士學位的中國學生近 90% 打算結束學業後留在美國。[36] 進入美國研究生班的很多來自清華、北大和復旦等中國頂尖大學的本科生也想留在美國。這些生在中國的學者和學生對美國大學的學術研究做出了貢獻。一個最近的例子是由約翰斯·霍普金斯大學製作、在實時追蹤新冠肺炎疫情大流行中頂大樑的新冠病毒數據板，管理數據板的是一位美國教授和她的幾個來自中國的學生。[37]

栽入新冷戰的危險

當前美國和中國在軍事和意識形態領域的緊張關係自然增加了公眾關於新冷戰山雨欲來的猜測。然而，這種假設是危險的，令人不辨真相。脱鈎論者承認，過去的蘇聯和現在的中國有所不同。蘇聯不是全球經濟的一部分，今天的中國卻是全球經濟中的重要角色。前國務卿蓬佩奧指出，"蘇聯與自由世界隔絕。中國已經進入了我們的國界"。脱鈎論者試圖拉攏其他國家，特別是歐洲和亞洲的國家，讓它們和美國一起遏制中國；這種行為更加劇了與中國的敵對。如一位美國學者所指出的，從脱鈎論者的角度來看，"與中國競爭的冷戰不應避免，而應充滿信心地打贏"。[38]

值得注意的是，蓬佩奧明確談到了蘇聯和今天中國之間的相似之處："中國政府正在重複蘇聯犯下的一些錯誤 —— 疏遠潛在的盟友、在國內外破壞信任、拒不承認財產權和確定的法治。"中國當然在國內外面臨諸多挑戰，但對蓬佩奧的所有上述假設都需要認真細究。至少，中國在國內威望和國際宣傳中都顯現出了比蘇聯更大的適應性。蓬佩奧説中國拒絕承認財產權完全不是事實。中國民營經濟和中產的興起恰恰是改革開放時代中國領導層推動財產權的直接結果。

有意思的是，許多中國學者對他們稱為"過時的冷戰思維"不以為然，儘管他們在中國的少數同事可能也有與美國脱鈎論者相同的冷戰思維。在一次對 100 位研究中美關係的中國專家做的意見調查中，絕大多數人認為，"資本主義和社會主義之間意識形態大對抗的全球環境已不復存在"。[39] 光是中美過去幾十年來的文化與教育交流這一條就凸顯了冷戰時期的情況與當今形勢的根本區別。中美兩國國內都沒有形成一致的、彼此敵對的意識形態，就連兩國目前的領導圈子內部也是如此，而且兩國的社會都是多元的。

蘇聯為發展軍事一擲千金，中國卻把提高在世界上的經濟競爭力作為頭等大事。儘管東亞和東南亞的許多國家都對中國的重商主義做法不以為然，但與中國交往仍然符合它們的最佳利益。地緣經濟格局發生的有利於整個地區的變化給它們帶來了好處。過去三十年，世界經濟中心開始東移，逐漸從歐洲北美移到亞洲。1980 年，亞洲 GDP 佔世界總量的 20%，2019 年，這個數字達到了 36%。據計到 2030 年，亞洲 GDP 將佔到世界經濟的 40%。[40]

對華經濟脱鈎可能需要美國牽頭對整個東亞地區的產業供應鏈進行重組。此舉耗資巨大。[41] 根據中國美國商會 2019 年底做的一項調查，只有 9% 的美國企業計劃將製造或外包活動遷出中國。[42]

同樣，中國歐盟商會 2020 年 2 月做的調查顯示，只有 11% 的受訪者在考慮把現有的或計劃中的投資從中國轉到其他市場，這個百分比低於一年前。[43]

在與中國的競爭中，美國無法命令盟友該如何做；政治本身也不能決定市場經濟行為。截至 2020 年初，據計仍有 7 萬家美國公司在中國做生意。[44] 這些逐利的美國公司或多國公司和他們在其他地方的商業競爭對手一樣，為了商業原因決不肯拋棄中國市場。根據麥肯錫諮詢公司 2019 年 12 月發佈的《中國消費者報告》，到 2030 年，中國的消費市場價值可能會達到約 6 萬億美元，等於美國和西歐加起來的消費總和，或者是印度和所有東盟成員國加起來的兩倍。[45] 中國的貿易出口在 2007 年佔本國 GDP 的 19%，2020 年降到了 5%。[46] 中國的製造業門類比許多其他國家都齊全，所以與別國相比，中國調整供應鏈的代價相對較小。

任何可行的宏大戰略都必須有金融與經濟能力作後盾。脱鈎論者尚未公佈和中國打大仗的供資計劃。即使在新冠肺炎疫情暴發之前，美國的預算赤字就已十分嚴重。據耶魯大學經濟學家斯蒂芬·羅奇所説，美國公共債務對 GDP 的比例在 2019 年達到了 79%，幾乎肯定會打破第二次世界大戰結束時 106% 的記錄。[47] 羅奇相信，“2020 年的聯邦預算赤字可能會飆升到佔國內生產總值 18% 這個和平時代的最高紀錄”。[48] 準備打新冷戰無疑耗費巨大。軍工複合體可能大賺一筆，但沉重的負擔要由美國人民來揹，正如阿富汗戰爭和伊拉克戰爭。

最重要的是，由於中國對美國構成的挑戰與蘇聯的挑戰大不相同，美國決策者若以為新冷戰仍會達成同樣的結果，那就大錯特錯。新加坡總理李顯龍最近在《外交事務》雜誌上發表文章稱，“這兩個大國之間的（任何）對抗不可能像冷戰那樣，以一個國家的和平崩潰而告終”。[49] 技術革命及其為非對稱戰爭提供的可能性使得軍事競爭進一步複雜化，預防熱戰也因此而更加困難。

美國因為追求中國政權更迭而喪失了影響力

2020 年美國大選之前，脱鈎論者在官方演講和立法中經常把中國政權描繪成邪惡的怪物。他們把中國共產黨和中國區分開來，雖未明言，其實是在鼓動中國人民推翻中國共產黨的領導。脱鈎論者把中國共產黨與中國強行分開的做法很成問題。理查德·哈斯深刻地指出，“蓬佩奧國務卿不説中國，只説中國共產黨，好像有一個與中國共產黨脱離的中國。這是有意造成敵對，使外交不可能推進”。[50] 如果美國繼續推行全面脱鈎，使用意識形態色彩濃厚的言辭來鼓動政權更迭，那麼美國能夠對中國各界人民施加的任何影響都可能付諸東流。

站不住腳的脱鈎理論有幾個形成因素。第一，一些美國政客把新冠病毒在美傳播的責任歸咎於中國和中國人，言論中西方文化優越感和虛偽顯露無遺，越來越尖鋭刺耳。他們動員了其他國家，特別是西方國家，一起要求賠款。這些言辭行動在中國激起了強烈的民族主義感情。中國媒體不停地提及歷史上中國遭受的屈辱和“庚子賠款”對中國的傷害，以及“意圖圍堵中國的新八國聯軍”。[51] 這將中國的親美自由派學者置於極為艱難的境地，也激發了中國公眾對美國的憤怒。[52] 如丹尼爾·拉塞爾（Daniel Russel）所說，在這種情況下，把中國共產黨與中國人民分隔開來的做法是"粗陋而無效的"，還會造成不利的副作用，使中國領導層不得不作出强硬的反應。[53]

第二，脱鈎論者的政權更迭計劃依靠的假設是，中國人民不滿意中國共產黨領導。毫無疑問，中國社會內部存在對政府的不滿、批評。然而，如本書所示，在當今中國，黨與社會的關係，包括中產對政府的看法，並非一成不變，而是會隨著國內國際情勢的變化而改變。近來由美國學者在中國做的幾次民意調查都顯示，中國民眾對政府的滿意度很高。哈佛大學肯尼迪學院的學者開展的縱向調查發現，中國公民對（鎮、縣、省和中央）政府的滿意度全面提升。[54] 由於政府在經濟福利、反腐、減貧、環保和公共衛生領域中採取的政策措施，中國公民認為政府的能力與效力比以往任何時候都高。這一點在公眾對中央政府一貫較高的滿意度中表現得尤為明顯：2003 年的滿意度是 86%，2005 年是 81%，2007 年是 92%，2009 年是 96%，2011 年是 92%，2015 年是 93%。[55] 加州大學聖地亞哥分校的學者最近做的另一次民意調查顯示了相似的結果。[56] 著名中國問題專家黎安友在 2020 年初做的一份全面的跨國比較報告也證實了這一點。[57]

第三，特朗普政府提出的禁止中共黨員及其家屬赴美旅行的建議引發了許多討論，也激起了中國內外的很多批評。[58] 這個禁令如果通過，將影響到 9200 萬中共黨員和他們的兩億多家屬。鑑於中國人口的巨大體量，這樣的禁令幾乎是不可能執行的，因為沒有辦法確定中國遊客及其家屬是否黨員，也弄不清他們的政治背景。諷刺的是，脱鈎論者推動政權更迭本以為能贏得中國廣大民眾的支持，可提出的這個辦法等於把 3 億中國人民定成了"敵人"。這條建議也許顯示了華盛頓一些反華鷹派的真實意圖：要反擊他們眼中來自中國的“全社會”威脅。這樣的政策必將導致對所有中國公民及一些美籍華人的種族定性。甚至可以說，它有可能成為臭名昭著的 1882 年《排華法案》的 21 世紀版本。

此外，司法部自美國有史以來首次專門針對一個國家（和族裔群體）確立了一項行動計劃，名為“中國行動計劃”。同時，聯邦調查局與中國有關的調查從 2020 年 2 月的 1000 件增加到 6 月的 2000 件，再到 7 月的 2500 件，佔了聯邦調查局目前處理的全部案件的 50%。一些與中國有關的案子被安了個奇怪的新名詞“學術間諜”。[59] 西東大學的法學教授陸梅吉（Maggie Lewis）認為，這種做法將導致華裔美國人被調查的概率大增。她認為，“中國行動計劃”與美國價值觀不一致，也不符合美國學術界的規矩。[60]

2018 年，美國國立衛生研究院和聯邦調查局聯合發起了對生物醫藥領域的研究人員涉華關係的調查。嫌疑人名單上共有 399 人，其中 251 人被列為有問題，72 人仍在審查中。被定為嫌疑人的大部分都是華裔。[61] 不難料到，對新型麥卡錫主義抬頭的關切日益增加。這些案子中有些據說採用了種族定性，讓人不禁想起第二次世界大戰期間日裔美國人的遭遇和冷戰期間蘇聯科學家受到的待遇。

美國固然應該大力保護國家安全和知識產權，但對出生在中國的科學家或華裔美國研究人員進行種族定性會傷害美國利益。保爾森研究所 2020 年的一次研究顯示，在人工智能領域，全世界頂尖研究人員的 60% 在美國，比名列第二的中國的 10.6% 多 5 倍。但是，在美國工作的這 60% 中，生長在美國的研究人員佔 31%，出生在中國的研究人員佔到了 27%。[62]《紐約時報》記者說：“如果美國不再歡迎這些頂尖研究人員，中國會張開臂膀歡迎他們回去。”[63]

美國對華脫鈎很可能無望阻止中國成為科技超級大國。美國在科技創新方面的霸主地位當然不會輕易被超越，但中國在研發投資、人力資源和創新等領域也發展出了自己的優勢。中國的研發開支佔世界的總量從 2000 年的 3.4% 增長到 2018 年的 17.7%。[64]

作為比較，美國的研發投資在 2018 年佔全球的 18.6%。從 2000 年到 2018 年，中國研發開支的年均增長率（按 2011 年國際美元的購買力平價計算）是 14.8%，比美國的增長率（2.3%）快得多。本書前面的章節說過，目前世界上 STEM（科學、技術、工程學和數學）領域的工作人員 1/4 在中國。

給美國的建議

如果對華全面脫鈎會給美國帶來更多的傷害和風險，那麼美國該如何應對與中國的全面競爭呢？美國有什麼其他可能的辦法來改變當前對華敵對關係，促進自身安全與繁榮呢？美國的政策制定者在軟實力領域能指望達到什麼戰略目標？採取什麼政策措施？過去幾年美中關係的急劇惡化基本是雙方一輪又一輪的“行動—反行動”螺旋式進展造成的。因此，客觀地講，中國也應該認真糾正自己可能的失誤，積極改善雙邊關係。以下是至關重要的戰略與政策調整——對美國的五條建議。

美國的優先事項

1. 通過美國國內復興來推進美國的軟實力。美國的力量在於它的民主、多樣和開放。美國的全球領導地位不僅有軍事和經濟實力作為基礎，也依靠軟實力影響。然而，特朗普總統破壞了美國民主，因為他多次把美國媒體稱作“人民公敵”、不尊重司法獨立、動用聯邦軍隊與抗議者對抗，還頻繁發表種族主義言論來煽動美國不同族裔之間的緊張和敵對情緒。[65]

對外政策要有效，首先美國國內要有堅韌的民主、強大的經濟、包容的社會和健康的生活環境。[66] 美國應以身作則 —— 要想對外説教，首先必須在國內身體力行。也就是孔子説的“近者悦，遠者來”。特朗普的鷹派團隊使用的所謂“無底線壓制中國”的手法損壞了美國的形象。[67] 在國際競爭中，包括在與中國的競爭中，美國不能靠比誰更惡劣來取勝。

希望能與特朗普政府的做法不同，安東尼·布林肯（Antony Blinken）説，美國需要和中國“比好，而不是比爛”。[68] 拜登政府給美國帶來了重振美國價值觀的機會。新總統把處理種族不平等作為他的 4 個最高優先之一，開了個好頭。國家安全當然要大力保護，但這樣做的時候既不能削弱美國的價值觀，也不能侵蝕向中國人民投射軟實力的努力。喬·拜登在勝選講話中强調，美國在領導的時候應“不僅以我們的力量為榜樣，而且以我們的榜樣為力量”。[69]

2. 扶持美國中產階級。美國要想和中國開展有效競爭，就必須扭轉過去幾十年來美國中產階級萎縮的趨勢。美國經濟不平等的加大反映了資本與社會之間固有的結構與分配問題，也引起了關於美國社會流動性的疑問。這個問題不能全怪特朗普政府，雖然該政府對新冠肺炎疫情的處理可能加劇了經濟不平等。特朗普就任總統之前，美國中產階級已經在以每年大約 1% 的速度縮減。[70] 全面對華脱鈎會延遲而不是加速美國中產階級的重興，原因很簡單：在全球化經濟中，美國實現對華全面脱鈎的能力有限。相反，美國應該優先在國內縮小收入差距並推動包容性經濟增長，將擴大中產階級作為關鍵目標。在經濟方面，決策者應推動美國製造業部門的發展，還要加强電商基礎設施建設，包括互聯網、線上支付和快遞服務這些原本發源於美國的業務。另外，應通過聯邦政府開支和大公司投資，運用更多資金來實現基礎設施的現代化、推進基礎研究、更快實現科技突破的商業化、改革公共衛生體系，並從世界各地吸引人才。美國各座城市的領導人也許能從上海過去三十年重新振興的經驗中取經學習。

3. 不要逼得中國中產反對美國。對華脫鈎在兩個重要方面傷害中國的中產。第一，美中貿易戰直接影響中國小企業的經濟福祉；第二，特朗普政府對在美學習或計劃來美學習的中國學生實施的限制，特別是關於對 3 億中國公民實行的旅行禁令或限制的建議，只會令他們疏遠美國，促使他們擁抱反美情緒和更激烈的民族主義。

一些美國政客針對中國人民，特別是針對在美國的年輕中國留學生的種族主義和麥卡錫主義既不利於美國利益，也不符合美國價值。不幸的是，美國這些極端政策大大損害了數十年文化與教育交流產生的所有積極成果。華盛頓的政策制定者不應如此輕易地把對華文化與教育接觸棄如敝屣，而應進一步推動這樣的接觸，因為這是提高美國軟實力的唯一有效方法。

4.“知己知彼”。脫鈎論者的極端措施之所以無效，一個原因是他們對雙方的力量估計錯誤。這句出自《孫子兵法》的格言應該對華盛頓的政策制定者及其戰略顧問有所幫助。脫鈎論者容易走兩個極端 —— 要麼高估美國的能力，因此而過於傲慢自大，要麼忽視美國的力量與優勢，因此而過於戒備心虛。對於中國在全世界經濟、科技、意識形態和政治影響力領域中的地位，脫鈎論者近乎歇斯底里的態度反映出他們缺乏自信。他們忽略了一個事實：美國仍然是世界最大的經濟體，有“最强的軍隊、最廣的盟友體系和最大的軟實力”作後盾。[71]

當然，今後幾十年中，中國也許在一些領域，甚至所有以上提到的領域中都追趕上來。中國在改革開放時代主要通過向西方學習，從經濟全球化及文化與教育交流中大為獲益。但是，與此形成對照的是，幾乎聽不到哪個美國政治領導人或重要媒體說美國人應該向中國人學習。特朗普政府最近關閉了休斯敦的中國總領館、撤銷了在中國的和平隊和富布萊特項目、驅逐了中國記者並引發了中方對美國記者的報復，還限制與中國的學術交流；這些舉措都將大幅減少美國接觸中國的機會，使美國無法深入了解這個複雜的國家。在美國緊迫需要多了解中國之際，決策者不應切斷接觸與了解的渠道。

5. 通過改善美國與盟國的關係來影響中國的選擇。美國若是更注意建立國際聯盟，在與中國的競爭中就會有效得多。特朗普總統的"美國優先"政策引起了包括美國盟國在內世界各國的反感，因此常常最後變成"美國光杆"。新冠肺炎疫情大流行期間，幾乎沒有一個國家願意追隨一個只顧"美國優先"的"全球領袖"。[72] 在 5G 問題上，美國自己沒有 5G 技術來同中國競爭，因此也就無法從根本上勸說許多盟國禁用華為設備。[73] 至於那些加入了美國領導的棄用華為行動的國家，它們大多並不一定支持對華全面經濟脫鉤。總的來說，其他國家，包括美國的一些盟國，不想被迫在美國和中國之間選邊站隊。

美國的多數盟國希望通過應對氣候變化、改善全球衛生安全、推進大規模殺傷性武器不擴散和保護國際難民的人權來促進和保護國際公共利益。但不幸的是，近年來特朗普政府不斷"退群"，撤出了《跨太平洋夥伴關係協定》、聯合國教科文組織、《全球移民協議》、聯合國人權理事會、《伊朗核協議》《中導條約》《巴黎氣候協定》和世界衛生組織。美國應扭轉這一孤立主義和單邊主義趨勢。美國與盟國及國際社會加强合作來推動全球公共利益，不僅會促使中國參與這些國際領域中的努力，而且能影響中國的選擇。

中國中產：重塑長期未來

加州大學聖地亞哥分校的著名社會學家理查德·馬德森（Richard Madsen）在世紀之交時發表了一篇見解深刻的文章《美國想像中的中國》（*China in the American Imagination*）。文章指出，美國關於中國的討論“一直不僅是關於中國的，也是關於我們自己的”。[74] 美國分析人士在評價中國時，太多地依靠自己先入為主的概念或關於中國的普遍觀點，卻不注意研究中國人的思想、中國人關心的問題和中國的現實。

過去二十年來，美國經常對中國新興的中產生出各種想像。由來已久的“和平演變”論點就是寄希望於中國的新興中產，特別是受過西方教育的新一代精英，期望他們在西方民主的啟發下變得越來越“和我們一樣”。

目前關於美國政策一個更有影響力、可能更加傷害美國利益的提議是通過把中國當作“全社會的威脅”來遏制中國崛起。這個提議現已成為全方位脱鈎論者的意識形態基礎。這種新的脱離接觸論點對中國中產的評價非常負面，認為中國中產的多數成員是民族主義者，持反美態度。但是，對中國中產和中國未來發展走向的評估不應受一廂情願和意識形態教條主義的影響，而應牢牢扎根於事實，扎根於對中國的國家—社會關係的多變性質的充分而平衡的了解。

過去二十年，尤其是近幾年來，中國的知識分子這個在中產中有影響力的輿論領袖群體的確對美國發表了强烈的批評意見。改革頭幾十年，他們深受西方思想文化和（對前衛藝術家來説）藝術風格的影響。然而，他們通常拒絕接受文化霸權、文化同質和文化一致性的思想，也不接受“歷史終結”這種教條、停滯的觀點。他們對西方的後殖民主義和沙文主義越來越嗤之以鼻、憤恨不滿。許多中國學者，包括前衛藝術家，力求在智識上超越舊疆界，尋求應對國內外文化及社會和政治變化的新路徑。長期以來，上海以其對不同文明的融合展現了這種對舊疆界的超越。無論在近代還是在現代，是上海把世界引入了中國，也是上海把中國推向了世界。因此，這些中國知識分子要求既與中國政府，也與西方文化強權在平等的基礎上開展對話。

本書的質化分析和調查研究都表明，在美國受過教育的中國精英對美國的看法比較正面。總的來説，一個人在哪個國家留學，對哪個國家的印象就比較好。不過，留美海歸不一定同意美國的對外政策，特別是特朗普政府的對華政策。留學歸國人員懷有強烈的愛國主義和民族主義感情，然而在各種中產關注的重要議題上，他們的看法與全球性觀點一致。

鑑於近年來世界各地發生的劇變，中國知識界也重新思考起有關國家治理和政治制度的問題。他們認為，如果民主會導致社會的不穩定、政治精英之間的權力惡鬥、國家與地方政府的步調不一，甚至造成中國的解體，那麼中國人民，包括中國的新興中產，就根本不想追求這樣的民主。如一些中國學者所稱，歸根結底，社會和政治穩定與民主應該相輔相成，不應相互矛盾。[75] 可以合理地假設，如果發生上述亂象，美國的輿論領袖和中產階級成員也會有相似的關切和批評，新冠肺炎危機期間的情況就是明證。不應單從一個角度看中國，也不應以為中國的中產是個千人一面的社會群體。本書對中產上海研究的中心論點是，中國社會和中國文化均非千篇一律。如果説文化潮流能夠幫助形成一個國家的社會和政治發展軌道，那麼亞文化的相互競爭，如海派文化與京派文化之間或沿海與內地之間的競爭，也許能顯示還存在其他選項，並非只有一個預定的結果。如本書前面的章節所闡述的，中國過去二十年的文化多元趨勢導致了地方性、個性和多樣性的重興。

具體地説，海派代表著開放、多樣、企業家精神、世界主義、創新和包容，它對於其他地區表現出來的民族主義情緒起到了抵消中和的作用。本書審視的問題包括廣泛的對外教育交流、曾留學西方的海歸在上海各行各業的漸露頭角、法律專業和法律教育的發展、文化外交導致的國際規範的傳播和民間友誼，還有社會價值觀的日益多元化；這些是中國發展進步的明證。

研究上海的學者可能會繼續就是否存在“上海例外主義”辯論不休，以及就這座城市的現在能在多大程度上預示中國的未來而爭執不下。然而，有一點是沒有爭議的，那就是中國已經成為一個強大的全球經濟體，上海是它光彩照人的範例，代表著中產的發展、文化的活力和國際交往。中國經濟實力強了，軍事實力自然會增強。人民解放軍在亞太地區加緊海軍活動和其他軍事演習，加之中國領導層在網絡、外空、人工智能、生物技術和其他研發領域的宏偉計劃，共同構成了對美國的真正挑戰。美國的政策制定者當然決不會讓美國失去威懾敵對行動的軍事優勢，但他們也應該繼續利用美國軟實力（和巧實力）的優勢。

如果美國在經濟與金融穩定、公共衛生合作、環境保護、能源安全和文化與教育交流等領域對華脱鈎，那麼對中國中產這支社會中最為活力充沛的力量，美國就失去了任何影響能力。採取這種戰略的本意是要孤立中國，結果只是讓自己陷入孤立；美國不應落入這個陷阱。

最重要的是，在這個充滿不確定性的時期，特別是暴發了新冠肺炎疫情大流行之後，世界上兩個最大的國家需要找到辦法重塑長期的接觸交往。美國和中國應努力為兩國的共同未來作出設想，對兩國的自身力量培育信心，給兩國的信念注入謙卑與人性。

註釋

1. 喬納森·懷特（Jonathan White）：〈科比·布萊恩特：中國跟隨前湖人隊友對這位 NBA 明星致敬並哀悼〉（*Kobe Bryant: China's Tributes Led by Ex-Lakers Teammates as China Mourns NBA Star*），《南華早報》（*South China Morning Post*），2020 年 1 月 27 日。
2. 李成、王秋陽：〈科比·布萊恩特和他對中美友誼的持久影響〉（*Kobe Bryant and His Enduring Impacton the Sino-American Friendship*），《中美聚焦》（*China-U.S.Focus*），2020 年 3 月 4 日。
3. 見科比·布萊恩特的微博賬戶。
4. 朱斯蒂娜·科爾曼（Justine Coleman）：〈美國歷史上首次 50 個州全部宣佈緊急狀態〉（*All 50 States Under Disaster Declaration for First Time in US History*），《國會山報》（*The Hill*），2020 年 4 月 12 日；霍利·塞孔（Holly Secon）、艾林·伍德沃德（Aylin Woodward）：〈約 95% 的美國人被命令居家。此地圖顯示了被封閉的城市和州〉（*About 95% of Americans Have Been Ordered to Stay at Home. This Map Shows Which Cities and States are Under Lockdown*），《商業內幕》（*Business Insider*），2020 年 4 月 7 日。
5. 多米尼克·拉什（Dominic Rushe）、阿曼達·霍爾普赫（Amanda Holpuch）：〈"颶風來襲"：新冠病毒嚴重打擊經濟使 2200 萬美國人失業〉（*'Hit by a Hurricane': 22m Out of Work in US as Coronavirus Takes Heavy Economic Toll*），《衛報》（*Guardian*），2020 年 4 月 16 日。
6. 王毅：〈中國已向近 150 個國家和 4 個國際組織提供緊急援助〉，新浪網，2020 年 5 月 24 日。
7. 黃嚴忠：《新冠疫情可能打亂美國藥品供應》（*The Coronavirus Outbreak Could Disrupt the U.S. Drug Supply*），對外關係委員會（Councilon Foreign Relations），2020 年 3 月 5 日；道格·帕爾默（Doug Palmer）、芬巴爾·伯明翰：〈美國決策者擔心中國將藥物出口"武器化"〉（*U.S. Policymakers Worry about China "Weaponizing" Drug Exports*），Politico，2020 年 4 月 20 日。
8. 喬希·溫格羅夫（Josh Wingrove）：〈庫德洛說美國應給公司報銷"100% 的眼前費用"〉（*Kudlow Says U.S. Should Allow Firms "100% Immediate Expensing"*），彭博社（Bloomberg），2020 年 4 月 9 日。
9. 珍妮·李（Jane Li）：〈美國和中國就新冠病毒的互相攻訐日益激烈〉（*The US and China Are in an Increasingly Nasty War of Words over the Coronavirus*），Quartz，2020 年 3 月 17 日。

10. 例子有約書亞·納爾遜（Joshua Nelson）：〈湯姆·科頓兜售讓中國為向世界散播新冠大流行賠償的法案〉（*Tom Cotton Touts Bill to Make China Pay for Unleashing Pandemic on the World*），《福克斯重點新聞》（*Fox News Flash*），2020 年 4 月 20 日。

11. 〈外交部發言人耿爽的 2020 年 4 月 20 日例行記者會〉，中華人民共和國外交部，2020 年 4 月 20 日。

12. 〈中國對付得了美國：學者〉（*China Can Deal with the US: Scholars*），《環球時報》，2020 年 7 月 7 日。

13. 約翰·博登（John Bowden）：〈基辛格警告説中美正處於“冷戰的山麓”〉（*Kissinger Warns China, US Are in "Foothills of a Cold War"*），《國會山報》（*The Hill*），2019 年 11 月 21 日。

14. 亨利·A. 基辛格：〈新冠病毒大流行將永遠改變世界秩序〉，《華爾街日報》（*Wall Street Journal*），2020 年 4 月 3 日。

15. 伊沃·達爾德：〈大流行的嚴肅教訓。需要加强而不是減少國際合作〉（*Amid the Pandemic, a Sobering Lesson. More, Not Less, International Cooperation Needed*），《芝加哥論壇報》（*Chicago Tribune*），2020 年 4 月 9 日。

16. 同上。

17. 約書亞·庫珀·雷默：〈我曾在 2003 年近距離觀察 SARS 病毒。這次的病毒有何不同〉（*I Had a Ringside Seat For the SARS Virus in 2003. Here's How This Coronavirus Is Different*），《洛杉磯時報》（*Los Angeles Times*），2020 年 2 月 11 日。

18. 彼得·貝納特：〈特朗普與中國鬧翻有致命的後果〉（*Trump's Break with China Has Deadly Consequences*），《大西洋月刊》（*The Atlantic*），2020 年 3 月 28 日。

19. 比爾·蓋茨：〈下一次大爆發？我們沒有做好準備〉（*The Next Outbreak? We're Not Ready*），TED Talks，2015 年 4 月 3 日。

20. 同上。

21. 威廉·巴爾：〈在傑拉德·R. 福特總統博物館關於中國政策的講話〉（*Remarkson China Policy at the Gerald R. Ford Presidential Museum*）（2020 年 7 月 16 日在明尼蘇達州大急流城的演講），美國司法部。

22. 〈美國日漸縮小的中產階層：細察都市地區的變化〉（*America's Shrinking Middle Class: A Close Look at Changes within Metropolitan Areas*），皮尤研究中心，2016 年 5 月 11 日。

23. 世界不平等數據庫：《收入增長 1980—2014》（*Income Growth 1980–2014*），全球戰略（Global Strategies），2018 年 11 月 20 日。

24. 同上。

25. 巴爾：〈在傑拉德·R. 福特總統博物館關於中國政策的講話〉。

26. 傑弗里·D. 薩克斯：〈美國對中國不光彩的討伐〉（*America's Unholy Crusadeagainst China*），Project Syndicate，2020 年 8 月 5 日。

27. 中華人民共和國國務院：《新時代的中國國防》白皮書，2019 年 7 月 24 日。

28. 薩克斯：〈美國對中國不光彩的討伐〉。

29. 邁克爾 · D. 斯溫：〈我希望美國政府不要蠢到在這些領域挑釁中國〉，《環球時報》，2020 年 8 月 5 日。

30. 理查德 · 哈斯：〈邁克 · 蓬佩奧不懂中國的地方，理查德 · 尼克松與美國外交政策〉（*What Mike Pompeo Doesn't Understand about China, Richard Nixon and U.S. Foreign Policy*），《華盛頓郵報》（*Washington Post*），2020 年 7 月 25 日。

31. 同上。

32. 傑弗里 · A. 貝德：〈正在改變的中國政策：我們在尋找敵人嗎？〉，布魯金斯中國戰略論文系列，第 1 卷，2015 年 6 月。

33. 哈斯：〈邁克 · 蓬佩奧不懂中國的地方〉。

34. 《美國對中華人民共和國的戰略方針》（*United States Strategic Approach to the People's Republic of China*），白宮，2020 年 5 月 20 日。

35. 德先生：〈550 萬華人在美人才現狀〉，"知乎"，2020 年 6 月 16 日。

36. 亞歷山德拉 · 尹一亨德里克斯：〈對中國學生的簽證限制令學界驚心〉，《紐約時報》（*New York Times*），2018 年 7 月 27 日。

37. 喬恩 · 希爾森拉特（Jon Hilsenrath）、喬恩 · 坎普（Jon Kamp）：〈一位約翰斯 · 霍普金斯大學教授和她的中國學生是如何追蹤新冠病毒的〉（*How a Johns Hopkins Professor and Her Chinese Students Tracked Coronavirus*），《華爾街日報》（*Wall Street Journal*），2020 年 5 月 9 日。

38. 伯恩斯：《美國需要新的外交政策》。

39. 〈中國對付得了美國：學者〉。

40. 黃奇帆：〈中美關係及未來 10 年世界五大趨勢〉，在中國金融四十人論壇上的講話，2020 年 6 月 9 日。

41. 鄭永年：〈美國與中國脱鈎意味著與整個東亞產業鏈重組，成本太大，2020 年 6 月 2 日。

42. 斯科特 · 肯尼迪、譚世寧：〈華盛頓和西方產業脱鈎〉（*Decoupling between Washington and Western Industry*），CSIS 網站，2020 年 6 月 10 日。

43. 同上。

44. 歐逸文（Evan Osnos）：〈打打談談：美國與中國爭鬥的未來〉（*Fight Fight, Talk Talk: The Future of America's Contest with China*），《紐約客》（*New Yorker*），2020 年 1 月 13 日，第 35 頁。

45. 詹姆斯 · 馬尼卡（James Manyika）、阿努 · 馬加弗卡（Anu Madgavkar）、蘇珊 · 倫德（Susan Lund）、安德雷 · 米羅年科（Andrey Mironenko）：《中國與世界：理解變化中的經濟聯繫》，麥肯錫全球研究所出版（McKinsey Global Institute Publication），2019 年 7 月，第 17 頁。

46. 列夫 · 博羅多夫斯基（Lev Borodovsky）：〈每日一瞥：美國消費者情緒探底？〉（*The Daily Shot: Is U.S. Consumer Sentiment Bottoming?* ），《華爾街日報》（*Wall Street Journal*），2020 年 4 月 20 日。

47. 斯蒂芬 · 羅奇：〈美中關係的終結〉（*The End of the US-China Relationship*），《中美聚焦》（*China-US Focus*），2020 年 5 月 3 日。

48. 斯蒂芬・羅奇：〈美元即將崩潰〉（*A Crash in the Dollar Is Coming*），彭博社（Bloomberg），2020 年 6 月 8 日。

49. 李顯龍：〈瀕臨險境的亞洲世紀，美國、中國和對抗的危險〉（*The Endangered Asian Century America, China, and the Perils of Confrontation*），《外交事務》（*Foreign Affairs*），2020 年 7/8 月。

50. 蓬佩奧：《共產黨中國與自由世界的未來》問答部分。

51. 王義桅：〈西方的"雙重標準"：根源與根治〉，《澎湃新聞》，2020 年 5 月 5 日。

52. 余東輝：〈謝淑麗答中評：冷戰言行令美失去中國朋友〉，中國評論新聞網，2020 年 7 月 26 日。

53. 見引用於李燕妮（Yen Nee Lee）：〈前美國外交官説，蓬佩奧攻擊中國的演講會產生"反效果"〉（*Pompeo's Speech Slamming China Will Have the 'Opposite Effect', Says Former U.S. Diplomat*），美國消費者新聞與商業電視網（CNBC website），2020 年 7 月 24 日。

54. 愛德華・坎寧漢（Edward Cunningham）、托尼・賽奇（Tony Saich）、傑西・圖列爾（Jessie Turiel）：〈理解中共的韌性：對中國公共輿論的長期調查〉（*Understanding CCP Resilience: Surveying Chinese Public Opinion through Time*），哈佛大學肯尼迪學院阿什民主治理與創新中心，2020 年 7 月。

55. 坎寧漢、賽奇、圖列爾：〈理解中共的韌性：對中國公共輿論的長期調查〉。

56. 雷光、瑪格麗特・羅伯茨（Margaret Roberts）、徐軼青、趙建南：〈大流行中中國人對政府的支持加强，對美國的看法轉差〉（*Pandemic Sees Increase in Chinese Support for Regime, Decrease in Views towards the U.S.*），加州大學聖地亞哥分校中國數據實驗室，2020 年 6 月 30 日。

57. 黎安友：〈威權合法性之謎〉（*The Puzzle of Authoritarian Legitimacy*），《民主雜誌》（*Journal of Democracy*），31，No.1，2020 年 1 月，第 158—168 頁。

58. 〈中國説美國對中共黨員的旅行禁止"可憐"〉（*China Says a US Travel Banon Communist Party Members Would Be "Pathetic"*），BBC，2020 年 7 月 16 日。

59. 陸梅吉：〈給中國定罪〉（*Criminalizing China*），《刑法與犯罪學雜誌》（*Journal of Criminal Law and Criminology*），111，No.1，2020 年 6 月；陳玉軒、張娟：〈陸梅吉：美國司法部的"中國行動"有悖美國的價值觀〉，《中美印象》，2020 年 7 月 25 日。

60. 陸梅吉：〈給中國定罪》〉。

61. 黃絨：〈美 FBI 僱華人舉報華裔科學家〉，《中美印象》，2020 年 6 月 19 日。

62. 孟建國（Paul Mozur）、凱德・梅茨（Cade Metz）：〈人工智能領域中的美國秘密武器：中國人才〉（*A U.S. Secret Weapon in A.I.: Chinese Talent*），《紐約時報》（*New York Times*），2020 年 6 月 9 日。也見馬爾科・波洛（Marco Polo）：〈全球人工智能人才追蹤〉（*The Global AI Talent Tracker*），保爾森研究所。

63. 同上。

64. 《研究與開發支出（佔 GDP 的 %）——世界，美國，中國》（*Research and Development Expenditure (% of GDP)—World, United States, China*），聯合國教科文組織統計研究所。

65. 哈斯：〈邁克．蓬佩奧不懂中國的地方〉。

66. 伯恩斯：《美國需要新的外交政策》。

67. 梁建章：〈開放國際互聯網可以徹底打碎美國封鎖 Tiktok 的正當性〉，新浪網，2020 年 8 月 2 日。

68. 副國務卿安東尼．布林肯、美國駐華大使麥克斯．鮑卡斯（Max Baucus），新聞圓桌會，中國北京花馬天堂餐廳，2015 年 10 月 8 日，美國大使館和領事館網站。

69. 亞歷克斯．沃德（Alex Ward）：〈喬．拜登在勝選講話中說："讓美國這個妖魔化的黑暗時代開始結束吧"〉（*Joe Biden in Victory Speech: "Let This Grim Era of Demonization in America Begin to End"*），Vox，2020 年 11 月 7 日。

70. 鄭永年：〈中美之爭〉，《華爾街文摘》，2020 年 7 月 8 日。

71. 伯恩斯：《美國需要新的外交政策》。

72. 尤瓦爾．諾厄．哈拉里（Yuval Noah Harari）：〈新冠病毒之後的世界〉（*The World after Coronavirus*），《金融時報》（*Financial Times*），2020 年 3 月 20 日。

73. 歐逸文：〈打打談談：美國與中國爭鬥的未來〉，第 38 頁。

74. 理查德．馬德森：〈美國想像中的中國〉，*Dissent*，1998 年冬，第 54 頁。

75. 俞可平：*Democracy Is a Good Thing: Essays on Politics, Society and Culture in Contemporary China*，Washington D. C.: Brookings Institution Press，2009。

附錄：略語表

AI	人工智能
APEC	亞太經合組織
APIs	活性藥物成分
BLM	黑人的命也是命
BRI	“一帶一路”倡議
BRICS	金磚國家
CAS	中國科學院
CASS	中國社會科學院
CATI	計算機輔助電話調查系統
CDC	中國疾病預防控制中心
CCG	中國與全球化智庫
CCP	中國共產黨
CCYL	中國共青團
CEIBS	中歐國際工商學院
CELAC	拉美和加勒比國家共同體
CGP	中美化學研究生項目
CMC	中共中央軍委
CPPCC	中國人民政治協商會議
CPS	中共中央黨校

CSSC	中國船舶工業集團有限公司
CUSBEA	中美生物化學聯合招生項目
CUSPEA	中美聯合招考物理研究生項目
CVRD	淡水河谷公司
DRAM	動態隨機處理存儲器
GDP	國內生產總值
AGP	政府採購協議
FARA	美國外國代理人登記法
FBI	聯邦調查局
FDI	外國直接投資
FTZ	自由貿易區
HSBC	滙豐銀行
IMF	國際貨幣基金組織
IOT	物聯網
IPR	知識產權
MNCs	多國公司
NBA	美國籃球聯盟
NDAA	美國國防授權法
NDB	新開發銀行
NDRC	中國國家發展和改革委員會
NGO	非政府組織
NIH	美國國立衛生研究院
NPC	中國全國人民代表大會
NYSE	紐約證券交易所
PBOC	中國人民銀行

PLA	中國人民解放軍
PPE	個人防護用品
PRC	中華人民共和國
PSA	上海當代藝術博物館
PSC	中共中央政治局常務委員會
RMB	人民幣（中國貨幣）
S&T	科學技術
SAIC	上海汽車集團股份有限公司
SARS	嚴重急性呼吸道綜合徵（非典）
SCO	上海合作組織
SFTZ	上海自由貿易區
SOEs	國有企業
SSE	上海證券交易所
SSTIC	上海科技創新中心
STEM	科學、技術、工程和數學
TVEs	鄉鎮企業
UNCTAD	聯合國貿發大會
UNESCO	聯合國教育、科學及文化組織
VAT	增值稅
WHO	世界衛生組織
ZNIIDZ	張江國家自主創新示範區

附錄：插圖

插圖 1　黃永砅《沙的銀行，銀行的沙》

2000 年，沙、水泥，350×600×430 釐米

管藝當代文獻館收藏，致謝沈遠

圖片由 UCCA 尤倫斯當代藝術中心提供

Huang Yong Ping, *Bank of Sand*, *Sand of Bank*

Sand and cement, 350×600×430cm

Collection of Guanyi Art Archive, Beijing Courtesy Shen Yuan

Image courtesy UCCA Center for Contemporary Art

插圖 2　薛松關於上海浦東金融區的作品

* 插圖 2—插圖 15 由香格納畫廊何浦林先生提供

Image courtesy Lorenz Helbling from Shangh ART

插圖 3 施勇《第一次約會》

插圖 4 施勇《上海今日新形象》

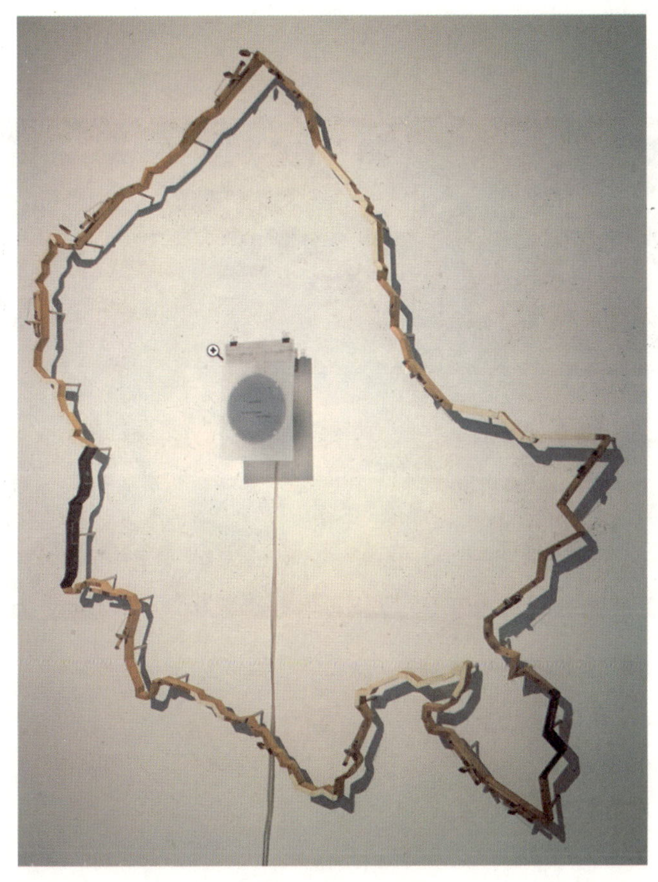

插圖 5 施勇《在另一個句子裏忽隱忽現 ——消息不脛而走》

插圖 6 浦捷《互聯網時代 11 號》

插圖 7 浦捷《頭是她》

插圖 8 周鐵海《安慰藥》

插圖 9 周鐵海《朱利安尼》

插圖 10 周鐵海《法官》

插圖 11　薛松《與馬蒂斯對話》

插圖 12 薛松個人畫展“不搭介”的宣傳畫

插圖 13 丁乙《十示》

插圖 14 丁乙《如意》

插圖 15 丁乙《太極》